고문서,
조선의 역사를 말하다

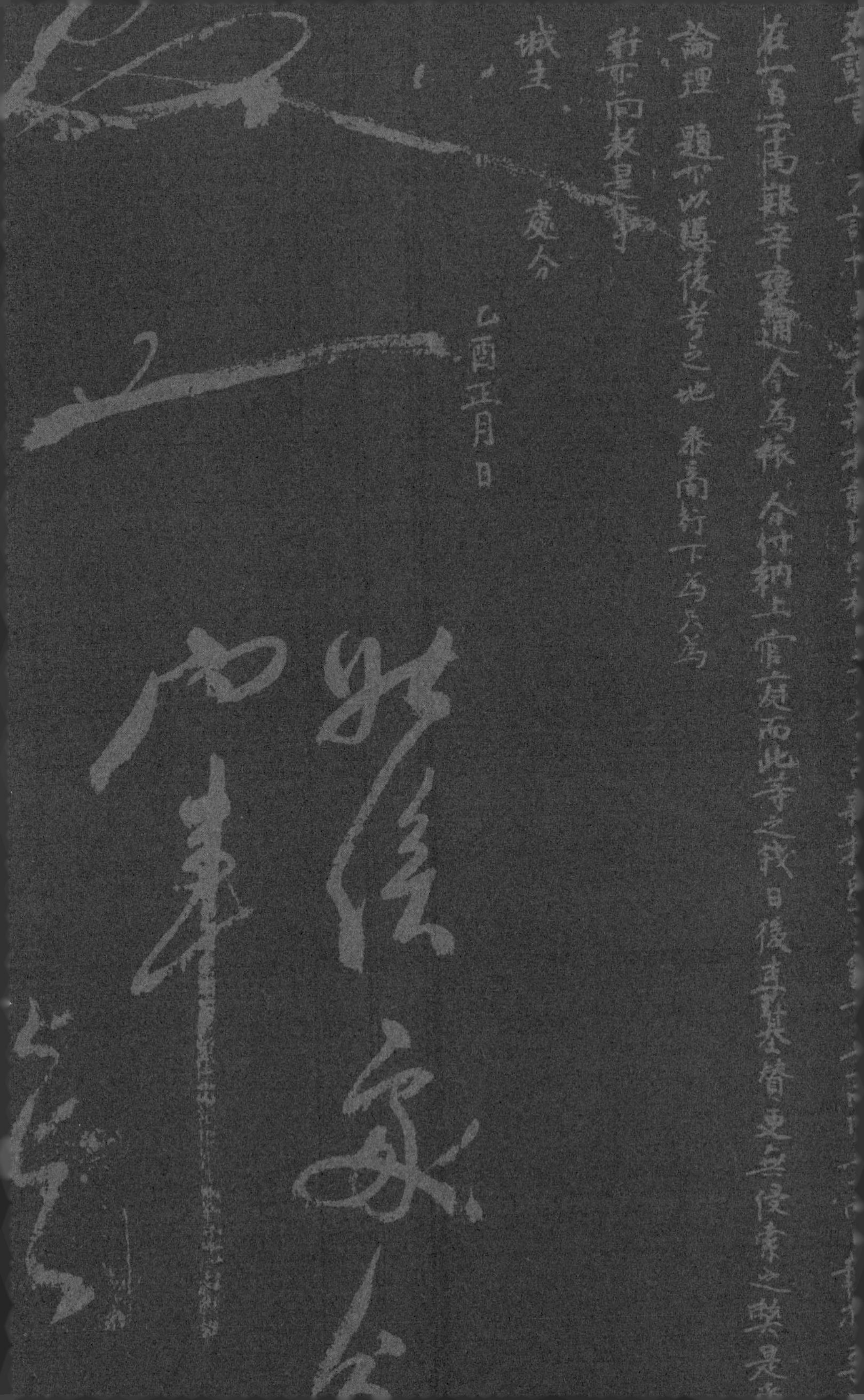
乙酉正月日

고문서,

조선의 역사를 말하다

케케묵은 고문서 한 장으로 추적하는 조선의 일상사

전경목 지음

Humanist

들어가는 말

고문서, 재채기와 콧물, 그리고 역사의 비밀상자 열기

1

대학원에 다닐 때 박물관에서 아르바이트를 하면서 고문서를 처음 접했다. 유물정리실 한구석에 아무렇게나 버려진 종이뭉치가 있었는데, 도자기를 가져오면서 서로 부딪쳐 깨지지 않도록 사이에 넣던 것이었다. 당시에는 낡은 신문지도 구하기 어려웠기에 주위에 널려 있던 고문서나 고서를 뭉쳐 도자기 사이에 넣어 운반했다. 구겨진 종이뭉치를 펴보니 한두 가지는 수업에서 배운 고문서였다. 이것들을 책상으로 옮겨다 놓고 시간이 날 때마다 살펴보았다.

그러나 고문서를 해독하는 일은 생각만큼 쉽지 않았다. 흘린 글씨체에 자전에도 나오지 않는 속자와 간자 등으로 쓰여 있어 글자부터 알아보기 힘들었다. 설상가상으로 고문서 대부분은 골방이나 창고와 같이

후미진 곳에 오랫동안 방치되어 있어서 종이에 배어든 매캐한 냄새와 켜켜이 쌓인 먼지로 조금만 보고 있으면 머리가 지끈거리고, 재채기가 나고, 콧물이 연신 흘렀다.

그런데도 몇 시간씩 끙끙거리며 씨름한 이유는 고문서에 숨겨진 마력 때문이었다. 내용이 잘 파악되지 않아 이리저리 궁리를 하다 보면 꼬리를 무는 의문이 생기기 마련인데, 매번 상상의 나래를 펴며 의문 속으로 빠져드는 나를 발견했다. 왠지 그런 유희가 싫지 않았다. 아무 관련이 없을 것 같은 고문서들을 살펴보다 어느 순간 문서 간의 은밀한 연관 관계를 발견하고는 무릎을 치며 즐거워하기도 했다. 이렇게 고문서들을 모자이크하듯 하나씩 맞추다 보면 당시 사회상이 눈앞에 생생하게 복원되기도 했다. 마치 탐정처럼 범인을 추적하고, 실타래처럼 뒤얽힌 사건을 하나하나 풀어내는 재미는 고문서 연구가 아니고서는 맛볼 수 없다.

종종 고문서에 관심이 있거나 고문서를 알고자 하는 일반인으로부터 고문서를 이해하려면 어떤 책을 읽어야 하느냐는 질문을 받았다. 우리 역사와 문화에 관심이 많은 대학생은 고문서를 통해 어떤 새로운 사실을 알 수 있느냐고 질의했다. 또 고문서를 전공하려는 대학원생은 어떤 방법으로 고문서를 연구할 수 있느냐고 묻곤 했다. 거의 매번 받는 질문임에도 두루뭉술하게 대답하거나 얼버무리기 일쑤였다.

이 책은 이런 곤혹스러운 처지에서 벗어나기 위해 쓴 것이다. 고문서에 관심이 있는 독자들이 고문서의 매력과 즐거움에 흠뻑 빠져들 수 있도록 하고, 고문서를 전공하려는 대학원생들이 고문서 연구방법을 이해할 수 있도록 하고자 했다. 그래서 고문서의 특성과 장점을 드러내기 위해 노력했다. 책의 구성은 어떻게 글을 쓸 것인가를 고민하는 대학원생들에게 참고가 될 수 있도록 구상했다. 각 장의 첫머리에 고문서 하나를 소개하고 이를 통해 여러 의문을 제기한 후 미시사 연구방법을 동원해 의문을 하나씩 풀어나갔다. 물론 이러한 구성 방식은 일반 독자에게도 추리 소설을 읽는 듯한 재미를 줄 수 있을 것이다. 다른 한편으로 고문서의 내용을 궁금해하는 독자를 고려해 원문을 우리말로 번역하고 전문 용어 등을 이해하기 쉽게 풀어썼다. 또 무슨 내용이 어떤 형식의 문서로 작성되었는지를 보여주기 위해 고문서 사진을 적극 활용했다. 식재료가 바뀌면 요리 방법이 달라져야 하듯 고문서에 맞는 다양한 글쓰기를 시도해보았다. 전반적으로 고문서를 쉽게 이해하고 당시의 역사와 문화를 접할 수 있도록 유도했다. 이를 통해 일반인과 학생 모두 고문서의 매력을 충분히 느낄 수 있을 것이라 생각한다.

2

이 책에서 원용한 미시사 연구방법은 한국교원대학교 역사교육과 조한욱 교수가 이미 소개한 바 있다. 그는 미시사 연구자들이 자주 이용한 연구방법을 분류·정리하여 '두껍게 읽기', '다르게 읽기', '작은 것을 통해 읽기', '깨뜨리기'라는 이름을 붙였다. '두껍게 읽기'란 계측이 가능한 외면의 사실이 아니라 내면의 여러 층위에 숨어 있는 다양한 의미를 읽어내는 방법이다. 나는 보다 적극적이고 능동적인 해석을 유도하기 위해 '읽기'를 '보기'로 바꾸어 '내면 들여다보기'로 명명했다. '다르게 읽기'는 기존의 역사를 바라보는 일반적인 관점, 예를 들어 서구적이고 남성적인 시각과는 다른 관점에서 새로운 해석을 시도하는 방식이다. 이를 통해 알려진 사실과는 다른 진실을 만날 수 있다. 나는 이를 '뒤집어 보기'로 이름 붙였다. '작은 것을 통해 보기'는 지배자가 아닌 피지배자의 시각으로 역사를 바라보는 방식이다. 나는 이를 변용해 아주 단순하고 작아서 지나쳐버릴 수 있는 용어 하나를 통해 당시 사회의 단면을 바라보려 했다. 때로는 용어 속에 한 시대의 사회상이 함축되어 있기 때문인데, 이를 '용어를 통해 보기'라는 이름으로 대신했다. '깨뜨리기'는 그간 역사를 이해하던 정형화된 기존의 틀을 해체하는 방법이다. 새로운 학문의 싹은 의심에서부터 출발한다는 점에 착안하여 이를 '의심해 보기'로 명명했다.

이 같은 방법으로 수행된 미시사 연구에 대해 사소하고 지엽적인 주제에 지나치게 몰두하기 때문에 전체 상과 맞지 않는 연구 결과를 도출한다는 비판도 있었다. 나는 이를 보완하기 위해 상반되는 양면 또는 다양한 층위의 다면을 함께 살피고 비교·분석해봄으로써 작고 미세한 사실도 보편적인 전체 상과 조화를 이루도록 연구하는 방법을 제시했다. 그리고 이를 '양면 또는 다면 보기'라고 이름 붙였다. 이상에서 설명한 다섯 가지 연구방법을 동원해 조선시대의 이혼과 재혼, 노름, 단골리(丹骨吏), 요호부민(饒戶富民), 처첩(妻妾)을 살펴보았다.

'내면 들여다보기'에서는 '최덕현의 수기(手記)'로 알려진 조선 후기의 이혼 문서를 소개하고 이혼과 재혼에 관한 여러 사실을 살펴본다. 조선시대에 이혼과 재혼 풍습이 유교 이념에 따라 어떻게 달라졌는가를 추적하고, 최덕현의 이혼 배경에는 남의 처나 첩을 빼앗는 관행이 도사리고 있음을 밝혔다. 아울러 이혼과 재혼 금지가 여성에게 피해를 주는

데 그치지 않고 남성에게조차 고통을 주었다는 사실을 확인했다.

'뒤집어 보기'에서는 노름에 관련된 각종 고문서를 살펴봄으로써 노름 문제가 한 개인이나 가족의 문제일 뿐만 아니라 계층과 지역을 넘는 고질적인 폐단이었음을 밝힌다. 노름빚을 받았다는 것을 입증해달라는 양사헌의 탄원서를 뒤집어 살펴보고, 고을 수령이 노름빚을 받아주는 청부업자로 전락한 부패상을 소개했다. 아울러 이념적으로 통제된 조선 후기 사회에서 노름이 성행할 수밖에 없었던 정황도 알아보았다. 청나라로부터 전해진 투전(鬪牋)이 삽시간에 전국에 퍼지게 된 것은 이러한 상황과 밀접한 관련이 있다고 생각한다.

'용어를 통해 보기'는 관리 임명장 뒷면에 기록된 '단골리(丹骨吏)'라는 용어에 주목했다. 이를 열쇠로 지방 명문 출신 관리와 중앙 인사부서 서리 사이의 관계망을 복원해보고, 서리의 생활상을 알아보았다. 이조와 병조에서 인사를 담당했던 서리들은 지방 명문 출신 전현직 관리나 예비 관리와 긴밀한 관계망을 형성해 관원의 인사, 왕실의 동향, 과거시험 등에 관련된 정보를 제공하고 그 대가로 돈이나 각종 현물을 받았다. 이들은 한번 맺어진 인연을 매우 중시해 대를 이어 끈끈하고 긴밀한 관계를 유지했다. 하지만 서로 이익을 주고받는 관계였기 때문에 이익을 더 많이 제공할 수 있는 사람이 나타나면 주저 없이 상대를 교체했다.

'의심해 보기'에서는 조선 후기에 등장한 요호부민이 자발적으로 공명첩을 사서 하루아침에 양반으로 신분을 탈바꿈했다는 정설을 의심했다. 우선 최춘건의 탄원서를 통해 요호부민이 수령의 강매로 공명첩을 구입했으며, 이들의 첫 번째 목표는 양반 신분 획득이 아니라 군역과 잡역 면제였음을 밝혔다. 최춘건은 여러 차례 공명첩을 구입하고 거액의 돈을 향교에 기부해서 마침내 양반이 되었지만, 그와 후손은 기존 양반들의 반발을 우려해 오랫동안 몸을 사려야 했다. 요호부민이 양반이 되는 것은 우리가 상상하던 것보다 훨씬 더 멀고 어려운 길이었다.

'양면 또는 다면 보기'에서는 처와 첩을 다룬다. 처첩 문제는 따로 떼어 한쪽 면만을 살피거나 한두 관점에서만 고찰해서는 안 된다. 처와 첩의 구분이나 차이를 살펴볼 때는 양쪽을 비교해서 고찰하는 양면 보기가 필요하다. 또 처는 처대로, 첩은 첩대로 각각 내부에 차별과 층차가 있어 지위와 대우가 천차만별이었다. 같은 처라고 하더라도 초취(初娶), 재취(再娶), 삼취(三娶)에 대한 차별이 있었다. 첩 또한 재상집 서녀와 부잣집 서녀는 다른 첩과 대우가 크게 달랐다. 다면 보기를 통해 처와 첩 내면의 다양한 차이와 차별을 확인할 수 있다.

각 장마다 핵심이 되는 미시사 연구방법을 소개했지만, 본문에서 여러 고문서의 내용을 분석할 때는 그 외에도 여러 방법이 동원되었다. 본래는 연구방법을 충분히 검증하기 위해 연구방법 하나에 세 편의 사례 연구를 제시하려고 했으나 지면 제한 등으로 모두 다루지 못했다. 이 책에 수록된 글들은 그중 연구방법을 가장 잘 보여줄 수 있으면서도 흥미로운 내용을 가려 뽑은 것들이다. 논지를 전개하는 과정에서 고문서 외에도 《조선왕조실록》, 《승정원일기》, 《비변사등록》 등 관찬 사서와 각종 읍지(邑誌), 문집(文集), 족보(族譜) 등을 적극 활용했다.

3

고문서를 해독하는 과정에서 누릴 수 있는 또 다른 재미는 나와 비슷한 인물들을 만날 수 있다는 점이다. 역사책을 통해 만나는 인물들은 불굴의 투지로 온갖 역경을 이겨내고 고단한 삶 속에서도 훌륭한 업적을 이룬 위인뿐이다. 하지만 세상에 그런 위인들만 있던가? 어제와 같은 삶을 되풀이하며 슬프면 울고 기쁘면 웃는 일상을 살아가는 사람이 대부분이다. 고문서를 찬찬히 들여다보면 조선시대 사람들의 맨 얼굴을 만날 수 있다. 그들은 근엄하고 카랑카랑한 목소리를 가진 대쪽 같은 선비가 아니라, 우리처럼 웃고 울고 화내고 즐거워할 줄 아는 이웃이다. 이들의 은밀한 삶을 엿보는 재미는 고문서 읽기를 통해 누릴 수 있는 또 하나 즐거움이다. 이 즐거움을 독자들과 나누고 싶다. 부디 이 책을 펼치며 재채기와 콧물이 나는 케케묵은 고문서 한 장을 추적하며 수백 년 전 조선으로 들어가보시라. 그 속에서 우리의 이웃 같은 선조들의 일상에 빠져드는 즐거움을 맛보는 독자들이 늘어난다면 집필의 지난했던 여정이 기쁨과 보람의 순간으로 바뀔 것 같다.

능력이 부족한 내가 이 책을 완성하기까지 많은 사람의 가르침과 도움을 받았다. 먼저 고문서를 공부할 수 있도록 이끌어주신 은사 송준호 교수님과 정구복 교수님, 지금도 많은 가르침을 주시는 고문서 학계 원로 박병호 교수님께 깊이 감사드린다. 또한 휴머니스트를 소개해주신 정민 교수님, 수십 점이 넘는 고문서 도판을 사용할 수 있도록 흔쾌히 허락해주신 전북대학교 박물관 이태영 관장님, 거친 나의 글을 읽고 많은 조언을 해주신 김경옥·서신혜 교수님과 김태환·김병남·김인회 박사님, 부족한 나를 항상 격려해주신 직장 동료 옥영정·이완우·권오영 교수님, 나의 오랜 친구 정재철·김중기 선생님과 서윤 원장님께도 감사드린다. 그리고 누구보다도 내 수업을 수강한 제자들에게 고마운 마음을 전한다. 지루하고 딱딱한 강의 방식에도 불구하고 무언가 더 배우려고 애쓴 그들이 있었기에 이 책을 쓸 수 있었다. 그들은 언제나 나에게 가장 큰 깨우침을 주는 스승이다. 마지막으로 까다로운 나의 요구들을 모두 들어주시고 좋은 책이 될 수 있도록 온 힘을 기울여주신 휴머니스트 김학원 대표님과 편집부에 감사의 말을 전한다.

2013년 11월

전경목

차례

내면 들여다보기

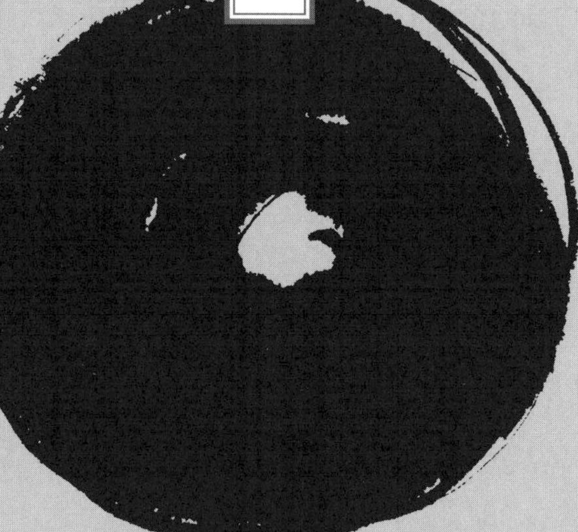

'조선시대'와 '이혼'이라는 두 단어는 왠지 전혀 어울리지 않는 느낌이다. 우리가 익히 알고 있는 통념으로 생각해보면, 조선시대는 여필종부(女必從夫) 혹은 일부종사(一夫從事)라는 이념에 따라 혼인한 여자는 반드시 남편을 따라야 하고, 그 남편과 일생을 같이해야 하는 사회였다. 즉, 이혼이 절대 허락되지 않는 사회였다. 그러나 결혼 생활이 어디 그렇게 호락호락한가? 살다 보면 어쩔 수 없이 이혼해야 하는 경우도 생기게 마련인데 그런 경우에는 어떻게 했을지 궁금하다. 조선시대에는 과연 이혼이 불가능했을까? 여기 한 장의 고문서에서 그 답을 찾을 수 있다.

최덕현의 수기,
조선시대 이혼 풍습을
꿰뚫어 보다

1

엽전 35냥을 받고 아내의 재혼을 허락한다

수기

애통하구나. 가슴이 미어진다. 부부유별(夫婦有別)은 사람이 반드시 지켜야 할 윤리 중 세 번째로 큰 윤리인데, 무상하게도 나의 아내[矣妻]는 그동안 나와 함께 어려운 살림 속에서도 동고동락해왔으나 뜻하지 않게 오늘 아침에 나를 배반하고 다른 사람에게 시집을 갔다. 아, 그녀와의 사이에서 낳은 저 두 딸은 장차 누구에게 의지해 자랄 것인가? 생각이 여기에 미치자 말이 나오기도 전에 눈물이 흐른다. 그러나 그녀[渠]가 나를 배신했으니 어찌 내가 그녀를 생각하겠는가? 그녀가 나에게 한 행위를 생각하면 칼을 품고 가서 죽이는 것이 마땅한 일이나 그렇게 하지 않은 이유는 장차 앞길이 있기 때문이다. 그러므로 십분 생각해 용서하고 엽전 35냥을 받고서 영원히 우리의 혼인 관계를 파하고 위 댁(宅)으로

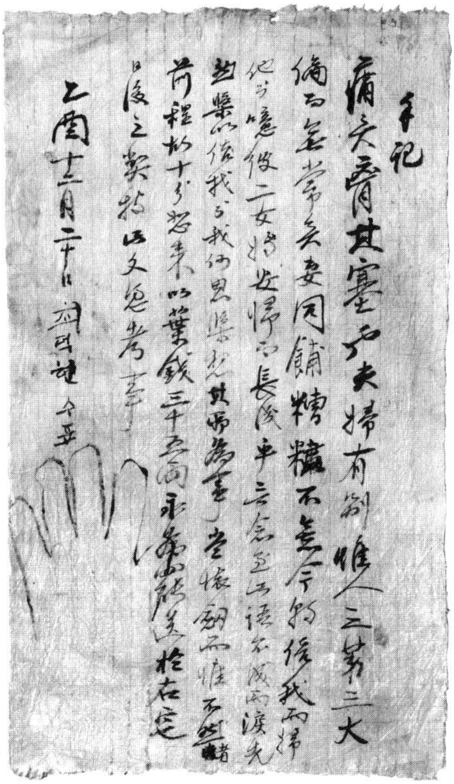

고문서 1-1 **최덕현의 수기, 을유년, 전북대학교 박물관 소장.**

보낸다. 만일 뒷날 말썽이 일어나거든 이 수기를 가지고 증빙할 일이다.

을유년(乙酉年) 12월 20일 최덕현 수표[수장][1]

비록 짤막한 내용이지만 이 문서가 이혼한 사실을 증빙하기 위해 기록한 것임은 한눈에 알 수 있다. 내용 또한 절절하다. 헤어지는 아내와 가난해서 함께 겪을 수밖에 없었던 여러 가지 어려움, 무정하게 돌아선 아내에 대한 원망과 분노, 어미를 잃은 딸의 장래에 대한 걱정, 어쩔 수 없이 이혼을 현실로 받아들일 수밖에 없는 좌절감 등이 진하게 묻어 나온다. 감수성이 예민한 독자라면 코끝이 찡할 수도 있겠다. 남의 일에 비분강개를 잘하는 독자라면 자신도 모르게 분해서 씩씩거릴 것이다. 그만큼 이 글에는 아내와 헤어지는 최덕현의 심정이 잘 드러나 있다.

그러나 감정을 자제하고 이 수기를 찬찬히 살펴보면 문서에 모호하게 기술된 것들이 하나, 둘씩 눈에 띄어 궁금증을 불러일으킨다. 먼저, 이 수기는 언제 작성된 것일까? 비록 '을유년'이라고 밝혀놓았지만 60년마다 반복되는 을유년 중에 언제 적이란 말인가? 둘째, 이 문서의 작성자는 누구일까? 최덕현이라고 생각하기 쉽지만 사실은 그렇지 않다. 최덕현은 한문을 쓸 줄 몰랐을 것으로 추정되기 때문이다. 그렇다면 이 문서의 실제 작성자는 누구일까? 셋째, 최덕현은 자신의 아내를 "위 댁으로 보낸다."라고 했는데 '위 댁'이란 어디일까? 이런 의문점들을 해결하기 위해서는 문서 안으로 좀 더 깊숙이 들어가보아야 한다.

최덕현 수기의 작성 시기

먼저 이 수기를 작성한 시기부터 살펴보자. 수기에는 '을유년'으로 되어 있다. 조선시대에는 문서를 작성할 때 일반적으로 그해의 연호(年號)와 간지(干支)를 함께 밝혔다. 연호와 간지는 햇수를 표기하는 방법 중 하나로, 현재 우리가 서력을 사용하듯 조선시대에는 중국의 연호를 통용했다. 가령 이성계가 왕이 되던 1392년은 중국의 명 태조인 홍무제(洪武帝) 25년에 해당하므로 '홍무이십오년임신(洪武二十五年壬申)'이라고 표기했다. 그러나 수기는 예외였다. 그 이유는 알 수 없으나 수기에서는 작성 연도를 간지로만 밝히는 것이 하나의 통례(通例)였다. 그런데 간지는 60년을 주기로 반복되기 때문에 이것만 가지고 수기의 정확한 작성 연도를 추정하기는 쉽지 않다.

을유년 중 현재로부터 가장 가까운 시기로 거슬러 올라가보면서 실마리를 찾도록 하자. 지금으로부터 가장 가까운 을유년은 우리나라가 일제강점으로부터 해방된 해인 1945년이다. 그러나 최덕현의 수기는 그때 작성된 것이 아니다. 그 이유는 세 가지다. 첫째, 최덕현 수기가 한자로 작성되었기 때문이다. 일제강점기에 작성된 문서 대부분은 국한문을 혼용하거나 한자와 일본어를 섞어 쓰는 것이 일반적이었다. 최덕현 수기도 '최덕현 수표'라고 한글로 쓰여 있으므로 굳이 따지자면 국한문 혼용이라고 할 수 있다. 그러나 이 문서는 순전히 한자로, 그것도 한문 문법에 따라 작성된 것이어서 일반적으로 말하는 국한문 혼용과는 엄연한 차이가 있다. 또 '최덕현 수표'라는 한글 표기도 문장 내에서 어떤 의미를 전달하기 위해 사용된 것이 아니라 단지 최덕현의 서명(署名)에 불과하다. 추측건대 최덕현은 자신의 이름을 한자로 쓸 줄 몰라서 할 수 없이 한글로 썼을 것이다.

둘째, 최덕현이 수기의 끝에 자신의 왼손을 그려 넣었기 때문이다. 일제강점기를 전후해 문서를 작성할 때에는 일반인도 반드시 도장을 사용했다. 그 이전 시기에는 양반은 보통 수결(手決)이라고 하는 일종의 사인(sign)을 했고, 평민이나 천민은 손이나 손마디를 그렸다. 손을 그리는 것은 수장(手掌), 손마디를 그리는 것은 수촌(手寸)이라고 했다. 다만 양반 아녀자는 나무도장을 사용했는데, 남자 양반처럼 수결하기도 적절치 않고 평민이나 천민처럼 손이나 손마디를 그리기에도 마땅치 않았기 때문으로 추정된다. 어찌 되었든 최덕현이 손바닥을 문서에 대고 그린 점으로 미루어 이 수기는 적어도 일제강점기 이전, 즉 1910

년 이전에 작성된 것이다.

셋째, 최덕현이 받은 돈이 35냥이라는 점이다. 조선 후기에는 화폐를 세는 단위가 '냥(兩)'이었고, 일제강점기에는 '원(圓)'이었다. 이 세 가지 이유를 종합하면 최덕현의 수기는 적어도 일제강점기 이전 을유년에 작성된 것으로, 시기를 아무리 늦추어 잡아도 1885년(고종 22)이나 1825년(순조 25)일 것으로 추정된다. 물론 그보다 전인 1765년(영조 41)일 가능성도 있으나 수기를 쓴 종이의 재질이나 보존 상태 등으로 보아 그러할 여지는 희박하다. 참고로 이 수기는 닥나무로 만든 종이〔楮紙〕에 쓴 것이다.

최덕현 수기의 실제 작성자

다음으로 수기의 작성자가 누구인지 알아보자. 수기 대부분은 문서 끝에 작성한 사람의 이름이 나오고, 그 아래 서명을 하거나 손바닥 또는 손마디를 그린다. 최덕현의 수기도 마찬가지로 문서의 끝에 '최덕현 수표'라고 한글로 쓰여 있고 그 아래 최덕현의 왼손으로 추정되는 손바닥이 그려져 있다. 그래서 수기의 작성자가 최덕현이라고 단정하기 쉽다. 그러나 사실은 그렇지 않은 것 같다. 만일 수기의 작성자가 최덕현이라면 본문을 모두 한문으로 작성한 후 자신의 이름만 굳이 한글로 쓸 이유가 없기 때문이다. 따라서 이 수기는 누군가 대신 작성한 후 최덕현에게 서명하고 왼손을 그리도록 한 것으로 추정된다. 그렇다면 실제 작성자는 누구일까?

가장 먼저 떠오르는 사람은 최덕현의 아내다. 그러나 최덕현이 겨우 한글로 자신의 이름밖에 쓸 수 없는 처지인데 그의 아내가 한문을 습득

해 수기를 작성했다는 것은 상상할 수 없는 일이다. 그다음으로는 최덕현의 아내를 데려간 사람이거나 그의 측근일 수 있다. 이들은 최덕현의 아내를 데려간 후, 남의 처를 빼앗아갔다는 비난을 면하고 또 뒷날 이로 인해 말썽이 생길 여지를 서둘러 없앨 필요가 있었다. 그래서 최덕현에게 35냥을 주고 수기 작성을 요구했을 것으로 추정된다. 후일 뒷말을 하지 않겠다는 확실한 다짐을 받아놓기 위해서다. 그런데 최덕현은 수기를 작성할 능력이 없기에 최덕현의 아내를 데려간 사람이나 그의 측근 중 한 사람이 수기를 작성한 후 최덕현에게 서명과 수장만을 하도록 했을 가능성이 있다.

그러나 수기의 내용을 곰곰이 살펴보면 그럴 가능성도 크지 않다. 왜냐하면 위 수기에는 부부로서의 도리, 가난한 가운데에서도 동고동락했던 기억, 배신한 처에 대한 원망 등이 절절히 나타나 있기 때문이다. 만일 최덕현의 아내를 데려간 측에서 이 수기를 작성했다면 이런 표현을 할 수도 없을 뿐만 아니라 굳이 하려고도 하지 않았을 것이다. 따라서 수기에 나타난 표현을 근거로 판단한다면 작성자는 최덕현의 아내를 데려간 측보다는 오히려 최덕현의 처지를 잘 아는 그의 측근 중 한 사람이라고 추정하는 것이 합리적이다.

한편, 이 문서의 작성자는 전문 대서인(代書人)일 가능성도 있다. 문서 작성자는 짧은 문장 속에서 독자의 눈물을 쏙 빼어놓으면서 동시에 문제의 핵심을 놓치지 않고 정확하게 기록하는 솜씨를 지녔는데, 이 정도의 재능은 전문 대서인이 아니라면 쉽지 않다. 더군다나 당시 평민과 천민이 문서를 작성할 때 즐겨 사용한 이두가 전혀 쓰이지 않았다는 점도 대서인이 작성했을 가능성을 더욱 높여준다.[2]

중국에서는 일찍부터 전문 대서인 제도가 발달했다.[3] 이들을 율사(律

師) 또는 송사(訟師)라고 불렀는데, 문자나 제도를 잘 모르는 사람들은 이들의 도움을 받아 소송할 수 있었다.[4] 《조선왕조실록》 등을 살펴보면 조선에도 이러한 대서인이 있었으며, 이들을 외지부(外知部)라고 불렀다.[5] 그러나 조선에서는 이들을 바라보는 시각이 매우 부정적이었다. 대서인들이 먹고살기 위해 소송인을 부추겨 소모적인 소송을 자주 일으키고 이로 인해 사회가 안정되지 못한다고 생각했기 때문이다.[6] 그래서 이들이 소송 문서 등을 대신 작성해주는 것을 법률로 엄격히 금지했으며, 그 결과 공식적으로는 소송 대리인이나 대서인이 자취를 감추게 되었다. 그러나 평민과 천민은 억울한 일을 당해 하소연을 하려 해도 글자를 몰라서 탄원하는 데 어려움을 겪었으며, 제도나 절차 등에 무지해 소송을 제기할 수조차 없었으므로 다른 사람의 도움을 받아야만 했다. 그런 경우 대부분 문자를 잘 아는 서당 훈장이나 소송 절차를 환하게 꿰고 있는 퇴임한 형리 등이 그러한 역할을 해주었을 것으로 추정된다.[7]

최덕현 이혼 사건의 전모

마지막으로 최덕현의 아내를 데려간 사람이 누구인지 생각해보자. 하지만 안타깝게도 이 수기에서는 그녀를 데려간 사람이 누구인지 전혀 알 수 없다. 다만 그의 신분을 짐작할 수 있는 단서가 한 가지 있다. "우리의 혼인 관계를 파하고 위 댁으로 보낸다."라고 말한 부분이다. 댁이라는 표현은 존칭으로, 신분이 낮은 사람이 높은 사람을 지칭할 때 사용하던 말이다. 최덕현이 한글로 겨우 자신의 이름이나 썼다는 점을 고려하면 그의 신분은 평민이나 천민이었을 것이며, 그의 아내를 데려간 사람은 그보다 높은 중인이나 양반이었을 것으로 추정된다.

지금까지 살펴본 바를 종합하여 정리하면 다음과 같다. 이 수기는 1825년 또는 1885년에 최덕현이 자신의 아내와 혼인 관계를 청산하고 어느 중인이나 양반 댁의 첩으로 들여보내면서 작성해준 문서다. 최덕현은 그 대가로 일종의 이혼 합의금 또는 이혼 위자료 35냥을 받았다. 이로 미루어 알 수 있는 사실도 있다. 조선 후기에 평민이나 천민 신분의 여성은 양반 출신의 여성과는 달리 이혼(離婚)과 재혼(再婚)을 할 수 있었다는 점이다.

2

조선시대에 이혼이 가능했을까

최덕현의 수기에는 여전히 풀리지 않는 궁금증들이 꼬리에 꼬리를 문다. 첫째, 최덕현의 이혼이 조선 후기의 사례라면 조선 전기의 여성들도 이혼할 수 있었는가. 아울러 이혼과 불가분의 관계가 있는 재혼은 어떠했는지도 궁금하다. 둘째, 조선 후기에 이혼이나 재혼이 금지된 주요 원인이나 배경으로 조선 사회에 뿌리내린 유교 이념을 드는데, 구체적으로 유교 이념이 정착되면서 어떠한 변화가 있었는가. 물론 이러한 변화는 신분에 따라 달랐을 것이므로 양반 사대부와 평민·천민의 부부생활을 구분해서 살펴보아야 할 것이다. 셋째, 최덕현의 아내와 같은 조선 말기의 평민·천민 출신의 여성들은 이혼과 재혼에 대해 어떠한 생각을 가지고 있었는가. 넷째, 조선 전기에 이혼과 재혼이 가능했다면 당시에 작성된 문서로는 어떠한 것들이 있고 이것들이 현재 전해지지 않는 이유가 무엇인가. 이런 의문들에 대한 답을 찾아보자.

조선 전기의 이혼 풍습

첫 번째 궁금증부터 살펴보도록 하자. 그 해답은《조선왕조실록》에서 쉽게 찾을 수 있다. 조선 초기에는 고려시대와 같이 부녀자의 이혼과 재혼이 법적으로 커다란 제재를 받지 않았던 것으로 보인다.[8] 평민과 천민은 말할 것도 없고 지배층인 사족과 왕족도 자신의 의사에 따라 이혼과 재혼을 할 수 있었다. 1403년(태종 3) 윤11월 15일에 왕은 통례문 판사(通禮門 判事) 유은지(柳殷之)를 황해도 봉산(鳳山)으로 유배토록 조처했는데,[9] 그것은 고려 말 우왕의 비(妃)였던 왕씨를 아내로 삼았기 때문이다. 사간원 관원들은 국왕에게 상소를 올려 전조(前朝)의 왕비와 재혼한 유은지를 다음과 같이 신랄하게 비판했다.

신 등이 살펴보건대, 신씨(辛氏: 우왕을 가리킴—옮긴이 주)가 비록 위조(僞朝)의 임금이나, 한 나라에 군림하기를 16년 동안이나 했습니다. 지금 통례문 판사(通禮門 判事) 유은지는 그의 작록을 받고 임금으로 섬기었으니, 진실로 군신의 분수가 있습니다. 위주(僞主) 신씨는 일찍이 작고한 상의문하부사(商議門下府事) 왕흥(王興)의 딸과 혼인하고 이를 봉(封)해 비(妃)로 삼았습니다. 신씨가 망한 뒤에 유은지가 전날의 군신의 대의(大義)를 돌아보지 않고, 그 비(妃) 왕씨를 자신의 아내로 삼아서 강상을 더럽히고 예의를 파괴했습니다. 이것은 실로 천지에 용납할 수 없고, 고금에 용서할 수 없는 일입니다. 또 왕씨는 일찍이 국왕의 비(妃)가 되었으니, 비록 부모가 그 정을 빼앗아서 시집보내려 하더라도 마땅히

예로써 수절해 절개를 잃지 않고 그 몸을 마쳐야 할 것입니다. 그런데 도리어 절개를 버리고 남을 따라서 크게 부도(婦道)를 잃었으니, 또한 용서받을 수 없습니다.[10]

왕흥의 딸인 왕씨는 고려 우왕의 비(妃)가 되었다가 우왕이 사망하자 통례문판사인 유은지와 재혼했다. 조선 초기에는 이혼과 재혼이 비교적 자유로웠다. 그러나 사간원의 탄핵으로 유은지와 왕씨는 강제로 이혼을 당했고, 여기에 더하여 유은지는 봉산으로, 왕씨는 배천(白川)으로 유배까지 당했다.[11] 그런데 여기에서 유의할 것은 이들의 혼인이 불법적이어서가 아니라 도덕적이지 못했다는 지극히 유교적인 기준에 따라 국가로부터 이혼을 당하고 처벌까지 받았다는 사실이다. 유교를 국교(國敎)로 표방한 조선 사회에서는 그들의 행위를 소급해서라도 처벌할 수밖에 없었던 것이다.

다음으로 조선 초기 지배층의 이혼과 재혼 사례를 살펴보자. 마천목(馬天牧)은 고려 말 조선 초의 무신으로 조선의 건국 과정에서 공을 세워 익대좌명공신(翊戴佐命功臣)에 오르고 회령군(會寧君)으로 책봉된 인물이다. 그런데 1405년(태종 5) 8월에 사헌부는 마천목의 아내인 김씨(金氏)를 처벌해달라고 국왕에게 건의했다. 사헌부에서 왜 그랬을까? 그 이유를 우선 들어보자.

회령군 마천목의 아내 김씨는 일찍이 은천군(銀川君) 조기(趙琦)에게로 시집가서 택주(宅主)로 봉해졌는데, 조기가 죽은 지 몇 년이 채 안 되어 검교중추원부사(檢校中樞院副使) 홍인신(洪仁愼)과 재혼했습니다. 그래서 해당 부서가 왕에게 죄 주기를 청해, 이혼시키고 벼슬을 빼앗은 후

외방으로 내쫓았습니다. 그런데도 김씨가 그 행실을 고치지 않고 스스로 거처를 정하도록 하는 종편(從便) 조처를 내리자마자 또 마천목(馬天牧)에게로 시집갔으니, 그 추한 행실이 심합니다. 지금 다스려 바로잡지 않는다면 장차 풍기가 점점 무너져서 제지하지 못하게 될 것입니다. 그러하오니 먼 변방으로 추방해 풍속을 오염치 못하도록 하소서.[12]

왕은 사헌부의 상소를 궐내(闕內)에 두고 의정부에 내려보내지 않았다. 이 상소를 통해 당시 지배층 사이에 이혼과 재혼이 얼마나 보편적인 현상이었는지를 짐작케 한다.

《조선왕조실록》을 보면 조선 초·중기의 이혼이나 재혼 사례가 아주 많다. 따라서 조선 초·중기에는 이혼과 재혼이 우리가 상상하는 것보다 훨씬 자유스러웠으나 후기에 이르면서 사회가 유교화되자 이혼과 재혼에 대한 시각이 크게 달라졌고, 그에 따라 그 사례들이 급속히 감소한 것으로 보인다.

여성의 이혼이 자유로웠던 고려 후기와 조선 초기

고려 후기와 조선 초기에 지배층에서 이혼과 재혼이 얼마나 자유로웠는가를 잘 보여주는 또 다른 증거가 있다. 바로 《안동권씨성화보(安東權氏成化譜)》인데, 이 족보는 조선이 건국된 지 80여 년이 지난 1476년(성종 7)에 간행한 것으로서 현재까지 전하는 족보 가운데 가장 오래된 것이다. 비록 안동권씨라는 특정 성씨의 족보이지만, 고려 후기와 조선 초기 지배층의 계보가 망라되어 있는 종합성씨보(綜合姓氏譜)라고 할 수 있다. 당시 지배층의 구성과 혼인 형태 등을 연구하는 데 매우 귀중

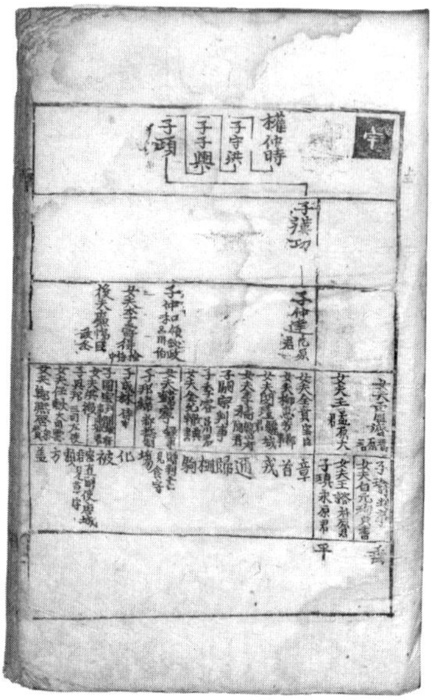

《안동권씨성화보》, 1476년,
서울대학교 규장각 소장.

한 자료다.

《안동권씨성화보》 상권 5면을 살펴보면, 둘째 단에 고려 말의 유명한 문신 권한공(權漢功, ?~1349)이 기재되어 있다. 그에게는 중달(仲達)과 중화(仲和)라는 두 아들과 이수득(李壽得)에게 시집간 한 명의 딸이 있었다. 족보 대부분이 그러하듯이, 아들과 딸의 이름은 '자(子)' 또는 '여(女)'라고 기록한 아래에 써넣되 딸의 경우에는 이름 대신 그녀와 혼인한 남편, 즉 사위의 이름을 기재했다. 그런데 이 족보에는 사위의 이름이 '여부(女夫)' 아래에 적혀 있다. 장자인 권중달은 화원군(花原君)으로 봉해졌으며, 차자인 권중화는 영의정을 역임한 후 여천백(呂川伯)에 봉해졌다. 사위인 이수득은 시중(侍中)을 역임한 것으로 기재되어 있다. 그런데 여기에서 주목할 것은 이수득 아래에 있는 '후부 염제신(後

夫 廉悌臣)'이다.[13] 후부란 재혼한 남편이라는 뜻이고, 염제신(1304~1382)은 고려 말에 유명한 정승이었다. 따라서 권한공의 딸이 처음에 이수득에게 시집을 갔다가 후에 염제신과 재혼했다는 사실을 알 수 있다. 다만 그녀가 이수득과 이혼한 뒤 염제신과 재혼했는지, 아니면 이수득이 사망한 후 염제신과 재혼했는지에 대해서는 알 수 없다.

그런데 더욱 흥미로운 점은 《안동권씨성화보》에는 재혼 사례가 무려 17건이나 수록되어 있다는 사실이다.[14] 여기서 재혼은 여성의 재혼을 가리킨다. 족보에 재혼한 사실이 기록되었다는 것을 통해 적어도 《안동권씨성화보》가 간행되던 시기까지는 재혼을 문제 삼지 않고 당연시하거나 현실로 받아들였음을 짐작할 수 있다. 이것은 《태종실록》의 기록을 보면 더욱 확실해진다.

> 사헌부에서 영돈녕부사(領敦寧府事) 이지(李枝)를 탄핵했다. 사망한 중추원부사(中樞院副使) 조화(趙禾)의 아내 김씨(金氏)에게 장가들었기 때문이었다. 김씨는 문하시랑찬성사(門下侍郎贊成事) 김주(金湊)의 딸인데, 아름다우나 음란함이 늙을수록 더욱 심했고, 형제와 어미도 모두 추한 소문이 있었다. 기묘년에 헌사(憲司)에서 형(刑)으로 처치하고자 했으나 연줄을 대어 면하고 외방으로 귀양을 갔다. 이때에 이르러 헌사에서 또 탄핵했다.
>
> 임금이 듣고서 헌부에 전지(傳旨)하기를, "아내 없는 남자와 남편 없는 여자가 스스로 서로 혼인하는 것을 어찌 반드시 죄를 묻겠는가? 하물며 이지가 계실(繼室)로 취(娶)한 것을 내가 알고 있으니 다시는 탄핵하지 말라."고 했다.[15]

조화의 아내였던 김씨가 이지와 혼인하자 사헌부에서 이지를 탄핵했다. 이전부터 추문이 있어온 터라 사헌부에서 김씨 처벌을 건의했으나 김씨가 연줄을 대어 형을 모면하고 외방에 귀양 가는 것으로 그친 적이 있었다. 이런 김씨가 이지와 재혼하자 사헌부 관원들은 기다렸다는 듯이 다시 탄핵을 한 것이다.

사헌부에서 탄핵한 것은 김씨가 재혼해서가 아니라 아들인 조명초(趙明初) 등에게도 혼인 사실을 알리지 않고 비밀리에 하려 했기 때문이다. 두 사람이 혼인하기로 한 날 저녁에 이 사실을 알게 된 조명초는 이지의 목덜미를 잡고 울면서 말렸다. 그런데 태종은 아내 없는 남자와 남편 없는 여자가 혼인하는 것을 어떻게 나무라겠느냐며 죄를 묻지 말도록 지시했다. 재혼에 대한 이러한 인식은 단지 국왕뿐만 아니라 당시 관료들의 보편적인 시각이었다.

그러나 유교 이념이 널리 보급되면서부터 여성의 재혼은 점차 문제가 되었다. 《안동권씨성화보》보다 90년 후인 1565년(명종 20)에 간행된 《문화유씨가정보(文化柳氏嘉靖譜)》를 보면 이러한 사실을 알 수 있다. 《문화유씨가정보》에는 재혼 사례가 《안동권씨성화보》보다 1건이 많은 18건이 수록되어 있는데,[16] 재혼을 바라보는 시각은 90년 전에 비해 크게 달라져 있었다. 《문화유씨가정보》의 범례에는 재혼에 대해 다음과 같이 기록되어 있다.

> 개가(改嫁)한 사람의 전부(前夫)와 후부(後夫)의 이름을 족보에 그대로 기록하고 숨기지 않은 것은 모든 사람이 이를 알아서 숨길 수 없기 때문이다. 또한 이렇게 해서 경계(警戒)를 삼고자 함이다.[17]

개가, 즉 재혼한 사실을 당시의 사람들이 모두 알고 있기에 숨길 수 없었지만 《문화유씨가정보》 편찬자들이 이 사실을 굳이 족보에 밝힌 이유는 이를 통해 경계를 삼으려고 했기 때문이다. 후손들이 이를 보고 재혼하지 못하도록 하기 위해서였다. 《안동권씨성화보》가 간행되었던 성종 무렵과는 달리 《문화유씨가정보》가 출간되었던 명종 무렵에는 유형적 혹은 무형적으로 여러 측면에서 재혼에 대한 제재가 가해졌음을 짐작할 수 있다.[18]

금기시되는 양반 부녀자의 이혼

이제 두 번째 궁금증을 살펴보자. 일반적으로 우리가 떠올리는 조선시대 부녀자들은 이혼과 상당히 거리가 멀다. 정절이 강조되고 이를 위해 목숨을 헌신짝처럼 버린 부녀자들을 기리는 열녀문이 연상된다. 이런 모습은 유교사상이 사회 전반에 정착되고 가부장제가 하나의 이념으로 영향력을 발휘하던 조선 후기에나 볼 수 있는 광경이다. 이를 조선시대 전체의 모습이라고 오해해서는 안 된다.

조선과 같은 신분 사회에서는 대상에 따라 형벌과 예우가 달리 적용되었다. 법 앞에서 누구나 평등하지 않고 신분에 따라 차별이 있었다. 조선시대에는 "형불상대부(刑不上大夫)요 예불하서인(禮不下庶人)", 즉 "형벌은 사대부에까지 적용하지 않고 예절은 서인에게까지 요구하지 않는다."라는 것이 원칙이었다. 그래서 사대부가 잘못을 저지르면 직접 체벌을 가하지 않고 사약을 내리거나 그 소유의 노비를 대신 체벌하곤 했다. 물론 반역죄를 저질렀을 때는 예외였다. 그러나 평민과 천민이 잘못을 저지르면 가차 없이 처벌했다. 반면 서인에게는 예절을 지키도록 강요하지 않았다. 평민과 천민에게는 유교의 이념에 따라 이혼이나 재혼을 하지 못하도록 요구하지 않았으며 이를 어겼다고 해서 처벌하지도 않았다. 그러나 양반 사대부의 부녀자들이 예속을 어기고 이혼이나 재혼을 하면 사헌부나 사간원에서 이를 비난하고 처벌을 강하게 요구했다. 결국 이혼과 재혼은 그 대상에 따라 크게 달랐던 것이다.

앞서 살핀 조선 초기와 중기 사건들을 언뜻 보면 국가가 백성의 재혼 문제에까지 깊이 관여했던 것으로 판단하기 쉽다. 그러나 내면을 좀 더 들여다보면 그렇지 않다. 국가에서 '일부종사(一夫從事)'니 '여필종부(女必從夫)' 등을 아무리 강조하고 재혼을 금지하려고 해도 백성이 이것을 받아들이기에는 시기상조였다. 조선 초기까지는 이러한 유교 이념이 생활 속 깊숙이 침투하기 어려웠던 것으로 보인다. 그러나 적극적으로 이를 주창하고 제도화한 결과, 유교 예법이 일상생활 전반을 지배하게 되었다. 그리고 이를 관철하고자 갖가지 방법이 등장했다. 다음은 《경국대전》에 수록된 재혼과 관련된 법령들인데, 조선 정부가 재혼을 금지하기 위해 어떠한 방법들을 동원했는지 잘 드러나 있다.

봉작(封爵)은 남편[夫]의 관직에 따른다. (다만 아내가) 서출(庶出)이거나 재가(再嫁)한 자는 봉작하지 아니하며, 기왕에 봉작을 받은 자로서 개가(改嫁)한 자는 그 봉작을 추탈(追奪)한다.[19]

실행부녀(失行婦女)와 재가한 부녀의 소생은 동반직(東班職)과 서반직(西班職)에 서용하지 못하되 증손대(曾孫代)에 이르러서는 위에서 든 각 관사(官司) 이외의 관직에 서용하는 것을 허락한다.[20]

재가하거나 실행한 부녀의 아들과 손자[再嫁失行婦女之子及孫] 및 서얼자손[庶子孫]은 문과(文科)와 생원시(生員試) 및 진사시(進士試)에 응시하지 못한다.[21]

조선 초기의 몇몇 왕들은 비교적 강력한 왕권을 발휘해 훈신(勳臣)들이 거느리고 있던 사병(私兵)을 혁파하고 사원(寺院) 소유의 막대한 토지와 노비를 몰수했다. 그러나 막강한 권력을 가졌던 왕이라 할지라도 하루아침에 부녀의 재가를 막을 수는 없었다. 우회적인 방법을 동원해 재혼을 제재했다. 조선시대에는 남편의 품계(品階)에 따라 부인을 봉작했는데, 재혼한 부인은 그 대상에서 제외되었다. 또 실행(失行)하거나 재혼한 부인이 낳은 아들은 동반직이나 서반직에 오르지 못했다. 아울러 실행하거나 재혼한 부인의 아들과 손자는 문과와 생원·진사시에도 응시하지 못했다. 자식이나 자손의 장래를 막음으로써 재혼을 억제하려는 것이었는데, 이는 모성애를 자극하는 조처였다.

《경국대전》이 간행된 후 성종은 부녀의 재혼을 금지하기 위해 여러 고위 관료의 의견을 청취했다. 그들은 여성이 일부종사해야 한다는 점에 대해서는 이론(異論)이 없었다. 다만 현실적으로는 재혼을 인정해야 한다는 관료가 많았다. 삼혼(三婚)은 마땅히 금지해야 하지만 재혼은 여러 형편상 인정할 수밖에 없다는 것이 당시 많은 관료의 의견이었다. 물론 자녀도 있고 재산도 넉넉함에도 재혼하려고 하거나 혹은 부모나 존장(尊長)이 허락하지 않는데도 재혼하려는 경우에는 제한해야 한다는 주장과 더불어 아예 재혼을 못하도록 해야 한다는 의견도 있었다. 하지만 대부분은 재혼을 금지하는 것이 인정상 너무 가혹하고 각박하다는 의견을 피력했다.[22]

그러나 일부종사에 대해 이론(異論)이 없고 유교의 이념이 점차 사회에 뿌리내리게 되면서 여인의 정절이 크게 강조되고 그에 따라 조만간 재가가 금지될 것이라는 점만은 분명했다. 재혼을 도덕적 차원에서 비난하는 데 그치지 않고 풍기를 문란케 하는 행위로 규정해 법적 제재를 가하려고도 했다.[23] 또 재가녀의 자손들에게 과거나 벼슬에 나가지 못하도록 하자 재혼율이 크게 줄어들고, 이혼율도 함께 감소했다. 그 결과 조선 중기 이후 사대부 집안의 부녀자들은 아예 이혼이나 재혼을 생각할 수조차 없었다.

양반에 비해 자유로웠던 평민과 천민 여성의 이혼

평민과 천민은 여전히 이혼과 재혼이 자유로웠다. 이러한 모습은 다음의 분재기(分財記)를 통해 알 수 있다. 분재기란 부모가 자식 등에게 재산을 분배할 때 작성한 문서이다. 다음 분재기는 1602년(선조 35) 3월 10일에 박의훤(朴義萱)이 자신의 자녀 여덟 명에게 재산을 분배하면서 작성한 것이다.

조선시대에는 분재기를 자녀의 수대로 작성해 나누어 갖는 게 관행이었다. 이 분재기는 박의훤이 작성한 것으로, 당시에 박의훤은 '나이 많은 병자로 오늘 죽을지 내일 죽을지 모르는〔年深病人以 今明日生死難知〕' 상태였다. 따라서 그가 여덟 명의 자녀에게 일일이 문서를 작성해 주었다고 할 수는 없다. 추측건대 그가 원본 한 부를 작성한 후 자녀들로 하여금 이를 필사해서 나누어 갖도록 했거나, 혹은 그가 구술한 내용을 글을 아는 자녀가 받아 적은 후 역시 이를 필사해서 각기 가졌을 가능성이 높다. 그런데 이 문서에는 오탈자가 제법 있고, 문맥이 잘 통하

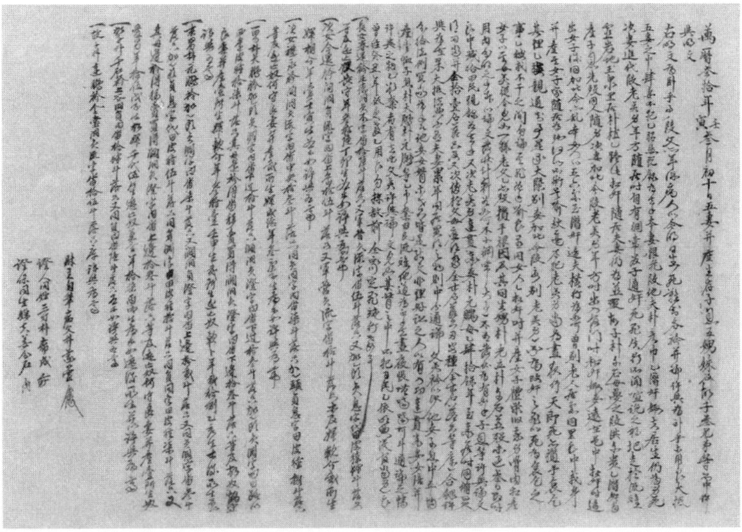

고문서 1-2 **박의훤의 분재기, 1602년, 해남윤씨 연동종가 소장.**

지 않는 부분도 있다.[24] 따라서 교정과 교감을 거친 후 분재기의 내용을 우리말로 옮겨보면 다음과 같다.[25] 문맥상 어색한 부분은 의역하고 분배된 재산을 기록한 부분은 생략했다.

만력(萬曆) 30년(1602, 선조 35) 임인(壬寅) 3월 초10일 다섯 명의 처와 함께 낳은 자녀들에게 재산을 허여(許與)하면서 작성해준 명문(明文)

이 명문을 작성하는 사연은 다음과 같다. 아비가 나이 많은 병자로 오늘 죽을지 내일 죽을지 알 수 없어서 각자의 몫을 모두 따져서 재산을 허여(許與)한다. 또 이와 관련해서 다섯 아내 중 네 명이 저지른 죄를 소상히 드러내 기록해두려고 한다.

본처 은화(銀花)는 남의 남편인 박언건(朴彦巾)과 몰래 간통[潛奸]해 그에게 시집가서 살다가 죽었다.

둘째 아내 진대(進代)는 내가 젊은 시절 나를 따라와 살 때에는 나름 강상이 있었지만 후에 사내종과 통간(通奸)해 죽일 죄에 해당하는 실행(失行)을 저질렀다. 소문이 파다해지자 도주해서 영암(靈岩) 땅으로 가서 이리저리 옮겨 다니며 살았다. 그러다 옥천리(玉泉里)에 사는 박식(朴植)을 만나 길에서 상간(相奸)하고 따라가 지내다가 부처(夫妻)가 함께 죽었다.

셋째 아내이며 나의 아들 박천석(朴千石)의 어미인 몽지(夢之)는 홍천귀(洪千貴)와 몰래 간통〔潛奸〕해 자식을 많이 낳았는데, 홍천귀가 먼저 죽자 뒤따라 죽었다.

넷째 아내 가질금(加叱今)은 내가 젊어서 관문(官門)에 출입할 때 화간(和奸)해 아내로 삼은 후 멀리 읍내에서 살도록 했다. 상간(相奸)할 때 마침 딸을 낳았으나 가질금은 근본이 문란한 여인으로 후에 오륙 명이나 되는 사내와 몰래 간통〔潛奸〕하며 남편 바꾸기를 제 마음대로 했다. 그러다가 …… 내가 거처하는 마을에 …… 딸을 따라와 살면서 …… 나를 즉시 죽게 해달라고 밤낮으로 하늘에 애타게 빌었다. 이 사실을 나의 족친들은 널리 알고 있다. ……

가질금이 낳은 딸 예영(禮榮)은 나의 자식이나 제 어미의 명령에 따라 …… 늙은 아비인 나를 …… 죽게 해달라고 기도한 사실과, 동생 박광립(朴光立)과 박천석(朴千石)이 …… 죽은 지 사흘이 지나지 않아 …… 고기를 먹은 분명한 일을 …… 관에 고발할 생각이었다. 그러다가 내가 마음이 약해서 …… 차마 고발하지 못했기에 자식 등에게 재산을 허여하는 이 문서에서 토지와 노비를 줄여 지급하고 이러한 사실을 분명히 기록한다.

박원붕(朴元鵬)의 어미이자 늙은 내가 오랫동안 …… 데리고 산 다섯째 아내 여배(女陪)에게 40여 년 동안 함께 살면서 마련한 매득전답(買得田畓) 모두 11섬지기[石落只]와 내가 부모로부터 물려받은 논 1섬지기, 겉보리를 심는 밭 1섬지기 등을 합해 …… 허여한다. 법전에도 부부가 여러 해 동안 함께 살면서 매득한 물건은 똑같이 나누는 것이 통론(通論)이며 아비인 내 몫은 다른 처의 자식들끼리 평균 분급하는 것이 법과 관례에 비추어 마땅하다.

그런데 다른 아내의 사위들은 모두 글을 잘하고, 이치에 어긋나는 일로 소송하기를 즐겨하는[非理好訟] 사람들이다. 훗날 사위들이 …… 여배가 낳은 …… 어린 자식 박대붕(朴大鵬)·박원붕(朴元鵬) 등과 재산을 다투어 그들의 토지와 노비를 빼앗고 타도(他道)로 떠돌아다니게 하지 않을까 걱정된다. 내가 밤낮으로 이를 슬퍼하고 탄식하며 흘린 눈물이 족히 한 말[斗]은 될 것이다. 통용되는 정리로 허여한 물건을 빼앗으려고 하는 자가 있으면, 아비인 내가 허여한 이 문기의 내용대로 아무개 사위가 빼앗은 토지와 노비를 법전에 의거해 관에서 몰수한 후 마땅히 주인에게 돌려주어야 할 것이며, 지난 계축년의 수교(受教)에 의거해서 사면령 이전과 이후를 가리지 말고 죄를 지은 가족들을 모두 처벌하도록 할 일이다.[26]

젊었을 때 관문에 출입하고, 법전에 실리지 않은 임금의 명령[受教] 등을 거론하는 점 등으로 미루어 박의훤은 아마도 지방 관아에서 근무한 아전이었을 것으로 추측된다. 그가 노비 7구, 논 172마지기[斗落只], 밭 51마지기를 자녀에게 나누어 주는 것으로 보아도 평범한 양인이나 상민은 아니었던 것 같다.[27]

구분	이름	만난 사연	헤어진 사연	소생
첫째	은화	미상	박언건과 잠간	박춘환(여)[28] 박금환(여) 박연붕(자)
둘째	진대	미상	사내종과 통간, 영암으로 도망해서 박식과 상간	
셋째	몽지	미상	홍천귀와 잠간	박천석(자)
넷째	가질금	화간	오륙 명의 사내와 잠간	박예영(여) 박광립(자)
다섯째	여배	미상	(현재 부부)	박대붕(자) 박원붕(자)

박의훤의 아내와 그들의 소생

박의훤은 다섯 명의 여자와 부부 관계를 맺었는데, 잠간(潛奸), 통간(通奸), 상간(相奸), 화간(和奸) 등의 형태로 만남과 헤어짐이 이루어진 점에서 정식 혼인이나 이혼 절차를 거치지 않았던 것으로 추정된다. 그러나 비록 이와 같은 비정상적인 과정을 거쳤음에도 박의훤이 그전에 살던 여자와 헤어진 후에 만남이 이루어졌으므로 그녀들은 법적으로 모두 처(妻)라고 할 수 있다. 그가 같이 살았던 다섯 명의 아내 이름과 그들이 만나고 헤어진 사연 및 그들 사이에서 낳은 자녀를 표로 정리하면 위와 같다.

박의훤이 분재기에 전처의 비행을 이와 같이 소상하게 밝혀놓은 데에는 나름의 이유가 있었다. 그는 당시 함께 살던 다섯째 아내 여배와의 사이에 박대붕과 박원붕이라는 아들을 두었는데, 이들은 모두 어렸다. 자신이 살 수 있는 날이 얼마 남지 않았다는 것을 깨달은 박의훤은 이 어린 자식들에게 많은 재산을 물려주고 싶었다. 그러나 재산을 물려준다고 해도 그가 사망한 후 나이 많은 이복형제들이 이를 빼앗아갈 것이 염려되었다. 더구나 그의 사위들은 모두 글을 잘하고, 이치에 어긋나는 일로 소송하기를 즐기는 사람들이었다. 결국에는 어린 자식들이 이복형제에게 재산을 빼앗기고 흩어져서 타지로 떠돌아다니게 되지 않을까 염려스러웠다. '밤낮으로 슬퍼하고 탄식하며 흘린 눈물이 족히 한 말이나 될 것'이라는 표현에 그의 심정이 잘 드러나 있다. 그래서 전처 소생들이 재산을 탐내지 못하도록 하기 위해 그 어미들의 비행을 고의로 과장해서 기록해놓았을 수 있다.

이 분재기를 통해 알 수 있는 사실은 조선 후기의 평민과 천민들은 지나칠 정도로 성생활이 자유로웠고, 이혼과 재혼을 상상조차 못한 당시의 양반들과는 매우 대조적인 삶을 살았다는 점이다.

조선 말기 여성의 이혼 풍습

이제 조선 말기 여성들의 이혼에 관한 생각과 현실을 살펴보자. 글의 첫머리에서 우리는 최덕현의 수기를 통해 이혼을 당한 남성의 애잔한 목소리를 들어보았다. 이번에는 최덕현의 아내와 같은 평민과 천민 출신 여성들의 생동감 있는 이야기를 들어보자. 그들은 어떠한 절차를 밟아서 이혼과 재혼을 했고, 또 이에 대해 어떠한 생각을 가지고 있었을까?

다음의 탄원서는 1903년 6월에 함경도 원산에 사는 송조이〔宋召史〕가 인근 고을의 수령에게 제출한 것으로,[29] 우리말로 옮기면 다음과 같다.

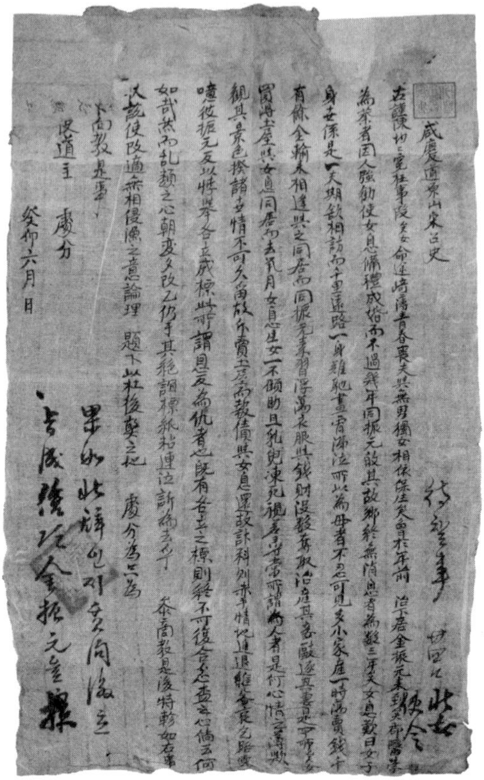

고문서 1-3 **송조이의 탄원서, 1903년, 서울대학교 규장각 소장.**

함경도(咸慶道) 원산(原山 : 元山의 오자—옮긴이 주)의 송조이〔宋召史〕 매우 억울한 사연은 다음과 같습니다. 저의 운명이 기구하고 박복해 젊은 나이에 지아비를 잃고서 무남독녀와 서로 의지하여 생명을 보전하고 있었습니다. 연전에 치하(治下)에 사는 김진원(金振元)이 우리 고을에 와서 의사(醫師)로 밥벌이를 하고 있었습니다. 그러다가 사람을 통해 저의 딸과 혼인하자고 강청해서 저의 딸은 예의를 갖추어 혼인을 했습니다.

그런데 몇 년이 지나지 않아서 김진원이 고향으로 돌아가, 끝내 소식이 끊긴 지 여러 해가 되었습니다. 어느 날 딸이 탄식하며 말하기를 "여자의 신세는 지아비에게 달려 있다."라면서 기필코 찾아 나서려고 했습니다. 그러나 천 리 먼 길을 여자 홀몸으로 달려가기가 어려워 밤낮으로 울었습니다. 어미 된 저로서는 차마 볼 수 없어서 약간의 가산을 한꺼번에 팔아서 돈 천여 냥을 만들어 이를 싣고 와서 그와 상봉해 함께 살게 되었습니다. 그러나 김진원은 본디 버릇이 부박(浮薄)하고 방탕(放蕩)해 의복과 돈을 모두 빼앗아 그 첩(妾)의 재산을 늘려주고 정작 본처인 저의 딸은 내쫓았습니다. 그래서 제가 오두막집을 사서 딸과 함께 살았습니다.

지난해 12월에 딸이 여자아이를 낳았는데 김진원은 한 번도 돌보지 않았으며, 또 젖먹이가 얼어 죽었으나 아무렇지도 않게 여겼습니다. 사람이 되어 어찌 마음이 이와 같이 박정하단 말입니까? 그의 태도를 보고 세상 사람들에게 가늠해보니 그의 곁에 오래 머물러서는 안 되겠기에 헐값에 오두막을 팔아 빚을 갚고 딸과 함께 고향으로 돌아갈 계획을 세웠습니다. 그러나 수중에 돈이 없어 이러지도 저러지도 못해서 진원에게 노자(路資)를 애걸했습니다.

그런데 저 김진원이 오히려 패악한 행동으로 이혼장〔各立之標〕을 작성해주었습니다. 이는 은인을 도리어 원수로 만드는 일입니다. 이미 이혼장을 작성했으니 끝끝내 다시 합칠 수는 없습니다. 분하고 억울한 마음이 어떻겠습니까. 그러나 인륜을 어기는 난잡한 사람들의 마음은 조석으로 바뀌기 때문에 이혼장〔絶誼標紙〕을 첨부해 울면서 하소연합니다. 살펴서 헤아리신 후 특별히 이와 같은 사정을 불쌍히 여기셔서 설령 제 딸이 재혼하더라도 침어(侵魚)하지 말라는 뜻으로 처분을 내리시어 뒷날의 폐단을 막아주시길 바랍니다…….[30]

계묘 6월 일

〔처분〕 과연 소장의 내용과 같은지 물어본 후에 입지를 작성해주기 위해 김진원을 잡아 대령할 일. 24일. 소장 제출한 여인〔狀女〕과 사령(使令).[31]

조선 말기는 이처럼 부부가 헤어질 때 이혼 문서를 작성했다. '각립지표(各立之標)' 또는 '절의표지(絶誼標紙)'는 앞에서 살펴본 최덕현의 수표와 비슷한 이혼 문서를 지칭하는 것이라고 짐작할 수 있다. 여기에서 눈길을 끄는 것은 송조이가 탄원서에 이혼 문서를 첨부해 제출함으로써 재혼할 때 말썽이 일어나지 않도록 해달라고 요청한 점이다. 재혼할 때 이혼 사실을 증빙하는 각립지표만으로는 부족하다고 판단했던 것 같다. 그래서 적극적으로 탄원서를 제출해 입지, 즉 증빙문서를 작성해 달라고 요청했던 것이다. 추측건대 송조이가 김진원으로부터 받은 이혼장에는 재혼에 관한 문구가 명시되지 않았기 때문에 훗날 이로 인해 말썽이 일어나지 않도록 하려면 후속 조처가 필요했던 것으로 보인다.

이를 통해 조선 말기에도 이혼할 때 문서를 작성했다는 사실과 재혼할 것을 대비해 관에 입지를 요청하기도 했다는 사실을 알 수 있다. 또 이전 시기의 여성들보다 이혼과 재혼에 대해 더욱 적극적이었음도 살펴볼 수 있다.

매제를 고발한 처남, 사위를 내쫓은 장모

어느 시대나 그러하듯이, 조선 후기에도 혼인 후 아내를 돌보지 않거나 아예 집에서 쫓아내고 방치하다가 훗날 억지를 부리는 남편들이 적지 않았던 것 같다. 다음의 탄원서는 경상도 거제군의 한내(汗內)에 거

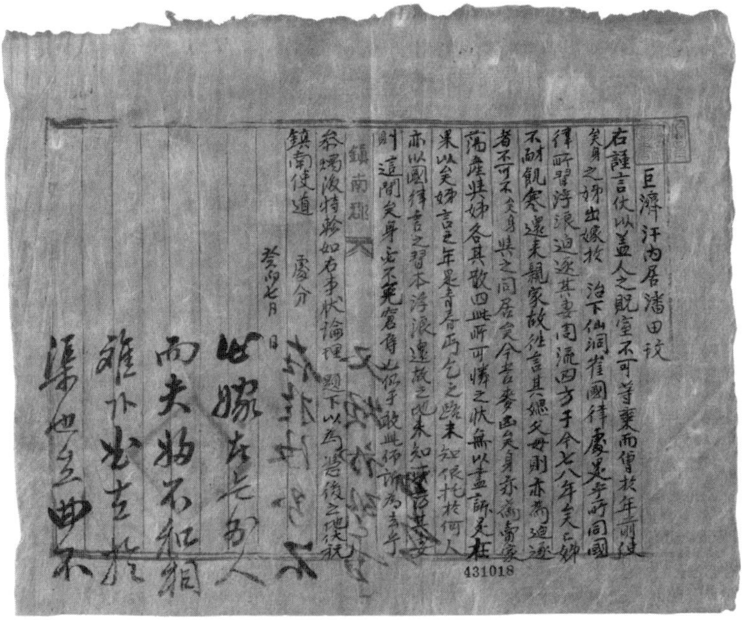

고문서 1-4 **반전민의 탄원서, 1900년, 서울대학교 규장각 소장.**

주하던 반전민(潘田玟)이 계묘년 7월에 진남군수에게 제출한 것이다. 통제영(統制營)이 혁파되고 진남군(鎭南郡)이 설치된 것이 1900년의 일이므로, 이 탄원서는 그 이후 계묘년인 1903년에 제출되었다.[32]

거제(巨濟) 한내(汗內)에 사는 반전민(潘田玟)

삼가 탄원하는 사연은 다음과 같습니다. 엎드려 말씀드립니다. 대저 남편은 아내를 등한히 하거나 방기해서는 안 됩니다. 몇 년 전에 저의 누이가 수령께서 다스리는 고을의 선동(仙洞)에 사는 최국률(崔國律)에게 출가했습니다. 그런데 국률의 본성이 부랑(浮浪)해 그의 아내를 쫓아내고 사방으로 떠돌아다닌 지 7, 8년이나 되었습니다. 저의 누이가 배고픔과 추위를 참지 못해 친정으로 돌아오려고 시부모에게 가서 이러한 사정을 말하자 시부모 역시 저의 누이를 쫓아내어 현재 어쩔 수 없이 저와 함께 살고 있었습니다.

그런데 지금 보리 흉년을 당해 살기가 어려워져 제가 집을 팔고 재산을 탕진해버렸습니다. 그래서 먹고살기 위해 제 누이와 각자 사방으로 흩어졌습니다. 이 가련한 상황을 말로는 다 호소할 수 없습니다. 그러나 저의 누이로 말씀드리면 나이는 청춘인데 장차 빌어먹고 살면서 어느 사람에게 의탁해 살게 될지 알 수 없습니다. 또 최국률로 말씀드리면 습관이 본디 불량해 고향으로 돌아왔을 때 혹시 자기 처의 행방을 물을지 알 수 없습니다. 그때 제가 반드시 군색한 욕을 당함을 면치 못할 것입니다.

따라서 이에 감히 우러러 하소연하오니 참고해 밝게 살피신 후 특별히 이와 같은 상황을 잘 헤아려 논리적인 처분을 내려주셔서 후에 증빙할 수 있도록 해주시기 바랍니다. 엎드려 축수합니다…….

계묘년 7월 일

〔처분〕 시집간 사람은 외인(外人)이며 부부가 화목하지 못하고 서로 떨어지게 된 잘못은 그에게 있지 너에게 있지 않다. 그러니 번거롭게 하소연할 필요가 없다. 초6일.[33]

외형적으로는 추후에 최국률로부터 괴로움을 당하지 않기 위해 증빙해달라는 탄원이었지만, 내면을 자세히 살펴보면 반전민의 누이가 장차 재혼할 때 걸림돌이 될 수 있는 것을 미리 제거하기 위해 문서를 제출한 것이다. 진남군수도 이러한 사정을 훤히 파악하고서 비록 이혼을 인정하는 제사를 직접 내리지는 않았지만 부부 관계가 파탄이 난 책임

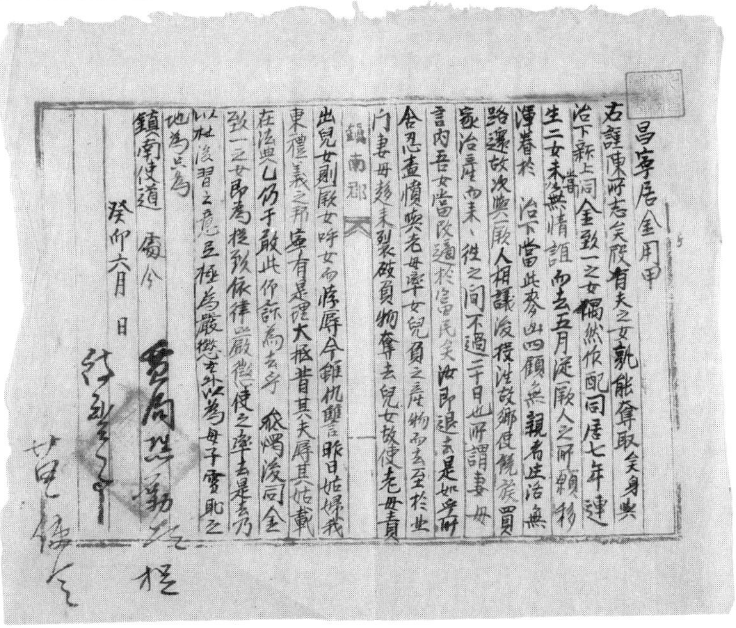

고문서 1-5 **김용갑의 탄원서, 1903년, 서울대학교 규장각 소장.**

은 남편인 최국률에게 있고, 반전민과 그의 누이에게는 아무런 책임이 없음을 분명히 밝혔다.

한편, 무능한 사위에게 딸의 장래를 맡기지 않기 위해 강제로 이혼시키고 능력 있는 사람과 재혼시키려는 시도도 있었다. 다음은 경상도 창녕군(昌寧郡)에 사는 김용갑(金用甲)이 1903년에 진남군수(鎭南郡守)에게 제출한 탄원서다.[34]

창녕에 사는 김용갑

소지를 작성해 제출하는 사연은 다음과 같습니다. 지아비가 있는 여자를 누가 능히 빼앗아갈 수 있겠습니까? 저는 수령께서 다스리는 고을의 신상동(新上洞)에 사는 김치일(金致一)의 딸과 우연히 짝을 맺어 7년 동안 같이 살면서 연이어 딸아이 둘을 낳았으니 일찍이 부부로서의 정과 도리가 없지는 않았습니다. 지난 5월 그녀의 소원대로 온 가족이 수령님의 치하인 그녀의 친정으로 이사했습니다. 그런데 지금 보리 흉년을 당해 사방을 둘러봐도 아는 사람이 없어서 이곳에서는 살아날 방도가 없습니다. 그래서 저의 고향으로 돌아가기 위해 그녀와 상의한 후, 먼저 제가 고향으로 돌아가 잘사는 친척에게 부탁해 우리가 살 가옥을 매입하고 생활 수단을 마련하여 돌아왔습니다. 왕래한 기간은 겨우 20여 일에 불과했습니다.

그런데 갑자기 처모(妻母)가 "나의 딸을 반드시 부자에게 시집보낼 터이니 너는 물러가거라."라고 말했습니다. 억울하고 분함을 참고서 노모와 함께 딸아이를 데리고 세간을 등에 진 채 길을 떠났습니다. 북문에 이를 무렵 처모가 쫓아와 등에 진 물건들을 때려 부수고 딸아이를 빼앗아 갔습니다. 그래서 노모로 하여금 딸아이를 데려오도록 했더니 그녀(처—옮긴이 주)가 시어머니에게 '년' 자를 놓으며 패륜의 욕을 보였습니다. 지금은 비록 원수지간이라고는 하지만 어제까지는 고부(姑婦) 사이였습니다. 동방의 예의지국에서 어찌 이러한 도리가 있겠습니까?

대저 남편을 배신하고 시어미를 욕보이는 것에 대한 처벌 조항이 법전에 실려 있으니 이에 감히 우러러 하소연합니다. 밝게 살펴보신 후 위 김치일의 딸을 즉시 잡아 법에 따라 엄히 처벌해주셔서 그녀를 데리고 가게 하거나, 후일 폐단을 막는 뜻으로 엄히 처벌해 모자가 부끄러움을 씻을 수 있도록 해주시기 바랍니다…….

계묘 6월 일

〔처분〕 사실을 묻고 징려(懲勵)하기 위해 처를 붙잡아 대령할 일. 24일. 사령.[35]

이 사건이 추후에 어떻게 처리되었는지는 관련 문서가 현전하지 않아 알 수 없다. 또 장모가 단순히 무능한 사위 때문에 화가 나서 딸을 다른 사람에게 시집보내겠다고 위협한 것인지, 아니면 실제로 이를 실행에 옮기려고 사위를 내쫓았는지도 알 수 없다. 다만 세간을 짊어지고 가도록 한 점으로 보아 이혼시키려는 의지가 있었던 것으로 추정된다. 또 이 탄원서를 통해 여자 쪽에서 적극적으로 이혼을 제기한 사실을 알 수 있다.

유교의 영향력 축소와 여성 지위 개선

조선 말기에 여성들의 이혼이나 재혼에 대한 시각이 크게 변화했는데, 다음의 원정(原情)이 그러한 사례를 잘 보여준다. 다음은 충청도 영춘현(永春縣)의 만종리(滿宗里)에 사는 조원서(曺元瑞)의 아내가 1887년에 같은 고을 수령에게 제출한 것이다.[36]

만종리에 사는 조원서의 아내가 올린 원정

원정을 작성해 제출하는 사연은 다음과 같습니다. 저의 딸이 체포당한 일로 외람되이 번거롭게 호소하게 되오니 황공하여 몸 둘 바를 모르겠습니다. 가만히 헤아려보건대 저의 딸과 동갑내기 여아들은 아직 시집조차 가지 않은 일이 허다한데, 이 무슨 박복(薄福)한 신세(身世)가 이 지경에까지 이르렀단 말입니까? 입에서 아직 젖 냄새가 가시지 않은 아이라 단

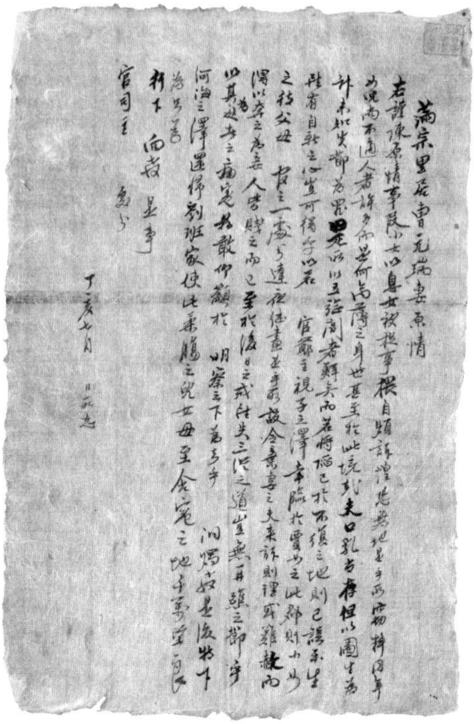

고문서 1-6 **조원서 아내의 원정, 1887년, 서울대학교 규장각 소장.**

지 살기만 도모했을 뿐 절개를 잃는 것이 죄가 된다는 사실을 알지 못했습니다. 이것이 바로 정려를 세워 그 정절을 기릴 만한 사람이 적은 이유입니다. 만약 장차 남의 첩이 되어 자신을 회복할 수 없는 처지에 빠뜨린다면, 이미 평생을 그르친 신세가 되기 때문에 비록 스스로 새로워지려는 마음을 가진다 해도 어찌 가능하겠습니까.

사또께서 백성을 자식처럼 돌보는 은택으로 고녀(賈女)가 사는 이 고을에 수령으로 부임하셨으니, 저는 부모 같은 마음으로 백성을 돌보는 사또의 처분을 밤낮으로 기다리고 있습니다. 설령 아내를 버린 지아비가

와서 호소한다면 이치상 혹여 용서하기 어렵겠습니다만, 육례(六禮)를 갖추지 않고 그냥 따라가 첩이 된 것을 사람들이 모두 천하게 여기며, 또 이미 후일 경계의 본보기가 되었습니다.

저의 딸이 비록 삼종지도(三從之道)를 잃었더라도 어찌 재혼할 기회마저 없어야 하겠습니까? 그 어미 된 자의 원통함으로 이에 감히 밝게 살피시는 사또님께 우러러 부르짖으니, 통촉하신 후에 특별히 하해와 같은 은택을 내려주셔서 유반(劉班)의 집으로 돌아가 이 유약한 마음의 여아로 하여금 원한을 품지 않게 해주시기를 천만 번 바랍니다. ……

정해년 7월 일 소지[37]

자신을 고녀(賈女)라고 소개한 조원서의 아내는 가내에서 수공으로 생산한 물품 등을 가지고 다니며 판 상인이었을 것으로 추정된다. 또 그녀의 어린 딸은 혼인했다가 남편이 돌보지 않자 다시 유반(劉班)의 첩으로 들어간 듯하다. 유반은 유씨(劉氏) 성을 가진 양반으로 같은 고을 차의곡면(車衣谷面) 일대에 대대로 살아오던 강릉유씨(江陵劉氏) 중 한 인물을 가리킨다. 그녀의 딸이 어떤 연유로 처음 혼인한 남편과 헤어졌는지는 알 수 없다. "살기만 도모했을 뿐 절개를 잃는 것이 죄가 된다는 사실을 알지 못했다."라는 내용을 통해 지아비가 지방으로 떠돌아다닌 탓에 굶주림과 추위를 견디다 못한 아내가 스스로 남의 첩이 되었다고 추정해볼 뿐이다. 그녀의 딸은 당시 옥에 갇혀 있었는데, 남편이 있음에도 다른 사람의 첩이 되었기 때문이다. 조선 후기에는 아내가 남편을 버리고 달아나 다른 남자와 동거하면 그 여자를 잡아다 관비(官婢)로 삼았다. 조원서의 아내는 어린 딸 대신 탄원서를 올려 딸이 첩이 된 경위를 밝히고 유반에게 돌아갈 수 있도록 해달라고 요청했다.

이 탄원서에서 주목해야 할 점은 두 가지다. 먼저 조원서의 아내는 자신의 딸이 "비록 삼종지도를 잃었다 하더라도 어찌 재혼할 기회마저 없어야 하겠느냐."고 반문한 점이다. 이는 사별과 이혼 등으로 지아비를 잃거나 헤어졌다 하더라도 재혼할 기회가 주어져야 한다고 당당하게 주장하는 것이다. 조선 말기에 유교의 영향력이 크게 줄어들었다는 것과 여성의 지위가 그만큼 개선되었다는 것을 시사한다.

다른 하나는 "육례(六禮)를 갖추지 않고 그냥 따라가 첩이 된 것을 사람들이 모두 천하게 여기며 또 이미 후일 경계의 본보기가 되었다."라고 주장하며 자신의 딸을 유반에게 돌아갈 수 있도록 풀어달라고 요청한 점이다. 정식 절차를 거치지 않고 남의 첩이 되어 타인으로부터 천대를 받고 후일 이래서는 안 된다는 본보기가 되어 두고두고 마음고생을 하면 그것으로 대가를 치른 것이라고 생각한 것이다. 이는 "만약 장차 남의 첩이 되어 자신을 회복할 수 없는 처지에 빠뜨린다면, 이미 평생을 그르친 신세가 되기 때문에 비록 스스로 새로워지려는 마음을 가진다 해도 어찌 가능하겠습니까."라고 반문하는 대목과도 맥락이 닿아 있다. 즉 지아비를 버리고 다른 사람의 첩이 되는 행위는 이미 잘못된 선택이기에 스스로 새로워지려고 해도 가능치 않은데, 바로 그 점이 처벌이라는 주장이다. 일부종사를 하지 못해 이혼하거나 재혼하는 행위는 도덕적 지탄을 받음으로써 그 대가를 치렀으니 여기에 더 이상의 법적 제재는 부당하다는 것이 그녀의 생각인데, 이는 충분히 주목할 만한 변화였다.

조선시대의 다양한 이혼 문서

마지막으로 네 번째 궁금증에 대해 살펴보자. 조선 전기에는 신분을 막론하고 이혼과 재혼이 가능했고, 평민과 천민은 조선 말기까지 자유롭게 이혼과 재혼을 할 수 있었는데, 이때마다 작성된 관련 문서로 어떠한 것들이 있으며, 이것이 현재까지 전해지지 않는 이유가 무엇일까?

《조선왕조실록》을 보면, 1456년(세조 2) 정월에 사헌부 관원들이 왕에게 분경(分京)이라는 양녀(良女)와 수의부위(修義副尉)인 이용수(李龍壽)를 처벌해달라고 요청한 기록이 있다. 분경은 이용수에게 시집가려고 본 남편인 최희(崔希)를 갖가지 방법으로 핍박해 '기별명문(棄別明文)'을 받아낸 후 이용수와 재혼했다. 사헌부 관원들은 이것이 풍속을 어지럽힌 행위라고 보았다. 왕은 분경에게는 옷을 벗긴 후 곤장〔杖〕 100대를 치도록 하고, 이용수에게는 속전(贖錢)을 내게 했다. 조선시대에 여자를 장형(杖刑)에 처할 때에는 물볼기, 즉 속옷을 남기고 대신 옷 위에 물을 끼얹은 다음 매질하는 것이 상례였다. 그러나 왕은 분경이 저지른 죄가 무겁다고 판단해서 옷을 벗겨 곤장을 때리도록 했으며, 이용수의 죄는 장 100대에 도(徒) 1년에 해당하나 나이가 많으므로 속전을 내도록 했던 것이다.[38]

이때의 '기별명문'은 이혼장으로 '휴서(休書)'라고도 했다. 《성종실록》에 실린 다음의 기록에서 당시의 이혼과 재혼 풍습 및 이에 관한 사회적인 분위기를 엿볼 수 있다.

전 현감 이윤검(李允儉)의 아내 손씨(孫氏)의 집이 청도군(淸道郡)에 있었고, 이윤검은 서울에 있었는데, 이윤검은 그의 아내가 종〔奴〕 금산(金山)과 사통(私通)했다는 말을 듣고 집으로 돌아가 아내를 힐책했다. 아내는 "금산이 저에게 만약 자신의 말을 따르지 않으면 반드시 집에 불을 질러 태워 죽이겠다고 위협해, 제가 할 수 없이 따랐습니다."라고 대답했다. 그러자 이윤검이 휴서(休書)를 작성해주어 이혼한 지 이미 여러 달이 지났다.

그 후 손씨의 아비 손감(孫瑊)이 딸을 개가시켜 사위를 맞았는데, 개가 사실을 알게 된 이윤검의 어미가 관아에 와서 호소하기를, "내 아들이 그의 아내를 버리지 않았는데도 그녀의 아비가 개가시켰으니, 처벌해달라."고 요구했다. 관찰사는 이 사건을 국문해서 옳고 그름을 판단하기 힘든 의옥(疑獄)으로 왕에게 보고했고, 형조에서도 의옥으로 파악해 더는 이를 거론하지 말고 내버려두도록 요청했다.

그런데 이때 승정원에서 이를 문제 삼아 아뢰기를, "사족의 부녀가 종과 서로 간통한 것은 강상에 관계가 있으며, 또 의심할 만한 데가 있으니 다시 추국해 엄하게 징계하심이 마땅합니다."라고 했다. …… 심회(沈澮)가 의논하기를, "손씨가 종과 간통한 것은 풍속에 관계가 있으니 마땅히 끝까지 잘잘못을 가려 처벌해야 합니다. 그러나 규문(閨門)의 어두운 밤에 있었던 일은 다른 사람이 알기 어려운 것입니다. 또 율(律)에 이르기를, '간통하는 현장에서 잡아들인 것이 아니면 논죄하지 않는다.' 했으니, 그냥 내버려두는 것이 편할 듯합니다. 다만 이윤검이 그 아내의 추행을 듣고 기별(棄別)한 것은 마땅하나, 어미에게 미리 고하지 않고 아내를 버려서 어미가 이를 알지 못한 채 소장을 내는 데 이르렀으니, 모자의 사이가 어찌 이와 같아야 하겠습니까? 해당 부서로 하여금 추국해 치죄하게 하는 것이 어떻겠습니까?"라고 했다. 이에 대한 여러 의견이 개진되자 왕이 이를 살핀 후 논의를 그만하도록 했다.

승정원에서 다시 아뢰기를, "지금 추안(推案)을 살펴보니, 종과 간통한 형적이 분명히 드러난 것 같지 않으며, 이윤검이 그의 아내를 기별한 연유도 의심할 만한 곳이 있습니다. 간통한 일이 만약 사실이라면 죄가 풍속과 교화에 관계되고, 사실이 아니라면 이윤검이 까닭 없이 아내를 버린 것이니 또한 죄 줄 만합니다. 신 등은 둘 다 내버려둠은 불가하다고 생각됩니다."라고 했다. 왕이 전교하기를, "이것은 간통한 현장에서 잡아들인 바가 아니니, 비록 끝까지 추문(推問)하더라도 정상을 알아내기가 어렵다. 또 이윤검이 그 아내의 추한 행실을 들었으면 어찌 버리지 않겠느냐? 아울러 거론하지 말고 내버려두어라."고 지시했다.[39]

승정원에서는 이 사건의 잘잘못을 명백히 가려서 처벌해야 한다고 주장했으나 왕은 현실적으로 사건의 진상이 드러나기 어렵다며 이를 불문에 부치도록 했다. 이를 통해 조선 성종 무렵, 국왕과 대신들이 사대부의 이혼과 재혼에 대해 어떻게 생각했는지를 짐작할 수 있다. 그런데 여기서 주목할 것은 논의의 핵심이 '이혼을 하고자 없던 일을 꾸몄는가'이지 이혼 자체에 있지는 않았다는 점이다. 이는 양반이라 할지라도 다른 범죄와 연루되지 않았다면 이혼에 관해 금기시하지 않았다는 것을 의미한다. 조선 초기만 하더라도 이혼은 사대부에서 평민, 천민에 이르기까지 두루 행해지는 일이었다.

또 '기별명문'을 '휴서(休書)'라고 칭하고 있는데, 휴서는 우리말로 '수세'라고 읽었다고 한다.[40] 이혼 증서로 기별명문과 수세 외에도 '이연장(離緣狀)'이 있었는데,[41] 이는 이혼을 하면 인연이 끊어진다는 뜻에서 유래한 것으로 추정된다.[42] 또 앞의 송조이 탄원서를 통해 알 수 있듯이, 이혼 문서를 '각립지표' 또는 '절의표지'라고 표현하기도 했다.

이혼의 풍습과 관련해 조선 후기에는 '할급휴서'라는 말이 있었다.[43] 이혼할 때 저고리의 섶 부분을 자른 데에서 생겨난 말로, 섶의 모양이 나비와 비슷해 '나비'라고도 불렀다 한다. 그런데 이 용어는 조선 전기와 후기에 이혼 풍습이 달라졌다는 것을 가장 상징적으로 보여준다. 조선 전기에는 이혼할 때 휴서를 작성했으나, 후기에는 유교 이념이 조선 사회에 뿌리를 내리면서 이혼에 관한 성문법이 없다는 이유로 휴서를 작성하지 않았다. 대신 저고리의 섶을 잘라내어 증표로 삼았던 것이다. 조선 후기에 작성된 이혼 문서가 발견되지 않는 것은 바로 이 같은 이유 때문이다.

할급휴서와 관련해 전하는 이야기에 따르면, 이혼녀는 등에 이불보를 진 채 이른 새벽 성황당에 가서 서성거렸는데, 이때 이 여자를 처음으로 본 남자는 신분이나 지위의 고하를 막론하고 또 경제적으로 빈한하거나 부유한 것을 가리지 않고 그 여자와 살아야만 했다고 한다. 이혼녀가 처음으로 만난 남자에게 이혼을 증빙하는 '나비'를 보여주면, 남자는 그 여자가 등에 지고 있던 이불보로 보쌈을 해 집으로 데려가 살았다는 것이다.

조선시대에는 이처럼 여러 가지 이름으로 이혼서를 작성했다. 그러나 불행하게도 현재까지 전해지지 않아 그 형식이나 내용을 구체적으로 알 수가 없다. 관련 기록은 있으나 정작 문서는 남아 있지 않은 형국이다. 더군다나 조선 후기에는 이혼서가 아예 작성조차 되지 않았으니 이를 살펴볼 길이 전혀 없다. 다만 평민과 천민은 최덕현의 경우처럼 후일 말썽이 일어날 여지를 대비해 수기나 수표를 작성했던 것으로 생각되지만, 이 역시 정식 이혼서와는 차이가 있었으리라고 조심스럽게 추정할 따름이다.

3

평민 아내를 빼앗은 양반, 아내에게 매 맞는 남편

지금까지 우리는 최덕현의 수기에 대한 의문점과 궁금증을 살펴보았다. 이제 이를 토대로 이 문서의 내면을 좀 더 깊이 들여다보아 최덕현의 이혼 배경이 무엇이었으며, 이혼과 재혼 금지가 과연 여성에게만 피해를 주었던 것인가에 대해서도 알아보도록 하자. 이를 위해 우선 최덕현의 수기로 돌아가 그가 왜 이혼하게 되었는지, 그 배경이 무엇이었는지를 살펴보자.

최덕현 이혼의 또 다른 이유

우리가 앞에서 추정했듯이, 최덕현의 신분이 평민이고 그의 아내를 데려간 사람의 신분이 양반이라면 최덕현의 아내가 정말 스스로 원해서 양반에게 시집을 갔는지, 아니면 양반이 강압적으로 그녀를 빼앗아 갔는지에 대해 의문이 생긴다. 남아 있는 자료로는 이를 확인할 길이 전혀 없다. 다만 수기에서는 최덕현이 아내를 데려간 양반보다 자기를 배신한 아내를 비난하고 있는데, 이를 통해 가난한 생활에 염증을 느낀 최덕현의 아내가 자청해 부자인 양반 댁의 첩이 되었던 것으로 추정할 수 있다.

최덕현의 성격은 아주 냉정하고 차분했을 것으로 짐작된다. 수기를 꼼꼼히 읽어본 독자라면 바로 눈치 챘을 것이다. 그는 수기에서 처음에 생사고락을 같이한 것을 언급할 때에는 '나의 아내〔矣妻〕'라고 썼다가 자신과 어린 두 딸을 두고 다른 남자에게 시집간 대목에 이르러서는 '그녀〔渠〕'라고 표현하고 있다. 짧은 글에서 이처럼 구분한 것이 놀라울 따름이다. 물론 이것은 수기를 대신 작성해준 사람이 그의 심정을 제대로 대변했다는 전제하에 가능한 이야기다.

그런데 과연 최덕현 아내의 변심이 유일한 이혼 사유였을까? 최덕현의 입장에서 생각해보자. 비록 아내가 자신을 배신하고 자의에 의해 다른 남자에게 시집갔다손 치더라도 아내를 데려간 남자에게 어찌 일말의 야속함마저 없었겠는가? 그러나 수기에는 그에 대해서 아무런 말이 없다.

그렇다면 또 다른 가능성, 즉 아내를 데려간 남자가 권세를 가졌거나 재력이 든든했기 때문에 그의 위세에 눌려 터놓고 속내를 드러내지는 못했다고 추정할 수도 있다. 최덕현이 한평생 권력의 근처에는 가보지 못했을 뿐만 아니라 남에게 부림만 당하고 살았다면 권력이나 재력을 가진 사람 앞에서 저절로 몸이 움츠러들고 목소리가 기어들어갈 수밖에 없었을 것이다. 자신이 마냥 초라해져서 이것저것 따질 겨를도 없이 그냥 수기를 내던지듯 건네고 도망치듯 뛰쳐나오고 싶었을지도 모른다.

그러나 그가 수기에서 아내를 데려간 남자에 대해 전혀 내색조차 하지 않았다는 점은 왠지 어색하고 이상하게 보인다. 다만 이에 대한 실마리를 수기에서 찾아볼 수가 없다는 점이 아쉽다.

이 의문을 풀기 위해 다시 한 번 문서를 보자. 단서는 이혼 합의금 35냥에 있다. 여기에서 주목할 점은 최덕현에게 이혼 합의금 35냥을 준 사람이 누구인가이다. 이 돈은 이혼 합의금이니 만큼 논리상 그의 아내가 주어야 하는데 그녀에게는 그만한 여유가 없었다. 그렇다면 그녀를 데려간 양반이 주었을 것인데, 그 사람이 왜 이들의 이혼 합의금을 지급해야 했느냐는 점이 풀리면 최덕현의 이혼 배경이 더욱 분명해질 것이다.

조선시대의 처첩 빼앗기 관행

이와 관련해 조선 초기부터 성행한 남의 처나 첩을 빼앗던 관행에 대해 잠시 살펴보자.

사헌부에서 아뢰기를, "당양위(唐陽尉) 홍상(洪常)은 명산정(明山正) 이금정(李金丁)의 첩기(妾妓) 연경비(燕輕飛)를 빼앗아 간통했고, 좌승지(左承旨) 윤은로(尹殷老)는 강양군(江陽君) 이축(李瀟)의 첩(妾) 탁문아(卓文兒)를 빼앗아 간통했으니, 모두 지위가 높은 재상으로서 법으로 금하는 것을 두려워하지 아니하고 음란 방탕해 거리낌 없이 풍교를 크게 무너뜨렸으니, 청컨대 직첩을 거두고 추국하소서." 했다.

왕이 명하여 이축과 이금정을 불러서 홍상과 윤은로가 첩을 빼앗은 연유를 물으니, 이축은 아뢰기를, "신이 일찍이 탁문아를 첩으로 삼아 집에 데리고 있은 지 이미 오래인데 지난해 5월에 버리고 수세[休書]를 작성해서 주었습니다." 하고, 이금정은 아뢰기를, "신은 병신년(1476, 성종 7)부터 연경비를 집에 데리고 있다가 금년 정월에 버렸는데, 다만 수세를 아직 작성해주지 않았을 뿐입니다." 했다.[44]

《조선왕조실록》을 살펴보면 조선 초기에는 남의 처나 첩을 빼앗아 물의를 일으키는 사례가 많다. 그러나 여필종부나 일부종사 같은 유교의 이념이 조선 사회에 점차 뿌리내리면서 여인의 정절이 크게 강조되고, 재가녀(再嫁女) 자손들에게 과거나 벼슬에 나아가지 못하도록 하는 등 갖가지 불이익이 뒤따르면서 이혼율과 재혼율이 크게 낮아졌다. 아울러 남의 처나 첩을 빼앗는 관습도 점차 부도덕한 것으로 여겨져 사라지게 된다.

그러나 그런 관습이 조선 후기에도 완전히 없어진 것은 아니었다. 조선 전기에 비해 조금 수그러들기는 했지만, 공신이나 왕족 중 공공연하게 남의 처나 첩을 빼앗고 이 일로 자주 다투었던 관습이 여전히 남아 있었다. 조선 후기에 각종 탄원이나 청원 사례를 모아 편찬한 《수문록(隨聞錄)》과 《요람(要覽)》 등을 보면 빼앗긴 아내를 되찾기 위해 관에 제출한, 이른바 〈심처장(尋妻狀)〉이 소개되어 있다.

이 〈심처장〉은 《수문록》에 실린 것으로, '감사(監司)의 자제(子弟)에게 딸을 잃은 사람의 원통한 탄원서[失女於監司子弟寃情]'라는 제목이 달렸으며, 지은이는 '서 진사(徐 進士)'라고 되어 있다. 그 내용을 살펴보면 '감사의 자제에게 아내와 딸을 빼앗긴 사람의 진정서[奪妻子於監司子弟原情]'로 해야 할 듯하다. 또 서 진사가 어느 때 인물이며 이름이 무엇인지 알 수 없으나, 글솜씨를 보아 진사시에 합격한 사람은 아닌 듯하다. 〈심처장〉을 우리말로 옮기면 다음과 같다.

선하지 않은 일을 되풀이한다 해도 천하에서 가장 선하지 않은 일은 남의 처자(妻子)를 빼앗는 일과 같은 것이 있겠으며, 서로 그리워하고 그리워하는 고통 중에 인정상(人情上) 가장 그리운 일은 살아 있는 처자와 이별하는 일만 한 것이 있겠습니까? 파란 하늘의 외로운 기러기는 그 짝을 잃고 울부짖으며 멀리 날고, 푸른 나무의 홀로 된 꾀꼬리는 그 짝을 잃고 슬피 울어댑니다. 미물인 새조차 이러하거늘 하물며 친숙한 부부의 인정은 어떠하겠습니까? 석양 녘 개울가에 매인 소는 송아지를 찾느라 울부짖고 안개 낀 강가의 말은 망아지를 찾느라 울어댑니다. 소와 말도 이러하거늘 하물며 정다운 부녀(父女)간의 인정은 또 어떻겠습니까?

만일 색욕(色慾)이 일어 여자가 필요하다면, 아직 시집가지 않은 양가의 16세 처녀들이 어느 고을인들 없지 않을 것이니 구하려고만 한다면 구하지 못할 이유가 없습니다. 혹 그렇지 않다 하더라도 창가(娼家)의 젊은 부인들은 눈짓하지 않아도 스스로 올 사람이 있고, 주루(朱樓)에서 저물녘에 발을 걷어 올리고 지나가는 이를 유심하게 보는 여인들도 있으며, 깊은 골짜기에서 홀로 된 자신의 신세를 한탄하는 과부들도 있습니다. 그런데 왜 하필이면 딸이 있고 가정이 있고 남편이 있는 저의 처를 빼앗아간단 말입니까?

필부(匹夫)의 뜻으로도 오히려 능히 삼군(三軍)의 용맹을 빼앗을 수 있고[45] 필부(匹婦)의 원한으로도 오히려 능히 하늘의 감성에 통할 수 있습니다. 그러하오니 뼈에 사무친 원망은 빈부와 상관없으며 세력의 강약과도 관계없습니다. 장량은 박랑사(博浪沙)에서 철퇴로 진시황(秦始皇)

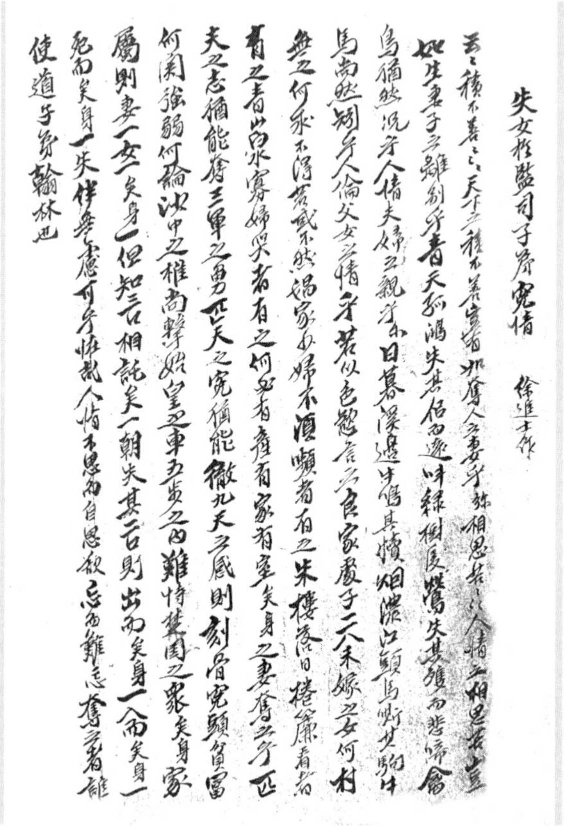

失女於監司子婿寃情 徐進士作

고문서 1-7 〈**심처장**〉,
미상, 개인 소장.

의 수레를 공격했으며 초왕도 다섯 발자국 안에서는 초나라의 많은 군사들을 믿기 어려웠습니다.

저의 가족은 아내 하나, 딸 하나, 저 한 명으로 오로지 세 사람이 서로 의지하고 살아왔으나 하루아침에 두 식구를 잃어버리니 지금은 집을 나가도 저 혼자이며 들어와도 저 혼자이며 죽어도 저 혼자입니다. 이와 같이 억울하게 짝을 잃어 동반자가 없는 것이 과연 옳은 일입니까? 그러나 괴이한 것이 인정이라서 생각하지 않으려 해도 저절로 생각나고 잊으려 해도 오히려 잊지 못합니다. 저의 처자를 빼앗아간 사람이 누구인 줄 아십니까? 그 사람은 바로 사또의 자제인 한림(翰林)입니다.[46]

처자를 빼앗기고 홀로 된 지아비의 처량한 모습과 억울한 심정이 문학적으로 매우 잘 드러나 있다. 자신의 처량함을 짝을 잃고 울부짖으며 멀리 나는 기러기와 꾀꼬리로 비유하거나 석양 녘에 개울가에서 송아지를 찾는 어미 소에 빗대어 표현했다. 또 빼앗긴 처자를 잊으려 노력하면 할수록 오히려 더욱 생각나고 잊지 못하는 괴로움을 절절하게 하소연했다. 그리고 자기 처자를 빼앗아간 인물을 글의 마지막에서 사또의 자제라고 밝힘으로써 일종의 충격과 반전을 시도한 것도 매우 흥미롭다.

《수문록》과 《요람》에 실린 〈심처장〉을 서로 대조해보면 문맥상 약간의 차이와 글자의 출입이 있긴 하지만, 내용은 동일하다. 다만 이 〈심처장〉은 서 진사가 실제로 빼앗긴 아내와 딸을 찾기 위해 관에 제출한 문서가 아니다. 관에 제출하는 문서로서 구비해야 할 형식이 전혀 갖추어져 있지 않다. 오히려 비유와 반전 등 문학적 요소들이 상당히 가미되어 있는 점 등으로 미루어 일종의 문학작품이라고 판단된다.[47]

조선 후기에 이러한 〈심처장〉이 널리 읽혔는데, 당시에도 여전히 남의 처를 빼앗는 관행이 암암리에 행해졌음을 시사한다. 조선 초기에는 무력으로 남의 처나 첩을 빼앗았다면 조선 후기에는 이혼 합의금이나 위자료를 지불하는 등 교묘하고 세련된 방법으로 변화했을 뿐이다. 또 남의 처를 빼앗는 행위가 도덕적으로 비난 받을 여지가 컸기 때문에 후에 이의를 제기하지 않겠다는 일종의 각서를 받았다. 그런데 이때에도

최덕현의 수기처럼 문서 수령자의 이름이 드러나지 않도록 철저하게 유의했다.[48]

이혼 금지는 여성에게만 피해를 주었나

남녀가 혼인해서 평생을 함께하기도 하지만 살다 보면 극심한 갈등 때문에 이혼하고, 이후 여러 형편에 따라 재혼을 하기도 한다. 그러나 조선시대에 유교 이념이 보급되어 점차 뿌리내린 후에는 부녀의 이혼이나 재혼이 금지되었다. 이혼을 금지하자 여성뿐만 아니라 남성도 피해자가 되었다. 남성 피해자 중에 진사 성하창(成夏昌, 1578~1657)과 병사(兵使) 우상중(禹尙中, 1590~1652)이 있었다.[49]

성하창은 명문귀족 출신으로 어려서부터 재주와 명망이 있었지만 성격이 여린 편이었다. 그는 성장하여 집안 좋고 재색이 빼어난 여자와 혼인했다.[50] 그런데 막상 살다 보니 아내의 성질이 사납고 난폭하여 남편이 조금이라도 자기 뜻에 맞지 않으면 화를 내며 욕을 하고 옷을 찢거나 몽둥이를 휘둘렀다. 그래도 분이 풀리지 않으면 급기야 남편인 성하창을 다락에 가두고 며칠 동안 문틈으로 밥을 주다 화가 풀리면 그때서야 풀어주었다. 성하창은 너무 분하고 원통했으나 아내에게 대항할 엄두도 내지 못하고 혹시 아내의 마음을 거스르지나 않을까 전전긍긍했다.

어느 날 성하창이 도성 안의 친척집으로 도망쳤는데 아내가 곧바로 찾아와 그 집 장독을 모두 깨뜨려버렸다. 성하창이 숨어 있다는 사실을 알려주지 않았다는 이유에서였다. 그리고 남편을 잡아서 마치 관아에서 죄인을 심문하듯 볼기 30대를 치고 다락에 가두었다. 이러한 소문이

돌자 친척 중에는 그를 숨겨줄 사람이 아무도 없었다. 그는 궁리 끝에 멀리 도망치면 안전할 것 같아 말 한 필에 의지하여 호남의 어느 한 고을에 살던 하인의 집으로 줄행랑을 쳤다. 며칠이 지나지 않아 아내가 어떻게 알았는지 뒤쫓아와서 우선 하인을 붙잡아 무거운 벌을 내리고 남편을 죄수처럼 관을 벗기고 말에 거꾸로 태워 서울로 끌고 왔다. 집에 도착하자마자 볼기를 치고 다락에 가두었음은 물론이다.

성하창의 친척과 친구들이 모여 이혼시킬 방법을 강구했으나 국법으로 이를 금지했기 때문에 한숨만 내쉬다 흩어졌다. 몇 년 후 그의 아내가 병에 걸려 죽고 말았다. 이 소식을 들은 성하창의 친구들이 모두 기뻐하며 축하하러 달려갔으나 눈치 없는 성하창은 친구들이 오자 문상하러 온 줄 알고 곡을 하기 시작했다. 화가 난 친구 한 명이 나서서 그의 뺨을 때리고 버럭 소리를 지르며 야단을 치자 그제야 곡을 멈추었다고 한다.

한편, 우상중은 공주(公州) 출신의 무사로 용기와 담력이 뛰어난 인물이었다. 이괄(李适, 1587~1624)의 난이 일어나자 그는 피난하는 왕을 호위하여 노량진 나룻가에 이르렀다. 그런데 사공이 배를 대지 않고 불러도 쳐다보며 딴전을 피우자, 헤엄을 쳐 강을 건너가 사공의 목을 베고 배를 끌고 왔다. 이를 본 왕은 즉시 우상중을 선전관으로 임명했다. 후에 장수로 발탁된 그는 전투에서 거듭 승전하여 전라수사가 되었다. 수사가 된 그는 도내의 전함(戰艦) 수백 척을 거느리고 경상도 통영으로 훈련을 가게 되었는데, 그 전함에 기녀를 태우고 풍악을 울리며 출발했다.

하인에게서 이러한 사실을 전해 들은 우수사의 아내는 즉시 혼자 길을 나서 남편의 전함이 도착하기 전에 통영에 이르렀다. 남편이 탄 배가 도착하자 배에 뛰어오른 그녀는 기생을 태웠다는 이유로 남편의 볼기를 30대나 때리고, 그래도 분이 안 풀리자 그의 수염을 움켜쥐고 칼로 모두 잘라버렸다.[51] 그의 수염은 아름답기로 소문이 나 있었는데, 당시 우수영의 통제사였던 이완(李浣, 1602~1674)이 수염이 잘린 이유를 듣고서 그를 즉시 파면했다. 아내조차 다스리지 못하는 장수가 어찌 적을 제압할 수 있겠느냐는 것이 그 이유였다.

조선 후기에는 사나운 아내를 만나서도 이혼하지 못하고 쩔쩔매며 사는 사람이 상당히 많았다. 이들은 가장으로서의 체면이나 위신은 고사하고 집안을 유지하려면 아예 숨을 죽이고, 없는 듯 살아야만 했다. 이러한 세태를 보고 성호 이익(星湖 李瀷, 1681~1763)은 《성호사설(星湖僿說)》에서 다음과 같이 탄식했다.

> 내가 사납고 패악한 아내를 둔 자를 많이 보았는데, 일마다 아내에게 억눌려서 감히 기를 펴지 못하는 자는, 그 사람의 됨됨이는 볼 것이 없으나 끝내는 그럭저럭 집안을 보전하는 가장(家長)이 된다. 그러나 혹 천성이 괄괄해 아내와 서로 싸움질하여 반목한다는 소리를 듣는 자는 종신토록 가정 문제로 골머리를 앓고, 소문 때문에 자녀들을 문벌 좋은 집안의 자제와 혼인시키지 못하며, 집안의 어지러운 모습이 다 드러나 숨기지 못한다. 남편이 어떻게 대처하느냐에 따라 집안의 이롭고 해됨이 이와 같이 된다.[52]

남편이 아내의 패악을 견디지 못하고 이를 바로잡아보겠다고 나서면, 아내와의 갈등으로 평생 가정이 화목할 수가 없었다. 나아가 부부가 반목한다는 소문 때문에 자녀들을 좋은 집안의 자제와 혼인시킬 수도 없었다. 차라리 남편으로서 체면을 구기고 사람들의 조롱거리가 될지라도 사나운 아내의 비위를 건드리지 않고 고분고분 순응하며 사는 것이 그나마 집안을 건사하고 후손을 위하는 길이었다. 조선 후기에는 악처를 만난 상당수의 남편들이 포악한 아내에게 매를 맞고 갖은 횡포를 당하면서도 비명조차 지르지 못하고 살았다.

자기모순이 되어버린 이혼 금지

일반적으로 이혼과 재혼 금지는 가부장적 질서를 유지하기 위해 여성의 희생을 강요한 조선시대의 대표적인 악법으로 이야기된다. 그러나 알고 보면 이 법은 남성에게도 커다란 멍에였다. 사태가 이 지경에 처하게 되자 1704년(숙종 30) 9월 24일에 사헌부에서 다음과 같은 계(啓)를 올린다.

> 우리나라는 아내를 내쫓는 법이 없기 때문에 비록 사나운 아내와 행실이 나쁜 아내가 있더라도 감히 서로 인연을 끊지 못하므로, 집안을 망치고 인륜(人倫)을 깨뜨리기에 이른 자가 많으니, 일이 몹시 한탄스러움이 이보다 심한 것은 없습니다.[53]

사헌부 관원들은 언제나 유교의 이념을 실천하고 이를 수호해 조선을 유교 국가와 사회로 만드는 데 앞장섰다. 아내를 내쫓는 법을 다른 말로 하면 이이지법(離異之法), 즉 이혼시키는 법인데 어떠한 상황에서도 이혼하지 못하게 하는 것이 유교를 국교로 숭상하던 조선의 법이요 풍속이 아니었던가. 그런데 사헌부 관원들이 왜 돌연히 아내를 쫓아내지 못하게 하는 법이 인륜을 망치게 한다고 비난하는 계를 올리게 되었는지 궁금하지 않을 수 없다. 우선 그 사연을 좀 더 들어보자.

좌수운판관(左水運判官) 유정기(兪正基)의 아내 신씨(申氏)는 성정(性情)이 괴팍하고 사나운 데다 언행이 패악(悖惡)해서 괴이하고 놀라운 거동이 한두 가지가 아닙니다. 처음에는 그 지아비를 꾸짖어 욕하는 것을 능사로 삼다가, 이어 다시 위로 그 아비에 대해 종일 입에서 말하는 것이 욕설 아닌 것이 없으니, 그 말하는 바가 참혹해 차마 들을 수 없으며, 제사 지낼 때 올리는 술에 더러운 물건을 섞고 사당에서 난동을 부리며 제사 지내기 위해 깔아놓은 돗자리를 찢어버렸습니다. 참다 못해 유정기가 예법에 의거해서 그녀의 죄를 성토해 사당에 고하고 내쫓았습니다.

그 후 그녀는 전처의 아들 집으로 옮겨 의탁했는데, 유정기가 아들의 병을 치료하는 일로 아들의 집에 와서 머물게 되자, 신씨는 서로 용납하지 못할 것을 알고는 또 성을 내어 한밤중에 단신으로 걸어서 달아나버렸으니, 여자의 실절(失節)이 이보다 큰 것은 없습니다. 유정기가 비록 이미 사당에 고하고 내보냈다고 하나, 정식으로 관부(官府)에 제소(提訴)해서 명백하게 내쫓고 인륜을 바로잡지 않을 수 없기 때문에, 전후의 죄상을 낱낱이 거론하며 예조에 이혼을 요청했습니다. 그러나 예조에서는 이혼에 관한 규정이 국법에 없다는 이유로 이혼을 불허하는 처분을 내렸습니다.

유정기가 바로 유가(兪家)의 대종손(大宗孫)이므로, 일문(一門)의 종원(宗員)들이 모두 실절하고 패악한 여인에게 종사(宗祀)를 맡길 수 없다며 …… 연명으로 소장을 올려 다시 이혼을 요청했으나, 예조에서 또 기각하고 허락하지 않았습니다.

지금 신씨의 패악한 행실에 대해서는 가까운 이웃과 같은 마을 사람이 모두 환하게 알고, 또한 눈으로 보고 직접 들어서 전하는 사람이 있으니, 이혼의 법이 비록 법령에 정해지지는 않았으나, 남편의 제소에 의해 이혼을 허락한 일이 많이 있었습니다. …… 지금 만약 이혼을 허락하지 않는다면 …… 인륜을 깨뜨리고 예법을 무너뜨림이 클 것이니, 장차 무엇으로 풍속을 바로잡고 기강을 밝히겠습니까? 청컨대 담당 부서로 하여금 유정기의 후처인 신씨에게 특별히 이혼을 허가하게 하고, 법을 살펴 처결해서 그 죄를 바로잡게 하소서.[54]

이것은 철저히 유정기의 입장에서 피력된 것이었다. 후에 예조와 의금부에서 조사한 결과는 크게 달랐다. 조사 결과에 따르면, 유정기는 아내 신태영(申泰英)과 혼인한 지 27년 되었으며, 한동안 금슬이 좋아 다섯 명의 자녀를 연이어 낳았다. 그런데 유정기가 어느 날 예일(禮一)이라는 비첩(婢妾)에 현혹되어 그녀의 거짓 하소연을 믿고 신태영을 무함하기 시작하면서 둘 사이가 벌어졌다는 것이다. 또 제사에 올릴 술에 더러운 물건을 섞고 사당에서 난동을 부렸다는 것도 모두 날조된 이야기였다. 또한 종원들이 연명해서 상소한 것도 실제로 그러한 행동을 목격했기 때문이 아니고 유정기가 전하는 말을 믿고 그렇게 한 것이었다.

그러나 모든 가정에서 일어난 사건이 그러하듯이 집 안에서 이루어진 것들이라 처음부터 아예 증인이 없었다. 설령 아들딸 혹은 종이 이를 목격했다고 하더라도 부모나 상전에 관련된 것들이기 때문에 이들을 불러다 조사할 수도 없었다. 부모의 일을 자식에게 묻거나 상전의 일을 종에게 추궁하는 것은 윤리에 거스르는 일이었다. 그래서 유정기와 신태영의 이혼 문제도 조정에서 쉽게 매듭짓지 못했다. 서로의 주장이 너무도 다른 데다가 소송 중에 유정기마저 사망했기 때문이다.

이 사건은 누구의 잘잘못을 따지기 이전에 이혼과 재혼 문제를 놓고 조정과 재야에서 격론을 벌일 만큼 사회적으로 커다란 파장을 일으켰다. 이러한 세태에 대해 성호 이익은 《성호사설》에서 다음과 같이 말했다.[55]

우리나라 법률에는 아내를 내쫓는 것에 대한 조문이 없다. 유 아무개란 자가 그 아내의 음란한 행실을 관가에 고발해 양측이 소송했으나 옥사(獄事)가 성사되지 않았고, 아내 역시 성질이 패악해 부부의 예의가 없었지만 조정의 높은 관료들이 모두 국법에 아내를 내쫓는 조문이 없다 하여 이혼을 허락하지 않았다.

…… 아내를 내쫓는 것은 진실로 폐단이 있으나, 부모에게 불효하고 음란한 행실이 있어서 도저히 그대로 둘 수 없는 여자도 끝내 국법에 의해 축출하지 않아야 하는가? …… 어떤 사람은 여자가 죄 없이 쫓겨나는 것을 염려하지만 죄가 있어도 쫓아내지 못한다면 무한한 폐단이 생기게 된다는 것을 어찌 고려하지 않는가? 풍속이 퇴폐하는 원인이 규문(閨門)에 달려 있으므로 이후에 일어나는 천만 가지 죄악을 다시는 금지할 수 없게 되는 것이다…….

도둑을 다스리는 데에는 마땅히 사람을 살펴야 하는데 간혹 형벌을 남용해 양민이 폐를 입는 경우가 있다. 그러나 이로 인해 도둑 잡는 법을 금지했다는 말은 들어보지 못했다. 지금 풍속이, 악독한 아내 앞에서 숨을 죽이고 눈 감기를 마치 하동 사자후(河東 獅子吼)만 못하니 무슨 까닭인가?[56]

이익은 국정에 막중한 책임이 있는 대신들이 국법에 이혼 규정이 없다는 것을 핑계로 유정기와 신태영 부부를 이혼시키지 않는 것을 보고 크게 분개했다. 아내를 내쫓는 행위가 비록 폐단을 일으킬 가능성이 있지만, 불효를 저지르고 음란한 행실을 자행하는 아내를 내쫓지 못한다면 이것이 오히려 가정과 사회에 더 큰 문제를 일으킬 수 있는 불씨가 될 것이라고 생각했다. 풍속이 퇴폐하게 되는 원인이 규문에서 비롯되기 때문에 만일 이러한 것을 방치하면 이후에는 천만 가지 죄악조차 금지할 수 없을 것이 자명하다고 주장했다. 어떤 사람들은 아내를 내쫓을 수 없도록 한 조처가 죄 없는 아내가 억울하게 쫓겨나는 것을 막기 위한 조처라고 주장하지만, 이는 마치 도둑을 잡다가 형벌을 남용해 무고한 양민에게 상처를 입혔다고 해서 아예 도둑 잡는 법 자체를 없앤 것과 같이 우매한 조처일 뿐이라고 주장했다. 조정의 대신들이 악처 한 명을 내쫓지 못하는 꼴이 중국의 진계상(陳季常)이란 인물이 자신의 아내 하동 유씨(河東柳氏)의 사나운 고함 한마디에 옴쭉도 못하는 몰골과 비슷하다고 조롱했다. 패악한 아내 혹은 행실에 문제가 있는 여자인 줄 알면서도 이혼할 수 없는 남자의 정황도 못된 남자를 만나서 죽도록 고생하는 여자의 입장 못지않게 답답한 굴레였던 것이다.

고문서를 통해 들여다본 조선시대의 이혼 사례

이상에서 우리는 최덕현의 수기로 명명된 고문서 한 장을 읽고 꼬리에 꼬리를 물고 일어나는 궁금증을 해결해나가면서, 조선시대 이혼과 재혼에 관한 여러 사실을 알게 되었다. 이혼과 재혼이 자유로웠던 고려시대의 풍습이 조선 전기까지는 지속되었다. 그러나 유교를 국가 이념으로 삼아 이를 확산시켜가면서 양반 사대부들은 이혼과 재혼을 마음대로 할 수 없게 되었다. 반면에 평민과 천민은 자유롭게 이혼과 재혼을 할 수 있었다. 물론 이들도 유교의 영향으로 점차 이혼과 재혼을 꺼렸다. 그러나 유교의 영향력이 크게 줄어드는 조선 말기에는 평민과 천민 여성이 먼저 이혼을 요구하기도 했다. 또 남편을 버리고 재혼한 행위가 비록 도덕적으로 비난 받을 일이긴 하지만 법적 제재를 받을 일이 아니라고 주장하기까지 했다.

한편, 조선 전기에는 다양한 이름의 이혼 문서들을 작성했으나 나라에서 이혼을 금지한 후로는 아예 이혼 문서를 작성할 수 없었으며, 평민과 천민의 경우에도 이혼 문서를 작성해주는 대신 저고리의 섶을 잘라주었기 때문에 현재 이혼 문서가 전하고 있지 않다는 사실도 알게 되었다.

나아가 최덕현의 수기를 '내면 들여다보기'라는 미시사 연구방법을 통해 살펴보았다. 그 결과 최덕현이 이혼하게 된 배경에는 조선시대에 남의 처나 첩을 빼앗던 관행이 관련되어 있음을 알 수 있었다. 다만 남의 처나 첩을 빼앗는 방식이 조선 전기에는 무력 등을 사용했다면 조선 후기에는 이혼 합의금이나 위자료를 지불하는 등 교묘하고 세련되게 변화했다. 또 이혼과 재혼이 여성에게만 피해를 준 데 그치지 않고 남성에게도 고통을 주었다. 못된 남편을 만나 죽도록 고생만 하는 아내의 입장 못지않게 사납거나 행실에 문제가 있는 아내와 이혼조차 못하고 살아야 했던 남편들 역시 답답한 굴레이자 멍에를 쓰고 살아가는 처지였다.

이 과정에서 최덕현의 수기뿐 아니라 여러 문헌이 동원되었다. 최덕현과 같은 평민과 천민이 관아에 제출했던 각종 탄원서, 재산을 나누면서 작성했던 분재기 등의 여러 고문서가 씨줄이 되고《조선왕조실록》과 같은 역사서 및 이익의《성호사설》과 같은 개인 문집 등이 날줄이 되어 조선시대 이혼과 재혼에 관련된 여러 사실을 파악하고 당시의 상황을 그려볼 수 있도록 하는 데 훌륭한 해결사 노릇을 해주었다. 아울러 필자가 이를 하나하나 밝혀가는 동안 독자들도 궁금증을 느끼고 또 나름대로 이를 해결해가는 쾌감과 재미도 함께 누렸을 것으로 생각된다.

뒤집어 보기

"노름에 미치면 신주도 팔아먹는다."라는 속담이 있다. 노름에 빠진 사람은 돈을 마련하기 위해 못할 짓이 없다는 말이다. 예나 지금이나 개인과 가족의 삶을 망치는 주범 중 하나가 노름이다. 조선시대에도 예외가 아니어서 노름으로 인한 패가망신이 종종 있었고, 이와 관련된 문서도 상당히 많이 전해지고 있다. 양사헌의 탄원서도 노름빚을 청산하는 과정에서 관아에 올린 것이다. 그런데 이 문서를 읽다 보면 궁금한 것들이 한두 가지가 아니다. 문서에 나오는 진술들을 뒤집어 보고 그 과정에서 생기는 의문점들을 하나하나 추적하다 보면 조선시대에 노름을 둘러싼 갖가지 모습이 파악되고, 나아가 숨겨진 진실까지 마주하게 된다.

양사헌의 탄원서, 노름에 중독된 조선 후기를 들추어내다

1

노름빚 갚았다는 사실을 증빙해주소서

계남면 곡리에 살지만 현재 감옥에 갇혀 있는 양사헌이 아룁니다.

삼가 아뢰올 말씀은 제〔民〕가 평소에 몸가짐을 삼가지 못하고 노름에 빠져서 감옥에 갇히고 매를 맞은 것이 이미 여러 날 지났습니다. 그런데 노름하다 진 빚 170냥 가운데 50냥은 진즉 이기찬(李基贊)에게 갚았습니다. 나머지 120냥은 간신히 변통하여 분부하신 대로 지금 막 관정(官廷)에 바쳤습니다.

그런데 가만히 생각해보니 뒷날 이 돈을 이기찬이 받지 않았다고 주장하면서 다시 요구할 것이 염려되오니 논리정연한 판결문을 써주셔서 뒷날 증빙할 자료로 삼을 수 있도록 해주시기 바랍니다. ……

을유년 정월 일

〔제사(題辭)〕 우선은 물러나 처분을 기다릴 일이다. 27일.

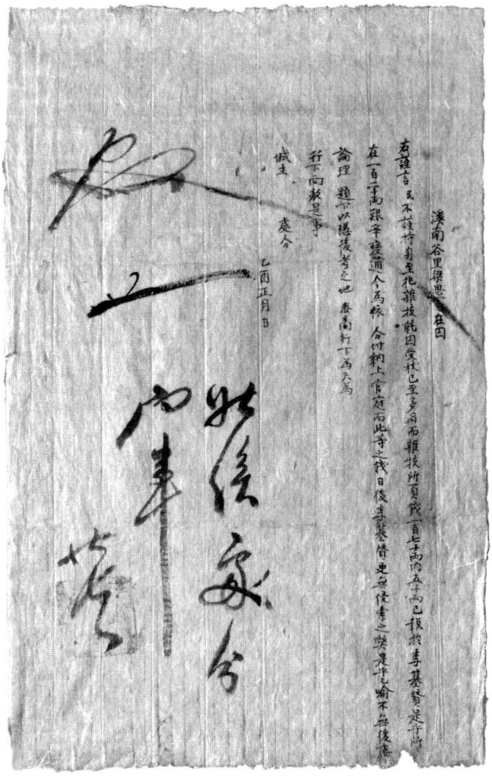

고문서 2-1 **양사헌의 탄원서, 1885년, 전북대학교 박물관 소장.**

관〔압〕[1]

이 탄원서[2]를 제출한 양사헌(梁思憲, 1858~1888)[3]은 전라도 장수현(長水縣) 계남면(溪南面) 곡리(谷里)에 살던 양반으로, 제출 시기는 을유년(1885, 고종 22) 정월이다. 그가 양반 출신이라는 점은 자신을 '민(民)'이라 칭한 데에서 알 수 있는데,[4] 실제로 그는 조선 초기에 병조판서를 역임한 남원양씨(南原梁氏) 양형(梁衡)의 후손이다.[5] 그러한 그가 시정잡배들과 어울려 노름하다 빚을 지고 이를 갚지 못해 옥에 갇혔으니 체모(體貌)가 말이 아니었을 것이다. 살을 에는 듯한 추위 속에 곤장까지 맞고 감옥에 갇혔으니, 그의 가족은 수단과 방법을 가리지 않고 돈을 마련해 관아에 낼 수밖에 없었다. 간신히 노름빚 120냥을 관아에 갖다 바쳤기 때문에 그는 곧 풀려날 예정이었다.

하지만 석방 소식을 애타게 기다리던 양사헌에게 불현듯 불길한 생각이 스쳤다. 혹시 이기찬이 후에 돈을 받지 않았다고 억지를 부리며 거듭 소송을 제기하지 않을까 하는 불안감이었다. 그래서 양사헌은 감옥에서 어렵게 지필묵(紙筆墨)을 마련해 이기찬이 노름빚을 모두 받았음을 증빙해달라는 탄원서를 작성해 서둘러 수령에게 제출했다.[6]

양사헌 탄원서의 의문점

양사헌의 탄원서를 찬찬히 읽다 보면 석연치 않은 점이 한두 가지가 아니다. 먼저 양사헌은 왜 일어나지도 않은 일, 즉 이기찬이 노름빚을 받지 않았다고 주장하며 다시 돈을 요구할 것이라 예상하여 수령에게 판결문을 작성해달라고 했을까? 또, 수령은 노름빚을 왜 관아에 납부하라고 했던 것일까? 더군다나 혹한기인 정월에 양반 출신인 양사헌을 옥에 가두고 매를 때린 것도 이해하기 어렵다. 아울러 이기찬은 무슨 배짱으로 수령에게 떳떳하지 못한 노름빚을 받아달라고 공공연하게 요청했을까? 수령이 양사헌의 탄원에 대해 "우선은 물러나 처분을 기다릴 일이다."라고 다소 모호한 태도를 취한 이유가 무엇일까? 이런 의문점들이 꼬리를 문다. 이 탄원서를 처음부터 다시 꼼꼼히 살펴보면, 겉으로 드러나지 않은 이면의 사실들이 밝혀질 수 있다. 지금부터 양사헌의 탄원서에서 석연치 않은 점들을 좀 더 자세히 들여다보자.

양사헌의 탄원서를 읽으며 드는 첫 번째 의문점은 그가 왜 일어나지도 않은 일을 예상해 수령에게 판결문을 작성해달라고 했느냐는 것이다. 이를 해결하기 위해서는 우선 조선시대 감옥에 대해 알아야 한다. 어느 시대나 그러하듯이 조선시대에도 감옥의 환경은 매우 열악했다. 영·정조 시대를 거치면서 조금 개선되기는 했지만, 여전히 조악한 편이었다. 지붕을 비롯해 건물 전체가 매우 허술하게 지어졌고, 죄수의 동태를 감시할 수 있도록 벽에 커다란 창이 나 있었다. 그래서 겨울철에는 아무리 구멍과 틈을 잘 막아도 추위를 견디기 어려웠다. 더군다나 바닥은 다진 흙바닥이거나 나무 마루였다.[7] 죄수들을 위해 별도로 연료를 지급하지 않았으니 겨울에 난방을 하는 것은 상상조차 할 수 없었다. 깔거나 덮는 것은 기껏해야 짚으로 짠 멍석이나 가마니여서 죄수가 얼어 죽는 일이 많았다.

양사헌은 엄동설한에 매를 맞아 살이 터진 채 감옥에 갇혀 있었으니 몸과 마음이 피폐해졌을 것이다. 큰 상처가 아니더라도 살 터진 곳이 덧나거나 아물기도 전에 세균에 감염되면 곪게 마련이었다. 매서운 추위가 연일 몰아치니 하루빨리 풀려나지 않으면 병사(病死)나 동사(凍死)는 불 보듯 뻔한 일이었다.

상황이 이러하니 양사헌의 가족은 수단과 방법을 가리지 않고 돈을 마련해 노름빚을 관아에 낼 수밖에 없었을 것이다. 조금이라도 돈이 될 만한 세간들은 내다 팔거나 전당 잡히고, 높은 이자를 물더라도 마을을 돌아다니며 수소문해서 급전을 구했을 터이다. 그의 아버지나 동생은 간신히 마련한 120냥을 관아에 바치고 집으로 돌아가던 길에 잠깐 감옥에 들러 그간의 사정을 귀띔해주었으리라.

양사헌은 가족이 천신만고 끝에 돈을 마련해 관아에 납부했다는 소식을 듣자마자 그 지긋지긋한 감옥에서 한시라도 빨리 벗어나고 싶었을 것이다. 감옥에서 지낸 며칠은 양사헌의 생애에서 가장 참혹했던 시간으로, 다시는 떠올리고 싶지 않았을 것이다. 갇혀 있는 동안 결코 노름을 하지 않겠다고 수없이 다짐도 했으리라. 비록 면목이 없지만, 가족이 어떻게 해서든 빨리 돈을 마련해 감옥에서 풀려나기를 속으로 간절히 바랐을 것이다. 그러다 문득 이기찬의 교활하고 끈질긴 성격을 떠올리고, 그가 만일 돈을 받지 않았다고 주장할 경우를 대비해 수령에게 증빙문서를 발급해줄 것을 요청했던 것이다.

그런데 양사헌의 가족이 관아에 노름빚을 납부했을 때 담당 아전으로부터 일종의 영수증인 자문〔尺文〕을 받지 않았을까? 조선시대에도 관아에 세금이나 벌금 등을 납부하면 자문을 발급해주었다. 만일 훗날 이기찬이 돈을 받지 않았다고 억지를 부린다면, 이 자문을 제시하고 돈을 받은 담당 아전을 증인으로 세워 입증하면 될 일이다. 그런데 양사헌은 왜 번거롭게 수령에게 사실을 확인해달라고 요청했을까? 돈을 납부했다는 자문이 있고 돈을 받은 담당 아전이 있는데 영어(囹圄)의 몸으로 굳이 지필묵까지 마련해 탄원서를 제출할 필요가 있었는지 이해되지 않는다.

둘째, 수령은 왜 노름빚을 관아에 내도록 지시했을까? 조선시대에 돈을 빌려주었다가 돌려받지 못해 벌이는 소송인 채송(債訟)이 일어날 경우, 수령은 채무자에게 빚을 갚도록 독촉하고 상환 기한을 약속하는 문서인 다짐〔侤音〕을 받아 공증 절차를 거친 후 채권자에게 주는 것이 관례였다. 즉 관에서 빚을 갚도록 독려하고 정해진 상환 기한을 공증해주되, 돈을 주고받는 행위는 당사자들끼리 하는 것이 원칙이었다. 그런데 이기찬이 양사헌에게 노름빚을 받지 못하여 관아에 고발하자 수령은 직접 나서서 노름빚을 독촉하고 관아에 내도록 지시했다. 이러한 수령의 지시는 관례와 원칙에 모두 어긋났다.

양사헌의 사촌형 양사평(梁思平, 1855~1886)[8]은 이 노름빚과 관련해 같은 해(1885) 4월 장수현감에게 탄원서를 제출했는데, 이를 보면 수령의 태도가 더욱 의심스럽다. 양사평은 탄원서에서 "성주께서 저의 사촌 동생에게 120냥을 사흘 이내에 관아에 납부하도록 지시하셨는데, 기한 내에 납부하지 못하자 또 심하게 매질을 하신 까닭에 집안의 재물을 모두 팔아 겨우 관정에 납부했습니다."라고 말했다.[9] 수령이 120냥이나 되는 돈을 사흘 안에 납부토록 하고, 기한을 넘기자 심하게 매질까지 한 행위는 아무래도 지나치다. 수령의 저의(底意)가 궁금하다.

셋째, 소송이 제기된 때가 몹시 추운 한겨울인데도 수령은 양사헌을 장형(杖刑)에 처하고 즉각 감옥에 가두도록 했다는 점도 따져볼 필요가 있다. 《경국대전》에는 혹한기(酷寒期)나 혹서기(酷暑期)에는 가벼운 체벌로도 사람을 상하게 할 수 있기 때문에 돈으로 벌을 대신하도록 했다.[10] 또 얼어 죽거나 열병으로 사망하는 것을 막기 위해 국가에서는 이 시기에 가급적이면 죄수를 감옥에 가두지 말도록 지시했다. 따라서 양사헌이 선량한 풍속에 반하는 죄를 저질렀다 하더라도 고발된 시기가 한겨울이므로 때리거나 옥에 가두지 말고 속전을 내도록 해야 했다. 그러나 장수현감은 양사헌을 장형에 처하고 곧바로 감옥에 가두었다. 물론 수령이 양사헌을 상습적으로 도박을 일삼고 갚을 능력도 없으면서 여러 사람을 속여 돈을 빌리는 등 향촌사회의 질서를 심히 어지럽히는 인물이라고 판단하고 이와 같이 엄하게 처벌했을 것이라고 생각할 수도 있다. 그러나 아무리 그렇다고 하더라도 양반인 그를 혹한기에 감옥에 여러 날 가두어두고 체벌까지 가한 것은 법 규정을 어기는 지나친 조처였다.

점점 드러나는 소송의 정황

지금까지 양사헌의 탄원서를 살펴보며 몇 가지 의문점을 발견했다. 이 의문들을 풀 실마리는 무엇일까? 먼저 이 사건이 불거진 것은 이기찬이 노름빚을 갚지 않은 양사헌을 관아에 고발했기 때문이므로, 이 노름빚이 어떤 과정에서 생겨난 것인지를 살펴봐야 한다. 즉 양사헌이 이기찬에게 노름에 져서 빚이 생긴 것인지, 아니면 양사헌이 노름을 하다 돈이 부족해 평소에 알고 지내던 이기찬한테 돈을 빌린 것인지 알아볼 필요가 있다. 어느 쪽이냐에 따라 빚의 성격이 달라지기 때문이다. 전자라면 노름빚이기 때문에 정당한 빚이 아니며, 일부만 갚거나 아예 갚지 않아도 법적으로 아무런 문제가 되지 않는다. 만일 노름 과정에서 속임수가 있었다면 그 빚은 무효가 되고, 오히려 이기찬이 처벌받을 수도 있다. 그러나 후자라면 순전히 돈을 빌린 것이므로 그 빚을 반드시 갚아야 한다.

그런데 양사평이 제출한 탄원서에서 "저의 사촌동생인 양사헌이 이기찬과 노름을 하다 죄를 범한 사실은 두 사람이 서로 관아에 스스로 출두해 소상하게 밝혔으며, 그에 따라 함께 무거운 처벌을 받았습니다."[11] 라고 말해 이기찬과 양사헌이 함께 도박했음을 알 수 있다. 따라서 양사헌의 빚은 두 사람이 같이 도박을 하는 과정에서 빌린 노름빚이며, 다른 빚과는 성격이 크게 다르다.

둘째, 이기찬은 양사헌과 함께 노름했음에도 불구하고 과연 무엇을 믿고 관아에 탄원서를 제출해 노름빚을 받아달라고 요청했을까? 조선 시대에도 노름을 범죄행위로 간주해 노름한 사람은 물론 노름 기회와 장소를 제공한 사람, 즉 와주(窩主)도 처벌했다. 또 노름판에서 오간 돈은 모두 관에서 몰수했다.[12] 《경국대전》에는 도박에 대한 처벌 규정이 없으나 조선 정부는 명나라의 법전 《대명률》의 규정을 인용해 이와 같이 처벌했다. 따라서 이기찬이 노름빚을 갚지 않았다고 양사헌을 관에 고발할 경우, 이기찬 자신도 함께 처벌받고 돈 또한 돌려받지 못할 가능성이 매우 높았다. 그런데도 그가 양사헌을 관에 고발한 이유가 분명하지 않다. 이기찬이 정상적인 사람이라면 양사헌이 함께 노름하다 진 빚을 갚지 않는다고 고발할 수는 없기 때문이다.

이기찬이 양사헌을 고발하는 문서가 전해지지 않아 정확히 알 수 없지만, 두 가지 가능성을 고려해볼 수 있다. 먼저, 이기찬이 함께 노름한 사실이나 받을 돈이 노름빚이라는 것을 감춘 채 '빌린 돈을 갚지 않는다'는 죄목으로 양사헌을 고발했을 경우다. 즉 이기찬은 양사헌이 돈을 빌려갈 때에는 온갖 애걸을 다하며 며칠만 쓰고 곧바로 돌려주겠다고 해서 빌려주었는데 그 후 태도가 돌변하여 갖은 핑계를 대며 차일피일 미루고 돈은 갚지 않는다는 투로 양사헌을 고발했을 수 있다. 그러나 심문 과정에서 함께 도박한 사실이 자연히 밝혀질 것이기에 그렇게 했을 가능성은 희박하다.

다음으로, 이기찬이 수령의 태도를 잘못 파악했거나 오해했을 수 있다. 조선 후기에는 노름이 만연해 관련 소송이 빈번했다. 노름 때문에 일어난 크고 작은 폭행 사건은 말할 것도 없고, 돈이나 물건을 강제로 빼앗는 토색(討索)이나 풍기문란 사건도 심심찮게 일어났다. 이런 까닭에 도박사건이 일반 소송처럼 처리되기도 했다. 시류에 따라 수령이 평소 도박에 비교적 관대한 생각을 가지고 있고, 노름빚도 여타의 빚과 같이 간주해 반드시 갚으라는 처분을 내려줄 것이라고 오판했을 수 있다. 그러나 양사평의 탄원서에서 보듯이 수령은 이기찬과 양사헌을 모두 처벌했다.

셋째, 양사헌이 수령에게 노름빚을 갚았다는 사실을 확인해달라는 요청에 수령은 왜 "우선은 물러나 처분을 기다릴 일이다."라고 답변했을까? 조선시대에 백성이 수령에게 어떠한 사실을 확인하거나 증빙해 달라고 요청하면, 수령은 사실 여부를 살펴본 후 사실일 경우에는 입지(立旨)나 입안(立案)이라는 증빙 문서를 발급해주도록 지시하는 것이 관례였다. 조선 후기에는 관에서 증빙 문서를 발급하는 절차가 간소화되어 청원서 끝에 '원하는 바에 따라 증빙해줄 일〔依願 立旨成給事〕'이라고 적어주기만 하면 되었다. 사람들은 이것만으로도 관의 공증 절차를 거쳤다고 생각했다. 따라서 수령은 양사헌의 가족이 돈을 제대로 납부했는지, 담당 아전이 돈을 이기찬에게 제대로 건네주었는지 등을 확인한 후 입지해주면 그만이었다. 그런데 수령은 이런 사실조차 확인하지 않은 채 기다리라고만 지시했던 것이다.

노름빚 청부업자로 전락한 수령

이쯤 되면 눈치 빠른 독자들은 수령의 행동이 미심쩍다고 느낄 것이다. 수령을 중심으로 사건의 실타래를 풀어보자. 먼저, 수령이 노름빚을 직접 갚으라 하지 않고 관아에 납부하라고 한 점에 주목하자. 앞서 언급했듯이 조선시대에 빌려준 돈을 돌려받지 못해 소송을 제기하면 수령은 채무자에게 이를 빨리 갚도록 독촉하고 상환 기한을 약속하는 다짐

〔侤音〕을 받아 채권자에게 건네주면 그것으로 끝이었다. 그 때문에 굳이 관아에 납부토록 할 이유가 없는 데다 실제 그렇게 하지도 않았다. 따라서 이 사건의 경우, 수령이 중간에서 이 돈을 가로채려고 하지 않았나 하는 의혹이 생긴다.

《대명률》에 노름판에서 오간 판돈은 관에서 몰수할 수 있었기 때문에 수령이 그렇게 하려 했다고 생각해볼 수도 있다. 그러나 이기찬이 양사헌에게서 받으려고 한 돈은 노름 현장에 있었던 판돈이 아니라 노름 도중에 빌린 것이다. 이 빚은 원천적으로 부정한 것이기 때문에 채무와 채권 관계를 무효로 처분할 수는 있어도 몰수할 수는 없었다.

또 수령의 행동을 보면 양사헌에게 추징한 120냥을 관아에서 몰수해 공적으로 사용할 의도가 있었던 것도 아닌 것 같다. 만일 그럴 의사가 있었다면 이기찬이 소송을 제기했을 때 언급했을 것이며, 설령 사정이 있어서 말하지 못했더라도 양사헌이 입지를 요청했을 때에는 그 사실을 통고했어야 한다. 하지만 수령은 이 돈의 처리에 대해 양사헌과 이기찬에게 한마디도 하지 않았다.

그렇다면 결국 수령이 추징한 노름빚의 전부 또는 일부를 착복하려고 한 것은 아닐까 하는 의문이 드는데, 문제는 설령 그렇더라도 양사헌과 이기찬 모두 정식으로 수령에게 항의하기가 어려웠다는 사실이다. 불법적으로 노름을 한 것이니 소송 당사자들이 지방에서 나름대로 세력이 있었다 하더라도 수령에게 대들 명분이 없었기 때문이다. 노름빚은 수령이 마음만 먹으면 얼마든지 가로챌 수 있었다. 물론 그러려면 아전의 도움이 필요했다. 이와 관련해 양사평이 제출한 또 다른 탄원서를 읽어보자.[13]

양사평은 양사헌이 빚을 갚고 감옥에서 풀려난 지 2개월이 지나 탄원

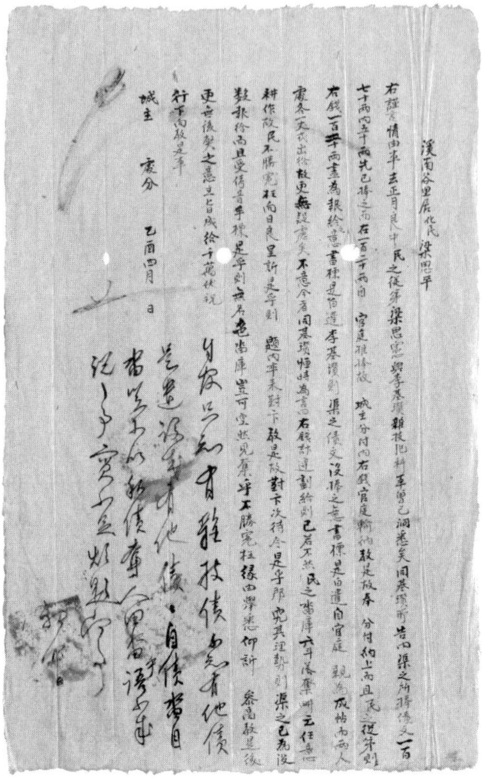

고문서 2-2 **양사평의 탄원서, 1885년, 전북대학교 박물관 소장.**

서를 제출했는데, 그 내용은 다음과 같다.

계남 곡리에 사는 화민(化民) 양사평

탄원서를 올리는 까닭은 다음과 같습니다. 지난 정월에 저의 사촌 아우 양사헌과 이기찬이 노름하다 죄를 지은 일에 대해서는 성주께서 이미 잘 알고 계실 것입니다. 이기찬이 고발장에서 그가 받아야 할 빚 170냥 중 50냥은 벌써 받았으니 나머지 120냥을 관에서 받아달라고 했습니다.

성주께서 저의 종제에게 이 돈을 관정에 납부하라 하셔서 제 종제는 분부를 받들어 바쳤습니다. 또 저의 종제는 이 120냥을 모두 갚았다는 뜻으로 수기(手記)를 썼고 이기찬 역시 그의 빚을 모두 받았다는 뜻으로 수표를 작성해서 제출하자 성주께서는 친히 공증의 의미로 문서를 만들어서 두 사람에게 각각 한 장씩 나누어 주셨습니다. 그래서 다시 다툼이 일어나리라고 조금도 의심하거나 염려하지 않았습니다.

이기찬은 평소 "노름빚에 대한 이자를 계산해 주면 가만히 있겠지만, 만일 그렇게 해주지 않으면 논 6마지기를 빼앗아 경작하겠다."라고 말했습니다. 실제로 뜻하지 않게 지금 저의 논을 빼앗아 제 마음대로 경작하고 있습니다. 그래서 제가 억울함을 이기지 못해 저번에 성주께 탄원했더니 처분하시기를 "이기찬을 데리고 법정에 출두해 대질할 일이다."라고 하셔서 지금 대질하기 위해 이기찬과 함께 대령했습니다.

그러나 이치나 형세로 따져보면 그는 이미 모든 돈을 다 받았고 돈을 다 주고받았다는 다짐 수표까지 서로 작성해 주고서 아무 문제가 없는 저의 논을 어찌 공연히 빼앗는다는 말입니까? 억울함을 이기지 못해 이와 같이 사연을 갖추어 우러러 하소연하오니 헤아려 살펴보신 후 뒷날 폐단이 다시 일어나지 않도록 입지해주시길 천만번 바라옵니다. ……

을유년 4월 일

〔제사〕 관에서는 오직 노름빚이 있다는 것만 알고 다른 빚에 대해서는 알지 못한다. 설혹 다른 빚이 있다 하더라도 빚은 빚이요 논은 논이다. 어찌 사사로운 빚으로 다른 사람의 전답을 빼앗을 수 있단 말인가? 말이 되지 않는 일이니 진실로 번거롭게 처분을 내릴 필요조차 없다. 초4일.

관〔압〕[14]

위 탄원서에 따르면 양사헌은 노름빚 120냥을 납부하고 그 증서로 수표를 작성해 관아에 제출했고, 이기찬도 수령을 통해 노름빚 120냥을 돌려받았다는 증서로 수표를 작성해 관아에 제출했다. 그러자 수령은 이러한 사실을 공증하는 의미로 문서에 관인을 찍는 성첩(成貼)을 해서 각기 상대편의 수표를 지급했다. 나중에 말썽이 일어날 것에 대비한 조처였다. 따라서 탄원서의 내용대로라면 수령이 징수한 노름빚을 중간에서 착복하지는 않았다고 볼 수 있다.

하지만 속단하기는 아직 이르다. 수령이 이기찬과 미리 짜고 적극적으로 노름빚을 받아낸 후 돈을 배분했을 수 있기 때문이다. 노름은 원래 부정한 것이어서 나중에는 그 빚을 다 받아내기가 어려웠다. 도박하는 사람들은 으레 노름판에서는 다급해서 고리대로 돈을 빌리지만 노름이 끝난 후에는 빚을 갚지 않고 시일을 질질 끌었다. 반면 노름판에서 돈을 빌려준 사람은 돈의 성격상 원금이나 이자를 조금 손해 보더라도 서둘러 받아내려고 했다. 나중에 자세히 살펴보겠지만 양사헌은 최만화와 유인진이라는 사람들과 노름을 해서 최만화에게 400냥이 훨씬 넘는 노름빚을 진 적이 있었다. 그러나 양사헌이 차일피일 미루며 돈을 갚지 않자 최만화는 결국 몇 년 후에 겨우 50냥만을 받았다. 유인진도 양사헌에게 노름빚 190여 냥을 받아야 했지만 겨우 30냥을 받는 것에 그쳤다.

노름빚을 다 받아내려면 폭력이나 권력을 동원할 수밖에 없었다. 이기찬도 권력을 이용해 빚을 받아내고자 수령과 은밀한 거래를 한 것은 아니었을까? 이 사건을 수령과 채권자의 부정한 거래로 파악한다면 수령이 《경국대전》의 규정을 어겨가며 양반인 양사헌을 엄동설한에 매질하고 감옥에 가둔 것, 적지 않은 노름빚을 단 사흘 만에 관아에 납부토록 무리하게 압박한 것, 이를 어기자 다시 심하게 매질한 것 등 일련의 일들이 한꺼번에 설명될 수 있다. 그렇지 않다면 수령이 양사헌에게 그토록 가혹하게 굴 이유가 없었다. 결국 수령은 노름빚을 대신 받아내는 청부업자로 전락했던 것이다.

양사헌의 얄팍한 꾀와 노회한 수령

이제 양사헌의 탄원서로 돌아가보자. 120냥을 간신히 변통해 관아에 납부했다는 소식을 전해들은 양사헌은 우선 그간의 과오를 뉘우치고 새롭게 각오를 다졌을 것이다. 돈을 마련하느라 사방팔방으로 뛰어다니며 굽실거렸을 가족에 대해 미안함을 느꼈을 것이다. 가장으로서 면목이 없지만, 곧 풀려나서 집으로 돌아갈 것이라고 기대도 했을 것이다.

그러나 마음 한구석은 답답했을 것이다. 아무래도 이기찬과 수령의 행동이 처음부터 미심쩍었고 불안한 마음을 가눌 길이 없었다. 수령이 중간에서 돈을 가로채거나 이기찬과 배분할 가능성이 매우 높았다. 그렇다면 만일 풀려난다고 해도 다시 이기찬이 억지를 부리며 빚 독촉을 할 것이 명백했다. 그렇다고 해서 수령에게 이에 대해 직접 말할 처지도 아니었다. 섣불리 수령을 의심하는 말을 하거나 의혹 어린 표정이라도 짓는 날에는 감옥에서 풀려나지 못할 뿐만 아니라, 수령을 공연히 의심한다는 죄목으로 더 큰 곤욕을 치를 수도 있었기 때문이다.

밤새 한숨도 자지 못한 양사헌은 궁리한 끝에 좋은 생각을 떠올렸다. 수령의 이상한 행위에 대해서는 조금도 내색하지 않고 이기찬이 돈을 받았다는 사실만 관에서 증빙하도록 한다면, 설령 수령이 돈을 가로챘다 해도 훗날 이기찬으로부터 괴롭힘을 당할 이유가 없었던 것이다. 실제로 이기찬이 수령에게서 노름빚을 돌려받았는지 여부에 상관없이 관의 증빙은 법적으로 유효했기 때문이다. 또 수령이 돈을 가로채지 않고 그대로 잘 건네준다 하더라도 억지를 잘 부리는 이기찬이 후에 어떤 구실로 트집을 잡을지 알 수 없기 때문에, 담당 아전이 발급한 자문만 가지고 있는 것보다 수령에게 입지까지 받아두면 뒤탈이 없을 것으로 판단했다. 그래서 그는 새벽이 되기를 기다렸다가 탄원서를 작성해 수령에게 제출한 것이다.

그러나 산전수전 다 겪은 노회한 수령이 어찌 이를 모르고 지나갈 것인가? 양사헌의 탄원서를 읽은 수령은 눈 하나 깜빡하지 않은 채 "우선은 물러나 처분을 기다릴 일이다."라는 판결을 곧바로 써내려갔다. 잠시 후 감옥에서 이 판결문을 본 양사헌의 얼굴은 백지장처럼 창백해지고 등에는 식은땀이 흘러내렸다. 물러나 기다리라는 처분은 '잔말 말고 조용히 있지 않으면 그냥 두지 않겠다'는 의미와 다름없었다. 그는 들릴 듯 말 듯 혀를 끌끌 차며 "내가 또 괜한 일을 저질렀구나." 하고 탄식했다. 수령이 어떠한 처분을 내릴지 몹시 걱정이 되었던 것이다.

양사헌은 얼마 되지 않아 감옥에서 풀려났다. 그러나 예상했던 대로 이기찬의 횡포는 그치지 않았다. 같은 해 3월에 농사를 지으려 하자 이기찬은 느닷없이 노름빚의 이자를 갚지 않는다며 양사평이 경작하던 논 6마지기를 빼앗으려고 했다. 이기찬이 노름빚을 다 받았다는 뜻으로 다짐 수표를 작성해 관의 공증까지 거쳐 양사헌에게 주었음에도 이와 같이 생떼를 쓴 이유는 무엇일까? 단지 그가 만족할 줄 모르는 철면피였기 때문일까? 아니면 수령이 양사헌의 탄원을 핑계 삼아 이기찬에게 더 많은 지분을 요구했고 이기찬은 수령에게 추가로 빼앗긴 몫을 양사헌에게서 보충하기 위해서였을까? 이에 대해서는 관련 문서가 전하지 않아 알 수 없다.

이기찬이 억지를 부리며 논을 빼앗으려고 하자 양사평과 양사헌의 아버지 양경원(梁慶源, 1825~1897)은 번갈아가며 탄원서를 제출했다. 그러나 수령은 매번 자기는 아무런 관심이 없다는 듯한 처분만 내렸다. "나는 노름빚에 대해서만 알 뿐 다른 빚은 알지 못하며, 설령 다른 빚이 있다고 하더라도 빚은 빚이고 논은 논이니 빚으로 어찌 다른 사람의 논을 빼앗는다는 말이냐?"라고 이기찬의 행위를 나무라는 듯이 하고서는 "말이 되지 않는 일로 번거롭게 소송하지 말라."라는 처분을 내리고 있다.[15] 양사평의 억울함을 풀어주기는커녕 자신의 번거로움만 내세워 소송하지 말도록 지시한 것이다. 이기찬의 끊임없는 괴롭힘을 견디다 못한 양경원이 다시 탄원하자, 수령은 "번거롭게 소송하지 말라는 전의 처분을 어찌 잊고서 또 이와 같이 나를 수고롭게 하느냐? 네가 하는 짓은 거의 건송(健訟)이라 할 만하다."라는 처분을 내렸다.[16] 건송이란 하찮은 일로 소송하기를 즐기는 행위를 말하는데, 조선시대에는 이를 죄악시했다. 이기찬의 괴롭힘을 견디지 못해 하소연하는 양경원에게 수령은 오히려 건송을 한다며 윽박질렀던 것이다.

앞의 소송에서는 매질까지 하면서 급박하게 노름빚을 받아내려고 했던 수령의 태도가 왜 이처럼 돌변했는지 어리둥절하기만 하다. 다만 이번 소송이 돈을 받아내는 것은 아니었다는 점을 유념할 만하다. 수령 입장에서 이 소송은 얻을 것이 아무것도 없는 귀찮기만 한 일일 뿐이었다. 수령이 갑자기 '오불관지(吾不關知)', 즉 '나는 이러한 소송에 관심이 없다'는 태도를 취한 것은 바로 이 때문이었다.

지금까지 우리는 양사헌과 양사평 등의 탄원에 대한 수령의 처분을 통해 조선 후기 수령의 이중적인 태도를 살펴보았다. 이는 당시 수령들의 부패상을 보여주는 사례이다. 조선시대 수령이 모두 다 이와 같지는 않았겠지만, 조선 후기에 지방이 잘 통치되지 않았던 중요한 이유 중 하나가 지방 관리의 부정부패와 밀접한 관련이 있었던 것만은 분명하다.

2

양사헌, 도박으로 패가망신하다

양사헌이 노름을 한 것은 이번이 처음은 아니었다. 그는 이전에도 도박으로 많은 돈을 잃고 노름빚을 져 집안을 파탄으로 몰아넣었다. 이러한 사실은 양사헌의 동생인 양주순(梁周舜, 1870~1935)[17]이 정유년(1897, 광무 1)에 올린 탄원서에 잘 나타나 있다.[18]

계남면 곡리에 사는 죄민(罪民) 양주순

탄원서를 올리는 까닭은 다음과 같습니다. 지난 갑신년(甲申年)에 저의 망형(亡兄)이 우연히 부랑배(浮浪輩)의 꾐에 빠져 가족 몰래 돈 몇백 냥을 소에 싣고 경상도 안의로 가 최만화(崔萬化)와 이내순(李乃順) 등과 더불어 노름판을 벌였습니다. 그런데 가지고 갔던 돈을 모두 잃고 추가로 진 빚이 수백 냥이나 되었습니다.

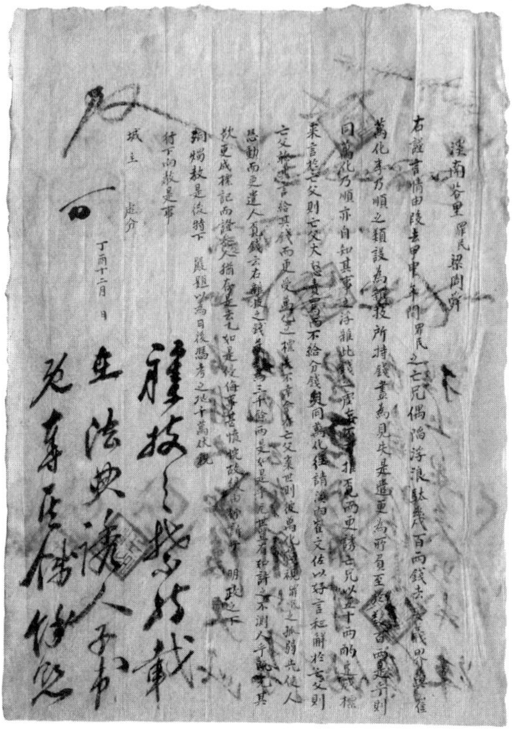

고문서 2-3 **양주순의 탄원서, 1897년, 전북대학교 박물관 소장.**

노름이 끝난 후 최만화와 이내순은 노름이 쓸데없고 추잡한 일이며 또 노름빚이 허망하여 추심할 수 없다는 것을 알고는 다시 망형을 꼬드겨서 노름빚을 50냥으로 절충해 수표를 작성하고, 저의 망부(亡父)에게 와서 그 돈을 달라고 말했습니다. 망부는 크게 화를 내고 욕을 하며 그들을 꾸짖고는 한 푼도 주지 않았습니다. 그러자 최만화가 계내(溪內)에 사는 최문좌(崔文佐)를 찾아가서 좋은 말로 망부와 화해할 수 있도록 주선해줄 것을 요청하니, 망부가 어쩔 수 없이 최문좌의 말을 들어 돈을 주고 최만화로부터 빚을 갚았다는 수표를 받았습니다.

불행히 금년 봄에 망부가 세상을 뜨자 최만화가 힘없고 고단한 저를 깔봐 먼저 사람을 시켜 공갈을 하고 다시 또 다른 사람을 보내 노름빚이 이자와 아울러 무려 3,000여 냥이나 된다고 말하니 세상에 어찌 이와 같이 불측한 사람이 있겠습니까? 이미 노름을 통해 수백 냥을 따서 욕심을 채우고 다시 50냥으로 노름빚을 청산한다는 수표까지 작성해주었습니다. 또 그때 증인으로 참석한 사람들도 아직 살아 있거늘, 이와 같이 저를 깔보고 억지로 돈을 뜯어내려는 행위가 너무 분하고 억울합니다. 이에 그간의 사연을 수령께 우러러 하소연하오니 통촉하신 후 특별히 엄명을 내리셔서 뒷날 증빙할 수 있도록 해주시기를 천만번 바라옵니다. ……

정유년 12월 일

〔제사〕 노름을 금지하는 법이 법전에 실려 있는데 다른 사람의 자제를 꼬드겨 이미 많은 돈을 빼앗고도 탐욕이 남아 사람이 죽은 후에 이와 같이 돈을 뜯어내려 한다고 하니 놀랍기 짝이 없다. 만일 훗날 다시 와서 돈을 빼앗으려 하거든 마을에서 결박해 관아로 잡아 올려라. 혹시 소홀해 체포하지 못하거든 담당자들은 엄한 벌을 면치 못할 것이다.

동유사(洞有司)와 두민(頭民). 초2일. 고(告) 이수환(李秀換)

관〔압〕[19]

양주순이 탄원서를 제출하면서 스스로를 죄민(罪民)이라고 칭한 것은 그의 형처럼 죄를 저질러 옥에 갇혀서가 아니라 부친상을 당했기 때문이다. 조선시대 사람들은 부모가 돌아가시면 부모님께 효성을 다하지 못했음을 자책하며 스스로를 죄민이라 칭했다. 상중에는 출입을 삼가고 근신했으며, 부득이한 경우가 아니면 소송을 벌여서는 안 되었다.

양주순이 망형(亡兄)이라고 지칭한 양사헌은 이 탄원서를 제출하기 전인 1888년(고종 25)에 사망했다.[20] 양주순의 탄원에 따르면 양사헌은 지난 갑신년, 즉 1884년(고종 21)에 노름을 하기 위해 가족 몰래 돈 몇백 냥을 소에 싣고 경상도 안의현으로 갔다. 경상도 안의현은 양사헌이 살던 전라도 장수현과 비록 행정 구역은 다르지만 인접해 있다. 양사헌은 그곳에서 최만화[21], 이내순 등과 어울려 노름을 벌여 애초 가져간 돈을 모두 잃고, 그들에게 수백 냥의 돈을 빌려 계속 도박을 했다. 양사헌이 이미 사망했으므로 그가 최만화와 이내순에게 빌린 돈이 얼마인지는 양주순이 알 수 없었다. 다만 남아 있는 수표에 의하면 노름빚은 이자를 포함해 400냥이 조금 넘었다.[22]

최만화와 이내순은 불법적인 노름을 벌여서인지 받아야 할 돈이 많았지만 곧바로 빚을 추심하지 않았다. 그러다가 이들은 양사헌에게 50냥만 받기로 약속하고 수표를 작성했다. 이 같은 노름빚 탕감은 400냥이 넘는 돈을 받을 방법이 없는 데 따른 현실적인 타협책이었다. 그리고 이 수표를 양사헌의 아버지 양경원에게 보이며 돈을 갚아달라고 요청했지만 양경원은 이들을 크게 꾸짖은 채 한 푼도 주지 않았다. 다급해진 최만화와 이내순은 양경원과 절친하게 지내는 최문좌에게 주선을 부탁했고, 최문좌의 화해 권유까지 뿌리칠 수 없었던 양경원은 이들에게 50냥을 주고 수표를 건네받았다.

최만화가 1884년에 양사헌에게 50냥만 받기로 약속하고 작성한 수표와 그 이듬해 즉 1885년(을유년)에 양경원에게 50냥을 받고 작성해준 수표가 전해진다.[23] 먼저 1884년에 작성한 수표를 살펴보자.

표(標)

이 표를 작성하는 사연은 다음과 같다. 노름빚으로 받아야 할 돈 420

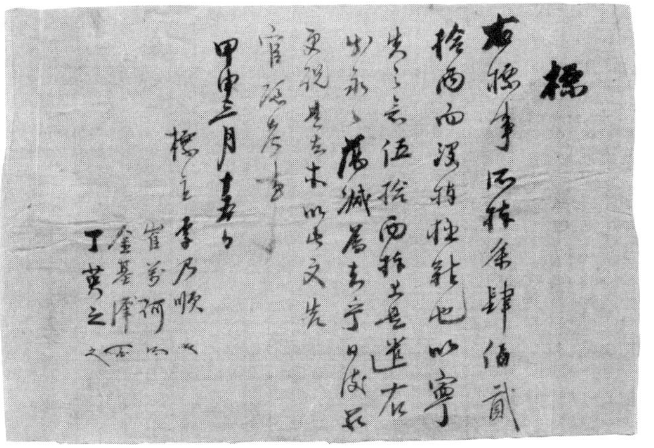

고문서 2-4 **최만화의 수표, 1884년, 전북대학교 박물관 소장.**

냥을 모두 받기가 매우 어렵다. 그래서 차라리 손해를 보는 마음으로 50냥을 받고 앞의 노름빚을 영원히 탕감하니 후일에 만일 다시 말이 있거든 이 문서를 가지고 관에 고해 증거로 삼을 일이다.

갑신년 3월 15일

표주(標主) 이내순〔수결〕

최만하〔수결〕

김기택〔수결〕

정영지〔수결〕[24]

이 수표에서 최만하(崔萬河)는 최만화와 동일인이 분명하다. 앞에서 설명한 대로 노름빚 420냥을 모두 받을 수 없게 되자 양사헌과 50냥만 받기로 약정한 후 작성한 수표이다. 다만 돈을 건네받고서 작성해준 것이 아니라 받을 경우에 대비해 미리 작성해둔 것이었다.

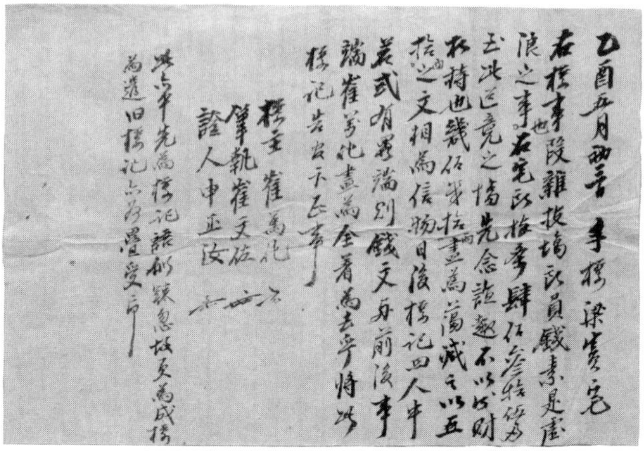

고문서 2-5 **최만화의 수표, 1885년, 전북대학교 박물관 소장.**

이제 그 이듬해에 작성된 수표도 확인해보자.

을유년 5월 초3일 수표 양생원댁

이 표를 작성하는 사연은 다음과 같다. 노름장에서 진 빚은 본디 허랑한 것이다. 위 댁에서 노름빚으로 받아야 할 돈이 435냥인데 이 어려운 때에 먼저 도리를 생각해 돈 때문에 서로 자신의 의견을 고집해서는 안 될 것이다. 이에 몇백 몇십 냥을 모두 탕감하고 단지 50냥을 주고받는 것으로 서로 신표를 삼는다. 후일 이 표에 기록된 네 명 중 누가 이의를 제기하거든 돈과 전후로 일어난 일은 모두 최만화가 전적으로 책임질 것이므로 이 표를 가지고 관에 고발해 바로잡을 일이다.

표주 최만화〔수결〕

필집(筆執) 최문좌〔수결〕

증인 신정여〔수결〕

추기: 먼저 작성한 수표는 말[語]이 소홀한 것 같아 다시 수표를 작성하고 이전의 수표[舊標]도 함께 받았다.[25]

이 수표는 양경원에게 50냥을 받고 작성한 것으로 추정된다. 이전 수표에서는 노름빚이 420냥이라고 했는데 여기서는 435냥이라고 한 것은 그간 이자가 더해졌기 때문일 것이다. 이 수표를 작성한 필집(筆執)은 최문좌인데, 그는 양경원과 최만화가 서로 화해할 수 있도록 주선한 바로 그 인물이다. 최문좌가 화해를 주선하고 수표를 직접 작성했으며 최만화가 앞으로 이의를 제기하는 채권자가 있으면 돈뿐만 아니라 전후로 일어난 일에 대해 모두 책임을 지기로 약속했기 때문에 노름빚은 이로써 탕감되었다고 할 수 있다.

그런데 1897년 봄에 양경원이 사망하자 최만화는 태도를 바꾸어 양주순에게 노름빚과 이자를 합해 무려 3,000여 냥을 갚으라고 윽박질렀다. 양사헌이 진 노름빚을 그의 아버지에게 받아내고, 그의 아버지가 사망하자 이제는 그의 동생에게 덮어씌우려는 형상이었다. 그래서 양주순은 수령에게 탄원서를 제출해 사정을 아뢰고 최만화가 다시는 부당하게 요구하지 못하도록 해달라고 요청했다. 최만화로부터 받은 수표를 증빙서류로 제출했음은 물론이다.

양주순의 탄원서를 접수한 수령은 얼마 전에 새로 부임한 인물이었다.[26] 그는 노름을 금지하는 법이 있음을 상기시키고, 다른 사람의 자제를 꼬드겨 함께 노름해서 돈을 빼앗고 당사자가 사망한 후에도 가족에게 차례로 노름빚을 받아내려는 짓이 놀랍기 짝이 없다며 최만화의 행위를 크게 비난했다. 아울러 훗날 다시 노름빚을 요구하거든 마을에서 협력해 잡아 올리고, 만일 소홀히 해서 이들을 체포하지 못하면 담당자를 엄하게 처벌하겠다고 약속했다.

양주순은 탄원서에서 자신의 형이 우연히 부랑배의 꾐에 빠져 노름을 했다고 진술했다. 하지만 양사헌이 단지 한 차례 노름으로 이 같은 패가망신을 한 것은 아니었다. 또 탄원서에는 양사헌이 많은 돈을 잃고 노름빚까지 진 피해자처럼 묘사되어 있지만 실제 그는 상습적인 도박꾼이었다. 양사헌은 1884년에 경상도 안의현까지 가서 노름을 하다 가지고 간 돈 수백 냥을 잃고도 400냥이 넘는 빚을 졌으며, 그 빚을 채 갚기도 전에 같은 고을의 이기찬과 도박을 해 170냥에 달하는 빚을 졌다. 노름빚을 갚지 못하자 이기찬의 고발로 엄동설한에 옥에 갇히고 수령으로부터 심하게 매질까지 당한 것은 이미 살펴본 바와 같다. 양반으로서 옥에 갇히고 매질까지 당했으며 노름빚을 갚기 위해 세간을 모두 처분했으니 패가망신했다고 할 수 있다. 그렇지만 양사헌은 한번 빠진 도박에서 영영 헤어나지 못했다. 이는 그의 집안에 노름빚 때문에 작성한 수표들이 많이 남은 점을 통해 알 수 있다.[27]

양사헌 집안에 있는 또 다른 노름빚 수표

양사헌 집안에 전해오는 노름빚 수표 중에는 양사헌과 직접 관련되지 않은 것들도 상당히 있다. 이 수표의 주인공은 누구일까? 집안에 양사헌 말고 또 다른 노름꾼이 있었던 것일까? 그의 집안에 현전하는 수표 중 하나를 살펴보자.[28]

수표 정해년 3월 12일

수표를 작성하는 이유는 다음과 같다. 지난 병술년(丙戌年) 봄에 댁과

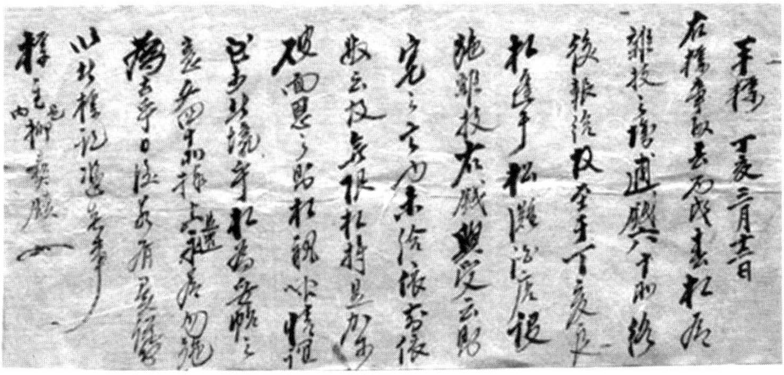

고문서 2-6 **유이진의 수표, 미상, 전북대학교 박물관 소장.**

내가 노름판에서 만나 도박을 하다가 댁이 진 빚 60냥을 노름이 끝난 후에 갚겠다고 약속했다. 그 후 정해년(丁亥年)에 이르러 송탄주점(松灘酒店)에서 만나 다시 노름을 했는데, 이때 이전 빚을 주고받는 것에 대해 말하니 댁은 노름빚이니 전에 빌린 대로는 못 주겠다고 말했다. 끝없이 서로의 주장만을 고집하다가 헤어졌는데 그 후 곰곰이 생각해보니 계속해서 얼굴을 볼 사이인데 인정과 도리가 이 지경에까지 이르러서야 되겠는가? 서로 타협하는 뜻에서 돈 40냥만 받고 나머지는 영영 포기하니 뒷날 만일 다른 소리가 있거든 이 수표를 가지고 증빙할 일이다.

표주 읍내[29]에 사는 유이진(柳彝鎭)〔수결〕[30]

이 수표를 작성한 유이진은 지난 병술년에 도박장에서 이 수표의 수령자와 만나 노름을 하다가 60냥을 빌려주었으나 돌려받지 못했다. 다음 해인 정해년에 송탄주점에서 다시 만나 노름을 하다 빚을 갚으라고 독촉했더니 그는 노름빚이니 다 주지는 못하겠다고 주장했다. 유이진은 그와 앞으로도 계속해서 만날 사이이기 때문에 60냥 중 40냥만 받고 나머지 20냥을 포기하기로 타협하고 수표를 작성해주었다.

이 수표에서 주목할 부분은 첫 줄에 쓰여 있는 '정해년 3월 12일'이다.[31] 일반적으로 수표에 적힌 날짜는 작성일이나 발급일을 뜻한다. 그러나 여기에서는 그렇지 않은 것 같다. 그렇게 추정하는 이유는 시간 표현 때문이다. 유이진은 처음 만나 노름을 하고 돈을 빌려준 때를 '지난 병술년 봄〔去丙戌春〕'이라고 했다. 만일 이 수표를 정해년 3월 12일에 작성했다면, 병술년은 바로 전년이다. 그런데 조선시대에 문서를 작성할 때 보통 바로 전년을 '거년(去年)'이나 '전년(前年)' 혹은 '작년(昨年)'으로 표기하지 '거병술(去丙戌)'이라고 하지는 않는다. 또 문서를 작성하는 그해의 일을 거론할 때에는 일반적으로 '올해에 이르러서〔至于今年〕'라고 하지 그해의 간지를 언급하며 '정해년에 이르러〔至于丁亥〕'라고 표현하지 않는다. 그렇다고 '거병술'의 '거(去)'에 주목해 60갑자(甲子)를 거슬러 올라가 61년 전 병술년이나 60년 전 정해년으로 보기도 어렵다. 빚을 진 지 무려 60년이나 지났다면 이 돈을 빌리거나 빌려준 당사자들이 모두 사망했을 가능성이 높고, 문서로 작성하지 않은 노름빚을 60여 년이 지나 뒤늦게 상환할 가능성이 거의 없기 때문이다.

따라서 시간 표현에 의거한다면 이 수표는 처음 노름을 한 병술년으로부터 적어도 4~5년이 지난 이후에 작성되었을 가능성이 높으며, 첫 줄에 적힌 '정해년 3월 12일'은 작성일이나 발급일이 아닐 수 있다. 또 수표는 약간 흘림체로 쓴 데 반해 '정해년 3월 12일'은 단정하게 쓴 해서체(楷書體)인 점으로 미루어 추기(追記)된 것으로 보인다. 그렇다면 '정해년 3월 12일'은 무슨 날일까? 아마 후일 문서를 정리하던 사람이 송탄주점에서 이들이 만나 노름하던 때가 이날이었다는 사실을 알고서 참고하기 위해 기입한 것으로 추정된다.

유이진과 노름한 사람은 누구인가

만일 이 수표가 병술년으로부터 4~5년 후에 작성되었다면, 이때 노름에 참여한 사람은 양사헌이 아닐 가능성이 크다. 그는 정해년 바로 다음 해인 무자년(1888) 3월 2일에 사망했기 때문이다.[32] 이 수표의 수령자는 유이진과 함께 병술년과 정해년에 노름했을 뿐만 아니라 유이진이 수표를 작성해 주던 때, 즉 병술년으로부터 적어도 4~5년 후까지 생존한 인물이어야 하는데 양사헌은 그 이전에 사망했으므로 그 아닌 다른 사람이어야 한다. 수표에 나타난 시간 표현을 꼼꼼히 따진 것도 바로 이러한 사실을 밝히기 위해서였다. 그렇다면 위 수표를 받은 '댁'은 누구일까? 양사헌의 가족 중 한 사람으로 추정되는데, 누구인지 확인하기 위해 수표 한 장을 더 살펴보자. 이 수표는 작성자가 유이진(柳彝辰)으로, 앞에서 살펴본 유이진(柳彝鎭)과 이름의 끝 글자가 다르지만 동일인으로 추정된다.[33] 그는 장수현의 북동(北洞)으로 옮겨 살았다. 수표 내용은 다음과 같다.[34]

수표 곡리 양생원 앞

수표를 작성하는 이유는 다음과 같다. 양생원에게 받아야 할 돈 193냥 중 113냥은 친한 사이에 힘을 덜라는 뜻에서 탕감해주고 실제로 80냥을 세 차례 기한을 정해 받되 마지막 기한은 이번 10월 15일이다. 만일 이 기한을 어기면 본래 지급해야 할 193냥을 모두 바친다는 뜻으로 표를 작

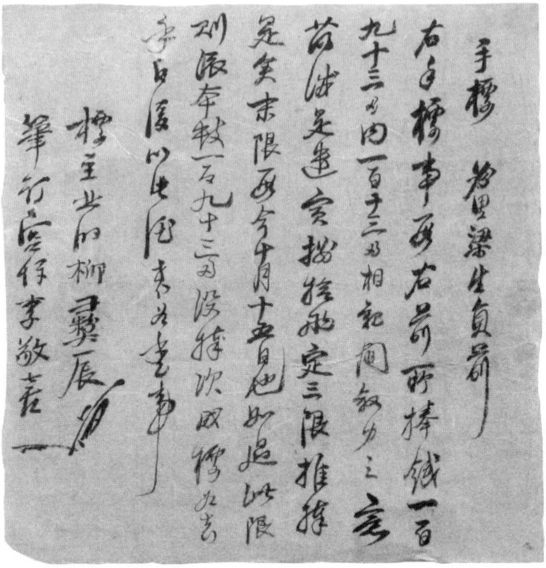

고문서 2-7 **유이진의 수표, 미상, 전북대학교 박물관 소장.**

성하니 뒷날 이론이 제기되거든 이 문서로 증빙할 일이다.

표주 북동에 사는 유이진[수결]

필집 궁평에 사는 이경약[수결][35]

먼저, 이 수표는 일반적으로 작성된 수표와 다르다. 대개 금전 거래와 관련해 작성하는 수표는 채무자가 채권자에게 작성해주었다. 그러나 이 수표는 채권자가 채무자에게 발급한 것이다. 수표에 따르면, 북동에 사는 유이진은 양생원에게 받아야 할 빚 193냥 중 113냥을 탕감해주고 80냥만 받기로 했다. 그것도 세 차례 나눠 받되 마지막 기한은 10월 15일로 정했다. 여기에 조건이 있었다. 기한 안에 80냥을 갚지 못하면 본래 갚아야 했던 193냥을 지급하도록 했다. 그는 이러한 뜻을 알리기 위해 수표를 작성해 곡리에 사는 양생원에게 주었다.

유이진이 113냥이나 탕감해주자 양생원은 이에 호응해 남은 빚을 어떻게 갚을 것인지에 대한 계획을 세웠다. 그러고 나서 다음과 같은 수표를 작성해 유이진에게 건네주었다.[36]

수표

수표를 작성하는 이유는 다음과 같다. 내가 유이진에게 갚아야 할 돈 193냥 중 113냥을 탕감해주어서 실제로 갚아야 할 돈은 80냥인데 세 차례 기한을 정하여 갚겠다는 뜻으로 이와 같이 표를 작성한다. 만일 이 기한을 어기면 탕감한 빚을 본래의 액수대로 갚겠다는 뜻으로 수표를 작성해주니 뒷날 이것으로 빙고(憑考)할 일이다.

표주 곡리에 사는 양국원〔수결〕

필집 궁평에 사는 이경약〔수결〕

1차 기한〔初限〕	9월 15일	24냥		
2차 기한〔中限〕	30일	36냥		도합 80냥[37]
3차 기한〔末限〕	10월 15일	20냥		

수표 작성자 양국원(梁局元)은 유이진이 이미 언급한 대로 빚을 탕감해 80냥만 내도록 한 사실을 그대로 반복하고, 세 차례 나누어 갚을 것을 약속했다. 1차 기한은 9월 15일로 24냥을, 2차 기한은 같은 달 30일로 36냥을, 마지막 3차 기한은 10월 15일로 나머지 20냥을 갚겠다고 약속했다. 만일 이 기한 내에 갚지 못하면 탕감해준 돈까지 합해서 갚겠다고 했다. 이는 앞에서 살펴본 유이진의 수표 내용과 일치한다. 따

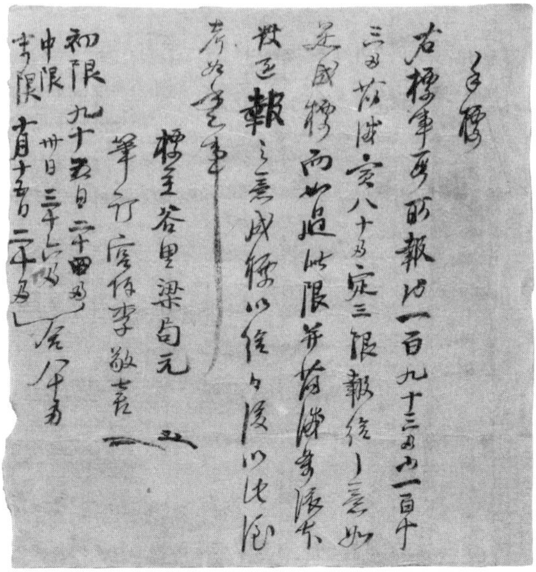

고문서 2-8 **양국원의 수표, 미상, 전북대학교 박물관 소장.**

라서 유이진의 수표에 나오는 양생원이 바로 양국원임을 알 수 있다.

이제 남은 문제는 곡리에 사는 양국원이 누구인지를 알아보는 것이다. 1885년(고종 22)에 장수현에서 양사헌의 부친 양경원에게 발급한 준호구(準戶口)가 한 장 전한다.[38] 그는 당시 61세로 47세의 처, 양사헌을 비롯한 세 명의 아들 내외와 함께 살고 있었다. 이 준호구와 탄원서의 내용 등을 바탕으로 양사헌의 가계도를 그려보면 다음과 같다.

가계도를 보면 양사헌에게는 두 명의 친동생 양사술(梁思述)과 양사건(梁思健), 그리고 탄원서를 제출한 사촌형〔從兄〕 양사평(梁思平)이 있었다. 그러나 앞에서 살펴본 수표의 작성자 양국원은 나오지 않는다. 이 가계도만으로는 그가 양사헌의 가족이 아닌 듯하다. 하지만《남원양씨

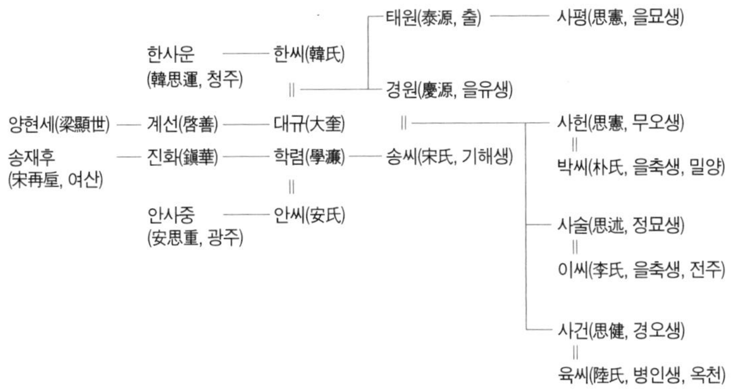

양사헌의 가계도

파보》에서 양사헌의 가계를 보면, 양사헌의 고조인 양현세(梁顯世)부터 아버지인 양경원(梁慶源)까지는 위 가계도와 같이 기재된 데 반해 양사헌 삼 형제는 모두 이름이 달리 기재되어 있다. 양사헌은 이름이 은식(銀植) 자(字)는 국헌(國憲)으로, 둘째 양사술은 이름이 원식(元植) 자는 내장(乃章)으로, 막내 양사건은 이름이 정식(貞植) 초명은 사필(思弼) 자는 내술(乃述)로 적혀 있다.[39]

이를 자세히 살펴보면, 준호구에 나오는 양사헌의 이름과 족보의 이름이나 자 중 한 글자가 겹치는 사실을 알 수 있다. 양사헌의 '헌(憲)'은 은식의 자인 국헌의 '헌'과 일치한다. 그런데 양사술은 족보 이름 원식의 '원(元)' 또한 유이진에게 빚을 진 양국원의 '원'과 일치한다. 따라서 양국원은 양경원의 둘째 아들 양원식이라고 추정해볼 수 있다. 정유년(1897)에 탄원서를 제출한 양사헌의 동생 양주순은 준호구나 족보에 기재된 이름이나 자 등이 일치하지 않으나 여러 정황상 막내 양사건으로 보인다. 이러한 추정대로라면 양경원의 첫째 아들 양사헌뿐만 아니라 둘째 아들 양국원마저 도박에 빠졌는데, 이는 뒤에서 살펴볼 양경원의 유훈서에서도 확인된다.

자식의 노름빚 갚느라 허리가 휜 양경원

양국원, 즉 양사술은 결국 유이진과 맺은 약속을 지키지 못했다. 그렇다고 수표에서 이야기한 것처럼 노름빚 193냥을 모두 갚지도 않았다. 이러한 사실은 다음 수표를 통해 알 수 있다.[40] 이 수표는 유이진이 갑신년(1884, 고종 21) 10월 28일에 작성한 것이다.

수표

수표를 작성하는 이유는 다음과 같습니다. 저와 귀댁의 자제가 방랑(放浪)하며 지내던 시절에 댁의 자제가 제게 진 빚이 80냥입니다. 여러 차례 빚을 갚도록 재촉했으나 받을 기약이 없고 빚 때문에 갈등이 깊은데, 가만히 그간 쌓은 도타운 정의를 되돌아보니 어찌 돈의 많고 적음으로 서로 자기 주장만 고집하겠습니까? 그래서 50냥을 빼고 30냥만 특별히 주시겠다는 어른의 너그러운 뜻을 받들어 영원히 타협하고 다시 제 주장을 고집하지 않겠다는 뜻으로 수표를 작성합니다. 뒷날 만일 이와 관련해 이견이 있거든 이 수표를 증거로 삼으시길 바랍니다.

갑신년 10월 28일

표주 유이진〔수결〕

이전에 작성한 80냥 수표는 먼저 반납합니다.[41]

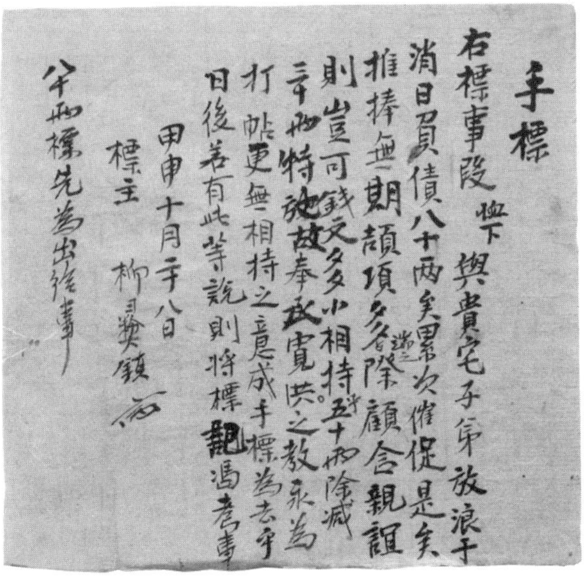

고문서 2-9 **유이진의 수표, 1884년, 전북대학교 박물관 소장.**

양국원은 10월 15일까지 80냥을 갚는다고 약속했으나 이날까지 이 핑계 저 핑계를 대며 한 푼도 갚지 않았다. 그러자 유이진은 양국원의 부친 양경원을 찾아가서 양국원이 작성해준 수표를 보여주며 빚을 대신 갚아달라고 요청했다. 양경원 역시 처음에는 한 푼도 갚지 못하겠다고 주장하다가 나중에는 80냥 중 50냥을 탕감하고 30냥만 받는다면 이를 갚겠다고 제안했다. 유이진은 할 수 없이 30냥을 받기로 하고 수표를 작성해 양경원에게 주었다. 결국 노름빚 193냥 중 30냥밖에 받지 못했던 것이다.

유이진은 수표에서 자신과 양경원의 아들이 함께 방랑하며 지내던 중 자신에게 돈을 빌리게 되었다고 서술했으나 이는 둘러댄 말이었다.

노름하러 이리저리 돌아다니며 날을 보냈다는 것이 오히려 정확한 표현일 것이다. 노름빚이 아니라면 어떻게 193냥에서 무려 163냥이나 탕감하겠는가? 피땀 흘려 번 돈이라면 아무런 이유 없이 빚을 크게 탕감해줄 리 없을 것이다.

양국원은 자신의 형이 노름을 하다 엄동설한에 감옥에 갇히고 노름빚을 갚지 못해 심하게 매질까지 당하는 모습을 두 눈으로 똑똑히 보고 두 귀로 생생하게 들었을 것이다. 이러한 행실이 양반으로서 커다란 수치임을 누구보다도 잘 알고 있었다. 그러나 어찌 된 일인지 그 역시 점차 노름에 관심이 쏠렸다. 이전에 형을 찾느라 한두 번 들렀던 노름판으로 자신도 모르게 발걸음이 향하는 것을 보고 흠칫 놀랐을 것이다. 노름의 전염성은 그만큼 강했다. 노름에 빠졌던 형을 몇 번이고 떠올리며 이래서는 안 된다고 다짐했건만 도박의 유혹은 그의 의지보다 강했다. 투전패를 만지작거릴 때 손끝에 느껴지는 그 짜릿한 맛에 길들여졌고, 그것을 뿌리치기에는 나이도 어리고 마음도 약했다. 양경원의 준호구에 그는 19세, 그의 형 양사헌은 28세로 기록되어 있었으니 도박을 할 무렵 그들의 나이는 겨우 10대 후반과 20대 후반이었다. 유혹에 쉽게 빠져들 나이였고, 그 달콤함을 뿌리치기에는 심약했다.

양경원의 유훈서가 남긴 이야기

두 아들의 노름빚을 수없이 갚아주며 아들을 잘못 키웠다고 자신을 자책했던 양경원은 1896년(건양 1) 겨울이 되자 갑자기 몸이 여기저기 아프기 시작했다. 일흔이 넘도록 살면서 터득한 경험으로 미루어 살날이 얼마 남지 않았다고 생각했다. 큰아들 양사헌은 노름판을 전전하다가 겨우 서른을 넘기고 사망했다. 둘째 양사술, 즉 양국원 역시 노름판을 떠돌며 빚을 많이 진 데다가 생사조차 알 수 없었다. 자신이 죽은 후 집안을 맡길 자식은 오직 막내밖에 없었다. 그는 막내 양사건에게 유훈서를 남겼다.[42]

양경원의 유훈서는 재산을 분배하기 위해 작성한 일종의 분재기(分財記)이다. 재산 분배의 내력을 적은 부분은 제외하고 당부의 말만을 살펴보자.

> 대저 사람이 세상살이를 하면서 자기 자신을 수양하고 집안을 다스리며 임금에게 충성하고 부모에게 효도하는 것이 큰 도리다. 애달픈 우리 인생은 먼 시골의 우매하고 미천한 백성으로 태어나 감히 선현(先賢)의 도는 바라지 못하고 삼가 향곡(鄕曲)에서 강습한 바를 지켜 근본에 힘쓰면서 인륜을 밝히고 힘껏 노력하면서 농사에 힘쓴 지가 이미 수백 년이 되었다.
>
> 슬프다. 그런데 나의 세대 초반에 이르러 신운(身運)이 좋지 않아서 그랬는지 갑자기 부친상을 당하고 3년 후에 가세가 넉넉하지 않던 중 연이어 아내의 상을 당했다. 어찌 슬프고 한탄스럽지 않겠는가? 그런데 1년이 채 안 되어 다행스럽게도 송씨(宋氏) 가문에서 다시 아내를 얻어 처가의 도움으로 가산이 조금 넉넉해지고 거기다가 연이어 너희 삼 형제를 낳았으니 집안을 다스리는 것은 이것으로 만족했다. 그래서 선조를 추모하는 일이든 종중(宗中)의 일이든, 고을의 일이든 면(面)의 일이든 모든 것을 내가 알아서 하고 다른 사람에게 부담 지우지 않았다.
>
> 통탄스럽구나. 가운이 쇠할 때가 되어서 그런 것인가? 네 큰형이 노름에 빠져 얼마 되지 않던 가산을 모두 탕진하고 필경에는 불행히 사망했

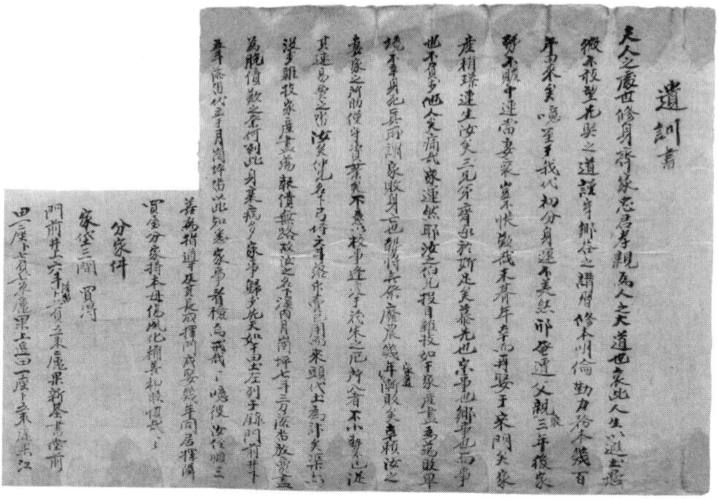

遺訓書

고문서 2-10 **양경원의 유훈서, 1896년, 전북대학교 박물관 소장.**

으니 그야말로 패가망신이었다. 장차 어떻게 해볼 방법이 전혀 없어 농사를 폐한 지 몇 년 만에 집안 형편이 점점 어려워졌으나 다행히 네 처가 덕분에 근근이 살아갈 수 있었다. 그런데 뜻하지 않게 이번에는 내가 향교와 관련된 일로 무주(茂朱)에서 변을 당하는 액운을 만났다. 이를 무마하기 위해 들어간 돈이 적지 않아 어쩔 수 없이 급한 대로 쉽게 팔 수 있는 너의 중형 이름으로 된 궁평(弓坪) 여섯 마지기의 토지를 헐값에 팔아 썼지만, 장차 이를 다른 토지로 대신해줄 예정이다. 둘째도 노름에 빠져 가산을 탕진했는데 그가 진 노름빚을 갚을 방도가 없어서 부득이하게 네 이름으로 된 계내(溪內) 월강평(月崗坪)의 7말 3되지기 논을 팔아 모두 빚을 갚았으니 탄식한들 어찌하겠느냐?

현재 내가 몸이 쇠약해지고 병도 많아져서 직접 집안일을 주관할 수 없으니 이제는 하늘에 맡기고 약간의 전답을 몫에 따라 분배해 아래에 열거한다. 문 앞 우물가의 다섯 마지기 논은 월강평의 논을 대신해 네게 주니 이것을 잘 관리해서 집안일을 맡아 살피도록 해라. 경계하고 경계해라. 슬프다. 네 조카인 양순삼(梁順三)을 잘 지도하고 성장하면 좋은 가문의 규수를 선택해 배필을 삼도록 하되, 몇 년 데리고 살다가 인근의 가옥을 사서 분가(分家)토록 해 근본을 지키며 살 수 있도록 해주어라. 교화(敎化)를 잘 시키고 잘한 것은 칭찬해 서로 화목하게 지내도록 해라. 신중하고 신중할지어다. ……

병신년 12월 22일 병석에서 아버지가 쓴다.[43]

양경원은 조선시대 어느 시골에서나 만날 수 있는 지극히 평범한 선비, 즉 부모에 효도하고 어른을 공경하며 임금에게 충성할 줄 아는 딸깍발이다. 이런 그에게 연이어 불행이 닥쳤다. 부친상을 당한 후 가세가 점차 기울더니 아내마저 잃었다.[44] 다행히 송씨를 후처로 맞이해 처가의 도움으로 가산이 조금 넉넉해지고 세 아들까지 낳게 되었다. 그는 이 모두가 조상의 은덕이라고 생각해 종중 일이든 고을 일이든 가리지 않고 앞장서서 행했다.

그런데 가운이 쇠하려고 그랬는지 큰아들이 겨우 스무 살로 접어들자마자 노름에 빠져 가산을 탕진하고 말았다. 늦게 얻은 자식이라서 애지중지 키웠는데, 이렇게 될 줄은 꿈에도 생각하지 못했다. 처음에는 가끔 돈을 몰래 가지고 나가 노름을 하고 들어오더니 나중에는 아예 노름방에 살면서 사람을 시켜 돈을 가져오도록 했다. 그때마다 급하게 논과 밭을 팔다 보니 제값도 받지 못했고, 결국 패가망신하고 말았다. 처음에는 크게 꾸중했지만 뒤돌아서서 생각하니 자신의 마음은 더욱 아팠다. 혼인도 했던 터라 며느리가 보는 앞에서 매번 나무랄 수도 없었다. 큰아들은 끝내 노름방을 전전하더니 나이 서른을 넘기자마자 사망하고 말았다.

땅을 모두 팔아치워 농사도 짓지 못하고 곤궁한 생활을 하다가, 다행히 막내아들의 처가 도움으로 근근이 살아갈 수 있었다. 그런데 이번에는 양경원 자신이 향교 일을 하다가 잘못해서 적지 않은 돈을 물어내야만 했다.[45] 이와 관련된 수표를 살펴보면 배상한 돈이 무려 590냥이나 되었다.[46] 급한 김에 둘째 아들 이름으로 되어 있던 궁평 땅을 팔아서 썼으나 장차 다른 땅을 대신 줄 생각이었다. 불행은 연이어 오는 것인지 큰아들에 이어 둘째 아들도 노름에 빠져 가산을 탕진하고 말았다. 노름빚 독촉에 시달려 막내 아들 이름으로 되어 있던 월강평 땅을 팔아 모두 빚을 갚았다. 어느 날 둘째가 바람 좀 쐬고 오겠다며 집을 나간 후로 소식이 없다. 분명 노름방을 이리저리 옮겨 다니고 있을 것이다.

겨울이 되어 찬바람이 불기 시작하자 양경원은 건강이 부쩍 나빠졌다. 감기가 오랫동안 낫지 않았다. 그는 살날이 얼마 남지 않았음을 알아챘다. 집안을 생각하면 걱정이 앞섰으나 이제는 몸도 마음도 다 쇠해버렸기 때문에 어쩔 도리가 없었다. 그렇지만 아직 할 일이 남아 있었다. 쥐꼬리만 한 재산이지만 훗날 말썽이 없어야겠기에 이를 미리 분배해놓아야 했다. 막내아들은 제 형들과는 달리 투전이나 골패에 손을 대지 않았다. 글을 읽고 농사짓는 일에만 몰두했기 때문에 그나마 믿을 만했다. 그래서 그를 불러다 놓고 당부의 말과 재산 분배 내력을 기록한 유훈서를 썼다.

끝까지 마음에 크게 걸리는 일이 하나 있었다. 큰손자 양순삼이 아직 어리다는 점이었다. 큰아들이 혼인한 후 손자를 애타게 기다렸지만 오랫동안 소식이 없었다. 아들 녀석이 매번 노름방만 돌아다녔던 터라 며느리는 이른 나이부터 독수공방했다. 어쩌다가 집에 들어와 며칠 머물다가 돈만 손에 쥐면 쏜살같이 노름방으로 달려갔다. 그런데 조상의 은덕 덕택인지, 어느 날 큰아들이 잠깐 집에 들렀다 간 후 큰며느리에게 태기가 있었다. 손자가 태어난 이후 그는 손자의 얼굴만 보면 온갖 시름을 잊었다. 그런데 이제 자신의 목숨이 다해 손자가 혼인하는 것도 못 보게 될 것이라 생각하니 가슴이 먹먹해왔다. 그래서 막내아들에게 주는 유훈서의 말미에 손자를 잘 돌봐주도록 간곡하게 부탁하는 말을 남겼다.

노름은 강한 중독성으로 개인을 파멸로 이끌고, 전염성 또한 대단해서 형제가 함께 노름에 몰두하게 만들어 온 집안을 파탄으로 몰아넣었다. 양경원의 유훈서는 노름으로 인해 개인과 가정이 어떻게 패가망신하는지를 적나라하게 보여준다.

3

노름으로 얼룩진 조선 후기 사회

노름은 대상을 가리지 않았다. 조선 후기에는 양반뿐만 아니라 중인이나 평민과 천민도 노름에 빠져들었다. 김광팔(金光八)의 탄원서를 통해 노름이 지방의 하층민에게까지 얼마나 깊숙히 퍼졌는가를 살펴보자.[47]

노름꾼 아들을 둔 김광팔의 탄원서

김광팔은 전라도 무장현(茂長縣) 이동면(二東面)에 살았다. 그는 말썽만 일으키는 아들 용안(龍安)을 슬하에 두고 있었다.

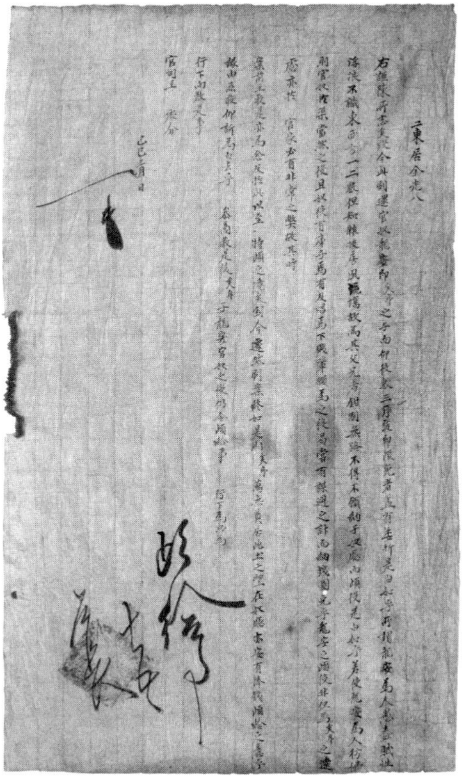

고문서 2-11 **김광팔의 탄원서, 기사년, 전북대학교 박물관 소장.**

이동면에 사는 김광팔

삼가 탄원서를 올리는 사연은 다음과 같습니다. 이번에 관노(官奴)로 다시 등록된 용안(龍安)은 제 아들입니다. 전임 수령께서 용안이 관노로 근무한 지 서너 달 만에 곧바로 관노에서 면제해준 데에는 까닭이 있습니다. 대저 용안은 사람됨이 우둔하고 품성이 부랑(浮浪)해 일상생활을 하는 데 필요한 기본적인 것조차 전혀 알지 못하지만 노름방〔雜技房〕이나 기생집〔風流場〕만은 잘 압니다. 그래서 그의 부형(父兄)이 이러한 행동을 제어하지 못해 할 수 없이 관노청(官奴廳)에 돈을 자원(自願) 납부하고서 그가 관노 일을 그만둘 수 있도록 했습니다.

만일 용안이 관노청에 있으면서 사람 구실을 제대로 할 수 있었다면 관노 업무는 그가 해야 할 당연한 일입니다. 또 관노가 하는 일 중에는 창고지기나 심부름꾼 같은 것도 있는데, 이는 용안과 같은 하천배(下賤輩)가 너도나도 하고자 희망하는 일이니 어찌 일부러 도피할 계책을 세워 돈을 납부하면서까지 면제받으려 했겠습니까? 용안을 관노 일에서 빼준 것은 비단 제 원려(遠慮)에서 비롯된 것일 뿐만 아니라 전임 수령께서도 용안을 관노로 그대로 두었다가는 후에 커다란 폐단이 있을 것이라고 예상했기 때문입니다. 그래서 당시 수령께서 이를 고려하셔서 돈을 받고 특별히 용안을 관노에서 면제해주었던 것입니다.

그런데 지금 갑자기 새로 부임한 수령께서 이러한 과정을 살펴보시지도 않은 채 용안을 다시 관노로 등록하시니, 만일 끝내 이와 같이 하신다면 저는 이곳에 정착해 살 가망이 전혀 없습니다. 또 관노청에서 이전에 돈을 받고 용안을 관노 일에서 면제해준 취지가 어디에 있겠습니까? 이런 연유를 갖추어 감히 호소하오니 헤아리신 후 제 아들 용안에게 부과된 관노 일을 면제해주도록 지시하소서. ……

기사년(己巳年) 3월 일

〔제사〕 면제시켜줄 일. 15일. 호장(戶長).

〔압〕[48]

우리는 조선시대라고 하면 으레 가부장 제도와 권위적이고 근엄한 아버지의 모습을 떠올린다. 그러나 양경원의 유훈서에 이어 김광팔의 탄원서에서도 자식 걱정과 연민으로 연약하기까지 한 아버지의 모습과 마주하게 된다. 이렇듯 고문서를 읽다 보면 그동안 우리가 익히 알던 것과 전혀 다른 조선시대의 모습을 만날 수 있다.

탄원서에 따르면 김광팔은 세상 물정을 전혀 모른 채 노름과 계집질만 일삼는 아들 용안이 관에서 문제를 일으킬 것을 염려해 돈을 주고 관노에서 빼냈다. 용안은 걸핏하면 상관의 눈을 피해 기생집이나 노름방을 전전했고, 관노청에 근무한다는 점을 빙자해 기생집에 가서 외상술을 퍼마셨으며, 심지어 관노청의 물건이나 돈을 몰래 들고 나가 노름을 일삼았다. 만일 용안을 관노청에 그대로 두었다가는 어떤 일을 저지르게 될지 아무도 예상할 수 없었다.

자칫 잘못하면 그 불똥이 집안 전체로 튀어 패가망신할 수도 있었다. 관아에도 커다란 피해를 끼칠 여지가 많았다. 김광팔이 탄원서에서 말한 '원려(遠慮)'란 바로 이런 걱정과 우려였다. 그래서 김광팔은 서둘러 용안을 관노청에서 빼내야겠다고 생각했다. 그는 관련자에게 이러한 의사를 타진했는데, 마침 수령도 용안의 그간 행동을 살펴보고 그대로 둘 경우 훗날 관아에 문제가 될 수도 있다고 판단했다. 수령은 고심 끝에 관에 돈을 납부해 대신할 사람을 구하는 것을 조건으로 용안을 관노에서 풀어주었다.

그런데 얼마 지나지 않아 수령이 바뀌자 새로 부임한 수령은 관노에서 풀려났던 사람들을 다시 환속(還屬)시키도록 명령했다. 이러한 조처에 따라 용안도 관노로 환속되었다. 김광팔은 탄원서를 작성해 용안이 관노가 되었다가 풀려난 경위에 대해 자세히 설명하고 다시 풀어주는 조처를 내려주도록 요청했던 것이다. 요청을 받은 수령은 전후 사정을 자세히 살펴보고 용안을 관노에서 빼주도록 호장(戶長)에게 지시했다.[49]

김광팔은 노름과 계집질에 빠진 아들을 바로잡아보려 노력했지만, 정작 용안은 유혹에서 벗어나지 못하고 걸핏하면 노름을 즐기고 기생집에 출입했다. 노름 중독자들은 자신과 가족이 피해를 당할 때마다 숱하게 반성하고 새롭게 각오를 다졌을 것이다. 더는 노름판을 기웃거리지 않겠다는 각오로 손가락을 잘라버릴 생각조차 수없이 했을 것이다. 하지만 그들은 노름의 유혹에서 벗어나기 무척 힘들었다. 노름에 빠진 이들에게는 합리적인 이성은 말할 것도 없고 일상적인 상식조차 찾아보기 어렵다. 과연 무엇이 그렇게 만들었을까? 그것을 알기 위해서 먼저 누가 노름을 주도했는지 알아보자.

조선시대의 타짜

아래 탄원서는 전라도 무장현 이동면 이동(泥洞)에 사는 김응규(金應圭)가 병인년(丙寅年) 5월 수령에게 제출한 것이다.[50]

이동면 이동에 사는 김응규

삼가 탄원서를 올리는 사연은 다음과 같습니다. 제 나이가 올해 70세인데 집안은 원래 무척 가난하고 여러 아들이 있으나 품성이 모두 사납고 졸렬하여 늙을수록 신세가 더욱 가련합니다. 근래에 들으니 반인(泮人) 김 선달(金 先達)이라는 사람이 우리 고을에 머문 지 2년이 되었는데 그간 몰지각한 제 아들 두업(斗業)을 유인해 밤낮으로 노름을 했습니다. 간혹 '가괴분전(可怪分錢)'[51]이나 '투전부채(鬪牋負債)'라 칭하면서 제 아들에게 받아간 노름빚이 100여 냥이나 됩니다. 부모와 처자가 있는 사람이며 무과에 급제해 선달이라고까지 불리는 사람이 이같이 무뢰한(無

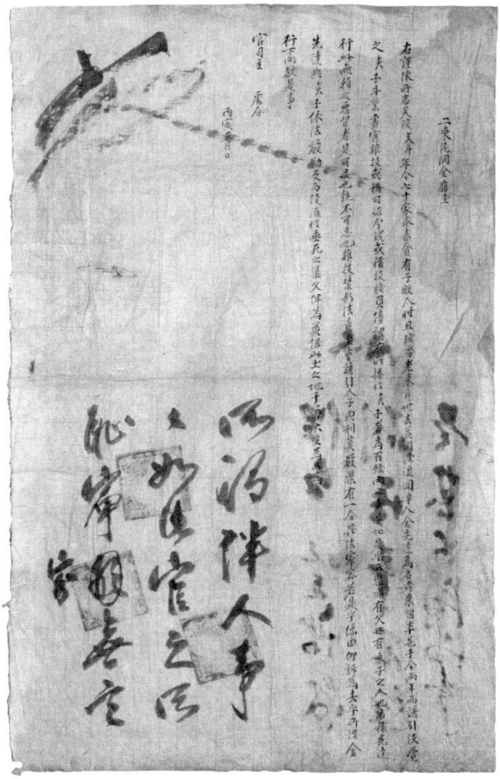

고문서 2-12 **김응규의 탄원서, 병인년, 전북대학교 박물관 소장.**

賴漢)이나 하는 나쁜 짓거리를 하니, 만일 이것을 용인한다면 세상에 용인할 수 없는 일이 무엇이 있겠습니까?

노름을 금하는 법의 취지가 지극히 중하고 남의 아들을 꼬여 나쁜 곳에 빠뜨리면 그에 대한 처벌이 매우 엄한데 그는 조금도 두려워하지 않으니 어찌 용납할 수 있겠습니까? 이러한 연유를 갖추어 우러러 호소하오니 이른바 김 선달과 제 아들을 법에 따라 엄히 처벌해주시고 목숨이 다한 제가 다시는 피해를 입지 않도록 하셔서 이 땅에 머물러 살게 해주시길 천만번 바라옵니다. ……

병인년 5월 일

〔제사〕 이른바 반인이라는 사람이 하는 일이 모두 이와 같으니 수령으로서 부끄럽다. 다만 영전(營錢)을 거두어들이는 일이 가볍지 않기 때문에 이 탄원에 대해 신경을 쓰지 못하니 이를 민망하게 생각한다. 25일.

행관〔압〕[52]

이 탄원서를 수령에게 제출한 김응규는 앞에서 소개한 김광팔과 지역적으로 같은 고을 같은 면에서 살고 있었을 뿐만 아니라 혈연적으로도 가까운 친척일 것으로 추정된다. 김응규의 아들 두업도 김광팔의 아들 용안처럼 노름에 빠져 100여 냥이나 되는 돈을 탕진했는데 이 돈은 모두 김 선달이라는 사람의 수중으로 들어갔다. 그는 반인(泮人)으로, 2년여 전에 이 고을에 와서 두업과 같은 사람들을 꾀어 노름을 했다. 선달이란 원래 문무과(文武科)에 합격했으나 아직 벼슬에 나가지 않은 사람에 대한 호칭이었다. 그러나 조선 후기에는 무과 합격자 대부분이 벼슬에 나가지 못하자 주로 이들을 지칭하는 호칭으로 굳어졌다.

반인은 대대로 성균관에 소속된 관속(官屬)인데 주로 쇠고기 장사를 했던 것으로 알려져 있다.[53] 이들이 쇠고기 장사를 하게 된 데에는 연유가 있었다. 기본적으로 농본사회였던 조선에서는 농사를 짓는 데 도움을 주는 소를 도살하지 못하도록 엄격히 금했다. 어쩔 수 없이 소를 잡아야 할 경우에는 반드시 관의 허가를 받아야 했다. 그런데 성균관이나 향교 등에서 제사를 지낼 때 사용하는 육포는 쇠고기로 만들어야 했기 때문에 반인들에 한해서 소 잡는 것을 허용했다. 그러자 반인들은 육포를 만들고 남은 쇠고기를 시중에 몰래 내다팔기 시작했다. 조선 후기에는 성균관에서 부족한 재원을 충당하고자 공공연하게 전국적인 유통망을 형성해 쇠고기 장사를 하기도 했다.

반인들이 쇠고기 장사를 하며 전국을 돌아다니고 직접 돈을 만지게 되자 노름에 빠진 사람들이 많았다. 김 선달도 바로 그러한 사람들 중 하나였다. 무과 합격자였던 김 선달은 체격이 건장하고 성격도 호탕했을 것이다. 노름을 주도하거나 노름판에서 바람을 잡는 데 제격이었는지도 모른다. 김응규는 김 선달 같은 사람이 고을에 머무르는 한, 자신의 아들이 노름에서 벗어날 수 없을 것이라고 생각했다. 그래서 수령에게 글을 올려 자신의 아들과 김 선달을 함께 처벌해달라고 탄원했던 것이다.

그러나 수령은 당시 감영에 납부해야 할 세금을 거두어들이느라 눈코 뜰 새가 없었다. 그는 "반인이 하는 일이 모두 이와 같으니 수령으로서 부끄럽다."라고 탄식한 후 "영전(營錢)을 거두어들이는 일이 가볍지 않기 때문에 이 탄원에 대해 신경을 쓰지 못하니 이를 민망하게 생각한다."라는 처분만 내렸다. 수령 입장에서 세금을 거두어들이는 일이 시급한 나머지 민원을 처리할 여력이 없었다 하더라도 김응규의 탄원을 너무 가볍게 처리한 게 아닌가 하는 생각이 든다. 한편으로는 김 선달과 수령 사이에 어떤 묵계(默契)가 있었기에 이렇게 처분한 것이 아닌가 하는 의구심도 든다. 자세한 내막은 관련 문서가 부족해 알 수가 없다.

이상에서 살펴본 바와 같이 노름을 주도하거나 노름판에서 바람을 잡는 사람은 김 선달처럼 외지(外地)에서 온 사람인 경우가 많았다. 이들은 다른 사람을 노름판으로 끌어들이는 데에도 뛰어난 능력이 있었지만, 노름판에서 남들을 속이는 탁월한 손재주까지 겸한 타짜였다. 물론 양사헌의 사례에서 보듯 이기찬이나 유이진처럼 같은 고을에서 오랫동안 함께 살아온 사람이 노름판을 벌이기도 했다. 하지만 이기찬이나 유이진 역시 전문적으로 노름을 하는 타짜였을 것이다.

노름의 종류와 장소

조선 후기에는 어떤 노름이 유행했을까? 정약용의 《목민심서》에는 조선 후기에 유행했던 여섯 가지 노름이 소개되어 있다. 바둑, 장기, 쌍륙(雙陸), 투패(鬪牌), 강패(江牌), 척사(擲柶)가 그것이다.[54] 쌍륙은 저포(摴蒱), 투패는 마조(馬弔) 또는 투전(鬪牋)이라고도 하며, 강패는 골패(骨牌)라는 이름으로 더 잘 알려져 있다. 척사는 우리나라 고유 풍속 윷놀이를 지칭한다.

정약용은 여섯 가지 노름 중에서 마음을 망가뜨리고 재산을 탕진해서 부모와 종족(宗族)의 걱정거리가 되는 것으로 투전이 첫째이고, 쌍륙과 강패가 그다음이라고 했다. 아전이 체납하거나 군교가 부정을 저지르는 것도 모두 이 때문인 경우가 많으니 수령은 마땅히 거듭 영을 내려 엄중히 금해야 한다고 주장했다.[55] 다만 바둑만은 천한 사람들이 하는 일이 아니니 다른 노름과 구분해 처벌하지 말고, 음식 내기를 했을 경우 역시 처벌하지 않도록 권유하고 있다.

그렇다면 노름을 대체 어디에서 했을까? 이와 관련해 전라도 부안 우동리(愚東里)에 사는 김상순(金相舜) 등이 1906년에 관에 제출한 등장(等狀)을 보자.[56] 등장이란 여러 사람이 공동의 관심사로 말미암아 함께 관에 제출한 탄원서이다.

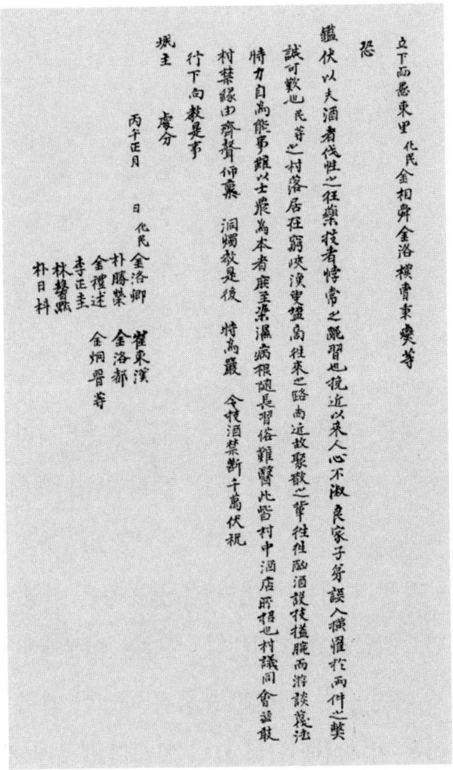
立下面愚東里 化民 金相舜 金洛模 曺秉燮 等

恐

鑑伏以夫酒者伐性之狂藥技者悖常之亂習也挽近以來人心不淑良家子弟誤入橫罹於兩件之弊

誠可歎也民等之村落居在窮峽漁鹽商往來之路而近故聚散之輩往往酗酒設技搤腕而游談蔑法

特力自高能事雖以士衆為本者庶至染漏病根隨長習俗難醫此皆村中酒店所招也村議同會並敢

村禁緣由齊聲仰籲 洞燭教是後 特爲嚴 令技酒禁斷千萬伏祝

行下向教是事

城主 處分

丙午正月 日 化民 金洛卿 崔秉漢

朴勝榮 金洛郁

金禮述 金炯晉 等

李正圭

林鎬點

朴日料

고문서 2-13 **김상순 등의 탄원서, 병오년, 부안김씨 우반종가 소장.**

입하면(立下面) 우동리에 사는 화민(化民) 김상순, 김낙모(金洛模), 조병섭(曺秉燮) 등이 삼가 아룁니다.

살펴주시기 바랍니다. 엎드려 생각건대 대저 술은 본성을 잃게 하는 광약(狂藥)이요, 노름은 패륜을 저지르는 고약한 버릇입니다. 근래에 인심이 좋지 않아서 양가(良家)의 자제들이 이 두 가지 폐단에 잘못 빠져드니 진실로 한탄스럽습니다. 저희가 살고 있는 촌락은 궁벽한 곳이긴 하지만 어부와 소금장수 들이 왕래하는 길목에 자리하고 있습니다. 그래서 모였다가 흩어지는 무리가 왕왕 술주정을 하고 노름을 하며 함께하자고 팔을 잡아끌고 농을 걸기도 하는 등 자신의 힘을 믿고 법을 무시하는 것을 능사로 여깁니다.

공부하고 농사짓는 것을 업으로 삼는 사람들조차 여기에 물들어 병폐가 점차 굳어지고 좋지 못한 습속을 고치기 어려운 지경에 이르렀습니다. 이러한 병폐는 모두 마을에 있는 주점 때문에 생겨난 것입니다. 그래서 마을 사람들이 모여 의논한 끝에 주점을 철폐해야 하는 까닭을 한목소리로 우러러 아뢰오니 통촉하신 후 특별히 엄령을 내리셔서 노름과 음주를 금단하도록 해주시기를 천만번 바라옵니다. ……

병오년(丙午年) 정월 일 화민 김낙경(金洛卿) ……[57]

우동리 마을 주민인 김상순 등은 수령에게 노름이 벌어지는 주점을 단속해달라고 요청했다. 주점은 아무래도 사람들 왕래가 잦은 곳에 있기 마련이다. 또 술과 노름은 떼려야 뗄 수 없는 관계다. 이러한 주점이 마을 가까이에 있다 보니 착실하게 공부하던 유생이나 농사를 짓던 농부조차 술과 노름에 현혹되었다. 그래서 마을 주민들이 모여서 대책을 논의한 끝에 주점에서 술을 마시거나 노름을 하지 못하도록 강력하게 단속해주기를 수령에게 요청했다.

그런데 이 등장에는 수령의 처분이 쓰여 있지 않다. 이유가 무엇인지 가늠할 수 없지만 마을 주민들이 등장을 관에 제출하지 않았기 때문으로 추정된다. 다만 이를 통해 노름이 주로 마을 인근에 있던 주점에서 벌어졌으며, 마을 주민들이 주점 단속을 관에 탄원한 사실을 알 수 있다.

노름은 주점 외에도 조창(漕倉)과 포구(浦口), 역참(驛站)과 원(院)

등에서 주로 이루어졌던 것으로 알려져 있다. 조창은 세곡을 수송하기 위해 수로 근처에 설치한 창고로 조운창(漕運倉)이라고도 하는데, 주위에 이권을 노리는 다양한 부류의 사람들이 많이 모여들었다. 정약용은 조창에 남사당패〔優婆〕를 비롯해 창기(娼妓), 주파(酒婆), 광대〔花郎〕, 악공(樂工), 노름꾼 들이 모여들어 연일 노래, 여색, 술, 노름 등으로 사람들을 유혹하기 때문에 이들이 이곳에 드나들지 못하도록 방을 써 붙여 출입을 철저히 금해야 한다고 주장했다.[58] 포구에서는 조운(漕運) 선박들이 며칠씩 머물면서 바람을 기다리거나 선박을 수리하곤 했는데, 이곳에서도 노름이 벌어지기 때문에 엄금해야 한다고 주장했다. 또한 정약용은 《목민심서》를 통해 "역참이나 원(院)이 있는 마을에서 간혹 부유한 자가 돼지 잡고 술을 빚어 음란하고 방탕한 짓을 자행하는데, 이곳에서 노름의 일종인 마조(馬弔)와 강패(江牌)를 벌이고 광대나 악공을 불러들여 노래하고 소리를 질러 습속이 완악해진다."라고 지적했다. 따라서 "수령은 마땅히 이를 알아서 엄중히 금단하고, 범하는 자는 용서하지 말아야 할 것이다."라고 강조했다.[59] 이를 통해 노름이 조창, 포구, 역참, 역원 등지에서 자주 벌어졌음을 알 수 있다.

조선 후기에 노름이 크게 유행하면서 그 폐단은 더욱 심해졌다. 심지어 수령이 있는 관아나 관원들이 근무하는 조정의 여러 기관에서도 노름을 했다고 한다. 정약용은 《목민심서》에서 이러한 실태를 한탄하며 "지금의 수령들은 동헌(東軒)에 앉아 저리(邸吏)나 책객(冊客)과 마조나 강패 놀이를 하면서 태연하게 부끄러움을 모르고 …… 재상(宰相)이나 명사(名士), 승지와 옥당 관원도 노름으로 소일하니 다른 사람들이야 말해 무엇하겠는가. 소나 돼지 치는 자들의 놀이가 조정에까지 밀려 올라왔으니 역시 한심한 일이다."라고 지적했다.[60]

노름 권하는 조선 후기 사회

조선 후기에 노름이 유행하여 커다란 폐단이 되었음은 《조선왕조실록》에서도 쉽게 확인된다. 다음은 1791년(정조 15) 9월에 사직(司直) 신기경(愼基慶)이 올린 상소 중 일부이다.

> 잡기(雜技)의 피해는 투전[61]이 특히 심합니다. 위로는 사대부의 자제들부터 아래로는 항간의 서민들까지 집과 토지를 팔고 재산을 털어 바치며 끝내는 몸가짐이 바르지 못하게 되고 도적의 마음이 점차 자라게 됩니다. 삼가 바라건대 경외(京外)에 시급히 엄격한 분부를 내리시어, 한 명의 백성이라도 감히 금법을 어기고 죄에 빠지는 일이 없게 하시고, 투전을 만들어 팔아서 이익을 취하는 자도 역시 엄히 금지하소서.[62]

신기경은 투전의 폐해가 심해 거의 모든 계층의 사람들이 이에 빠져들어 패가망신한다고 고발하면서, 엄한 분부를 내려 이를 금지하고 노름 기구를 만드는 사람까지도 처벌해야 한다고 건의했다. 노름 도구가 존재하는 한 노름을 막는 것이 어렵다고 생각했기 때문이다. 정약용도 《목민심서》에서 "우리나라의 삼법사(三法司)에도 도박에 대한 금령이 있으나 지패(紙牌), 투패(骰牌), 장기, 쌍륙 따위를 저자의 점포에 걸어놓고 일상적인 상품으로 팔고 있으니, 이는 그 근원을 터놓고 그 흐름을 막는 격이라 어찌 금할 수 있겠는가?"라며 노름 기구를 만들거나 판매하는 행위에 대해서는 처벌하지 않은 채 노름만 금지하는 것은 전혀 효과 없는 조처라고 주장했다.[63]

1878년(고종 15) 11월에 의정부(議政府)에서는 투전과 관련해 다음과 같이 건의했다.

> 근래 투전놀이가 성행하는데 이는 다른 사람의 재산을 무단히 빼앗는 것과 다름없습니다. 많은 백성이 빈털터리가 되어 유랑하는 근심이 이 때문이고 곳곳에서 도적이 생기는 우환도 역시 이 때문입니다. 그 가운데에서 연줄을 놓는 사람은 양반집 하인이 아니면 형조나 한성부의 아전들입니다. 이것은 특별히 금지하지 않을 수 없으니, 위반하는 자들은 잡는 대로 도적을 다스리는 법으로 처벌하며 신칙하지 못한 가장(家長)과 관원(官員)은 모두 중하게 다스린다는 내용을 마을마다 내걸어 각자가 다 알게 하는 것이 어떻겠습니까?[64]

의정부에서는 많은 백성이 빈털터리가 되어 유랑하거나 도적이 되는 원인을 노름이라고 판단했다. 그런데 백성이 노름을 하도록 뒤에서 조장하는 사람들이 양반집 하인이거나 형조나 한성부의 아전이라는 것이다. 그래서 이들을 엄히 다스리고, 백성을 현혹하지 못하도록 감시하지 않은 가장이나 상관 역시 처벌한다는 내용을 각 마을마다 써 붙여서 노름이 행해지지 않도록 해야 한다고 건의했다. 이 정도면 조선 후기는 노름 천국이었으며, 조선 후기의 사회는 노름 권하는 사회였다고 해도 과언이 아닐 것이다.

조선 후기에 노름이 유행한 이유

조선 후기에 왜 노름이 유행했을까? 조선시대는 근면과 검소를 숭상하는 유교 사회로 오락이나 휴식에 대해 부정적이었다. 건전한 오락이나 생산적인 휴식에 대해 긍정적이지 않았다는 것이다. 그래서 도박이나 노름이 음성적으로 유행할 수밖에 없었을 것이다. 또 다른 이유로 조선이 농본사회였다는 점을 들 수 있다. 농번기에는 농사일로 바빴지만 농한기에는 할 일이 없었기 때문에 노름과 같은 유혹에 빠질 여지가 컸다. 특히 농민 등을 비롯한 하층민들이 이러한 요인 때문에 노름에 빠져들기 쉬웠을 것이다. 아울러 역설적이긴 하지만 조선시대가 매우 잘 통제된 사회였다는 점을 들 수 있다. 통제는 필연적으로 반발을 불러온다. 이 때문에 노름과 같은 일탈 행위가 성행할 수밖에 없었던 것으로 판단된다. 조선 후기 사회는 사상적으로 유교 이외의 다른 이념에 대해 배타적·폐쇄적이었고, 일상생활 속에 효와 충 같은 유교의 이념이 뿌리내리고 있었기에, 이에 대한 반발로 노름에 대한 관심과 욕망이 더 컸을지도 모른다. 사대부와 같은 상층민들이 노름의 유혹에서 벗어나지 못했던 까닭은 바로 이와 깊게 연관되지 않을까 추정된다.

조선 후기의 사회는 사상적으로 닫혀 있던, 출구 없는 사회였다. 조선시대 사람들은 그 넘을 수 없는 현실의 벽에 절망하고 도피처나 탈출구를 찾고자 했을 터인데, 바로 그중 하나가 노름이었다. 그러나 어떤 이유로 노름을 하든 노름판을 누가 주도하든, 노름은 헛된 욕망에서 시작되었다. 더군다나 노름으로 인한 피해는 개인에 그치지 않았다. 양사헌의 사례와 같이 가정이나 가문에 커다란 폐해를 끼쳤으며, 김용안과 김두업의 사례에서 보듯 지역에 끼친 영향도 적지 않았다.

지금까지 양사헌의 탄원서를 시작으로 조선시대에 성행한 노름으로 인한 폐해를 조명해보았다. 노름빚 상환을 증명해달라는 탄원서는 언뜻 보면 그저 평범한 문서지만 그 이면에는 조선 후기 부패한 수령의 모습이 숨어 있었다. 수령이 노름꾼과 유착해 노름빚을 받아주는 일종의 청부업자로 전락했던 것이다. 노름빚을 당장 관아로 바치라는 내용과 우선은 물러나 처분을 기다리라는 판결문은 뒤집어 생각해보면 수령의 태도를 의심할 수 있는 부분이다. 양사헌이 빚을 갚고 영수증을 받았을 텐데도 굳이 빚을 갚은 사실을 수령에게 다시 증빙받고자 한 까닭도 이를 의식해서였다. 이와 같이 고문서의 이면에 숨어 있는 사실은 문서 전면에 드러나 있는 내용만을 꼼꼼히 추적한다고 해서 얻어지지 않는다. 의문이 생기는 부분을 다른 시각에서 살펴봐야 가능한 일이다. 이것이 바로 '뒤집어 보기' 방법이다.

나아가 우리는 노름과 관련된 다른 고문서들을 차례로 살펴봄으로써 노름이 개인과 가족의 문제일 뿐만 아니라 계층과 지역이 얽힌 조선시대의 고질적인 폐단이었음을 확인했다. 자식의 노름빚을 갚느라 평생 일군 재산을 모두 내어놓을 수밖에 없는 아버지의 마른 목소리와 서울에서 온 반인 출신의 전문 노름꾼에게 걸려들어 노름판에서 빠져나오지 못하는 아들을 둔 아버지의 안타까운 심정도 살펴보았다. 그리고 조선이 왜 노름이 성행하는 사회가 되었는지도 추정해보았다. 사상적으로 잘 통제되어 다른 이념이나 생활 방식에는 닫혀 있던 사회, 오락과 휴식을 긍정적으로 보지 않았던 조선 사회의 이면에는 그들만의 일탈 방식이 존재했다. 노름은 출구 없이 현실의 벽에 갇힌 조선시대 사람들에게 하나의 도피처가 되었던 것이다.

용어를 통해 보기

고문서를 보다 보면 생소한 용어나 알 수 없는 표식을 마주칠 때가 있다. 문서의 귀퉁이나 뒷면에 흘려 써넣은 글자들을 발견했을 때, 단순히 해독(解讀)에 만족해 그 기록의 깊은 의미를 지나치기 십상이다. '단골리(丹骨吏)'의 경우도 그러하다. 관리 임명장인 고신(告身)의 뒷면에는 아주 작은 글씨로 인사 담당 서리의 이름이 적혀 있다. 대부분 고신 작성자의 이름 정도로만 여겨 가볍게 취급하고 만다. 그러나 이를 주목해 파고들면 결코 간단하지 않은 네트워크를 포착하게 된다. '단골'이란 늘 정해 놓고 거래를 하는 곳을 말한다. 그렇다면 인사 담당 서리와 단골 관계를 맺은 관리들은 누구이며, 무엇을 매개로 어떤 관계를 맺었을까?

황우영의 고신,
관리와 서리의
은밀한 관계를 담다

1

나리의 임명장 뒷면에 제 이름을 남깁니다

교지(敎旨)

황우영(黃祐永)을 통훈대부(通訓大夫) 행통례원 인의(行通禮院 引儀)로 임명함

광서(光緖) 19년 11월 일

〔배면〕 단골(丹骨) 김중섭(金重燮)[1]

이 문서는 조선시대 관리 임명장인 고신이다. 고신은 조선시대 작성된 문서 중에서 가장 잘 보존되어 상당히 많은 양이 전해지고 있다. 조상의 고신이 가문의 명예와 직결된다고 여겨 각 가문마다 소중하게 보관해왔기 때문이다. 고문서 연구자들은 이를 빈번하게 접할 수 있고 다른 고문서에 비해 내용이 간단하며 글자 수도 적어서 고신에 대해서는

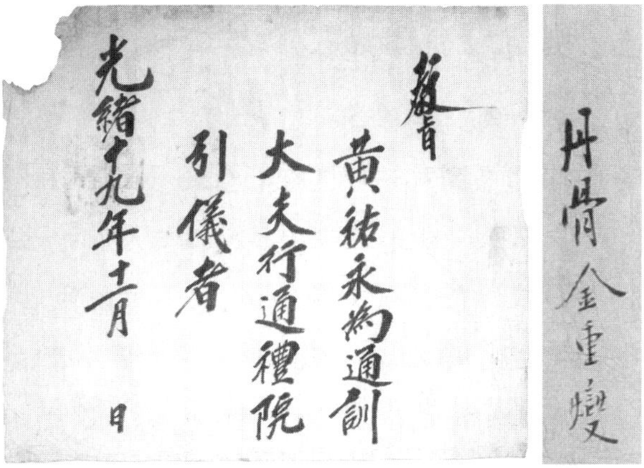

丹骨 金重燮

教旨

黃祐永爲通訓

大夫行通禮院

引儀者

光緒十九年十月 日

고문서 3-1 **황우영의 고신, 단골리 김중섭 작성, 1893년, 개인 소장.**

잘 안다고 생각한다. 그러나 이는 착각에 불과하다. 자세히 들여다보면 볼수록 잘 모르거나 전혀 파악하지 못하고 지나치는 내용이 많다.

황우영의 고신은 왼쪽 상단이 조금 뜯겨나간 것 말고는 보존 상태가 비교적 양호하며, 내용도 간단해서 이해하기 쉽다. 고신을 '교지'라 한 것은 관리 임명이 왕의 명령에 의해 이루어지기 때문이었다. '교(教)'는 왕을, '지(旨)'는 명령을 뜻한다. 고려시대에는 관리 임명장을 '왕명(王命)'이라 칭했다. 관리의 선발과 임용은 왕의 고유 권한이기 때문에 임명 문서는 당연히 왕의 명령에 따라 발급되었다.

이 고신에 나오는 통훈대부는 문반(文班) 정3품 당하관(堂下官)의 품계다. 조선시대 품계는 1품부터 9품까지 9단계로 나뉘었는데, 각 품은 다시 정(正)·종(從)으로 구분되어 18단계로 세분되었고 정3품은 당상(堂上)과 당하(堂下)로 구별되어 총 19단계였다. 통례원은 조회(朝會)

와 제사 의식을 주관하는 부서로, 이곳에 소속된 인의는 종6품직이었다. 황우영의 품계는 정3품 당하관이었지만 그가 실제 맡은 관직은 품계보다 한참 아래인 종6품직이었다.

원래 품계와 관직은 일치해야 했다. 즉, 정3품 품계를 지닌 관리에게는 정3품 관직이 주어져야 했다. 그러나 실제로는 품계와 관직이 일치하지 않는 경우가 많았다. 임용을 희망하는 사람은 많은 데 반해 관직은 한정되어 있었기 때문이다. 그래서 품계와 관직이 일치하지 않는 것을 나타내도록 했다. 실제 맡은 직책이 품계보다 낮은 '계고직비(階高職卑)'일 때는 행(行) 자를, 실제 맡은 직책이 품계보다 높은 '계비직고(階卑職高)'일 때는 수(守) 자를 관직 앞에 붙였다. 이와 같이 품계와 관직의 불일치를 나타내는 방법을 '행수법(行守法)'이라 불렀다. 정3품 당하관의 품계를 가진 황우영이 종6품직인 인의를 맡았기 때문에 '계고직비'에 해당해 '행' 자를 '통례원 인의' 앞에 붙였던 것이다.

"광서 19년 11월 일"은 이 고신이 발급된 날짜이다. 광서는 중국 청나라 덕종(德宗)의 연호(年號)로, 광서 19년은 조선 고종 30년(1893)에 해당한다. 왕이 관리를 임명하면서 중국 연호를 사용한 것은 당시 관례를 따랐기 때문이다. 즉 조선은 건국하면서부터 명나라를 종주국으로 받들었고, 비록 형식적이긴 했지만 중국 황제로부터 조선 국왕으로 책봉(冊封)을 받았기 때문에 그 연호를 사용했던 것이다.

황우영 고신 앞면의 내용을 살펴본 결과, 왕이 1893년 11월에 정3품 당하관인 통훈대부 황우영을 종6품의 통례원 인의로 임명하면서 발급한 문서라는 사실을 알 수 있었다. 그런데 이 고신 뒷면에 '단골 김중섭'이라고 적혀 있는데, 작은 글씨로 쓰여 있어 지나치기가 십상이다. '단골 김중섭'이 무엇인지 알아보기 위해 관련 서적을 아무리 뒤져봐도 이에 대한 설명이 없다. 김중섭은 이름으로 추정되나 단골이 무슨 뜻인지 알 수 없다. 단골이라 하면 떠오르는 것 중 하나가 당골, 즉 무당인데 관리 임명장에 무당이 등장할 리 없다. 그렇다면 이 단골은 항상 정해놓고 거래하는 관계를 가리키는 것으로 추측해볼 수도 있는데, 자세한 것은 알 수가 없다.

단골의 의미

고신 뒷면에 나오는 단골이 무엇인지 알아보기 위해 다른 임명장을 살펴보자. 충청도 서산(瑞山)에 대대로 살았던 경주김씨 김상덕(金商悳, 1852~1924) 후손가에는 재미있는 교지 한 점이 전해온다.

> 교지
> 김상덕을 통훈대부 행시강원 필선 지제교(通訓大夫 行侍講院 弼善 知製敎)로 임명함
> 광서 18년 5월 일
> 이조단골서리가 관례에 따라 고신을 작성했다.
> [배면] 이리 이태룡(吏吏 李台龍)[2]

이 고신은 광서 18년(1892, 고종 29)에 왕이 김상덕을 '통훈대부 행시강원 필선 지제교'로 임명하면서 발급한 것이다. 통훈대부가 정3품 당하관이라는 것은 앞에서 살펴본 바 있다. 시강원이란 왕세자의 교육을 담당하던 기관 중 하나이며, 필선은 시강원에 소속된 정4품직이다. 지제교는 왕이 반포하는 글을 짓는 관리로 대부분 문과(文科) 급제자를

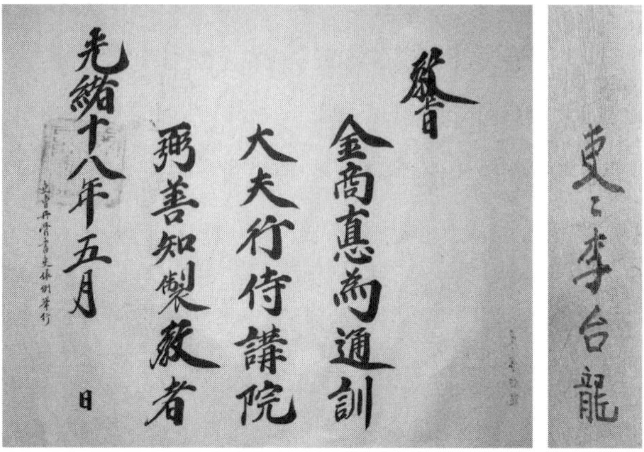

吏〻李台龍

敎旨

金商悳爲通訓

大夫行侍講院

弼善知製敎者

光緒十八年五月 日

고문서 3-2 **김상덕의 고신, 이리 이태룡 작성, 1892년, 경주김씨 학주 후손가 소장.**

임명했는데, 관례상 홍문관(弘文館)·교서관(校書館)·시강원의 관리들이 겸직했다. 김상덕은 1888년(고종 25) 별시문과에 급제해 병조 정랑, 규장각 직각(直閣), 예조 좌랑 등을 역임했던 인물이다.

우리가 주목하고자 하는 것은 "이조단골서리가 관례에 따라 고신을 작성했다."라는 대목이다. 이를 통해 고신 작성자가 바로 이조에 소속된 단골서리임을 알 수 있다. 김상덕의 단골서리는 누구일까? 서리 이름은 고신 뒷면에 적힌 '이리 이태룡'과 어떠한 관련이 있지 않을까? 이태룡은 이름으로 보이지만 이리가 무엇인지는 알 수 없다. 황우영 고신 뒷면의 '단골 김중섭'이라는 기록과 대응되는 것을 고려하면 '이리'가 '단골'일 것으로 추정되며 나아가 이조의 단골서리도 이리일 것으로 짐작되는데, 정작 이리가 무엇을 지칭하는지는 알 수 없다.

《승정원일기》를 보면 '이리'와 '단골'의 관계를 짐작할 수 있는 기사가 나온다. 1726년(영조 2) 12월 18일에 영조는 부호군(副護軍) 김치후

(金致垕, 1692~1742)를 불러 자신의 명령을 그의 할아버지 김간(金榦, 1646~1732)에게 잘 전달했는지 물었다. 김간은 숙종 대부터 여러 차례 부름을 받았으나 산림에 은둔해 살았는데, 영조는 이번에 그에게 세자시강원 소속 정3품직인 찬선(贊善)이라는 벼슬을 내리고 출사하도록 명령했다. 김간은 비록 노쇠하고 지병이 있음에도 출사하려 했으나 갑자기 감기가 걸리는 바람에 뜻을 이룰 수 없었다.[3] 이러한 사정을 전해 들은 영조는 그의 손자인 김치후를 각별히 등용하라고 이조에 명령했다. 때마침 김치후가 알성시에 장원 급제했다.[4] 그러자 좌승지(左承旨) 이현록(李顯祿)이 지난날 김치후에게 내려진 품계에 잘못이 있다고 주장했다.

우리나라 사대부 중에는 낭계(郎階)를 받지 않은 사람이 거의 없어서 사대부가 처음으로 관직에 임명되면 이리(吏吏)가 인사 문서를 살펴보지도 않고 곧바로 고신에 통덕랑(通德郎)으로 써서 발급하는 것이 잘못된 사례로 굳어졌습니다. 그래서 고신에 통덕랑이라고 써서 발급하는 것은 이미 이상한 일이 아닙니다. 김치후도 규정을 알지 못했던 까닭으로 아무 생각 없이 통덕랑으로 발급된 고신을 받아두었고 그 뒤 연이어 사면(赦免) 명령이 내려져서 차차 승진했습니다.[5]

낭계란 조선시대 품계 중 정5품 통덕랑(通德郎)부터 종9품 장사랑(將仕郎)까지 끝에 '랑' 자가 들어 있기 때문에 이를 통칭하는 명칭이었다. 조선시대에는 대가(代加)라는 제도가 있었다. 관리가 벼슬살이를 하면서 받는 인사 고과 점수를 그의 아들이나 손자 혹은 동생 등에게 주어 대신 그들이 품계를 받게 하는 제도였다. 이처럼 조상의 음덕으로 품계를 올리거나 벼슬살이를 하는 것을 문음(門蔭)이라고 했다.

문음을 통해 올라갈 수 있는 가장 높은 품계가 정5품 통덕랑이었는데, 사대부 집안의 자제들은 과거에 합격하거나 벼슬살이를 시작하기도 전에 이미 대가를 통해 통덕랑 품계에 이르는 경우가 많았다. 이렇게 되자 이리들은 사대부 집안의 자제들에게 고신을 발급할 때, 처음 관직에 제수되더라도 인사 문서조차 살펴보지 않고 그들의 품계를 통덕랑이라고 써넣었다. 분명 잘못된 관행이었으나 아무도 이상하게 여기지 않았다. 김치후 역시 처음 벼슬살이를 시작할 때 품계가 잘못 쓰인 고신을 아무 생각 없이 그냥 받아두었고, 그 후 벼슬을 하면서 고과 점수가 주어져 연달아 승진해서 정3품 당하관인 통훈대부에 이르렀다.

그런데 김치후가 과거에 급제하자 문제가 불거졌다. 관례대로라면 과거 급제 전에 이미 통훈대부였기 때문에 급제 후에는 당상관인 통정대부로 승진해야 하는데, 그의 승진을 검토하는 과정에서 그간 잘못된 관행이 지적되었던 것이다. 김치후는 벼슬살이를 하면서 10여 차례 승진 점수를 받았는데 한 번에 한 단계씩 승진했다. 만일 그가 처음에 통덕랑에서 시작했다면 통훈대부까지는 7단계밖에 안 되므로 과거 급제 이전에 그의 품계는 적어도 통훈대부보다 서너 단계 더 높아야 했다. 반대로 그가 아예 문음을 받지 못하고 종9품 장사랑에서 시작했다면 14단계 높은 통덕랑에도 아직 오를 수가 없었다. 담당 부서에서 이러한 문제점을 발견했지만 당시 이조의 관리와 대신 들이 모두 사정이 있어서[6] 좌승지인 이현록이 대신 이를 거론했다.

이런 상황이 되자 김치후는 다음과 같이 자신의 입장을 변명할 수밖에 없었다.

승지가 이와 같이 아뢰었으니 제 실정을 어찌 진실로 말씀드리지 않겠습니까? 제가 신축년(辛丑年)에 처음으로 전랑(殿郎)에 제수되었을 때, 단골서리가 고신을 작성하면서 제 품계를 통덕랑으로 써주었습니다. 저는 비록 일찍이 대가를 받은 일이 없지만 잘못된 사례를 좇아 고신을 받아 그대로 두었습니다. 그 후 연이어 사면 명령이 내려지고 작년에 복직한 이래로 역시 여러 차례 사면 명령이 내려져 점차 승진해 통훈대부가 되었습니다. 저는 진실로 황송해 몸 둘 바를 모르겠습니다.[7]

김치후가 말하는 신축년은 1721년(경종 1)이며, 전랑은 영희전 참봉(永禧殿 參奉)을 가리킨다.[8] 그는 대가를 받지 않았기 때문에 영희전 참봉에 임명될 때 장사랑에서 시작했어야 옳다. 그러나 단골서리가 통덕랑으로 써주자 그는 이를 수정하도록 요청하지 않고 승진 점수가 주어질 때마다 한 등급씩 올라 과거 급제 전에 이미 통훈대부가 된 사실을 그대로 자백했다.

그 후 이 문제가 어떻게 매듭지어졌는지는 관련 자료가 없어서 알 수 없지만, 이를 통해 고신을 작성하는 이조의 서리를 이리라고 불렀으며 단골, 단골서리, 단골리 등은 그들의 별칭임을 알 수 있다. 이리는 일반적으로는 이조의 서리를 뜻하지만 그들이 모두 인사 업무를 담당하지 않았기 때문에 좀 더 정확하게는 인사만을 담당하는 이조정색서리(吏曹政色書吏)를 가리킨다.[9]

이제 김상덕의 고신으로 돌아가 보자. 김상덕은 문관이었기 때문에 그의 인사 관리는 이조에서 담당했는데, 마침 이태룡이 서리가 되자 관례에 따라 단골 관리들의 고신을 작성하고 그 사실을 고신 앞면에 밝혔던 것이다. 사실 이러한 내용을 고신 앞면에 밝혀서는 안 되었는데 이태룡이 서리가 된 후 처음으로 고신을 작성했기 때문에 실수를 저질렀던 것으로 보인다.[10] 이를 통해 김상덕이 이조정색서리 이태룡과 단골 관계였음을 알 수 있다.

무관의 고신

김상덕과 같은 문관은 이조정색서리가 임명장을 작성했다면 무관의 임명장은 누가 작성했을까? 이 문제를 풀어보기 위해 원영주(元永胄)의 고신을 보자.

이 고신에 따르면 원영주는 건륭 50년(1785, 정조 9)에 '선략장군 선전관(宣略將軍 宣傳官)'으로,[11] 그로부터 4년 후인 건륭 54년(1789, 정조 13)에 '어모장군 행용양위 부사과(禦侮將軍 行龍驤衛 副司果)'로[12] 임명되어 각각 임명장을 받았다. 그런데 전자의 뒷면에는 '병리 안수겸(兵吏 安壽兼)', 후자의 뒷면에는 '병정리 안수겸(兵政吏 安壽謙)'이라 적혀 있다. 둘은 호칭과 이름에서 약간 차이가 있지만 동일인으로 추정된다. 또한 '병리'와 '병정리'는 모두 '병조정색서리(兵曺政色書吏)'의 약

教旨
元永胄爲
宣略將軍
宣傳官者
乾隆五十年 月 日
兵吏 安壽兼

고문서 3-3 **원영주의 고신, 병리 안수겸 작성, 1785년, 서울대학교 규장각 소장.**

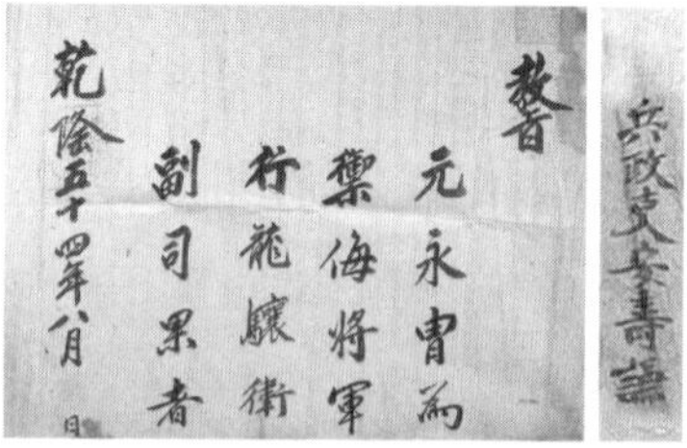
教旨
元永胄爲
禦侮將軍
行龍驤衛
副司果者
乾隆五十四年八月 日
兵政吏 安壽謙

고문서 3-4 **원영주의 고신, 병정리 안수겸 작성, 1789년, 서울대학교 규장각 소장.**

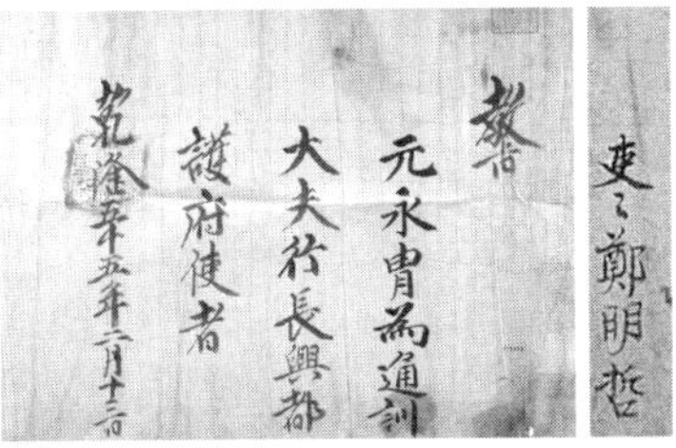
吏吏 鄭明哲

教旨
元永胄爲通訓
大夫行長興都
護府使者
乾隆五十五年

고문서 3-5 **원영주의 고신, 이리 정명철 작성, 1790년, 서울대학교 규장각 소장.**

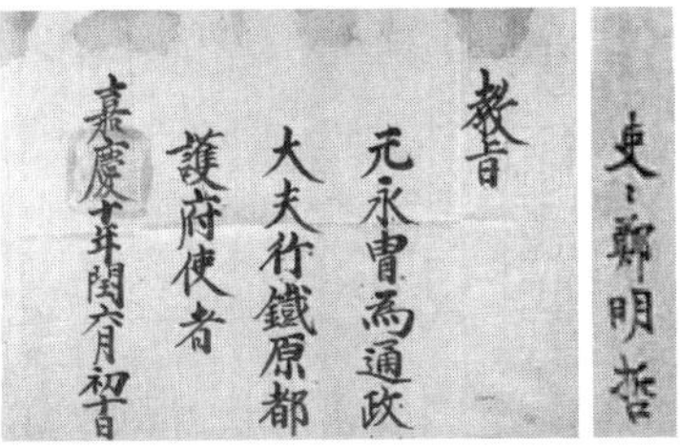
吏吏 鄭明哲

教旨
元永胄爲通政
大夫行鐵原都
護府使者
嘉慶十年

고문서 3-6 **원영주의 고신, 이리 정명철 작성, 1805년, 서울대학교 규장각 소장.**

칭이다. 다만 여러 고신을 살펴보면 병조정색서리의 약칭으로 '병리'보다는 '병정리'가 더 자주 사용되었다.

원영주는 무반이었다. 따라서 그의 고신 발급은 당연히 병조에서 담당했다. 그는 앞에서 살펴보았듯이 선전관(宣傳官)과 용양위 부사과(龍驤衛 副司果)에 임명되었을 뿐만 아니라 훈련원 정(訓練院 正), 첨지중추부사 겸사복장(僉知中樞府事 兼司僕將), 용양위 호군(龍驤衛 護軍) 등에도 임명되었는데 이때마다 병조정색서리들이 고신을 작성했다.[13]

그러나 무반이라 할지라도 문관직이나 지방의 수령에 임명되었을 때에는 고신을 이조에서 작성했다. 원영주는 건륭 55년(1790, 정조 14)에 장흥도호부사(長興都護府使)로,[14] 가경 10년(1805, 순조 5)에 철원도호부사(鐵原都護府使)로[15] 임명되었는데 그때마다 고신은 '이리 정명철(吏吏 鄭明哲)'이 작성했다.[16] 고신 작성 업무는 관리가 문반이나 무반이냐에 따라 결정되는 것이 아니라 그가 어느 관직에 임명되느냐에 따라 담당 부서가 달랐다.[17] 따라서 원영주는 무반 출신이었지만, 그가 문관직과 무관직 중 어느 관직에 임명되느냐에 따라 이조와 병조에서 각각 임명장을 작성했다.[18]

조선 초기 고신에 등장하는 서리

서리 이름이 관리의 임명장에 등장하는 것은 조선 후기만의 현상이 아니었다. 조선 초기에도 서리 이름이 고신에 기록되었다. 고신의 뒷면이 아닌 앞면에 버젓이 기록되었다.[19] 우선 조선 초기 고신을 하나 살펴보자. 이 고신은 1476년(성종 7) 9월 14일에 병조에서 정옥견(鄭玉堅)에게 발급한 것이다.

> 병조에서 성화 12년 7월 초1일에 임금의 명령을 받들어 충찬위 돈용교위(忠贊衛 敦勇校尉) 정옥견(鄭玉堅)을 창신교위(彰信校尉)로 임명함
>
> 병당사가(丙當仕加) 호현방(好賢坊)
>
> 성화 12년 9월 14일 서리(書吏) 신임(臣林)〔압〕
>
> 참의 신성(臣成)〔압〕 행정랑
>
> 판서 참판
>
> 참지 행좌랑 신최(臣崔)〔압〕[20]

이 고신은 성화 12년(1476) 9월 14일에 병조에서 발급됐지만, 정옥견의 인사 명령은 같은 해 7월 1일에 내려졌다. 고신 내용은 충찬위 돈용교위인 정옥견을 창신교위로 승품(陞品)시키는 것이다. 돈용교위는 정6품 상위(上位)였으며, 창신교위는 종5품 하위(下位)이다. 종6품부터 정3품까지는 매 품계마다 상위와 하위로 구분했다. 다만 정3품은 당상(堂上)과 당하(堂下)로 구분해 호칭했다. 왕이 정옥견의 품계를 올려준 이유는 '병당사가(丙當仕加)' 때문이었다. '병당사가'에서 '병'은 성종 7년의 간지인 '병신년(丙申年)'의 약어(略語)이며, '사가'는 '일정 기간

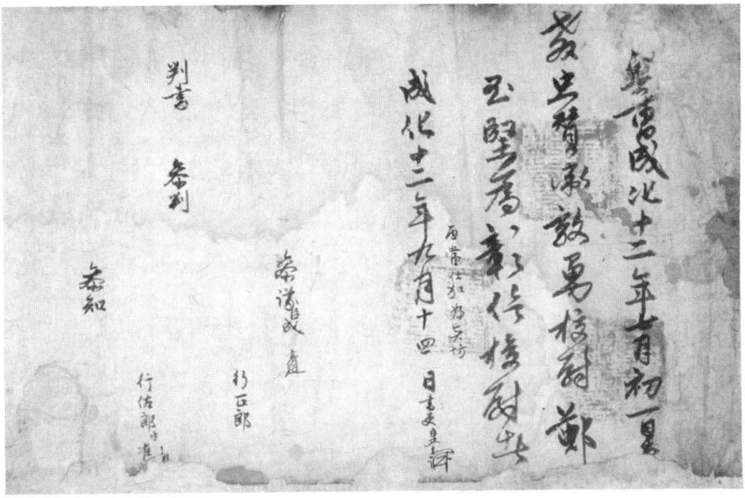

고문서 3-7 **정옥견의 고신, 서리 임모 작성, 1476년, 초계정씨 동계 후손가 소장.**

동안 벼슬살이를 했기 때문에 품계를 올려준다'는 뜻이다. 그는 당시 충찬위에서 근무했기 때문에 왕이 그의 노고를 인정하며 승품시켜주었던 것이다. 호현방은 한성부 남부에 있던 11방 중 하나인데, 당시 정옥견이 거주했던 곳이다.[21]

그런데 여기서 관심을 끄는 것은 고신 발행 일자 아래에 적힌 '서리 신임(書吏臣林)'이다. '서리'는 병조서리를 지칭하며 '임'은 임명장을 작성한 서리의 성(姓)이다. 그는 자신이 정옥견 고신의 작성자라는 사실을 밝히기 위해 성을 쓰고 서명(署名)까지 했던 것으로 보인다.

이와 같은 관습은 조선 중기로 오면서 점차 사라졌다. 조선 중기에는 서리 이름이 앞면에 기록된 고신이 거의 보이지 않는다. 그 까닭은 두 가지 측면에서 살펴볼 수 있다. 하나는 서리들이 《경국대전》에 수록된

〈문무관 5품 이하 고신식〉을 충실하게 따랐기 때문일 것이다. 이 고신식에는 서리가 자신의 이름을 적거나 서명하도록 되어 있지 않았다. 다른 하나는 서리의 지위와 관련이 있어 보인다. 조선 초기에 서리의 지위는 문무 관리보다는 못하지만 그런대로 인정을 받았다. 그래서 서리들은 고신을 작성하면서 자신의 성을 써넣고 서명도 할 수 있었다. 그러나 조선왕조의 틀이 갖춰지면서 서리의 지위가 점차 하락했다. 마치 지방 향리의 지위가 하락하는 것처럼 중앙 서리의 지위도 그러했다. 그 결과 고신에 당당하게 자신의 성을 써넣거나 서명하던 예전의 모습은 점차 자취를 감추게 되었다.

고신 뒷면 서리의 재등장

조선 중기에 서리 이름이 고신 앞면에서 사라진 이후 영영 나타나지 않았을까? 그렇지 않았다. 서리 이름이 고신 뒷면 한쪽 모서리에 조그마하게 등장하기 시작했다. 우선 이와 관련된 고신을 하나 더 살펴보자.[22]

> 교지
>
> 　강백년(姜栢年)을 조봉대부(朝奉大夫)로 임명함
>
> 천계(天啓) 8년 정월 17일
>
> 　권지승문원 부정자로 무정(戊正)에 별가(別加)함
>
> 〔배면〕 이리 심기(吏吏 沈麒)

이 고신은 천계 8년(1628, 인조 6) 정월에 왕이 강백년(姜栢年, 1603~1681)을 종4품 하위인 조봉대부(朝奉大夫)로 승품시키면서 발급해준

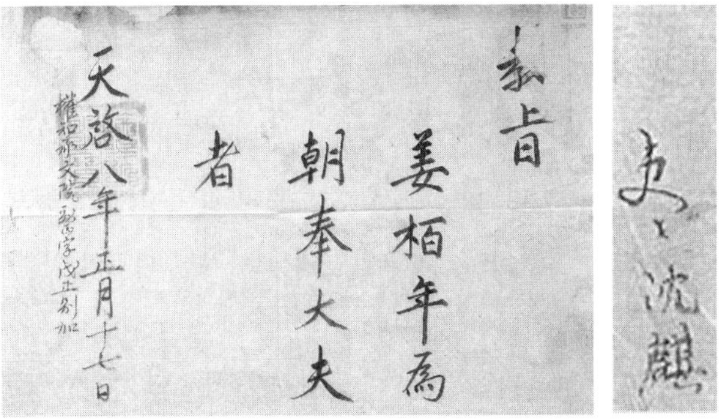

고문서 3-8 **강백년의 고신, 이리 심기 작성, 1628년, 서울대학교 규장각 소장.**

것이다.[23] 강백년은 바로 전년 정시(庭試)에서 을과(乙科) 2위로 급제한 후 실무를 익히기 위해 승문원에 부정자(副正字)로 임시 배속되어 있었다. 조선시대에는 문과에 급제하면 곧바로 성균관·승문원·교서관(校書館) 등 삼관(三館)에서 실무를 익히도록 했는데, 이를 분관(分館)이라 했다. 정식 관리가 되기 전에 일종의 수습 과정을 거치도록 했던 것이다.

문과에 급제할 당시 강백년은 아무런 품계가 없는 유학(幼學)이었다.[24] 과거 시험이 1627년 7월 29일에 행해졌으므로, 불과 몇 달 사이에 어떻게 이토록 빠르게 승급할 수 있었을지 의아할 수도 있다. 아마도 아버지 강주(姜籒) 역시 문과 급제자였기 때문에[25] 대가 등을 통해 그사이 정5품 상위인 통덕랑에 올랐을 것으로 추정된다. 그러다가 1628년 정월에 승문원 부정자로 근무한 경력이 인정되어 품계가 한 등급 더 올라 종4품 하위인 조봉대부가 되었다. 이는 고신에 기록된 '무정(戊正)에 별가(別加)함'을 통해 알 수 있는데, '무정'은 임명장을 발급하던 1628년

'무진년(戊辰年) 정월'을 의미하며 '별가'는 '특별히 자급(資級)을 더해 승진시켜준다'는 뜻이기 때문이다.

그런데 여기에서 주목해야 할 것은 고신의 뒷면에 적힌 '이리 심기(吏吏 沈麒)'다.[26] '이리'는 앞에서 살펴본 바와 같이 이조정색서리이며, '심기'는 그의 이름이다. 고신 앞면에서 사라진 서리의 이름이 뒷면 한 귀퉁이에 슬며시 나타난 것이다.

이처럼 서리 이름이 문무 관리의 고신에 적혔다는 사실은 조선 전기와 후기에 같았으나, 차이도 상당했다. 먼저, 조선 전기에는 서리 이름이 고신 앞면 가운데에 기재되었으나 조선 후기에는 뒷면 한 귀퉁이에 기록되었다. 둘째, 서리 이름을 밝히는 것이 조선 전기에는 상대적으로 공개적이고 공적이었던 데 비해 조선 후기에는 비공개적이고 사적이었다. 그래서 조선 후기에 이리나 병리 들은 고신 뒷면 한 귀퉁이에 아주 작은 글씨로 자신의 이름을 써넣었다. 셋째, 조선 전기에는 서리가 성만 쓰고 서명을 했으나 조선 후기에는 이름을 다 쓰되 서명하지 않았다. 넷째, 조선 전기에는 문무관 5품 이하의 고신에만 서리의 이름을 썼으나 조선 후기에는 문무관 4품 이상의 고신에도 이름을 써넣었다.

서리 이름이 고신의 뒷면에 처음 등장하는 시기는 언제일까? 지금까지 남은 자료에 따르면 처음 고신 뒷면에 자신의 이름을 기재한 최초의 서리는 오계생(吳癸生)이다. 천계 3년(1623, 인조 1)에 국왕이 유여해(兪汝諧)를 사헌부 감찰로 임명하자, 오계생은 고신을 작성한 후 자신의 이름을 뒷면에 써넣었다.[27] 그런데 오계생은 단지 이름만 적고 자신이 이조와 병조 중 어느 쪽 서리인지 확인할 수 있는 기록을 남기지 않았다. 그러나 오계생의 이름이 문관 고신 뒷면에 여러 차례 기록된 점으

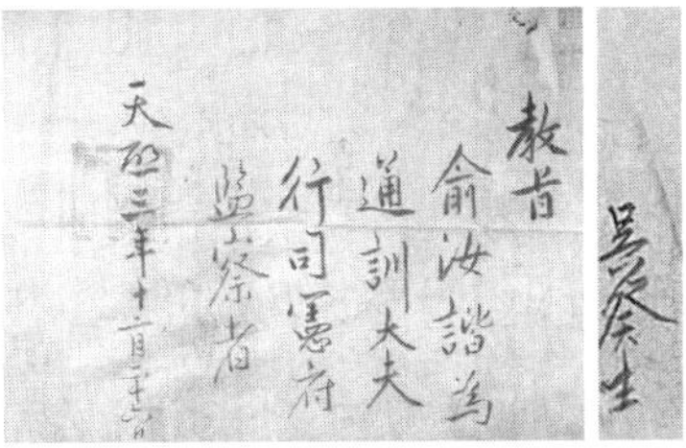

고문서 3-9 **유여해의 고신, 오계생 작성, 1623년, 서울대학교 규장각 소장.**

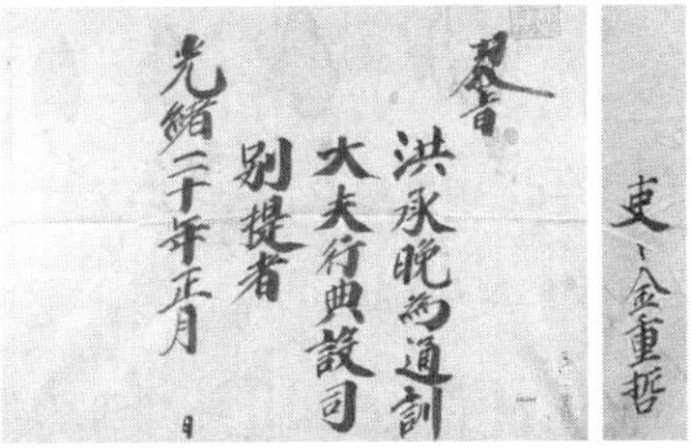

고문서 3-10 **홍승만의 고신, 이리 김중철 작성, 1894년, 서울대학교 규장각 소장.**

로 미루어볼 때 그가 이조서리였다는 점은 확실하다.[28] 다만 이 시기에 갑자기 이조와 병조의 인사 담당 서리들이 고신 뒷면에 자신의 이름을 기재하기 시작한 이유와 배경이 궁금한데, 이에 대해서는 추가 연구가 필요하다.

서리가 자신의 이름을 고신 뒷면에 적는 관습은 언제까지 지속되었을까? 대한제국이 수립되기 직전까지로 추정된다. 조선시대에는 관리 임명장을 임금의 명령인 교지로 발급했지만 대한제국 시기에는 이를 황제의 명령인 칙명(勅命)으로 발행했다. 그런데 대한제국 시기에 발급된 칙명 뒷면에는 서리 이름이 기록되지 않았다. 필자의 조사에 따르면 서리 이름이 기재된 마지막 고신은 광서 20년(1894, 고종 31) 정월에 작성된 홍승만(洪承晩)의 것이다.[29] 고종은 홍승만을 전설사 별제(典設司 別提)로 임명했는데, 이때 이리 김중철(金重哲)이 고신을 작성하고 뒷면에 자신의 이름을 기재했다.[30] 교지가 칙명으로 바뀐 후 고신 뒷면에 작성자의 이름을 밝히는 관습은 마치 약속이나 한 듯 사라졌다.[31]

단골리, 지방 양반과 서리의 특별한 관계

이조와 병조의 서리를 주목하는 까닭은 그들이 단순히 고신 작성자이기 때문만은 아니다. 이들은 관리를 지냈거나 장차 관리로 임용될 지방 명문가 출신 양반들과 대대로 특별한 관계를 맺은 단골서리, 즉 단골리(丹骨吏)였기 때문이다. 조선 후기에 지방 출신 관리나 양반 들은 이조와 병조에서 인사 업무를 담당하는 서리들과 밀접한 관계에 있었다. 지방에서는 중앙의 인사 동향 등을 파악하기 쉽지 않았기 때문에 인사 담당 서리와 교분을 맺으려고 애썼으며, 한번 맺은 인연을 소중하게 관리해서 이 관계망을 유지하고자 했다. 무엇보다 중요한 것은 이 관계를 개인의 인연으로 국한하지 않고 가문 전체로 확대해 지속적으로 유지했다는 점이다. 이러한 사실은 다음 고목(告目)을 통해 확인할 수 있다.

고목

황공하옵게도 말씀드립니다. 지난달 26일에 오준동(吳準東)이 사망하고 이달 16일에 오도순(吳道淳)이 연이어 사망했으며 손자가 있으나 아직 어려서 서리로 임명받지 못했습니다. 도순은 저의 팔촌 형인데 사망하기 전에 그동안 그가 행하던 여러 댁의 단골서리 노릇을 제가 하도록 부탁했습니다. 그래서 그간 사정을 알려드립니다.

임신 6월 20일 이리 오도연 아룀[32]

고목은 하급 관리들이 상관에게 간단하게 보고하거나 문안을 드릴 때 사용하던 문서다. 오도연 고목에 따르면 오준동과 오도순은 해남윤씨가의 단골리였다. 그런데 이들은 연이어 사망했고, 그의 손자는 아직

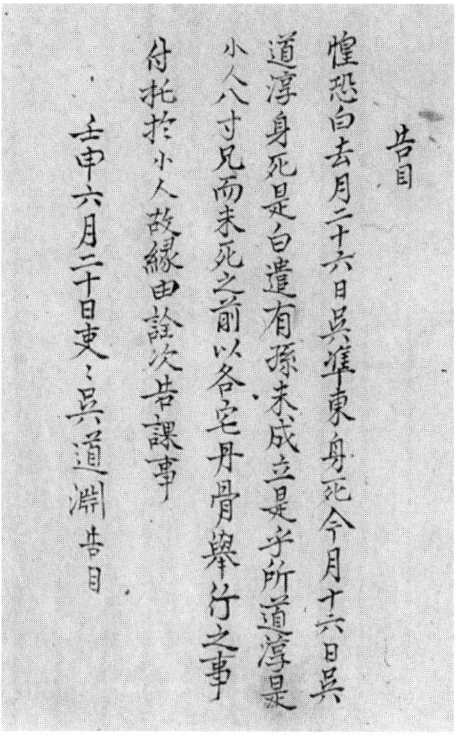

告目
惶恐白去月二十六日吳準東身死今月十六日吳
道淳身死是白遣有孫未成立是乎所道淳是
小人八寸兄而未死之前以各宅丹骨擧行之事
付托於小人故緣由詮次告課事
壬申六月二十日吏吳道淵 告目

고문서 3-11 **오도연의 고목, 1872년, 해남윤씨 연동종가 소장.**

어려서 서리가 되지 못했다. 오도순은 사망하기 전 그의 팔촌 동생 오도연에게 자신에 이어 단골 집안의 일들을 잘 처리해줄 것을 당부했다. 오도연은 곧바로 지방에 있던 오도순의 단골들에게 이러한 사실을 알리고 자신이 형을 이어 단골리로서의 역할을 하겠다고 말했다. 오준동을 비롯한 오씨 일가 세 명은 각종 인사 관련 정보를 해남윤씨 가문에 알려주었으며, 해남윤씨 집안 사람이 관리로 임용되면 고신을 작성해주고 그 뒷면에 작은 글씨로 자신의 이름을 밝혔다.[33] 다만 오도연이 해남윤씨가의 단골리로서 작성한 고신은 전해지지 않고, 오도연이 이은빈(李

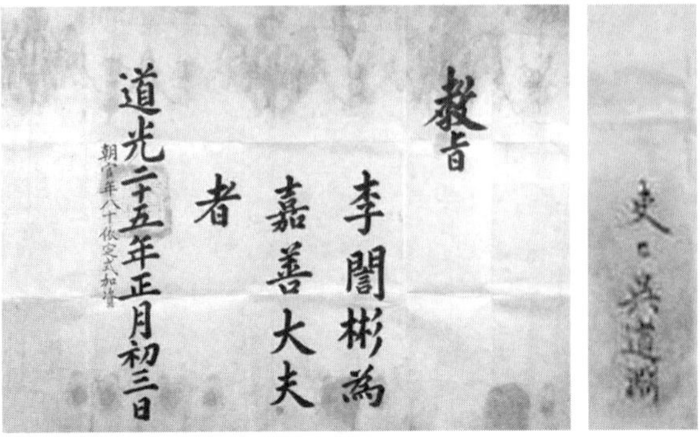

고문서 3-12 **이은빈의 고신, 이리 오도연 작성, 1845년, 서울대학교 규장각 소장.**

誾彬)에게 작성해준 것이 전해지고 있다.

물론 고신 뒷면에 '이리' 또는 '병정리'라고 밝혔다고 해서 모두 단골리가 되는 것은 아니었다. 고신 수취자와 서리가 서로 단골 관계를 형성할 의지가 있고 이해관계가 맞아떨어져야만 단순한 관리와 서리의 관계에서 긴밀한 단골 관계로 발전할 수 있었다. 그러나 모든 고신에 서리의 이름이 쓰이지 않는다는 사실을 유념하면, 서리가 고신 뒷면에 자신의 이름을 써넣는 것은 임용 당사자와 단골 관계를 형성하려는 의지를 표현한 것이라 할 수 있다. 더구나 사적으로 지방 양반과 고목을 주고받는 사이라면 이미 단골 관계로 발전했다고 보는 것이 타당할 듯하다.

양반과 단골리의 이해관계

고신 수취자와 서리의 이해관계에 대해 좀 더 자세히 살펴보자. 먼저, 서리들은 지방 양반 출신의 문무 관리들에게 인사와 관련된 각종 정책이나 정보를 미리 알려주고, 문무 관리들은 서리의 뒤를 봐주는 사적 관계망을 형성했다. 다음은 이와 관련된 고문서이다. 이 고목은 이유휘(李有徽)라는 이조서리가 을묘년(1795, 정조 19) 윤2월에 임홍원(林鴻遠, 1741~1799)에게 보낸 것이다.[34] 임홍원은 나중에 홍원(弘遠)으로 개명했는데 그의 집안에 전해 내려오는 기록을 살펴보면 그는 감역(監役)으로 벼슬살이를 시작했다.[35] 그러나 그가 실제로 역임한 관직은 가감역(假監役)이었던 것으로 추정된다. 감역과 가감역은 모두 선공감(繕工監)에 소속된 관리였으나 가감역은 임시직이었다.[36]

고목

엎드려 말씀드립니다. 그동안 근황이 어떠신지 살피지 못했습니다. 나리〔進賜主〕의 심신은 어떠십니까? 엎드려 나리를 그리는 제 마음이 구구하오나 나리께서 저를 보살펴주시는 정성이 지극하여 제가 이를 감당할 수 없습니다. 저는 나리의 보살핌 덕에 그럭저럭 잘 근무하고 있습니다. 그러하오니 다른 무슨 말씀을 드리겠습니까?

드릴 말씀은 나리의 사환일(仕宦日)을 계산하는 일에 대해서입니다. 담당자〔執吏書吏〕에게 자세히 문의했더니 앞으로 30개월만 지나면 6품이 되며, 비록 자리를 능참봉(陵參奉)으로 바꾸더라도 바뀐 참봉으로 30개월이 차면 6품이 될 수 있다는 왕의 특명 정식〔特敎定式〕이 있다고 합니다.

그러하오니 나리께서는 30개월이 차면 6품이 되실 수 있을 것입니다. 이러한 사연을 말씀드립니다.

을묘년 윤2월 26일 이조서리 이유휘 아룀[37]

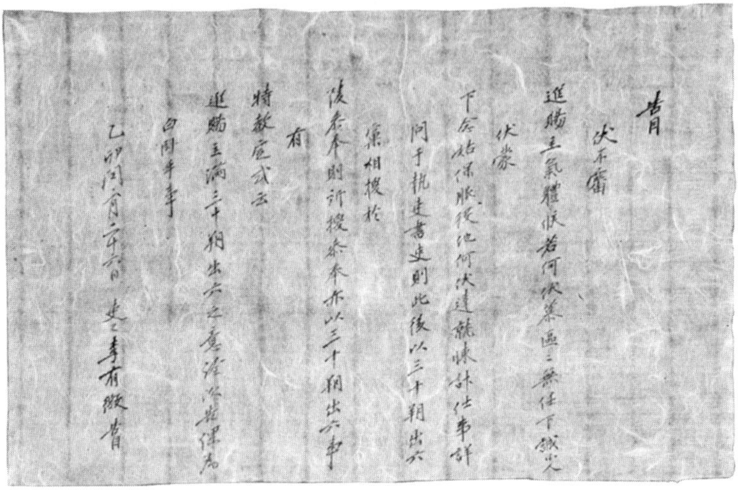

고문서 3-13 **이유휘의 고목, 1795년, 나주임씨 창계 후손가 소장.**

이 고목에 따르면 임홍원은 30개월을 넘기면 '출육(出六)'할 수 있었다. 출육이란 품계가 6품에 오르는 것을 말하는데, 조선시대 관직 체계에서 6품에 오른다는 것은 매우 의미 있는 일이었다.[38] 6품에 오르면 대신(臺臣)으로 선발되거나 지방 수령으로 나갈 수 있었기 때문이다.

조선시대에는 품계를 올리는 방법이 매우 다양했기 때문에 담당자가 아니면 그 방법을 상세히 알 수 없었다. 그래서 임홍원은 평소 친분이 있던 이조서리 이유휘를 통해 담당 서리에게 이를 문의해 알려줄 것을 요청했다. 이유휘는 담당자인 집리서리(執吏書吏)에게 문의해 임홍원이 30개월이 지나면 6품에 오를 수 있으며, 도중에 능참봉으로 벼슬이 바뀌더라도 근무 일수를 합산해 30개월이 넘으면 6품으로 승진할 수 있다는 사실을 알려주었다. 이렇듯 승품 통로가 다양하고 방법 또한 매우 복잡해 담당 아전의 역할이 매우 컸다. 이러한 사실은 다음의 실록

기사를 통해서도 확인된다.

영의정 김치인(金致仁)이 아뢰기를 …… "근일에 전형(銓衡)의 규범이 점점 무너져서 문신(文臣)이 겨우 6품에 오르면 대신(臺臣)으로 뽑힐 수 있는 길을 열어놓아, 심지어는 성균관의 정6품 전적(典籍)을 곧바로 사헌부의 정5품 지평(持平)의 후보자로 추천하기까지 합니다. 새로 문과에 합격한 자[新榜者]는 승문원, 성균관, 교서관에 나뉘어 실무를 익히기 전에는 …… 어떤 관직에도 제수될 수 없는 것이 옛 법입니다. 그런데 지금은 정기 인사 때나 임시 인사 때 조금도 꺼리지 않고 계속해서 천거합니다. 그리고 음관(蔭官)의 품계를 올려줄 때에도 벼슬한 기간과 차례를 봐서 시행해야 합니다. 신이 일찍이 듣건대 이세백(李世白)은 정승으로 있을 때 6품이 된 지 19개월 만에 5품에 오른 음관이 있자 너무 빠르다 하여 관계자들을 잡아 가두고서 벌을 주었다 하니, 전조(銓曹)의 품격이 엄격함을 대략 알 수 있습니다……."[39]

출육한 지 19개월밖에 안 된 음관이 5품에 올랐다는 것은 관리의 승진을 담당하는 서리들이 중간에서 농간을 부렸음을 의미했다. 앞서 이야기했듯이, 관리의 승진이나 승품 방법이 복잡하고 다양해 일반 관리가 그 속사정을 자세히 알기 어렵다. 반면 담당 서리들은 그와 관련된 규정과 세칙을 상세히 인지하고 있었다. 임홍원이 이유휘를 통해 담당 서리에게 출육과 관련된 규정을 문의했던 이유도 바로 여기에 있었다.

2

지방 양반과 단골리의 은밀한 관계망

이제 실제 사례를 통해 이조와 병조에서 근무하던 중앙 단골리가 지방 명문가와 어떤 관계를 맺고 있었으며 그것이 어떻게 변화했는지를 구체적으로 살펴보자.

단골리와 대대로 교분을 유지한 양반 가문

경기도 화성시 매송면 야목리에는 풍양조씨가 세거하고 있다. 풍양조씨는 대대로 많은 인물을 배출한 가문이며, 들목조씨라는 이름으로 더욱 알려져 있다. 이들은 원래 서울에 살았는데, 조복양(趙復陽)의 5대손 조상존(趙象存)이 수원부로 이주했다가 곧 화성부 원리(院里)로 옮겨 살았고 조상존의 손자 조학년(趙鶴年)이 다시 야목리로 이사했다.

그 후 풍양조씨는 조선 말까지 화성의 명문세족으로 이름을 떨쳤다.[40] 현재 이 집안에는 고신 482점이 전한다.[41] 편의상 조복양을 1세대로 해서 고신 수취자와 단골리 명단을 정리하면 아래의 표와 같다.[42]

이 표에서 가장 먼저 눈에 띄는 사실은 풍양조씨 가문의 단골리가 모두 이리라는 점이다. 앞에서 살펴본 바와 같이, 문반직 관리의 인사는

세대	고신 수취자	단골리	단골 기간
1	조복양(趙復陽)	이리 오계생(吳癸生)	1640.01 ~ 1645.07
		이리 오이정(吳以頲)	1641.01 ~ 1657.09
		이리 오방립(吳邦立)	1653.02 ~ 1666.09
		이리 오이탁(吳以拆)	1658.02
4	조한위(趙漢緯)	이리 오순흥(吳舜興)	1710.02
	조한보(趙漢輔)		
6	조상존(趙象存)	이리 오종서(吳宗瑞)	1783.01
		이리 오진동(吳鎭東)	1800.01
7	조만원(趙萬元)	이리 오종서(吳宗瑞)	1794.09 ~ 1799.02
		이리 오진동(吳鎭東)	1801.09 ~ 1816.06
		이리 오찬원(吳纘源)	1816.03 ~ 1822.04
8	조학년(趙鶴年)	이리 오찬원(吳纘源)	1827.07 ~ 1834.02
		이리 오상묵(吳相默)	1835.01 ~ 1835.08 1849.07 ~ 1853.01
		이리 오진남(吳鎭男)	1835.09
		이리 오길원(吳吉源)	1835.12 ~ 1848.10
9	조희필(趙熙弼)	이리 오상묵(吳相默)	1845.12 ~ 1851.12
	조희철(趙熙哲)	이리 오길원(吳吉源)	1847.10 ~ 1848.03
		이리 오상묵(吳相默)	1856.09 ~ 1860.02
		이리 오명환(吳命煥)	1863.08 ~ 1883.03
		이리 오재풍(吳在豊)	1894.01

화성의 풍양조씨와 단골리

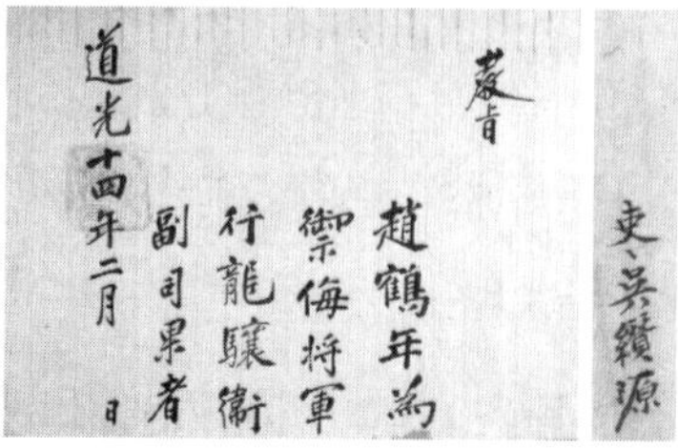
趙鶴年爲
禦侮將軍
行龍驤衛
副司果者
道光十四年二月 日
吏 吳纘源

고문서 3-14 **조학년의 고신, 이리 오찬원 작성, 1834년, 화성시 향토박물관 소장.**

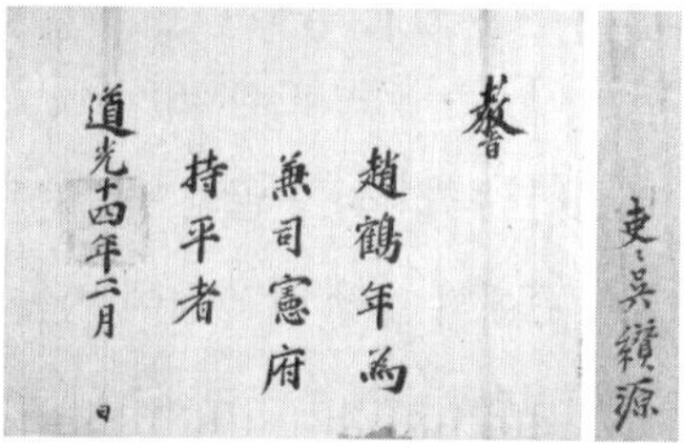
趙鶴年爲
兼司憲府
持平者
道光十四年二月 日
吏 吳纘源

고문서 3-15 **조학년의 고신, 이리 오찬원 작성, 1834년, 화성시 향토박물관 소장.**

이조에서 담당했기 때문에 그 임명장은 당연히 이리가 작성했다. 그러나 문관이라도 형편에 따라서 무반직에 임명되기도 했는데, 이때에는 병정리가 임명장을 작성했다. 그런데 웬일인지 이 집안은 무반직에 임명됐을 때에도 고신을 이리가 작성했다. 예컨대 조학년은 도광 14년(1834, 순조 34) 2월에 어모장군 행용양위 부사과(禦侮將軍 行龍驤衛 副司果)에 임명되었는데,[43] 어모장군은 무반직 정3품 당하관(堂下官)이고 용양위는 병조에 소속된 5위(衛) 중 하나이며 부사과는 종6품직이었다. 따라서 이 임명장은 당연히 병정리가 작성해야 했다. 그러나 조학년의 고신은 이리 오찬원(吳纘源)이 작성했다. 이는 겸직과 관련이 있는 것으로 추측된다. 조학년은 이때 겸사헌부지평(兼司憲府持平)에 임명되었는데,[44] 이조에서 이 고신을 발급하면서 부사과 임명장도 함께 작성했기 때문으로 추정된다.[45] 하지만 이는 추후 연구를 통해 규명되어야 할 문제이다.[46]

또 하나 주목할 점은 풍양조씨의 단골리 중에 오씨가 아닌 사람이 단 한 명도 없다는 사실이다. 아직까지 여러 오씨 집안의 족보에서 단골리의 세계(世系)를 확인할 수 없기 때문에 이들이 모두 가까운 친척인지 아니면 성은 같지만 관향이 다른 남남인지 여부를 파악할 수 없지만, 전자일 개연성이 매우 높다. 특히 조선 후기에는 서리 채용이 능력을 시험해 뽑는 취재(取才)에서 세습으로 바뀌었기 때문에 풍양조씨의 단골리들은 동성동본이면서 가까운 친척일 가능성이 크다. 이러한 점은 이미 오도연의 고목을 통해 살펴봤다. 그렇다면 풍양조씨와 서리 오씨의 관계는 지방 양반 가문과 서리 가문이 대대로 교분을 쌓아온 사례라고 할 수 있다.

한편 삭령최씨(朔寧崔氏)가 세거하는 전라남도 구례군 광의면 구만리는 조선시대에 전라도 남원도호부에 속했다. 삭령최씨 가문에서 처음 남원에 들어온 최수웅(崔秀雄, 1464~1492)은 세종·세조대의 명신인 최항(崔恒, 1409~1474)의 손자이다. 그가 이거한 이유는 처가인 진주하씨(晋州河氏)가 남원의 둔덕방(屯德坊)에 살았기 때문이다. 최수웅이 남원으로 이사한 뒤 그의 후손 가운데 많은 인물이 나왔다. 최수웅의 아들 최준원(崔濬源)이 생원에 합격하고 손자 최언수(崔彦粹)가 문과에 급제하는 등 둔덕방에서 8대가 머무는 동안 소과 합격자 17명, 문과 급제자 9명, 무과 출신자 3명, 유일(遺逸) 천거자 3명, 서원 배향자 6명 등이 배출되었다.[47] 이 때문에 삭령최씨는 조선시대에 전라도에서 손꼽히는 명문가였다.

다음 표는 단골리 이름이 기재된 삭령최씨 고신을 정리한 것이다.[48] 최연(崔葕)은 최수웅의 5대손으로 진사를 거쳐 문과에 급제한 인물이며, 최휘지(崔徽之)나 최정옹(崔靜翁) 등은 모두 소과나 대과에 합격하거나, 유일이나 문음(門蔭)으로 천거되어 벼슬살이를 한 인물들이다. 최연이 처음 벼슬살이를 하던 시기에는 단골리가 정정남(鄭正男)이었으나[49] 1623년에 오계생(吳癸生)으로 바뀐 뒤[50] 오이정(吳以頲)과 오방

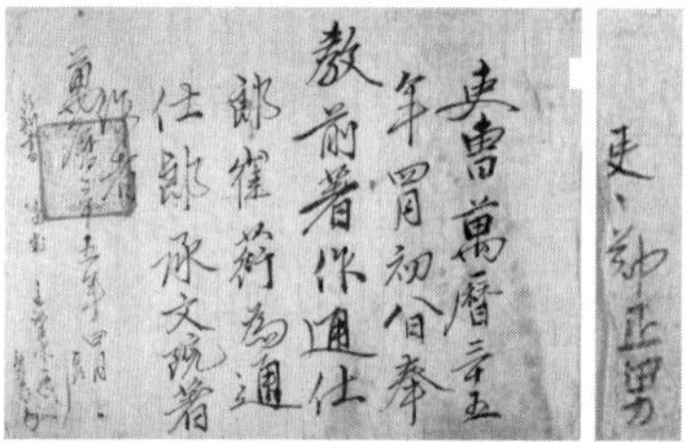

고문서 3-16 **최연의 고신, 이리 정정남 작성, 1607년, 삭령최씨 구만종가 소장.**

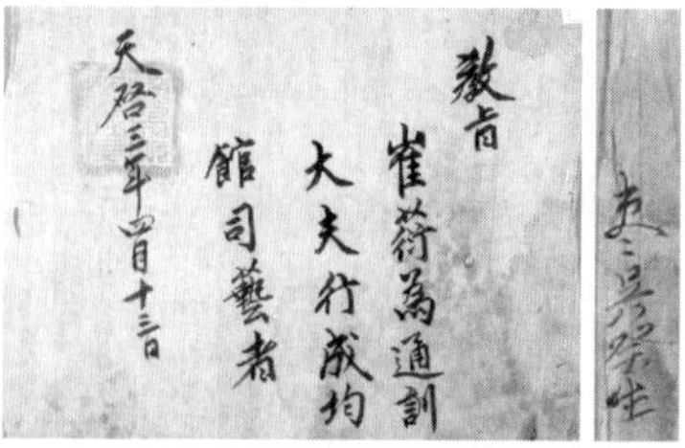

고문서 3-17 **최연의 고신, 이리 오계생 작성, 1623년, 삭령최씨 구만종가 소장.**

세대	고신 수취자	단골리	단골 기간
1	최연(崔葕)	이리 정정남(鄭正男)	1603.12 ~ 1607.04
		이리 오계생(吳癸生)	1623.04 ~ 1649.01
		이리 오이정(吳以珽)	1649.02
2	최휘지(崔徽之)	이리 오계생(吳癸生)	1630.05 ~ 1634.07
		이리 오이정(吳以珽)	1658.08 ~ 1659.02
3	최정옹(崔靜翁)	이리 오방립(吳邦立)	1673.04
	최치옹(崔致翁)	이리 오방립(吳邦立)	1661.08 ~ 1682.01
	최시옹(崔是翁)	이리 오윤철(吳允哲)	1698.08 ~ 1722.07
		이리 오복흥(吳復興)	1729.02
4	최여천(崔與天)	이리 오윤철(吳允哲)	1695.10
	최여적(崔與適)	이리 오윤철(吳允哲)	1714.07
	최여덕(崔與德)	이리 오윤철(吳允哲)	1714.07

삭령최씨와 단골리

립(吳邦立) 등 오씨들이 삭령최씨 집안의 단골리가 되었다. 최연이나 최시옹(崔是翁) 등은 무관직에 임명되기도 했는데, 이때 고신을 작성한 병정리의 이름은 밝혀져 있지 않다.[51] 따라서 삭령최씨는 화성의 풍양 조씨처럼 이조서리 오씨들과 대대로 단골 관계를 맺었다고 할 수 있다.

다만 삭령최씨의 단골리는 대부분 '이리'라 밝히지 않고 자신의 이름만 쓰는 경우가 많았다.

단골리를 여러 번 교체한 양반 가문

풍양조씨나 삭령최씨와는 달리 단골리를 자주 교체한 경우도 있다. 대표적인 집안이 충청도 회덕현(懷德縣) 송촌동(宋村洞)에 세거했던 은진송씨이다. 송촌동은 유명한 학자이자 정치가 송준길(宋浚吉, 1606~1672)과 그의 후손이 세거한 곳으로 널리 알려져 있다. 지금은 행정구역이 대전광역시 대덕구로 바뀌었는데 송준길의 별당 동춘당(同春堂), 그의 아들 송병하(宋炳夏)의 가옥 등 많은 유적이 잘 보존되어 있다. 송준길의 후손들은 대대로 벼슬살이를 했는데 당시에 받은 고신 대부분이 현재까지 전해진다.[52] 이 고신 뒷면에는 단골리의 이름이 기재되어 있는데, 편의상 송준길의 손자 송병하를 1세대로 해서 표를 정리하면 다음과 같다.

이 표에서는 가장 먼저 풍양조씨나 삭령최씨처럼 단골리가 모두 이리라는 사실이 눈에 띈다. 은진송씨 후손들은 명문가답게 과거나 문음으로 관직 생활을 시작했다. 그들 역시 가끔 무반직에 임명되었는데, 이때 발급했던 고신 뒷면에는 모두 병정리의 이름이 기록되지 않았다. 예컨대 송병하는 1680년(숙종 6) 9월 장사랑 희릉참봉(將仕郎 禧陵叅奉)에 임명되어 벼슬 생활을 시작했는데 이때 고신은 '이리 서태건(徐太健)'이 작성해주었다.[53] 그런데 그 후 1685년(숙종 11) 6월 그가 '어모장군 행용양위부사과(禦侮將軍 行龍驤衛副司果)'에 임명되었을 때 발급된 고신 뒷면에는 이를 작성한 병정리의 이름이 기록되어 있지 않다.[54] 문

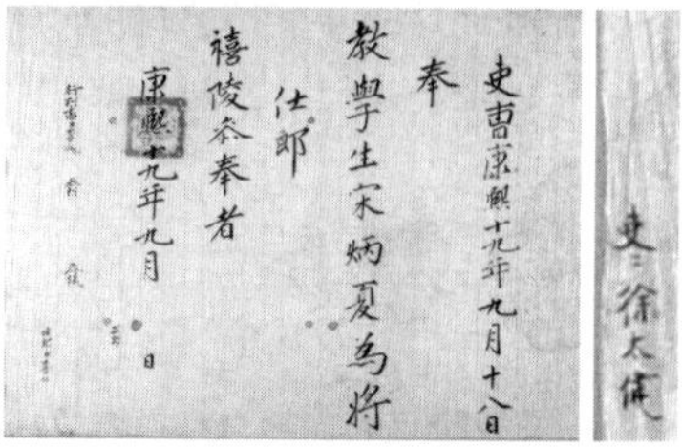

고문서 3-18 **송병하의 고신, 이리 서태건 작성, 1680년, 대전선사박물관 소장.**

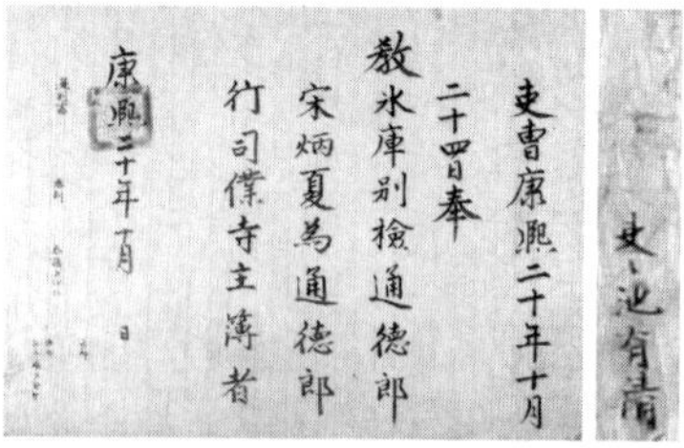

고문서 3-19 **송병하의 고신, 이리 지유청 작성, 1681년, 대전선사박물관 소장.**

세대	고신 수취자	단골리	단골 기간
1	송병하(宋炳夏)	이리 서태건(徐太健)	1680.09
		이리 지유청(池有淸)	1681.10 ~ 1696.02
2	송요화(宋堯和)	이리 오복흥(吳復興)	1733.11 ~ 1736.08
		이리 오천응(吳天膺)	1753.03
		이리 박동석(朴東碩)	1756.01 ~ 1763.01
3	송익흠(宋益欽)	이리 오천응(吳天膺)	1751.04 ~ 1752.08
		이리 박동석(朴東碩)	1754.12
5	송계래(宋啓來)	이리 박성협(朴聖浹)	1781.02 ~ 1793.01
6	송규희(宋奎熙)	이리 박성협(朴聖浹)	1796.01
		이리 박경환(朴敬桓)	1812.06 ~ 1813.05
7	송영노(宋永老)	이리 박용현(朴龍炫)	1829.01
		이리 박경환(朴敬桓)	1834.11
		이리 박화묵(朴華默)	1841.12
		이리 오갑원(吳甲源)	1843.08 ~ 1843.11
		이리 오상린(吳相麟)	1844.09 ~ 1864.05
		이리 박화묵(朴華默)	1875.02 ~ 1878.06
8	송종영(宋鍾英)	이리 오상린(吳相麟)	1844.10 ~ 1845.04
	송종오(宋鍾五)	이리 박화묵(朴華默)	1875.01 ~ 1892.12
9	송교순(宋敎淳)	이리 박화묵(朴華默)	1894.01

회덕의 은진송씨와 단골리

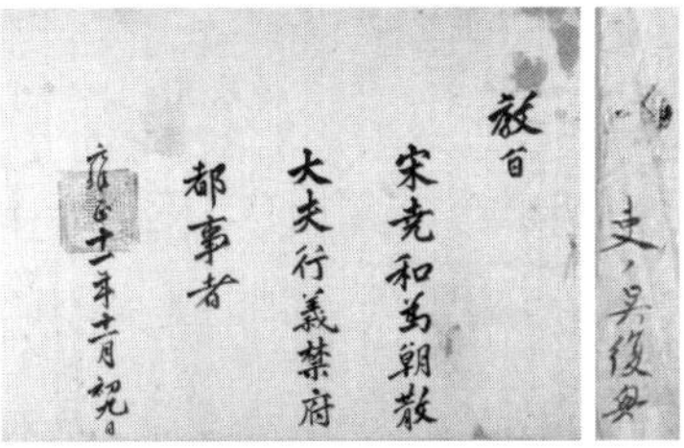
敎旨
宋堯和爲朝散
大夫行義禁府
都事者
雍正十一年十月 日

吏 吳復興

고문서 3-20 **송요화의 고신, 이리 오복흥 작성, 1733년, 대전선사박물관 소장.**

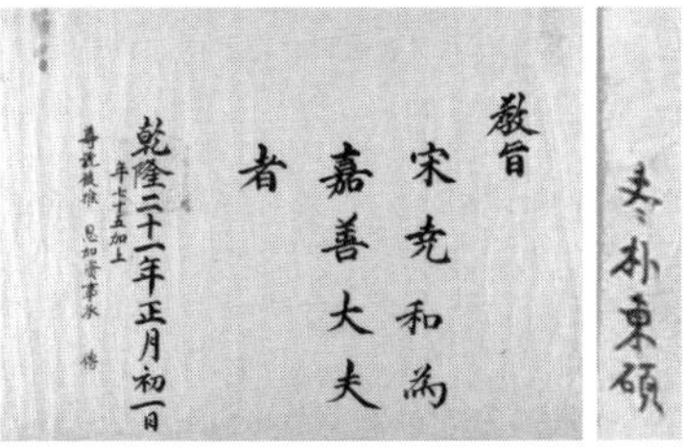
敎旨
宋堯和爲
嘉善大夫
者
乾隆二十一年正月初一日

吏 朴東碩

고문서 3-21 **송요화의 고신, 이리 박동석 작성, 1756년, 대전선사박물관 소장.**

반으로 이름이 널리 알려진 명문 가문이어서 병정리와는 단골 관계를 맺지 않았기 때문으로 추정된다.[55]

다음으로 눈에 띄는 점은 단골리가 여러 번 교체되었다는 사실이다. 표를 확인해 보면 송병하의 단골리는 서태건과 지유청(池有淸)이었다. 송병하의 아들 송요화(宋堯和)가 벼슬살이를 시작하던 시기에는 단골리가 오복흥(吳復興)과 오천응(吳天膺)이었으나 1756년 부터는 박동석(朴東碩)으로 바뀌었다. 그런데 바로 이 무렵부터 은진송씨의 단골리를 박씨가 맡게 되었던 것으로 추정된다. 송요화의 아들 송익흠(宋益欽)의 단골리도 이 시기를 전후로 오천응에서 박동석으로 바뀌었기 때문이다. 그 후에는 오씨들이 가끔 짧은 기간 동안 단골리 노릇을 하는 경우도 있었지만 대부분은 박씨들이 단골리를 맡았다. 따라서 은진송씨의 단골리는 서씨에서 지씨로 바뀌고 다시 오씨로 교체되었다가 마지막에는 박씨로 바뀌었음을 알 수 있다. 이제까지 조사에 따르면 은진송씨는 단골리를 자주 바꾼 셈이다.

단골리를 교체한 이유

경상도 봉화군 봉화읍 유곡에는 닭실권씨로 널리 알려진 안동권씨가 세거하는데 이들은 조선 초기 유학자 권벌(權橃, 1478~1548)의 후손이다. 닭실〔酉谷〕은 지리적으로 봉화현(奉化縣) 안에 있었으나 행정적으로는 안동부에 속해 그의 지배를 받았는데, 이러한 특정 지역을 비입지(飛入地) 혹은 월경지(越境地)라 했다. 권벌의 후손인 권택하(權宅夏, 1799~?)와 권호연(權好淵, 1824~?)의 고신을 살펴보면 단골리가 중간에 교체되었음을 알 수 있다. 그런데 그 이유를 추정할 수 있는 자료들이 남아 있어서 흥미를 자아낸다.

권택하는 1840년(헌종 6) 식년시(式年試)에서 생원에 합격했다. 그 후 음직(과거를 거치지 않고 조상의 공덕으로 벼슬을 맡음)으로 벼슬길에 올라 정릉참봉(貞陵叅奉)과 의금부 도사(都事) 등을 지낸 후 예안현감에 임명되었다. 지금까지 전해지는 권택하의 고신을 살펴보면 그는 이 무렵 단골리를 이경민(李慶敏)에서 오상린(吳相麟)으로 바꾸었다. 도광(道光) 26년(1846, 헌종 12) 12월 이조에서는 왕명을 받아 이듬해 정월에 진사 권택하를 승사랑(承仕郞) 행정릉참봉에 임명했는데, 이때 임명장을 작성한 서리는 이경민이었다.[56] 생원에 합격한 권택하를 진사라고 기재한 이유는 당시 생원이 늙은 선비를 부르는 범칭(凡稱)이어서 그들과 구별하기 위해서였다.[57]

그 후 함풍(咸豐) 원년(1851, 철종 2) 4월 왕은 권택하를 조봉대부(朝奉大夫) 행의금부 도사로 임명했는데, 당시 임명장을 작성한 서리는 오상린이었다.[58] 권택하가 단골리를 바꾼 이유를 직접 말해주는 자료는 남아 있지 않다. 그러나 교체 후 권택하와 오상린은 고목을 주고받는 등

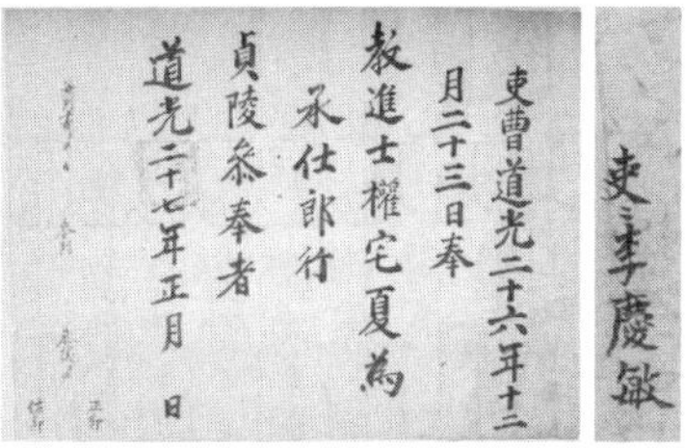
吏 李慶敏
吏曹道光二十六年十二月二十三日奉
敎進士權宅夏爲
承仕郞行
貞陵參奉者
道光二十七年正月 日

고문서 3-22 **권택하의 고신, 이리 이경민 작성, 1847년, 안동권씨 권택하 후손가 소장.**

吏 吳相麟
敎旨
權宅夏爲朝奉
大夫行義禁府
都事者
咸豐元年四月二十六日

고문서 3-23 **권택하의 고신, 이리 오상린 작성, 1851년, 안동권씨 권택하 후손가 소장.**

매우 긴밀한 관계를 유지했던 점으로 미루어 권택하가 오상린을 선택한 이유는 그가 이경민보다 중앙 정계 관련 정보를 제공하는 능력이 더 뛰어났기 때문으로 추측된다. 오상린은 이미 살펴본 것처럼 은진송씨 단골리였으며, 청풍김씨 김완식(金完植)과 평산신씨 신기영(申耆永)의 단골리이기도 했다.[59] 김완식은 우의정을 지낸 김석주(金錫胄)의 후손이고, 신기영은 영의정을 역임한 신흠(申欽)의 후손이다. 오상린은 이처럼 명문대가의 후손들과 단골 관계를 맺고 있었고 이 관계를 이용해 다른 서리들보다 정확하고 다양한 정보를 제공함으로써 더 많은 단골을 확보할 수 있었을 것이다.

권택하는 단골리를 바꾼 후 예안현감에 임명되었다. 이때 오상린이 권택하에게 보낸 것으로 보이는 삼망(三望) 관련 문서와 예안현감 고신이 전해진다.

예안현감 권택하 이병룡 박효헌

이리 오상린

〔압〕 2전(箋)

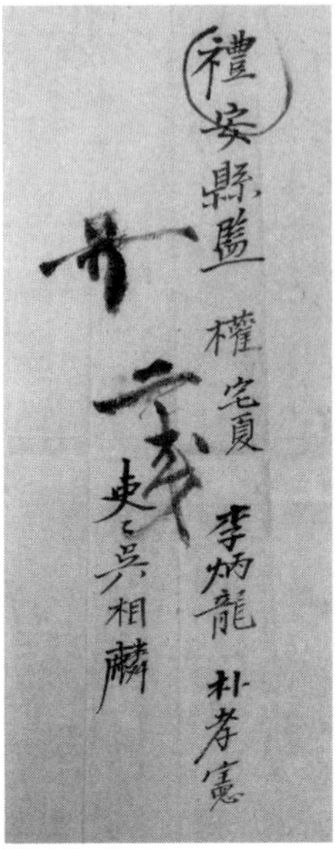

禮安縣監

權宅夏 李炳龍 朴孝憲

吏吳相麟

고문서 3-24 **예안현감 삼망 관련 문서, 이리 오상린 작성, 미상, 안동권씨 권택하 후손가 소장.**

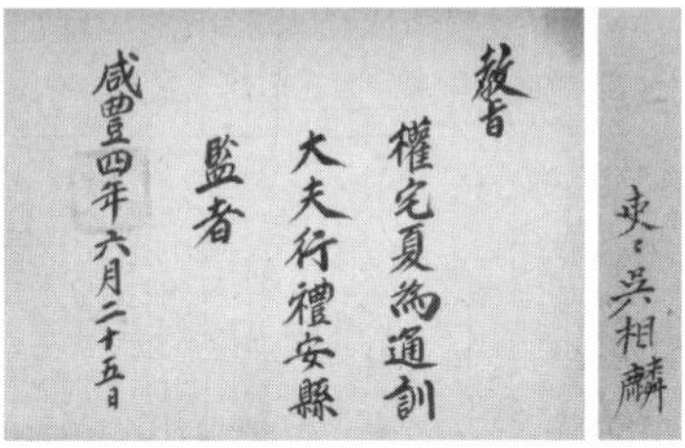

敎旨

權宅夏爲通訓

大夫行禮安縣

監者

咸豐四年六月二十五日

吏吳相麟

고문서 3-25 **권택하의 고신, 이리 오상린 작성, 1854년, 안동권씨 권택하 후손가 소장.**

이 문서는 오상린이 예안현감 물망에 오른 세 사람의 이름을 적어 권택하에게 보낸 알림장으로 추정된다. 추천된 세 사람은 권택하·이병룡(李炳龍)·박효헌(朴孝憲)으로, 순서에 따라 수망(首望)·부망(副望)·말망(末望)이라 칭했다. 왕의 최종 선택은 이 순서에 구애 받지 않았으나 권택하는 마침내 왕의 낙점(落點)을 받아 예안현감이 되었으며, 정보를 알려준 데 대한 보상으로 오상린에게 2전(戔)을 내려주고 문서에 서명을 했다.[60] 왕이 권택하를 예안현감에 임명하는 고신은 당연히 오상린이 작성했는데 이는 뒷면 기록을 통해 알 수 있다.[61]

권택하의 아들 권호연은 아버지가 오상린과 맺은 관계를 더욱 긴밀하게 유지했다. 권호연은 1859년(철종 10) 증광시 문과에 병과(丙科) 15인으로 급제했다. 급제 당시 그는 진사였으나 정8품인 통사랑(通仕郎) 품

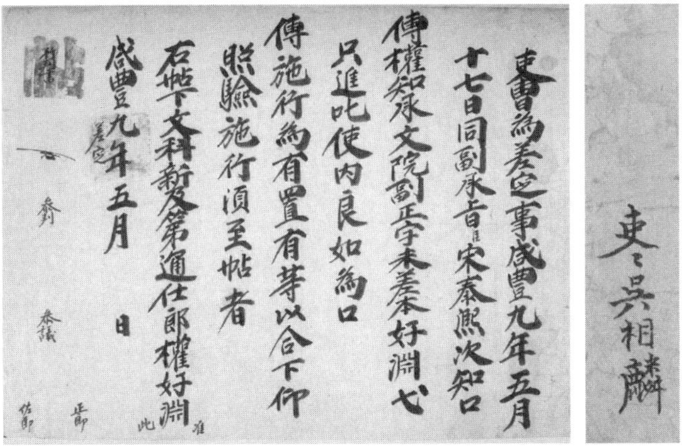
吏曹爲差定事咸豐九年五月
十七日同副承旨臣宋泰熙次知
傳權知承文院副正字未差代權好淵弋
只進叱使內良如爲口
傳施行爲有置有等以合下仰
照驗施行須至帖者
右帖下文科新及第通仕郎權好淵
咸豐九年五月 日

吏 吳相麟

고문서 3-26 **권호연의 고신, 이리 오상린 작성, 1859년, 안동권씨 권택하 후손가 소장.**

계를 지녔다. 권택하가 여러 관직을 역임하면서 대가(代加)를 해주었기 때문일 것이다. 권호연은 관례에 따라 삼관에 분관되었는데, 승문원에 부정자로 배속되었다. 이때 권호연에게 발급된 고신이 지금까지 전하고 있다.[62]

이에 따르면 동부승지(同副承旨) 송태희(宋泰熙)는 같은 해 5월 17일 왕으로부터 궐석 중인 승문원 부정자에 새로 급제한 권호연을 임명하도록 하는 지시를 받아 이조에 전달했고, 이조는 이 명령을 실행했다. 물론 이전에 이미 이조에서 승문원 부정자에 권호연을 임명하도록 추천했으며 이에 따라 승지는 왕에게 재가를 받았다. 그런데 이 첩을 작성해준 사람은 바로 오상린이었다.

현재 권호연 후손에게 전하는 문서를 살펴보면, 그는 관직에 진출하고자 단골리 오상린을 적극 활용했던 것으로 보인다. 이러한 사실은 다음 고목에서 확인된다.

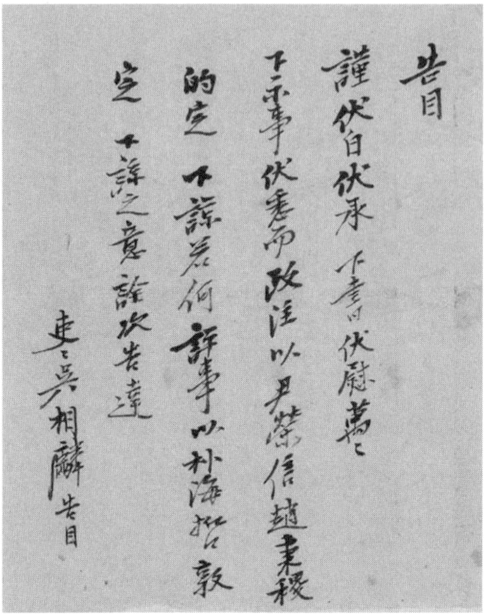
告目
謹伏白 伏承 下書 伏慰萬萬
下示事 伏悉而 政注以 尹榮信 趙秉稷
的定 下諒若何 評事以 朴海哲
定 下諒之意 謹次告達
吏 吳相麟 告目

고문서 3-27 **오상린의 고목, 미상, 안동권씨 권택하 후손가 소장.**

고목

삼가 엎드려 아룁니다. 보내주신 편지를 읽어보니 위로됨이 큽니다. 지시하신 것은 잘 알았습니다. 그런데 정주(政注)에는 윤영신(尹榮信), 조병직(趙秉稷)이 임명되는 것으로 확정되었으니 양해하시는 것이 어떤지요. 평사(評事)에는 박해철(朴海哲)로 정해졌으니 헤아리시라는 뜻으로 알립니다.

이리 오상린 아룀[63]

권호연은 인사철이 다가오자 승정원의 주서(注書)인 정주(政注)에 임명되기를 바라며, 오상린에게 이 자리로 진출할 수 있는지 알아보라는 지시를 내렸던 것 같다. 승정원 주서는 정7품 문관직이나 왕을 가까

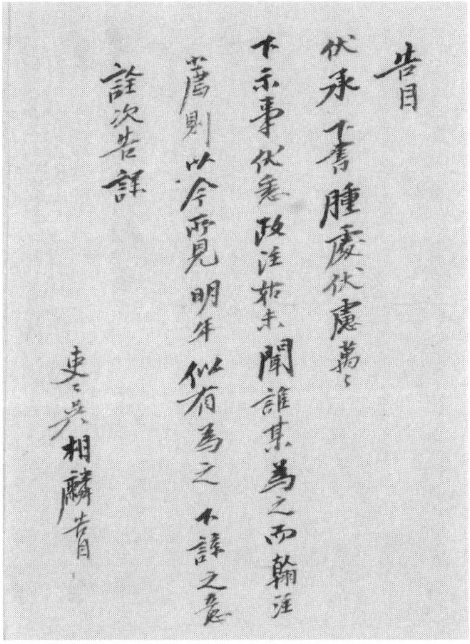
告目
伏承 下書 腫處伏慮萬萬
下示事伏悉 政注姑未 聞誰某為之而翰注
薦則以今所見 明年 似有為之 不諱之意
詮次告課
吏吳相麟 告目

고문서 3-28 **오상린의 고목, 미상, 안동권씨 권택하 후손가 소장.**

이 모실 수 있기 때문에 관리들이 선호하는 자리였다. 북평사(北評事)는 정6품 무관직인데 권호연이 직접 이 자리로 가려 했던 것은 아니고, 그의 주변에 관심이 있는 인물이 있어서 오상린에게 알아보라고 부탁했던 것으로 추정된다. 권호연은 문과 출신으로 승진에 큰 관심을 가지고 있던 터라 인사철이 올 때마다 오상린에게 좋은 자리에 임명될 수 있는 방법을 찾아보도록 독촉했던 것 같다. 이는 다음 고목을 통해 짐작할 수 있다.

고목

보내주신 편지는 잘 읽었습니다. 종기에 대한 걱정이 큽니다. 지시하신 일은 잘 알았습니다. 정주에 누가 임명되었는지 아직 듣지 못했습니

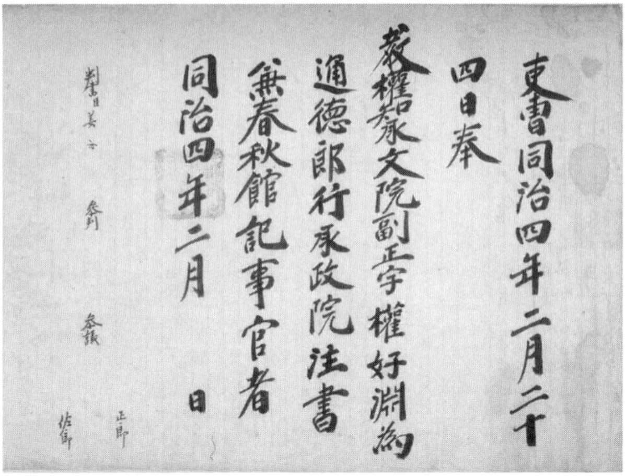
吏曹同治四年二月二十
四日奉
敎權知承文院副正字權好淵爲
通德郎行承政院注書
兼春秋館記事官者
同治四年二月 日
判書 參判 參議 正郞 佐郞

고문서 3-29 **권호연의 고신, 1865년, 안동권씨 권택하 후손가 소장.**

다. 한주(翰注) 추천에 대한 제 소견으로는 내년에는 임명되실 것 같사오니 헤아려주시라는 뜻으로 이와 같이 아룁니다.

이리 오상린 아룀[64]

권호연은 중요한 자리 중에서도 특히 정주나 한주(翰注)에 큰 관심이 있었다. 정주는 비록 분주한 직책이었지만 언제나 왕을 시종했기 때문에 초입사(初入仕)한 관리들에게는 선망의 대상인 요직이었으며, 예문관 검열(檢閱)을 일컫는 한주는 학식, 인품, 명성이 높은 관리들이 임명받아 유림에게 흠앙을 받는 청현직(淸顯職)이었기 때문에 역시 모든 관리가 선출되고 싶어 하는 자리였다. 이 때문에 권호연은 오상린에게 정주나 한주에 임명될 수 있도록 정보를 보내달라고 요청했던 것이다. 오상린은 여러 사실을 알아본 뒤 정주에 누가 임명되었는지는 아직 알 수 없으며, 한주에는 내년쯤 추천될 것이라고 전했다. 이러한 노력의 결과인지 확언할 수는 없지만 권호연은 승문원 부정자에 이어서 승정원 주서 겸춘추관 기사관으로 자리를 옮겼다. 이것은 그가 동치(同治) 4년(1865, 고종 2) 2월에 이조로부터 받은 고신을 보면 알 수 있다.[65] 이처럼 권호연은 자신이 원하는 관직으로 나아가기 위해 단골리를 적극적으로 활용했다.

일기에 드러난 단골리의 모습

일기를 통해 지방 양반과 중앙 단골리의 관계를 살펴보자. 조선 후기에 학자이자 문신으로 이름을 떨친 청대 권상일(淸臺 權相一, 1679~1759)이 쓴 일기에 단골리에 대한 기록이 나온다. 1749년(영조 25) 8월 16일 일기는 상주목사가 그에게 이조참의 임명 소식을 전했다는 내용으로 시작된다.

> 오전에 성주(城主)의 편지를 받았다. 이달 초 10일에 임금께서 친히 도목정(都目政)을 할 때 나를 이조참의(吏曹參議)로 제수했는데 전조하인(銓曹下人)들이 아직 도착하지 않았을 것으로 생각되어 속히 알린다고 하니 매우 놀랍다. 이는 뜻밖의 일로, 남인(南人)이 인사권을 갖지 못한 지 벌써 56년이나 되었다. 지난 신축년(辛丑年, 1721) 겨울에 심단(沈檀, 1645~1730)이 이조판서에 제수되었으나 소론(少論)의 탄핵을 받아 취임하지도 못하고 교체되었다. 즉시 답장을 써서 심부름 온 사람을 통해 성주에게 보냈다.
>
> 저녁을 먹은 후 조겸색장구종(曹傔色掌丘從)과 구종(丘從) 두 명이 도

착했으며 임명장 두 장과 도정 홍중인(都正 洪重寅)과 우윤 홍중형(右尹 洪重衡) 형제, 사간 이광식(司諫 李光湜), 정언 권항(正言 權抗), 청하현감 권정택(淸河縣監 權正宅) 등 여러 사람이 보낸 축하 편지가 함께 왔다. 단골리 이덕함(丹骨吏 李德涵), 색장서리 손득유(色掌書吏 孫得瑜), 김담령(金聃岭), 김흥문(金興文)의 고목(告目)뿐만 아니라 조보(朝報)와 도정초(都政草)도 도착했다.[66]

임명장이 두 장인 이유는 권상일이 대사간과 이조참의에 동시에 임명되었기 때문이다.[67] 《영조실록》을 살펴보면 처음에 이조판서 정우량(鄭羽良)이 권상일을 대사간으로 추천했는데, 임금이 도목정 자리에서 조정의 관원들이 이조참의를 놓고 서로 다툰데 대해 꾸짖은 후 권상일의 이름을 직접 써넣고 낙점했다 한다.[68] 권상일에 대한 영조의 관심이 매우 크고 지극했음을 알 수 있다. 그 무렵 권상일은 정가에 명망이 있어서 김상로가 탕평을 주장하며 그를 추천하기도 했다. 당시 사람들은 영남 사람으로 이조참의가 된 것은 권상일이 처음이며, 이는 탕평책을 실시한 결과라고 말했다 한다.

이 일기에는 단골리 이덕함이 구체적으로 어떠한 일을 했는지 밝혀져 있지 않다. 그렇지만 그는 관례에 따라 이조참의와 대사간 임명장을 각기 작성하고, 고목을 보내 취임할 때 행해야 하는 절차 등을 안내했을 것이다. 이덕함이 어떤 인물인지는 권상일이 1745년(영조 21) 4월 27일에 쓴 일기에 간략하게 소개되어 있다.

단골서리 이덕함(李德涵)이 와서 보았다. 그 역시 단골서리인 이세억(李世億)의 아들로, 제법 문자도 알고 인사에 대한 식견도 있다. 이번 정

월에 발급된 내 서자 아이의 낭계첩(郎階帖)을 가지고 와서 바쳤다.[69]

문자도 제법 알고 인사에 대한 식견이 있다고 평한 것을 보면 이덕함이 비록 신분은 낮지만 권상일의 마음에 들었던 것 같다.[70] 앞서 언급한 것처럼 조선시대의 관리들은 자신의 고과 점수를 아들이나 조카에게 줄 수 있는데, 권상일도 자신의 고과 점수를 서자에게 넘겨주어 낭계(郎階)를 받도록 했다. 당시 권상일은 봉상시 정(奉常寺 正)이었는데, 그전에 울산부사 등을 역임하며 받았던 점수를 서자가 대신 받도록 했다.[71] 이때 권상일 서자의 낭계첩을 단골리 이덕함이 작성했음은 두말할 필요가 없다.

양반의 인사 자문 역할을 한 단골리

조선 후기 실학자 이재 황윤석(頤齋 黃胤錫, 1729~1791)은 평생 동안 일기를 써서 《이재난고(頤齋亂藁)》라는 방대한 저술을 남겼다.[72] 그는 전라도 흥덕현에 살았으며 1759년(영조 35) 진사시에 합격한 후 1766년(영조 42) 은일(隱逸)로서 장릉참봉(莊陵參奉)에 임명되었고, 사포서(司圃署) 직장(直長)과 별제(別提)를 거쳐 익위사(翊衛司) 익찬(翊贊)이 되었다. 외직으로는 1779년(정조 3)에 목천현감(木川縣監), 1786년(정조 10)에 전의현감(全義縣監) 등을 역임했다. 그가 강원도 영월에서 장릉참봉으로 벼슬살이하던 1766년(영조 42) 7월 24일에 쓴 일기는 이조 서리와 지방출신 관리의 관계에 대한 이야기가 상세히 기록되어 매우 흥미롭다.

이날 아침 이조정색서리(吏曹政色書吏) 김문흠(金文欽)이 와서 보았다. 그는 김덕준(金德峻)의 아들이다. 이전에 김덕준은 "처음에 발급한 장릉참봉 임명장〔官教〕은 단골리인 제가 작성하기 전에 이미 다른 서리인 이유강(李有綱) 이름으로 작성되어 전라감영〔完營〕을 통해 댁으로 전달되었습니다. 그래서 소인이 마땅히 이를 바로잡아 임명장을 다시 작성하고 뒷면에 제 이름을 써넣었습니다. 임명장을 발행한 또 다른 이유는 임명장과 녹패(祿牌)가 모두 구비되어 있어야만 광흥창에 가서 이를 대조·증빙하고서 녹봉을 받을 수 있기 때문입니다. 그러니 임명장을 불가불 한 장 더 발급받아서 서울에 두셔야 합니다."라고 말했다. 그런데 지금 실제로 별도의 임명장을 작성해 가지고 왔는데 …… 뒷면에 김덕준의 이름이 적혀 있다.

내가 김문흠에게 근무 일수를 계산하는 방법〔計仕之法〕에 대해 묻자 그가 "소인의 아비가 다년간 이조의 계사색(計仕色)을 했습니다. 저 역시 이에 대해 잘 아는데, 참봉의 경우로 말씀드리자면 임금께 사은숙배(謝恩肅拜)한 날부터 근무를 시작한 것으로 칩니다."라고 말했다. …… 또 내가 "나의 노친이 몇 년 전에 본도 방백(方伯)으로부터 특별히 학행(學行)으로 천거를 받아 일찍이 장릉참봉 후보에 오른 적이 있는데 만일 다시 후보가 되면 네가 반드시 나의 노친 이름과 나이를 기억해 벼슬할 수 있도록 도우면 좋을 것이다."라고 말하고 노친의 이름과 나이를 별지(別紙)에 써서 그에게 주었다. ……

내가 이어서 말하기를 "네가 임명장을 바로잡아 다시 써 와서 기쁘기 짝이 없다. 내가 만일 장릉참봉으로 현지에서 근무를 하거나 잠깐 휴가를 얻어 고향에 내려가 있을 때 서울의 광흥창에서 녹봉을 나누어 줄 경우에는 관주인(館主人)이 관례에 따라 이를 거의 대신 받았다. …… 이번 겨울까지는 마땅히 관주인이 대신 녹봉 받는 일을 해야겠지만 12월에 다음 해 녹봉을 나눠 줄 때 응당 녹패를 고칠 것이니, 그 이후에는 네가 대신 받는 것이 좋을 듯하다."라고 했다.[73]

이를 통해 지방 출신 관리 황윤석과 그의 단골리인 이조정색서리 김덕준 및 김문흠이 어떤 관계를 맺었는지를 구체적으로 살펴볼 수 있다.[74] 즉 관리와 단골리의 관계는 단순히 임명장을 도맡아서 작성해주는 것에 그치지 않고 근무와 관련된 사항을 자문해주고, 가족이 벼슬을 할 수 있도록 돕고, 나아가 녹봉까지 대신 받아 관리했음을 알 수 있다.

임홍원의 사례에서 알 수 있듯이, 관리들은 근무 일수 계산 방법을 잘 알지 못했다. 먼저 언제를 근무 시작일로 잡느냐가 애매했다. 황윤석은 근무 시작일을 현지에 도착하는 날인 줄 알고 서둘러 부임했다.[75] 또 장릉참봉과 같이 벽지(僻地)에서 가족과 떨어져 근무할 경우, 당번(當番)과 비번(非番) 근무를 어떻게 해야 하는지 알 수 없었다. 이들은 근무 일수를 빨리 채워서 봉사(奉事)로 승진하려 했다.[76]

이에 김문흠은 사은일을 근무 시작일로 치며, 장릉참봉 두 사람이 매달 15일씩 나누어 근무하되 출근부[陵所公座簿]에 기록하고 이를 이조(吏曹)로 보내 관인(官印)을 받아 증빙 자료로 삼으라고 알려주었다. 또 근무 일수가 450일이 넘으면 15개월을 근무한 것이 되는데, 두 사람이 한 달을 나누어 근무하므로 30개월 동안 근무해야 다른 벼슬자리로 옮길 수 있다고 대답했다.[77] 이와 같이 실제 사정을 자세히 알지 못하는 관리들은 서리에게 자문을 받았다.

이외에도 황윤석은 단골리에게 가자(加資)[78]나 낭계첩(郎階帖)[79]을 발급받게 해달라고 요청했다. 관리가 자신이 승진할 수 있도록 점수를 챙기거나 후손이 문음을 통해 낭계를 받는 것은 모두 이조와 병조에서 관리했기 때문에, 단골리의 도움이 반드시 필요했다. 또 단골리에게 책력(冊曆)[80] 등을 구해주도록 부탁하고 이들이 들려주는 인사 소식[81]을 전해 들으며 정국이 돌아가는 모습을 파악했다. 전직(轉職)에 관한 정보[82]를 듣는가 하면 전직할 수 있도록 부탁[83]하기도 했다. 단골리는 황윤석에게 한직(閑職)을 피하는 방법[84] 등에 대해 자문해주기도 했다.

3

부채를 내려주는 관리, 책력을 선물하는 단골리

우리는 지금까지 지방 양반 출신 관리가 단골리에게 어떤 청탁을 했는지 상세히 살펴보았다. 단골리가 관리의 청탁을 들어주고 흔쾌히 자문에 응한 이유는 무엇이었을까? 그저 인간적인 정이나 대대로 맺어온 교분 때문일까? 물론 인간적인 신뢰가 없었던 것은 아니지만 관리와 단골리는 철저하게 이익을 주고받는 관계였다.

단골리의 수입원

앞선 사례에서 황윤석이 김문흠에게 녹봉을 대신 관리하도록 한 것은 자문에 대한 보상이었다. 단골리는 관리의 녹봉을 대신 수령해 필요한 경비를 쓰고 나머지를 관리했는데, 이 돈으로 고리대를 놓거나 상업에 투자해 큰 재산을 모으는 경우도 종종 있었다. 물론 모든 관리가 단골리에게 녹봉을 대신 받아 쓰도록 하지는 않았다. 황윤석의 경우도 자신이 장릉참봉으로 영월에 내려가 근무했기 때문에 취한 조처였다. 하지만 관리들은 단골리에게 자문과 정보에 대한 대가로 선물이나 돈을 주었다. 때로는 단골리의 청탁으로 말〔馬〕을 빌려주기도 했다.[85]

관리들은 단골리에게 개인적으로 선물이나 돈을 지급했을 뿐만 아니라 수령 등으로 부임할 때에는 공식적으로 당참전(堂參錢)을 주기도 했다. 당참전은 당참채(堂參債)라고도 하는데, 관리가 수령 등 외직(外職)으로 발령받았을 때 단골리에게 주는 돈이었다. 황윤석이 목천현감으로 임명될 때 단골리는 장도흥(張道興)과 그의 아들 장효언(張孝彥)이었다. 황윤석이 부임한 지 얼마 되지 않아 장효언이 당참전을 받으러 직접 목천현으로 내려왔는데, 전례에 따라 25냥을 주었다.[86] 당참전은 고을의 재정 형편에 따라 약간 차이가 있었던 듯하다. 예를 들어 목천현 인근의 예산현에서는 30냥을 주었다.[87] 또 관리들이 새로운 관직에 임명될 때마다 이조서리에게 필채(筆債)를 주었다는 사실은 이미 널리 알려져 있다.[88]

정식 관원은 분기나 달마다 광흥창(廣興倉)에 나가 급료를 받았지만 서리는 정해진 급료가 없었다. 그래서 각 부서는 이들에게 급료를 지급하려면 재원을 마련해야 했다. 그중 하나는 수수료 명목으로 각종 잡세를 징수하는 것이었다. 당참채나 필채 등이 그것이다. 특히 문무 관리의 고신을 작성해주는 이조정색서리의 주 수입원이 당참채였다. 그들은 자신과 단골 관계를 맺은 관리가 수령으로 부임하면 곧바로 현지를 방문해 당참채를 거두어들였다. 이러한 사실은 《이향견문록(里鄕見聞錄)》에 수록된 〈천관 이연(天官 李椽)〉을 통해서도 확인된다. 천관은 '이조'

를 가리키며, 이연은 '이씨 성을 가진 서리'라는 뜻이다.

> 이조서리 이 아무개가 외읍(外邑)으로 나가 단골수령들로부터 당참전 수백 냥을 거두어 가지고 장차 서울로 돌아와 부모를 봉양하려 했다. 마침 날이 저물어 어느 주막에서 묵게 되었는데, 매우 슬프게 우는 소리가 들려 주인에게 물었더니 "일전에 전염병으로 이웃집 식구가 다 죽고 한 여자아이만 살아남아 밤낮으로 울기만 한답니다."라고 대답했다.
>
> 이 아무개가 그 사연을 듣고 측은하게 여겨 곧장 이웃으로 가서 여러 상황을 물어본 후 가지고 있던 돈으로 장례에 필요한 물품을 사고 일 잘하는 사람을 구해 함께 가서 염습(殮襲)하고 이어 그 선영에 장사를 지내준 뒤 길을 떠났다.
>
> 이 아무개가 집에 돌아오자 늙은 부모는 그의 등을 어루만지며 칭찬해주었다. 그 뒤 그의 후손이 번창해 지금까지 이어지고 있다고 한다.[89]

이 이야기를 통해 이조서리들이 지방을 돌며 직접 당참전을 거두어들였고, 이에 의지해 생활했음을 알 수 있다. 서울에 거주하는 해당 고을의 경저리(京邸吏)로부터 당참채를 징수하는 경우도 있었다. 그러나 대부분은 《이재난고》와 《이향견문록》의 이야기처럼 단골리가 직접 고을에 가서 당참채를 징수했다.

이외에 새로 제수된 수령이 이조서리에게 주는 수수료[債]도 많았다. 예컨대 참알채(參謁債), 고풍채(古風債), 포진채(鋪陳債), 신제수필채(新除授筆債), 서경채(署經債), 대령서리처신제수필채(待令書吏處新除授筆債) 등이 그것이다.[90] 이 수수료들이 구체적으로 무엇인지 알 수는 없지만, 이 중 일부는 당참채와 같이 서리의 주 수입원이었을 것으로 보인다.

단골리의 지적 수준

《청대일기》를 통해 살펴보았듯이 단골리는 제법 문자도 알고 인사에 대해 식견도 있었다. 황윤석의 《이재난고》에도 단골리의 지적 수준과 그들의 사승 관계를 알 수 있는 내용이 나온다.

> 단골리 장도흥의 아들 효언이 …… 스스로 말하기를 통사(通史)와 사서(四書)를 이미 읽었으며 필운대(弼雲臺) 아래에 사는 중인〔中路人〕 이성중(李聖中)에게 글을 배웠다고 한다. 이성중은 나이가 일흔에 가까운데 고문(古文)과 고시(古詩)에 능통하다고 한다.[91]

중앙에 근무하는 모든 서리의 수준이 장효언과 같지는 않았을 것이다. 하지만 주어진 업무를 능숙하게 처리하고 관리들과 긴밀한 관계를 맺어온 단골리들은 나름대로 경전에 대한 지식도 있고, 사물의 이치나 세상 돌아가는 일에 대해 깊은 이해가 있었을 것으로 보인다.

《이향견문록》이나 《호산외기(壺山外記)》 등을 보면 조선 후기에는 통사나 사서를 읽어 유교적 지식에 해박할 뿐만 아니라 제자백가에 관한 책도 두루 읽었으며 글을 잘 지어 이름을 떨친 서리도 상당히 많았다. 예컨대 병조서리로 18년 동안 근무했던 박수천(朴受天)은 평생 《중용》과 《대학》을 즐겨 읽었고,[92] 그의 손자인 규장각 서리 박윤묵(朴允默)은 독서를 좋아하고 시를 잘 지었으며 특히 글씨를 잘 써서 일가를 이루었다고 평가받을 정도였다.[93] 처음에는 승정원 서리였다가 규장각 서리로 발탁된 유광진(劉匡鎭)은 평생 독서를 좋아해 수많은 책을 두루 읽었으며 시가 농려(穠麗)해 낭송할 만하다는 평을 받았다.[94] 그러나 이들은 서리 중에 아주 뛰어난 인물이었고, 다른 서리들은 대부분 이들보다 못했다. 하지만 업무상 문서를 작성해야 했기에 글을 읽고 쓸 줄 알았던 것만은 분명하다.

이조서리를 세습한 김영익 삼부자

이조와 병조 서리가 구체적으로 어떻게 살았는지 보여주는 자료는 많지 않다. 그중 한성부에서 서리에게 발급했던 준호구가 남아 있는데, 일부는 대대로 서리직을 수행한 사실이 기록되어 서리의 생활상을 이해하는 데 도움이 된다. 한성부에서 김영익(金永益)과 그의 두 아들 김

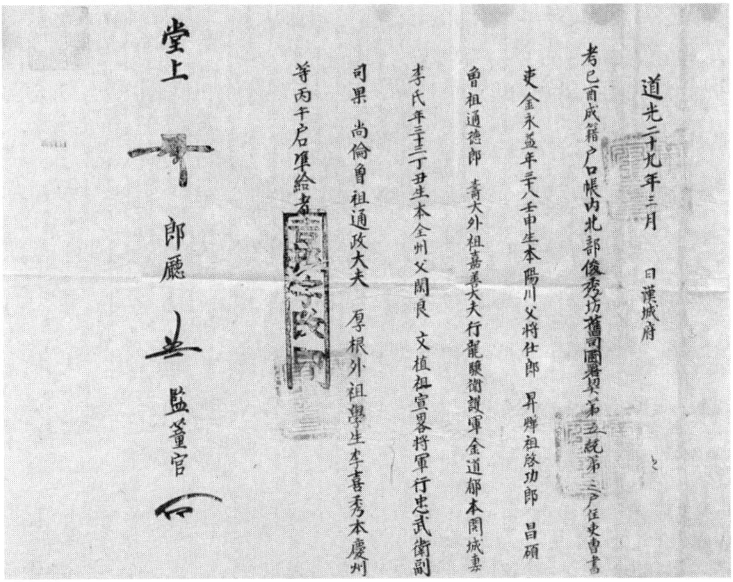
道光二十九年三月 日漢城府
考己酉成籍戶口帳內北部俊秀坊舊司圃署契第五統第三戶任吏曹書
吏金永益年三十八壬申生本陽川父將仕郎 昇燁祖啓功郎 昌碩
曾祖通德郎 壽大外祖嘉善大夫行龍驤衛護軍金道郁本開城妻
李氏年三十三丁丑生本全州父閑良 文植祖宣略將軍行忠武衛副
司果 尚倫曾祖通政大夫 厚根外祖學生李喜秀本慶州
等丙午戶口准給者
堂上 郎廳 監蓋官

고문서 3-30 **김영익의 한성부 준호구, 1849년, 서울대학교 규장각 소장.**

발급 시기	수취자(나이)	직역	부	조	증조	외조(본관)
1849년 (헌종 15)	김영익(38세)	이조서리	장사랑 승엽	계공랑 창석	통덕랑 수대	가선 김도욱 (개성)
1873년 (고종 10)	김두식(26세)	이조서리	학생 영익	장사랑 승엽	계공랑 창석	통덕랑 이문식 (전주)
1888년 (고종 25)	김규식(35세)	이조서리	통덕랑 영익	장사랑 승엽	계공랑 창석	통덕랑 이문식 (전주)
1894년 (개국 503)	김규식(41세)	행대호군	학생 영복	장사랑 승엽	계공랑 창석	통덕랑 이문식 (전주)
1894년 (개국 503)	김희원(21세)	유학	가선 두식	통덕랑 영익	장사랑 승엽	가선 홍도연 (남양)

김영익 집안 호구단자에 나타난 선조들의 직역

두식(金斗植), 김규식(金奎植) 및 손자 김희원(金熙元)에게 발급한 준호구를 살펴보자.[95]

이 표에서 두 가지 사실을 알 수 있다. 첫째, 김영익과 그의 두 아들 김두식, 김규식 삼부자는 모두 이조서리였다.[96] 김규식은 나중에 행대호군(行大護軍)이 되지만 처음에는 아버지나 형처럼 이조서리를 지냈다. 그러나 직역이 유학인 점으로 미루어 보면 손자 김희원은 서리직을 세습하지 않았다. 근대식의 관리 임용 제도가 도입되면서 서리도 선발했기 때문으로 추정된다.

둘째, 김영익의 직계 조상은 모두 하위 품계인 낭계(郎階)를 지녔다. 즉 김영익의 아버지 김승엽(金昇燁)은 장사랑(將仕郎)이고, 할아버지 김창석(金昌碩)은 계공랑(啓功郎)이며, 증조할아버지 김수대(金壽大)

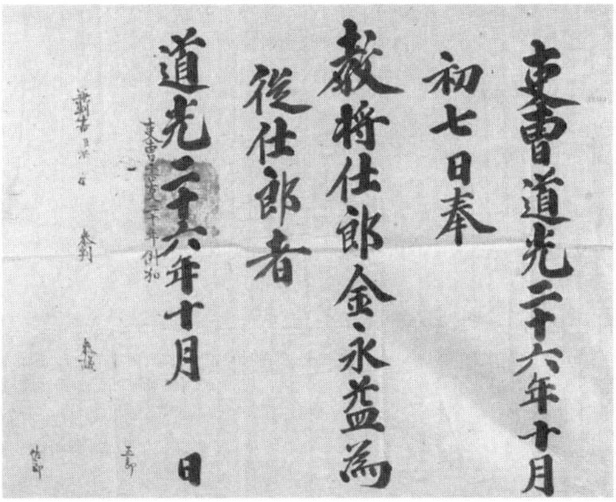
吏曹道光二十六年十月
初七日奉
教將仕郎金永益爲
從仕郎者
道光二十六年十月 日
吏曹書吏二十年例加

고문서 3-31 **김영익의 고신, 1846년, 서울대학교 규장각 소장.**

는 통덕랑(通德郎)이었다. 장사랑, 계공랑, 통덕랑은 모두 문반의 품계로 각각 종9품, 종7품, 종5품에 해당한다. 이조서리 김영익의 직계 조상이 모두 문반 품계를 지녔던 이유는 무엇일까? 이와 관련해서 김영익이 받은 고신을 살펴보자.

1846년(헌종 12) 이조는 왕명을 받아 김영익을 장사랑에서 종사랑으로 승품시키는 고신을 발급했다.[97] 발급 이유는 고신 발급일의 왼쪽에 "이조서리이십년예가(吏曹書吏二十年例加)"라고 기록되어 있는데, "이조서리를 20년간 수행했기 때문에 전례에 따라 품계를 올려준다."는 뜻이다. 이를 통해 조선 후기에는 이조서리를 오랫동안 수행하면 문반 품계를 내려주는 관례가 있었음을 알 수 있다. 김영익의 조상들이 받은 낭계도 모두 이런 이유 때문일 것으로 추측된다. 만일 이 추정이 맞는다면 김영익 집안은 이조서리를 세전(世傳)한 가문이다.[98]

김영익이 언제 서리가 되었는지는 고신을 통해 역추적할 수 있다. 즉 고신을 받은 해가 1846년이므로 이로부터 20년을 거슬러 올라가면

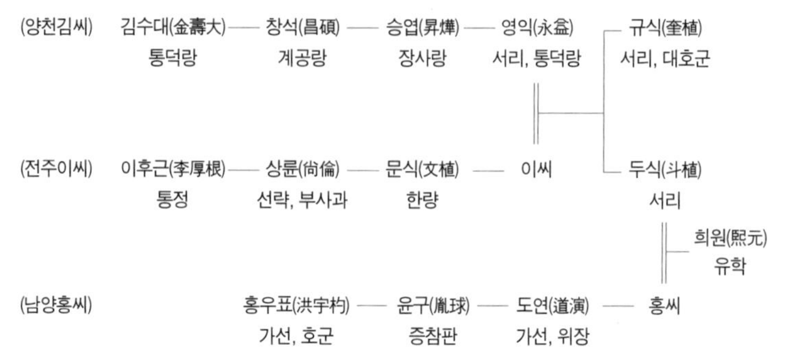

김영익 집안의 가계도

1826년이다. 준호구에 따르면 그는 '임신생(壬申生)', 즉 1813년에 출생했으므로 1826년에는 우리나라 나이로 14세다. 비교적 어린 나이에 서리로 취직한 것이다. 요즘으로 치면 아주 이른 나이지만 당시에는 이처럼 어린 나이에도 서리가 되었다.[99]

그런데 여기에서 한 가지 더 살펴봐야 할 점이 있다. 김영익이 1846년에 장사랑에서 종사랑으로 승품했음에도 이후에 작성된 여러 준호구에 자신의 직역을 여전히 '이조서리'로 밝혔다는 사실이다. 물론 그가 당시에 이조서리로 재임 중이었기 때문에 그랬겠지만, 문반 품계를 지녔다는 사실은 전혀 언급하지 않았다. 고신을 살펴보지 않는 한 이를 전혀 알아챌 수 없다. 준호구에서 김영익의 직역이나 품계가 바뀐 것은 그가 사망한 후이다. 사후에는 품계가 '통덕랑'으로 기재되었는데, 그가 종사랑이 된 후에도 오랫동안 이조서리로 재임했기 때문에 계속 승품했기 때문일 것이다.[100]

서리와 중인의 활동 공간, 웟대

서리는 누구와 결혼하고 어디에 살았을까? 연구 결과에 따르면 역관이나 의관 출신의 중인과 서리는 혈연적으로나 신분적으로 전혀 다른 계층이었다.[101] 그러나 그들은 같은 공간에서 활동하며 같은 문화를 향유했다. 중인과 서리는 주로 '우대'에서 옥계시사 등 각종 시회를 자주 개최했다. '웟대' 또는 '상촌(上村)'이라고도 하는 우대는 청계천 광통교 위쪽, 즉 경복궁 서쪽부터 인왕산 기슭에 이르는 지역을 가리켰다. 이 지역은 옥류동(玉流洞), 누각동(樓閣洞), 필운대(弼雲臺), 인달방(仁達坊), 도가동(都家洞) 등이 있던 곳으로 현재는 종로구 사직동, 체부동, 통인동, 필운동, 누상동, 누하동, 옥인동 일대이다. 웟대에서 중인과 서리가 자주 모인 이유는 이곳이 이들의 거주지인 데다 풍광이 제법 운치 있었기 때문이다.

김영익도 처음에는 한성부 북부(北部) 준수방(俊秀坊) 구사포서계(舊司圃署契)에서 살다가 순화방(順化坊) 사재감계(司宰監契)로 이사했다. 그러나 그의 아들 김두식과 김규식 및 손자 김희원은 서부(西部) 인달방 분선공내계(分繕工內契)로 옮겨 오랫동안 살았는데, 이곳이 바로 웟대에 속한 지역이었다. 물론 모든 서리가 이곳에서 살았던 것은 아니며, 김영익처럼 한성부 내의 다른 지역에서도 살았다. 하지만 대부분은 웟대에 모여 살면서 자신들만의 문화를 가꾸어갔던 것으로 짐작된다.[102]

지방 출신 관리와 단골리의 끈끈한 관계망

서울에 사는 단골리와 지방 명문가 출신의 전·현직 관리 및 그들의 자제 사이에 끈끈하게 맺어진 관계를 상징적으로 보여주는 말이 '하선동력(夏扇冬曆)'이다. 여름 단오 무렵에 관리가 단골리에게 부채를 선물하고, 이에 대한 보답으로 겨울 동지에 단골리가 관리에게 책력을 선물하던 풍습을 가리키는 말이다. 예컨대 1767년(영조 43) 12월 장릉참봉 황윤석의 단골리 김문흠은 청장력(靑粧曆)과 칠정력(七政曆) 각 1책과 중력(中曆)과 소력(小曆) 각 10책 등 각종 책력을 바쳤다.[103] 물론 김문흠이 이처럼 많은 책력을 준 이유는 황윤석이 여러 달 전에 그의 아버지 김덕준에게 특별히 요청한 바가 있기 때문이다.[104]

하선동력에 대한 설명은《동국세시기(東國歲時記)》에도 자세히 나와 있다.

> 동지에 …… 관상감(觀象監)에서는 달력〔曆書〕을 만들어 국왕께 올리는데, 국왕은 그중에서 황장력(黃粧曆)과 백장력(白粧曆)을 모든 관원에게 나누어 주되 '동문지보(同文之寶)'라는 어새를 찍어주었다. 사(司)마다 나누어 받는 몫이 있다. 이때 각 사(司)의 이서(吏胥)들은 각기 친분이 있는 사람들을 두루 방문하는 것이 통례다. 이조의 아전들은 자기가 도맡아 고신을 써준 사람이 수령이 되면 그로부터 당참전(堂參錢)을 받게 되는데 이때 이에 대한 보답으로 예에 따라 청장력(靑粧曆) 한 권을 바친다. 서울의 옛 풍속에 관리가 단옷날에 부채를 아전에게 나누어 주고 아전이 동짓날에 달력을 관리에게 바쳤는데 이를 '하선동력'이라 한다. 관리는 이 달력을 고향의 친지나 묘지기, 농장 관리인에게 나누어 준다.[105]

조선시대에 부채와 책력은 선물로 애용되었다. 부채는 단순히 더위를 쫓는 물건이 아니었다. 재물과 행운을 불러오는 대신 재앙과 악귀를 물리친다고 여겼기 때문에 선물로 이용되었다.[106] 책력은 절기(節氣)와 밀접한 관련이 있기 때문에 농사에는 말할 것도 없고 혼삿날 택일 등 일상생활에서도 필요했다. 관리가 서리에게 부채를 선물하는 것에는 액운(厄運)을 떨쳐버리고 재물을 많이 모으라는 의미가 있었으며 서리가 지방 양반에게 책력을 선물하는 것에는 농사일과 집안 관리를 절기에 맞춰 잘하라는 염원이 담겨 있었다. 따라서 하선동력은 관리와 단골리의 긴밀한 관계를 보여주는 하나의 예라 하겠다.[107]

황윤석의 경우처럼 다른 서리가 임명장을 발급했다 하더라도 단골리가 자신의 이름을 뒷면에 써넣은 임명장을 다시 작성하여 발급했다는 것은 단골리와 지방 양반의 관계가 얼마나 끈끈하고 배타적이었는지를 잘 보여준다. 또 서리에게 자신의 녹봉을 대신 받도록 하고 대를 물려가며 단골리 노릇하는 것을 통해서도 지방 양반과 중앙 서리가 얼마나 긴밀한 관계망을 형성했는지를 짐작할 수 있다. 고신 뒷면의 기록을 단지 이조나 병조에 근무하는 서리 이름에 불과하다고 간과해서는 안 된다. 그것은 지방 양반과 단골리의 긴밀한 관계망을 보여주는 중요한 단서이기 때문이다.

지방 양반이 나름의 지체를 유지하고 살아가려면 적어도 중앙과 두 가지 관계망을 형성해야 했다. 하나는 서울과 그 인근에 세거하면서 대대로 과거 합격자와 고위 관료를 배출한 경화사족(京華士族)과 긴밀한 유대 관계를 가져야 했다. 그래야만 자신이나 후손이 그들의 도움을 받아 한직이나 외직으로 밀려나지 않고 청현직으로 진출할 수 있었다. 혹 음직(蔭職)으로 벼슬자리를 얻어야 할 경우에는 그들의 힘이 더욱 필요했다. 설령 관직을 얻지 못하더라도 경화사족과 긴밀한 관계를 유지하면, 매번 새로 부임하는 수령들로부터 문안 인사를 받을 수 있었고 고을에서 소송 등이 벌어지면 잘 처리할 수 있도록 청탁할 수도 있었다.

지방 양반은 또한 중앙 서리들과 관계망을 형성해야 했다. 그래야만 왕실과 중앙 관아에 대한 정보를 얻을 수 있었고, 벼슬살이에도 실제적인 도움을 받을 수 있었다. 중앙 서리는 과거 시험과 인사 관리 실무를 담당하기 때문에 어느 시험이 언제 시행되는지, 현재 결원으로 빈자리가 어디인지, 곧 어떤 자리가 교체될 것인지 등을 소상히 파악하고 있었다. 따라서 지방 양반들은 중앙 서리, 그중에서도 특히 이조와 병조 서리와 끈끈한 관계망을 형성하고 있어야 했다. 고신 뒷면에 기록된 이조와 병조 서리에 주목한 이유는 바로 그러한 인간관계망을 살펴볼 수 있기 때문이었다.[108]

용어를 통해 복원된 지방 양반과 단골리의 실상

지금까지 고신 뒷면에 등장하는 '단골'에 주목해 지방 명문가 출신의 양반과 중앙 서리의 관계를 복원해보고, 단골리의 생활상에 대해서도 살펴보았다. '이리', '병리', '병정리', '이조정색서리', '병조정색서리', '단골리', '단골서리' 등은 이조와 병조에서 인사를 담당하는 정색서리를 가리키는 말이었다. 그들이 누구였는지, 어떻게 지방 양반과 관계를 형성하고 유지했는지, 이 관계가 무엇을 의미했는지에 대해 고문서와 각종 사료를 바탕으로 밝혔다. 이들은 단순히 고신을 작성해 전달하는 역할에 그치지 않고, 이를 계기로 지방 양반들과 대대로 돈독한 관계를 맺었다. 지방에 거주하던 관리나 양반은 중앙의 인사 동향을 파악하고 정보를 수집해 재빨리 대처하기 위해 서리들과의 네트워크가 꼭 필요했다. 정기적으로 급여가 지급되지 않는 이조와 병조의 인사 담당 서리들은 자신의 생활을 유지하기 위해 지방 출신 관료가 주는 당참전, 격려금 등이 필요했다. 이런 상호 간 필요에 의해 맺어진 것이 지방 양반과 경아전의 단골 관계였던 것이다. 이들의 유대 관계는 하선동력과 같은 세시풍속이 상징적으로 보여준다.

지방 양반과 경아전의 관계를 살펴볼 수 있었던 계기는 바로 고신 뒷면에 나오는 '단골'이라는 용어 하나였다. 이를 추적해서 조선 후기 지방 양반과 중앙 서리 사이에 구축되었던 관계망을 복원하고, 당시 사회의 한 단면을 살펴보는 작업을 진행했다. 이 과정에서 독자들도 고문서의 매력에 한 걸음 더 다가갔을 것이라고 생각한다. 용어를 추적해 그것의 의미를 재조명하고, 그에 얽힌 관계망을 복원하며, 나아가 당대의 생활사를 밝히는 일은 고문서 연구만이 지니는 매력이다. 미시적 연구방법 중 '용어를 통해 보기'는 이렇게 무심코 지나칠 수 있는 용어 하나에서 출발해 감춰진 진실을 발견하는 기쁨을 준다.

의심해 보기

어느 시대나 부유하게 사는 것은 축복 받은 일이며 남들의 부러움을 한껏 사는 일이다. 조선시대에도 부자들이 있었다. 그중 조선 후기에 등장한 부자들을 요호부민(饒戶富民)이라 부른다. 그런데 우리 생각과는 달리 조선 후기의 요호부민은 혹시라도 부유하다는 소리를 들을까봐 전전긍긍했다. 부유하다는 말을 듣는 것을 마치 낙인이 찍히는 것처럼 여겨 무조건 피하고 싶어 했다. 공명첩과 이를 둘러싼 문서들이 밝히는 요호부민의 실상을 추적해보고, 요호부민이 어떻게 양반이 되었는지 살펴보자.

최춘건의 공명첩,
돈으로 양반을 샀다는
통념을 깨다

1

억울하게 공명첩을 사지 않도록 해주소서

도림면(道林面) 쌍봉리(雙峰里)에 거주하는 화민(化民) 정진현(鄭震鉉)

이와 같이 삼가 말씀드리는 사연은 다음과 같습니다. 엎드려 살펴보건대 이번에 고을에서 요호부민을 선발한 데에는 부자와 그렇지 않은 사람이 뒤섞여 있어서 그 진위를 가릴 수가 없습니다. 그런데도 뽑혔다 해서 모두 돈을 내도록 한다면 어찌 잘못 선정된 억울함이 없겠습니까?

제가 만일 부자로 잘산다면 모든 사람이 눈과 손으로 지목할 것이니 어찌 거짓으로 가난한 체할 수 있겠습니까. 대저 공론이 있는 곳에서는 여러 사람의 입을 막을 수 없습니다. 그런데 지금 고작 10마지기 땅에 의존해서 사는 저를 요호부민으로 선발했으니 지난해 모내기를 하지 못한 채 묵혀둔 논을 팔아 납부할 수밖에 없습니다.

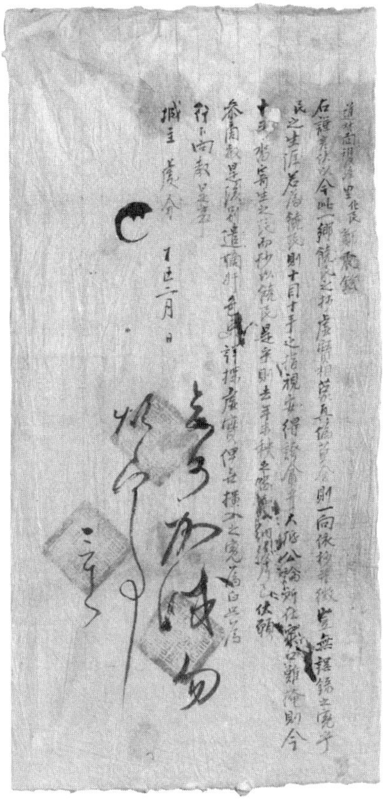

고문서 4-1 **정진현의 탄원서, 정사년, 전북대학교 박물관 소장.**

엎드려 바라건대 성주께서는 제 딱한 사정을 살펴보신 후 사실 여부를 조사할 색리(色吏)를 특별히 파견해 허실을 자세히 파악하셔서, 제가 억울하게 요호부민으로 선발되지 않도록 해주시기 바랍니다. ……

정사년 2월 일

〔제사〕 누구를 넣고 누구를 뺄 수 없으니 번거롭게 소송을 제기하지 마라. 30일[1]

이 탄원서는 전라도 능주목(綾州牧) 도림면 쌍봉리에 살던 정진현이 정사년(1857, 철종 8) 2월에 요호부민 선발에 항의하며 관아에 제출한 것이다.[2] 요호부민이란 부호(富戶)라는 말이다. 임진왜란과 병자호란을 거치면서 국가 재정이 고갈되자 조정에서는 부유한 백성들에게 공명첩(空名帖)을 팔거나, 갖가지 명목으로 의연금(義捐金) 등을 거둬 경제적인 어려움을 타개하려 했다. 이러한 정책은 조선 후기 내내 지속되었을 뿐 아니라 확대되는 양상마저 보였다. 흉년이 거듭되고 여러 가지 이유로 국가의 재정 지출이 늘어나자 아예 고을별로 부호를 선정해두었다가 필요할 때마다 이들에게 공명첩을 사거나 쌀이나 돈을 내도록 강요했다.

탄원서를 제출한 정진현은 양반이지만 겨우 10마지기 땅을 부쳐먹고 사는 가난한 처지로, 억울하게 부호로 선정되어 의연금을 내야만 했다. 그가 의연금을 내려면 지난해 모내기를 하지 못하고 묵혀둔 논을 팔아야 했다. 정진현은 할 수 없이 수령에게 탄원서를 제출해 자신의 처지를 호소하고 사실을 조사해 선처해달라고 요청했다. 그러나 수령은 그의 사정을 자세히 알려고도 하지 않고 곧바로 붓을 들어 "누구를 넣고 누구를 뺄 수 없으니 번거롭게 소송을 제기하지 마라."라는 처분을 내렸다.

정진현이 탄원서 내용처럼 가난했는데도 담당 아전의 착오로 요호부민에 선정되었는지, 아니면 실제로는 요호부민이면서도 의연금을 내지 않으려고 거짓으로 가난하다고 하소연했는지 여부는 관련 자료가 전해지지 않아 알 수 없다. 다만 조선 후기에는 잘살든 못살든 요호부민으로 선정되는 것을 꺼리는 경향이 있었다. 요호부민은 다른 사람에 비해 살림살이가 넉넉하다는 이유로 걸핏하면 수령이나 색리에게 여러 가지

방식으로 수탈을 당했기 때문이다.[3]

대표적인 방식이 공명첩 강매였다. 그렇다면 수령이 요호부민에게 강매했던 공명첩은 어떠했나? 국가에서 정식으로 발행된 관리 임명장과 비교해서 그 차이를 살펴보자.

어딘지 어색한 최춘건 고신

다음 고신[4]은 함풍(咸豐) 4년(1854, 철종 5)에 왕이 최춘건(崔春健)을 가선대부 동지중추부사(嘉善大夫 同知中樞府事)로 임명하면서 발급한 것이다.[5] 가선대부는 종2품 문반 품계이며, 동지중추부사는 중추부(中樞府)에 속한 종2품 관직인 동지사(同知事)를 가리킨다. 중추부는 원래 왕명을 출납하고 병기(兵器)를 관장하며 숙위(宿衛)를 담당했던 중추원(中樞院)의 후신이었으나 1466년(세조 12) 이후에는 직책을 받지 못한 당상관(堂上官)들을 임시로 배속시키는 기관이 되어 실권(實權)은 없고 명예만 있었다.

겉으로 보기에는 멀쩡한 관리 임명장이지만, 최춘건 고신을 자세히 들여다보면 형태와 필체(筆體), 인문(印文)에서 어색한 부분이 눈에 띈다. 먼저, 고신 첫머리에 쓰인 최춘건(崔春健)이라는 이름이 다른 글씨들에 비해 작다. 또, 고신 발급 월일이 기재되지 않았다. 마지막으로 필체가 어딘지 모르게 어색하고 관인(官印)이 너무 선명하게 찍혀 있다.

이제부터 이를 하나씩 살펴보자. 우선 '최춘건'이 다른 글자에 비해 작게 쓰인 점은 이 문서의 성격을 이해하는 데 매우 중요한 단서이다. 정식으로 작성된 고신에서 피임명자의 이름을 작게 쓴 사례는 거의 없다. 이 고신에서 최춘건의 이름이 작게 쓰인 이유는 고신 작성이 끝난

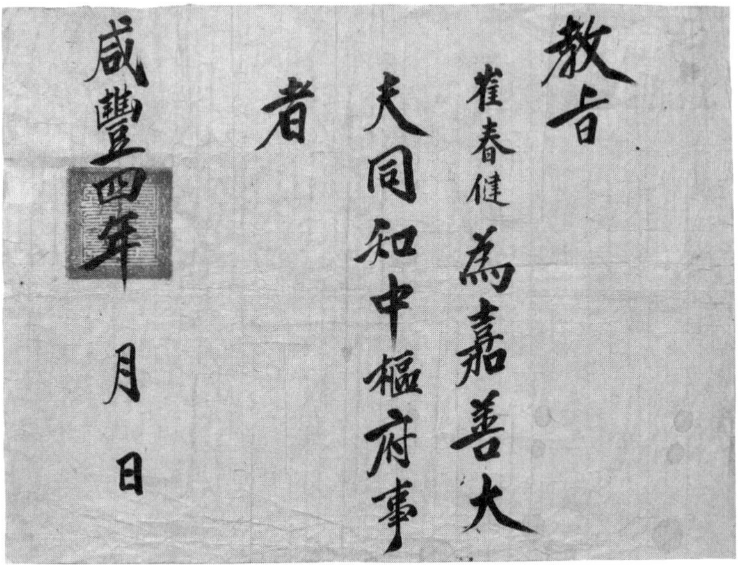
教旨
崔春健爲嘉善大
夫同知中樞府事
者
咸豐四年 月 日

고문서 4-2 **최춘건의 고신, 1854년, 전북대학교 박물관 소장.**

후 이름을 추기(追記)했기 때문이다. 원래의 고신에는 받는 사람의 이름을 쓰기 위해 비워둔 공간이 겨우 두 자를 쓸 정도밖에 되지 않았는데, 이곳에 이름 석 자를 모두 써넣다보니 자연히 글씨가 작아질 수밖에 없었던 것이다. 만일 처음부터 최춘건의 이름을 써넣었다면 굳이 이름자만 작게 쓸 이유가 없다. 이 고신은 이름 쓸 자리를 비워둔 채 발행했다가 쌀이나 돈 등을 바치면 성명을 기재해주던 '공명첩(空名帖)'이었다.

언뜻 생각하면 이름이 버젓이 기재되어 있는 문서를 '이름 쓸 난이 비어 있는 문서'라는 뜻의 공명첩으로 부르는 것이 사리에 맞지 않는다고 생각할지 모른다. 그러나 정상적인 고신은 피임명자의 이름을 기재해 발급한 반면, 공명첩은 받을 사람의 이름을 비워두고 작성했다. 후에 이름을 써넣더라도 이를 여전히 공명첩이라 불렀다. 또 공명첩을 '교지(敎旨)'가 아니라 '첩(帖)'이라 부른 이유는 조선시대에 '첩'이라는 용어가 문서, 그중에서도 특히 임명 문서라는 뜻으로 널리 쓰였기 때문이다. 조선시대에 관직에 임명되는 것을 '첩지(帖紙) 받았다'고 표현했던 것도 바로 같은 이유에서이다.

공명첩을 다른 말로 '납속첩(納粟帖)'이라고도 했다. 이는 나락〔租〕이나 베〔布〕 등을 받고 임명 문서를 발급했다〔納粟〕는 의미에서 붙여진 이름이다. 이 경우 고신 발행일 왼쪽이나 오른쪽에 납속한 내용을 자세히 명시하거나 간략하게 '납(納)'이라 기재했고, 납속 내용을 적은 별지(別紙)를 첨부하는 경우도 있었다. 이런 사실은 오길(吳洁), 박길선(朴吉善), 신치귀(申致龜)의 고신을 보면 알 수 있다. 오길과 박길선의 고신은 정4품 이상 관리 임명장인 교지의 형태로 되어 있고 신치귀의 고신은 정5품 이하 관리 임명장인 교첩(敎牒)의 양식으로 되어 있지만, 모두 납속해서 받은 것이다.

먼저 오길의 고신을 살펴보자.[6] 왕은 만력(萬曆) 46년(1618, 광해 10)에 교생(校生) 오길을 봉정대부 수사재감 정(奉正大夫 守司宰監 正)에 임명하는 고신을 발급했다.[7] 오길의 고신은 앞에서 살펴본 최춘건의 고신과 달리 수령자 오길의 이름이 제대로 쓰여 있어서 처음부터 이름을 비워둔 채 발행하지 않았다는 사실을 알 수 있다. 그러나 최춘건의 고신처럼 발급일이 제대로 기재되지 않았다는 점에서 이 역시 납속첩일 수 있다는 의혹이 생길 수 있다.

이러한 의혹은 고신에 첨부된 문서를 살펴보면 더욱 확실해진다. 이 문서는 오길이 고신을 사면서 납부하기로 약속한 무명베〔布〕 80필(疋)

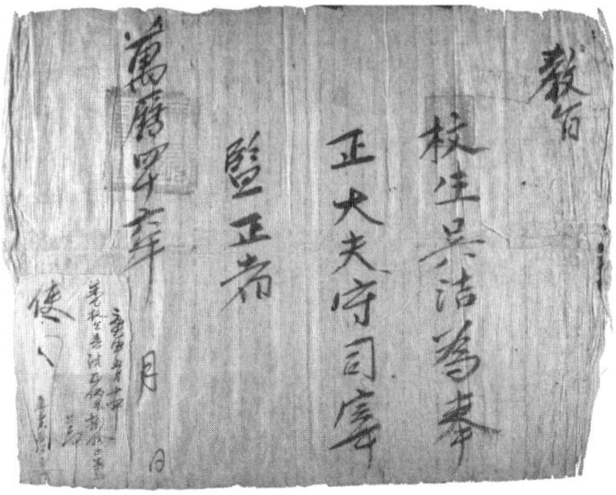

고문서 4-3 **오길의 고신, 1618년, 국립중앙도서관 소장.**

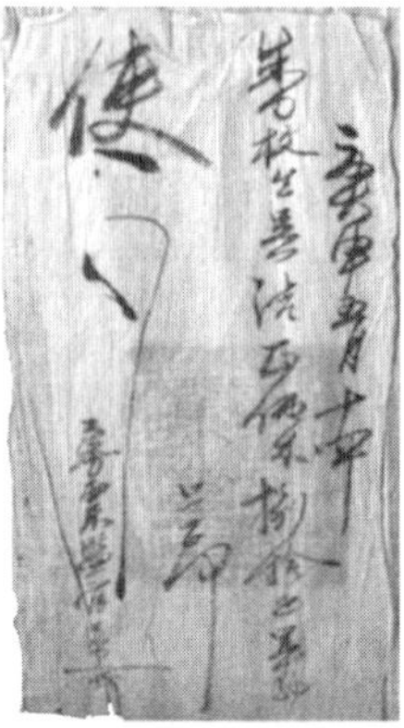

고문서 4-4 **오길의 자문, 1620년, 국립중앙도서관 소장.**

을 모두 완납했다는 일종의 영수증이다.[8] 이때 바친 무명베는 품질이 매우 좋은 정목(正木)이었는데, 당시 정목 80필은 상당한 가격이었다. 모속감관(募粟監官)이 작성한 후 수령의 결재를 거쳐 발급한 이 영수증이 고신에 첨부되어 있는 사실은 오길의 고신이 바로 납속첩임을 확인시켜준다.

그런데 재미있는 것은 영수증 발행 시기가 고신을 발급 받은 지 2년이 지난 경신년(庚申年, 1620)이라는 사실이다. 따라서 오길은 납속첩을 사기로 합의하고 이것을 받은 후 납속을 차일피일 미뤄오다가 2년이 지나서 완납했음을 알 수 있다. 2년이나 체납하다가 납부했다는 사실은 오길이 납속첩 구입을 원하지 않았을 수 있다는 의심을 품게 한다.

다음으로 박길선의 고신을 살펴보자.[9] 이 고신은 강희(康熙) 45년(1706, 숙종 32)에 왕이 박길선을 통정대부(通政大夫)로 임명하면서 발급한 것이다.[10] 발급 연도 왼쪽에 '납(納)'이라고 적혀 있는 것으로 보

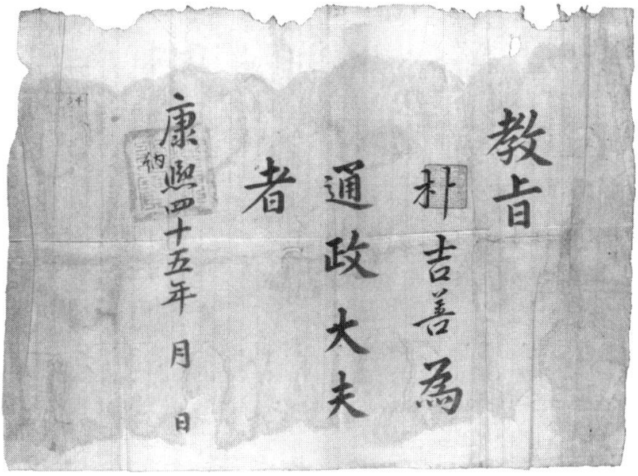

고문서 4-5 **박길선의 고신, 1706년, 국립중앙도서관 소장.**

아 박길선이 납속하고 받은 것이다. 다만 납속 내력이 기록되지 않아 무엇을 얼마나 냈는지는 알 수 없다. 또한 '박길선(朴吉善)'이라고 쓴 글씨의 필체가 다르고 세필(細筆)로 작성된 점 등을 통해서도 원래 공명첩으로 작성했다가 나중에 이름을 써넣은 문서임을 알 수 있다.

마지막으로 신치귀가 받은 고신을 살펴보자.[11] 이 고신은 도광(道光) 17년(1837, 헌종 3) 7월에 이조에서 왕명을 받들어 유학(幼學) 신치귀를 장사랑(將仕郎)에 임명하면서 발급한 것이다.[12] 장사랑은 종9품이기 때문에 고신을 교첩(敎牒) 형태로 발행했다. 고신 발급일의 왼쪽에 "원납이백냥 낭계성급사 승전(願納二百兩 郎階成給事 承傳)", 즉 "(신치귀가) 자원하여 200냥을 납부했으니 낭계 고신을 작성해주라는 임금의 명령을 따랐다."는 기록이 있으므로 이 또한 납속첩임을 알 수 있다.[13] 항상 그런 것은 아니었지만 조선 후기에는 사족들이 납속한 경우에는 주로 낭계첩을 발급해주었다.[14]

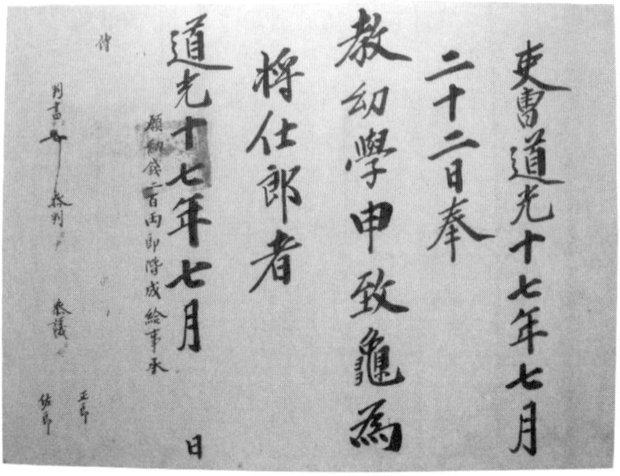
吏曹道光十七年七月
二十二日奉
教幼學申致龜爲
將仕郎者
道光十七年七月 日

고문서 4-6 **신치귀의 고신, 1837년, 계명대학교 동산도서관 소장.**

한편, 납속을 통해 고신을 발급받았는데도 공명첩이라는 말 그대로 피임명자의 이름이 기재되지 않은 고신도 있다. 원칙적으로는 공명첩을 팔면서 납속자의 이름을 써주어야 하는데 그렇게 하지 않은 채 발급했기 때문이다. 다음 고신이 바로 그러한 예에 해당하는데, 숭덕(崇德) 7년(1642, 인조 20) 병조에서 보충대(補充隊)에 소속된 어떤 사람에게서 베를 받고 근력부위(勤力副尉)라는 종9품 잡직(雜織) 품계를 주면서 발행한 공명첩이다.[15] 발행일의 오른쪽에 "납포거관(納布去官)", 즉 "베를 바쳐 벼슬에 나아가도록 해주었다."는 기록이 그 사실을 잘 보여준다.[16] 이에 비해 건륭(乾隆) 36년(1771, 영조 47) 병조에서 보충대 소속 김득철(金得哲)에게 납포거관토록 하면서 발급한 납속첩에는 구매자의 이름이 기재되었다.[17] 두 고신을 비교해보면 구매자 이름의 기재 여부에 따라 공명첩인지, 납속첩인지 알 수 있다. 하지만 대체로 둘을 명확하게 구분하지 않고 혼용하는 경향이 있었다.

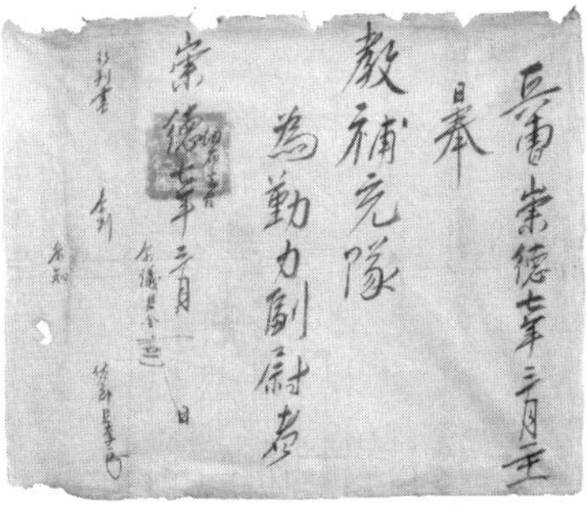

兵曹崇德七年三月二十

日奉

教補充隊

為勤力副尉者

崇德七年三月 日

고문서 4-7 **공명첩, 1642년, 전북대학교 박물관 소장.**

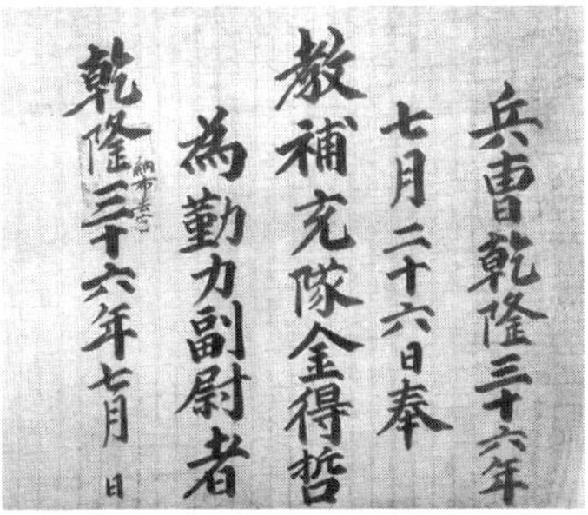

兵曹乾隆三十六年

七月二十六日奉

教補充隊金得哲

為勤力副尉者

乾隆三十六年七月 日

고문서 4-8 **김득철의 고신, 1771년, 인천시립 박물관 소장.**

최춘건 공명첩의 의문점들

최춘건 고신에 발급 일자가 명기되지 않은 이유는 무엇일까? 이는 사실 생각보다 훨씬 심각한 문제다. 원칙적으로 발급 일자가 기재되어 있지 않은 문서는 효력을 상실한다. 조선시대에도 고신을 발급할 때 발급 연월일을 써넣도록 되어 있었다. 따라서 이조와 병조에서 고신을 정상적으로 발급할 때에는 발급 연월일을 기재했는데, 발급일이 기재되지 않은 고신이 간혹 있다. 그러나 발급한 월일을 함께 기재하지 않은 경우는 아주 드문데, 이는 공명첩을 다량으로 발급하면서 빚어진 일로 추정된다. 공명첩이 구체적으로 언제 팔릴지 알 수 없기 때문에 날짜는 고사하고 달조차 기재할 수 없었던 것이다. 최춘건 역시 공명첩을 다량으로 발행했을 때 고신을 샀던 것으로 보인다. 앞에서 살펴본 박길선의 납속첩도 최춘건의 고신처럼 발행 월일이 기록되어 있지 않기 때문에 그럴 개연성이 있다. 그렇지만 최춘건 고신에는 납속한 사실이 기록되지 않았기 때문에 그의 고신이 납속첩임을 단정할 수는 없다.

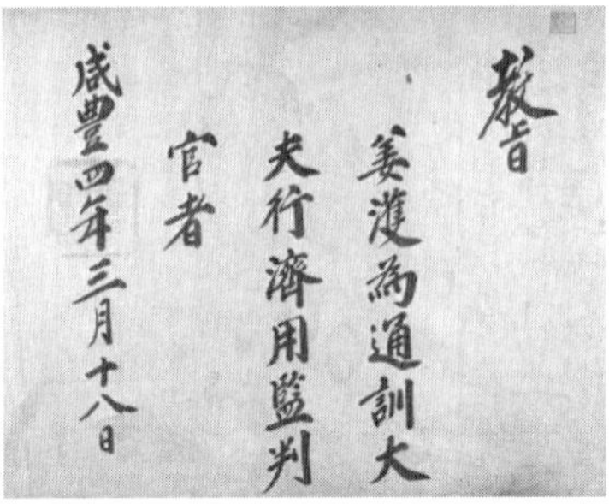
教旨
姜濩爲通訓大夫行濟用監判官者
咸豐四年三月十八日

고문서 4-9 **강호의 고신, 1854년, 서울대학교 규장각 소장.**

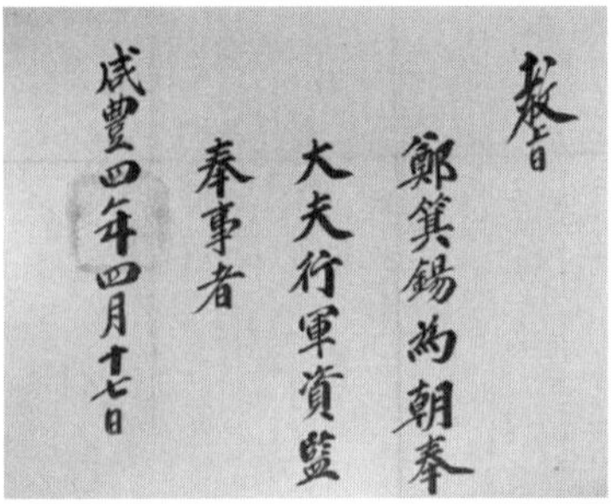
教旨
鄭箕錫爲朝奉大夫行軍資監奉事者
咸豐四年四月十七日

고문서 4-10 **정기석의 고신, 1854년, 서울대학교 규장각 소장.**

이제 필체가 어딘지 모르게 서툴러서 고신 발행을 담당하는 전문 서리가 쓴 것 같지 않고, 날인된 관인의 인문이 아주 또렷하며, 인주 색깔이 붉다는 점에 주목해보자. 최춘건의 고신과 그가 고신을 발급받은 함풍 4년(1854)에 이조와 병조에서 발급한 교지를 비교해보자.

위의 두 고신은 이조에서 발급한 것이다. 왼쪽 고신은 왕이 1854년 3월에 강호(姜濩)를 통훈대부 행제용감 판관(通訓大夫 行濟用監 判官)에 임명하며 발행한 것이고, 오른쪽 고신은 왕이 같은 해 4월에 정기석을 조봉대부 행군자감 봉사(朝奉大夫 行軍資監 奉事)에 임명하며 발행한 것이다.[18] 두 고신의 공통점은 첫째, 첫 줄에 나오는 '교지(教旨)'라는 글씨가 매우 독특하게 쓰여 있다. '교(教)' 자는 왼쪽 부수(部首)인 '효(孝)'의 내리긋는 획을 매우 가늘게 쓰고 오른쪽 부수인 '복(攵)'의 시작하는 획을 마치 점을 찍는 것같이 썼다. '지(旨)' 자는 위의 '비(匕)'를 '상(上)'으로 바꾸어 썼는데, 전체적으로는 아주 작은 글씨로 교자 아래에 바짝 붙여서 썼다. 강호의 고신은 이조서리 안규상(安奎祥)

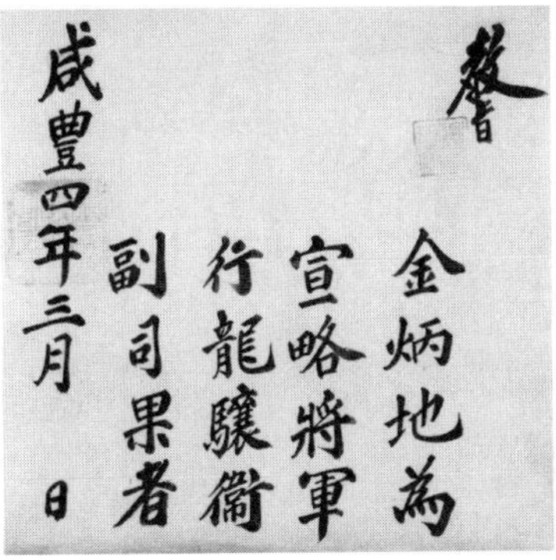

敎旨

金炳地爲

宣略將軍

行龍驤衛

副司果者

咸豐四年三月 日

고문서 4-11 **김병지의 고신, 1854년, 국립중앙도서관 소장.**

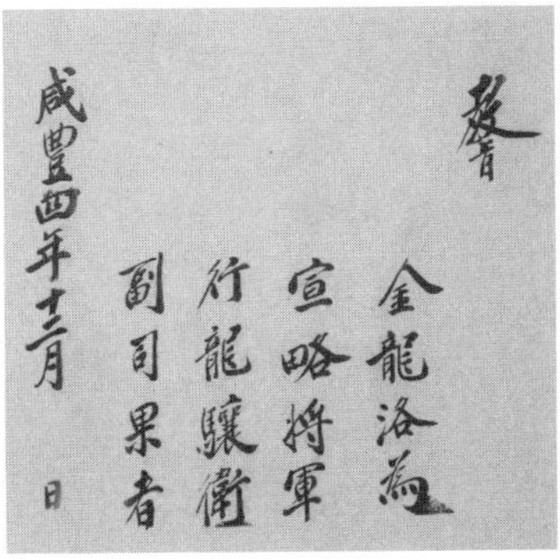

敎旨

金龍洛爲

宣略將軍

行龍驤衛

副司果者

咸豐四年十二月 日

고문서 4-12 **김용락의 고신, 1854년, 개인 소장.**

이, 정기석의 고신은 이조서리 정주원(鄭周元)이 각각 작성했다. 작성자가 달랐는데도 글자의 형태를 동일하게 변형해서 쓴 것은 이조서리들끼리 고신의 위조 여부를 쉽게 판별할 수 있도록 약속해서 사용한 비표(秘標)로 추정된다. 둘째, 본문은 3행으로 한 행당 여섯 자씩 쓰여 있다. 겸직(兼職)이나 증직(贈職) 등으로 임명하는 관직이 서너 자리가 넘을 경우를 제외하면 대부분 3행 여섯 자로 작성되었다. 셋째, 첫 줄의 '교지'라는 글씨가 피임명자의 이름보다 한 글자 정도 위에 쓰여 있다. 넷째, 발급 연월일이 모두 기재되어 있다.

병조에서 발행한 고신도 살펴보자. 위의 고신은 왕이 1854년 3월과 12월에 김병지(金炳地)와 김용락(金龍洛)을 각각 선략장군 행용양위 부사과(宣略將軍 行龍驤衛 副司果)로 임명할 때 병조에서 발행한 것이다.[19] 두 고신의 공통점을 알아보자. 먼저 '교지(敎旨)'라는 글자가 이조에서 발행한 고신과 차이가 있다. 특히 병조 발행 고신에서는 교 자의 오른쪽

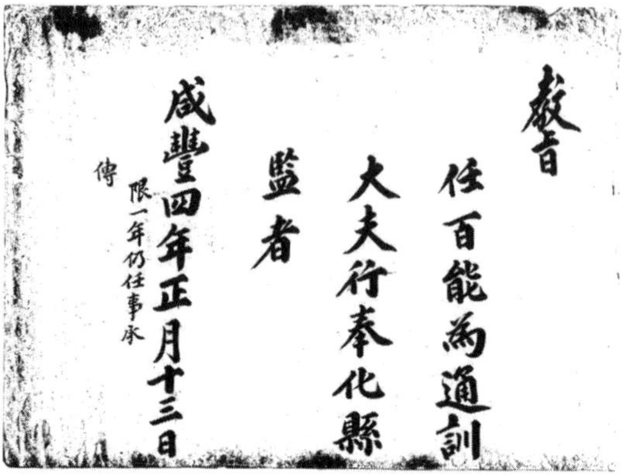

教旨
任百能爲通訓
大夫行奉化縣
監者
咸豐四年正月十三日
限一年仍任事承
傳

고문서 4-13 **임백능의 고신, 1854년, 풍천임씨 만휴당 후손가 소장.**

부수인 복(攵)이 원래 글자의 형태를 유지하고 있다. 그러나 교(敎) 자를 크게 쓰고 지(旨) 자를 작게 쓴 점, 지 자의 위쪽 부수인 비(匕)를 상(上)으로 바꾸어 쓰고 교 자 아래 바짝 붙여 쓴 점 등은 이조에서 발행한 것과 같다. 둘째, 본문은 4행으로 되어 있으며 한 행당 네 자씩 쓰여 있다.[20] 셋째, '교지'라는 글씨가 피임명자의 이름보다 두 자 이상 위에 쓰여 있다. 넷째, 고신 발급 연월일 중 일자가 기재되지 않았다.[21]

이조나 병조에서 발행한 고신과 최춘건의 고신을 비교해보면 몇 가지 차이점이 발견된다. 먼저 최춘건의 고신은 이조와 병조에서 발행한 것에 비해 '교지'의 글씨체가 어색하다. 특히 '지(旨)' 자는 정식 고신을 흉내 내어 '상(上)' 자와 '일(日)' 자로 나누어 썼지만, '상' 자의 아래 획이 길고 글자가 큰 데다가 '교' 자 바로 아래 쓰지도 않았다. 또 이조와 병조에서 발행한 고신은 연호가 '함풍(咸豊)'으로 되어 있는데 최춘건의 고신은 '함풍(咸豐)'으로 되어 있다. 함풍 연간에 발행한 임명장에서 '함풍(咸豊)'과 '함풍(咸豐)'을 혼용해서 쓰기는 하지만, 전자가 압도적으로 많고 후자를 사용하는 경우는 예외적이라고 할 만큼 적다. 더군다나 함풍 4년에 이조에서 작성된 고신 중에서는 임백능(任百能, 1795~1868)의 고신만 '함풍(咸豐)'으로 썼을 뿐이다.[22]

무엇보다 가장 큰 차이점은 관인(官印)의 인문(印文), 즉 '시명지보(施命之寶)'의 글씨체가 다르고 인주 색깔이 상이하다는 점이다. 함풍 4년에 이조와 병조에서 발행한 각종 임명장을 살펴보면 인문이 자세히 드러나지 않으며 인주 색깔은 주황에 가깝다. 이에 비해 최춘건의 고신은 인문이 뚜렷하며 인주 색깔이 붉다. 고신의 진위를 판별할 때 유의할 점이 바로 인문과 인주이다. 이 점을 고려한다면 최춘건의 고신이 의미하는 바가 무엇인지 알 수 있을 것이다.

공명첩 구매를 거절하는 백성과 강요하는 수령

지금까지 살펴본 점들을 종합해볼 때, 최춘건의 고신은 인사를 담당하는 중앙 관서인 이조와 병조에서 발행한 것은 아님이 분명하다. 최춘건의 고신은 위조된 것이다. 그렇다면 최춘건은 어떤 경위로 이 고신을 구매하게 되었을까? 이를 알아보기 위해 탄원서 한 장을 살펴보자. 이 탄원서는 최춘건이 갑자년(甲子年) 12월에 자신이 사는 고을 수령에게 제출한 것이다.[23] 여기서 갑자년은 1864년(고종 1)으로 추정되는데, 당시 그는 경상도 기장현(機張縣) 동면(東面) 이서리(伊西里)에 살았다. 최춘건이 어떤 이유로 탄원하게 되었는지 확인해보자.

동면 이서리에 사는 최춘건

이와 같이 삼가 소지를 올리는 까닭은 다음과 같습니다. 저는 궁벽진

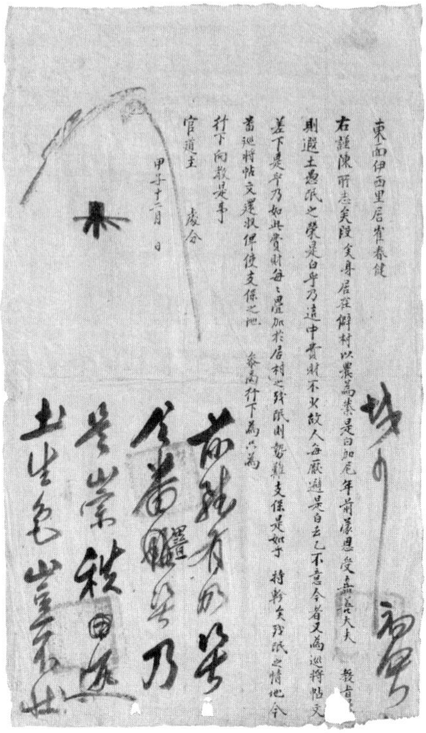

고문서 4-14 **최춘건의 탄원서,**
1864년, 전북대학교 박물관 소장.

시골〔僻村〕에 거주하면서 농사를 생업으로 삼아왔는데 황공하옵게도 연전(年前)에 가선대부(嘉善大夫)의 교지를 받는 은총을 입었으니 저와 같이 궁벽한 시골의 우둔한 백성으로서는 커다란 영광이었습니다. 다만 저간에 이 교지를 사는 데 드는 비용〔費財〕이 적지 않았기 때문에 사람들이 매번 교지 사는 일을 꺼리고 기피하는 경향이 있습니다.

그런데 지금 뜻하지 않게 순장(巡將) 임명장〔帖文〕이 또다시 내려오니 매번 저와 같이 시골에 거주하는 힘없는 백성에게 이를 사는 데 드는 비용을 내도록 하신다면 살림을 지탱할 수가 없습니다. 그러하오니 힘없는 백성의 처지를 특별히 헤아리셔서 이번 순장 임명장을 환수해 저와 같은 백성이 걱정 없이 살 수 있도록 해주십시오. 헤아려 명령해주시옵소서. ……

갑자년 12월 일

〔제사〕 비록 전에 품계를 올려주었다 하더라도 이번에 거듭 내려주는 것은 높은 품계〔崇秩〕이니 궁벽한 시골에서 어찌 큰 영광이 아니겠는가? 초4일

관〔압〕[24]

최춘건은 탄원서에서 먼저 수령에게 여러 해 전에 가선대부 교지를 받을 수 있었던 것에 감사하고 있다. 이 '가선대부 교지'란 앞에서 살펴본 교지, 즉 1854년에 최춘건을 가선대부 동지중추부사에 임명한 것을 말한다. 그런데 최춘건은 이와 같은 교지를 구입하는 데 드는 비용이 적지 않아서 백성이 매번 이를 구매하는 일을 꺼린다며 당시 기장현의 분위기를 전하고 있다. 이어서 그는 또다시 순장(巡將)에 임명하는 첩을 사라는 명령이 내려지자 비용을 마련하느라 살림을 할 수가 없다고 호소한다. 순장은 순청(巡廳)에 소속된 정3품 문무 당상관(文武 堂上官)으로 야간에 도성(都城) 순찰을 담당했다. 최춘건은 순장첩 구매 비용이 적지 않으니 제발 명령을 거두어달라고 요청한다. 그러나 수령은 순장이 고위 품계이니 시골 사람에게 어찌 영광된 일이 아니겠느냐며 그의 간절한 요청을 한마디로 거절했다.

최춘건 탄원서의 내용은 그동안 우리가 알던 역사 지식과 크게 달라 당황스럽다. 일반적으로 조선 후기에 등장한 요호부민은 신분 상승을 위해 공명첩을 자발적으로 구입했다고 알려져 있다. 그러나 최춘건은

오히려 공명첩 구매를 기피하고 있다. 반대로 공명첩 구매를 통해 신분 상승을 시도하는 자들을 단속할 책임이 있는 수령이 이를 강매한다는 인상마저 준다.

이보다 놀라운 사실은 최춘건이 탄원서에서 몇 년 전에 구입했다고 밝힌 고신이 바로 그를 가선대부 동지중추부사에 임명했던 고신이라는 것이다. 앞에서 살펴본 것처럼 이 고신은 이조나 병조에서 발행한 것이 아니라 위조된 것인데, 이를 수령이 직접 팔았다는 사실이 충격적이다. 고신을 위조하거나 매매하는 사람들을 색출해 처벌하는 것이 수령의 임무인데, 당시 기장현 수령은 오히려 위조 고신을 강매했던 것이다.[25]

물론 수령이 공명첩을 매매하기는 했지만 위조된 것인지는 몰랐다고 변명할 수도 있다. 하지만 여러 정황을 볼 때 쉽게 납득이 가지 않는다. 중앙 정부에서 지방 군현에 매매하도록 배당한 공명첩은 이조나 병조에서 발행한 것이었으며, 이를 팔아 받은 돈은 중앙에 납부해야 했다. 그러나 중앙 정부의 지시 없이 이조나 병조에서 발행하지 않은 공명첩을 팔았다면 처음부터 의도된 목적이 있었다고 보아야 한다.

위조된 공명첩을 매매했다는 사실은 수령이 부정행위에 깊숙이 개입되었다는 것을 의미한다. 수령의 위조 공명첩 매매 행위는 공명첩 위조를 지시했거나 방조한 이후의 행위이며, 동시에 방매해서 얻어지는 대금을 착복하기 위한 행위이기 때문이다. 아마도 수령은 이미 담당 색리(色吏)와 공모해 공명첩을 위조하고 적당한 매입자를 물색해 방매한 후 수익금을 서로 나누기로 약속하고 일을 저질렀을 것이다.

공명첩 구매를 강요하는 조선 후기 사회

최춘건은 자신의 바람과는 달리 수령이 순장첩을 강매하도록 하는 처분을 내리자 어떻게 할지 망설이다가 또다시 탄원서를 제출했다. 이 탄원서는 최춘건이 수령으로부터 강매 처분을 받은 후 10여 일이 지나서 제출한 것으로, 내용은 다음과 같다.[26]

동면 이서리에 사는 최춘건

이와 같이 삼가 소지를 올리는 사연은 다음과 같습니다. 제가 살림살이가 어려워 순장 임명장〔巡將帖文〕을 거두어달라는 뜻으로 지난번에 탄원을 올렸는데 성주께서 처분하시기를 "비록 전에 품계를 올려주었다 하더라도 이번에 거듭 내려주는 것은 높은 품계〔崇秩〕이니 궁벽한 시골에서 어찌 큰 영광이 아니겠는가?" 하셨습니다. 그러나 뒷날 혹시 또다시 공명첩을 사라고 하시는 일이 있다면, 머나먼 시골 백성에게 이와 같이 높은 품계를 내려주셨다는 생색이 사라지고 도리어 이를 사느라 돈을 다 탕진해서 온 가족이 뿔뿔이 헤어지는 원인이 되고 말 것입니다.

이에 황공함을 무릅쓰고 다시 우러러 하소연하오니 제 사정을 헤아려 주소서. 이번의 순장 임명장을 사서 품계를 더하는 일은 성주님의 명령을 받들겠지만 뒷날 또다시 사라고 하지 않겠다는 뜻으로 입지(立旨)를 발급해주셔서 제 살림이 보존될 수 있도록 명령해주십시오. ……

갑자년 12월 일

〔제사〕 탄원한 바가 이와 같으니 뒷날 다시 침어(侵漁)하는 폐단이 없도록 하라. 17일. 각청(各廳)의 공예리(公禮吏).

관〔압〕[27]

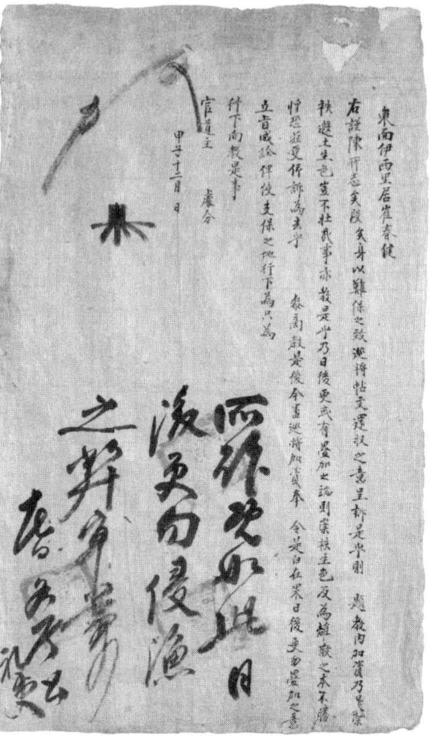

고문서 4-15 **최춘건의 탄원서, 1864년, 전북대학교 박물관 소장.**

탄원서에 따르면, 최춘건은 비록 자신의 살림살이가 매우 어렵기는 하지만 순장첩을 사라는 수령의 지시를 거절할 수 없어서 받아들이겠다고 했다. 그러나 계속해서 이 같은 일이 일어난다면 공명첩을 사는 일이 영예롭지 않고 도리어 자신의 가족을 뿔뿔이 헤어지게 할 것이라 우려했다. 그래서 그는 이런 일이 일어나지 않도록 입지(立旨)를 발급해 달라고 요구했다. 이에 수령은 담당자인 각청(各廳)의 공예리(公禮吏)들에게 이러한 일이 다시 일어나지 않도록 하라고 지시했다. 이로써 납속첩을 사지 않겠다는 최춘건과 이를 강매하는 수령 사이에 타협이 이루어졌다.

지금까지 최춘건의 탄원서를 통해 공명첩의 발행을 둘러싼 요호부민의 실상을 구체적으로 살펴보았다. 일반적으로 조선 후기에 신분 상승을 원하는 요호부민이 자발적으로 공명첩을 구매했다고 알려졌으나, 실제로는 구매를 원하지 않는 요호부민에게 수령들이 강매하는 경우가 많았다. 수령이 요호부민에게 강제로 공명첩을 구매하도록 하는 현상은 관리들의 부패가 심해지는 조선 후기로 갈수록, 그리고 정부 재정이 궁핍할수록 더욱 심해졌을 것이라고 짐작된다.

여러 기관을 거치면서 완성된 관

기장현 수령은 최춘건의 어려운 형편을 살피기보다는 공명첩의 강매에만 관심이 있었다. 그래서 혹시 그가 최춘건에게 판 순장첩도 위조된 것이 아닐까 하는 의심이 든다. 그러나 불행하게도 이때 발급된 순장첩은 현재 전하지 않으며, 순장첩 발급과 관련해 병조(兵曹)에서 경상감영으로 보낸 관(關)만 전하고 있다.[28] 관은 공무와 관련해 관부(官府)끼리 서로 주고받는 문서 가운데 하나로, 직제상 대등한 기관이나 아래 부서에 협조를 요청하거나 지시할 때 사용했다. 그런데 최춘건의 관을 자세히 살펴보면 두 가지 흥미로운 사실이 발견된다. 하나는 몇 가지 서로 다른 글씨체로 이루어졌다는 점이고, 다른 하나는 발행 연월일이 모두 기록되지 않았다는 점이다.

글씨체부터 살펴보자. 언뜻 보면 글씨체가 크게 다르지 않지만 글씨의 숙련도(熟練度), 붓의 굵기, 먹의 농도 등을 자세히 살펴보면 이 관이 서로 다른 세 가지 글씨체로 구성되어 있음을 알 수 있다. 먼저 둘째 줄

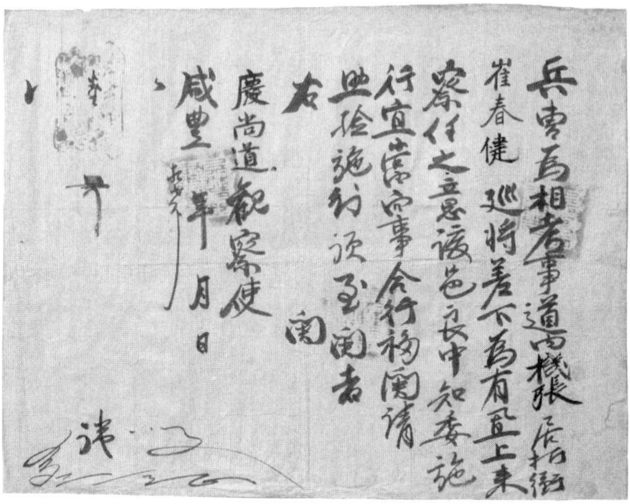

고문서 4-16 **최춘건의 관, 미상, 전북대학교 박물관 소장.**

첫머리에 쓰인 '최춘건(崔春健)'이라는 글자는 이 문서에 쓰인 글씨체 중에서 가장 미숙하며 가장 가는 붓으로 썼다. 또 첫째 줄의 '기장(機張)'과 일곱째 줄의 '경상도(慶尙道)'라는 글자도 다른 글자와 약간 차이를 보인다. '기장' 글자의 먹 농도가 앞뒤에 적힌 '도내(道內)'나 '거절충(居折衝)'보다 짙고, 글씨체는 상대적으로 정자체로 쓰여 있다. 또 '경상도' 글자도 그 뒤에 있는 '관찰사(觀察使)' 글자에 비해 비교적 정자체로 쓰여 있고, 붓의 굵기도 차이가 난다. '최춘건', '기장', '경상도'를 제외한 나머지 글자는 글씨체가 세련되고 먹의 농도도 고르게 작성되어 있다.

따라서 이 문서는 서로 다른 세 가지 글씨체로 작성되어 있음을 알 수 있다. 이는 문서 작성에 관여한 기관이나 작성자가 적어도 세 기관 또는

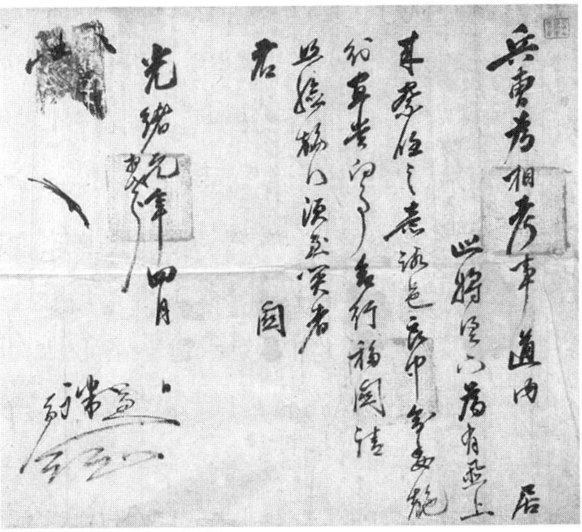

고문서 4-17 **병조의 관, 1875년, 서울대학교 규장각 소장.**

세 사람이었다는 사실을 짐작하게 한다. 이 관은 병조에서 경상감영에 보낸 공문이지만 이 문서가 완성되기까지는 두 기관 또는 두 사람 이상이 관여했을 것으로 추정된다. 문서를 통해 이러한 사실을 살펴보자.

병조에서 경상감영으로 문서를 보낼 때는 '최춘건', '기장', '경상도' 글자는 쓰이지 않았을 것으로 보인다. 병조에서 경상감영에 보낸 관의 초기 모습이 이 같을 것이라고 추정하는 이유는 유사한 문서가 여러 개 남아 있기 때문이다.

이 문서는 광서(光緒) 원년(1875, 고종 12)에 병조에서 발행한 것으로, 현재 서울대학교 규장각에 소장되어 있다.[29] 최춘건의 관에 비해 글씨를 좀 더 흘려 써서 알아보기가 쉽지 않지만 내용은 거의 같다. 다만 두 가지 차이가 있다. 하나는 최춘건의 관에서는 첫 줄의 '거(居)' 아래

'절충(折衝)'이 있었으나 여기에는 없다. 다른 하나는 일곱째 줄에 있던 '관찰사(觀察使)'가 여기에는 아예 비어 있다는 점이다. 여기서 최춘건의 관에 기재된 '절충'과 '관찰사'라는 글자도 병조가 아닌 다른 기관에서 썼다고 추정할 수 있지만, 글씨의 숙련도나 먹의 농도 등을 살펴보면 병조에서 쓴 것이 분명하다. 두 문서는 조선 말기에 병조에서 공명첩과 관련해서 발행한 관이 어떤 모습이었는지를 알려준다. 아울러 이런 관이 많이 발견되었다는 사실은 당시 똑같은 관을 무더기로 작성해놓고 필요할 때마다 사용했음을 말해준다.

경상도에서는 병조에서 함께 내려온 관과 순장 공명첩을 관하(管下)의 각 고을에 배정했는데, 이때 '경상도'와 '기장'이라는 글씨를 써넣었다. 즉, 경상감영에서는 병조에서 발행한 관과 공명첩을 기장현에 배정하면서 이 사실을 관에 적어 넣었던 것이다. 마지막으로 기장현에서는 순장첩을 구매할 사람을 널리 구했다. 그러나 앞에서 살펴본 바와 같이 자원자가 나타나지 않자 최춘건에게 강매하기로 결정하고, 관과 공명첩에 그의 이름을 기재해 발급했다.

최춘건의 관은 병조에서 경상감영에 보낸 것이지만, 실제로는 세 과정을 거쳐서 비로소 하나의 문서로 완성되었다. 먼저 병조에서는 공명첩과 함께 관을 각 도(道)의 감영에 내려 보냈는데, 이를 수령할 감영의 이름조차 쓰지 않은 채 배분했다. 이를 받은 경상감영에서는 관할 고을의 형편에 따라 재배분했는데, 이때 비로소 감영과 해당 고을의 이름을 기입했다. 마지막으로 기장현에서는 공명첩을 구입할 요호부민으로 최춘건을 선정한 후, 관에 그의 이름을 기입해 발급했다. 이와 같이 관 하나가 병조와 경상감영과 기장현을 거쳐 완성되었다.

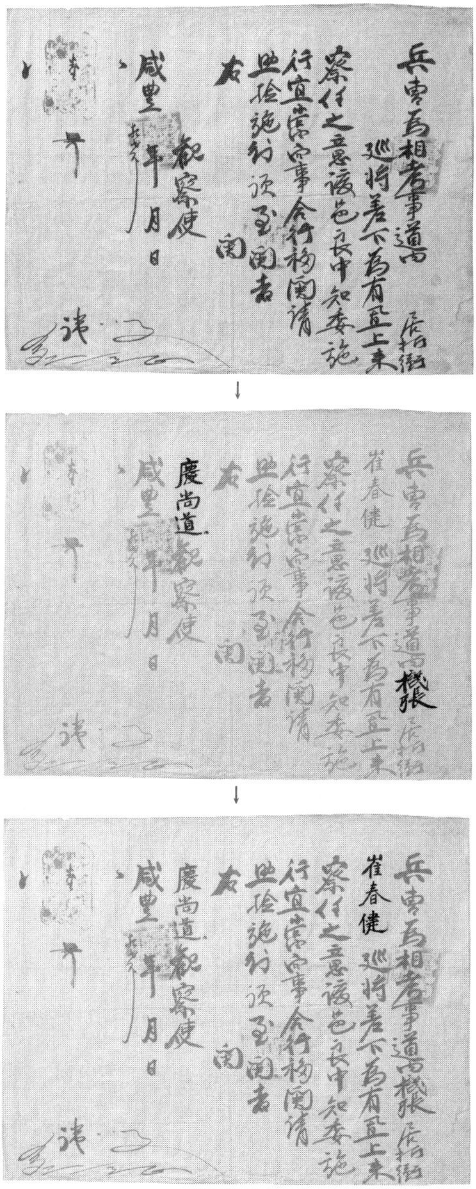

최춘건의 관 작성 단계

간 큰 수령과 교활한 아전의 문서 재활용

다음으로 최춘건의 관에 발급 월일뿐만 아니라 발급 연도조차 기록되지 않은 점을 살펴보자. 문서에는 왜 발급 연월일을 모두 기입하지 않았는지를 알아낼 단서가 전혀 없다. 해답은 최춘건의 탄원서에서 찾을 수 있다. 기장 현감이 최춘건에게 순장첩을 사도록 지시한 것은 갑자년(1864, 고종 1)인데, 이해는 동치(同治) 3년에 해당한다. 동치는 청나라의 목종(穆宗), 함풍은 그의 아버지인 문종(文宗)의 재위 기간에 각기 사용했던 연호이다. 따라서 최춘건 관에 발급 연도를 맞게 기입하려면 연호를 '함풍(咸豐)'에서 '동치(同治)'로 바꾸어야 했다. 하지만 그럴 경우에는 이 관을 사용할 수 없기 때문에 아예 틀린 연호를 그대로 둔 채 발급 연도를 기입하지 않고 최춘건에게 건넸던 것이다.

이러한 일이 일어날 수 있었던 것은 조선 후기에 행정이 문란하고 수령이 부패했기 때문이라고 해석할 수밖에 없다. 만성적인 재정 결핍으로 곤란을 겪던 중앙 정부는 어려운 일이 닥칠 때마다 각 군현에 공명첩을 배당했다. 그러다 보니 수시로 공명첩이 각 군현에 배당되었는데, 이때 팔고 남은 공명첩은 원칙적으로 반납하거나 소각해야 했다. 그러나 담당 색리들이 남은 공명첩을 몰래 숨겨두었다가 수령과 짜고 요호부민에게 팔아 대금을 횡령했다. 최춘건의 관도 이렇게 숨겨둔 것인데, 그 사이 중국 황제가 교체되어 연호가 바뀌어버렸다. 그렇다고 이미 적힌 연호를 고칠 수도 없어서 그냥 발급 연월일도 기입하지 않은 채 발행하고 말았다. 이러한 일은 결코 아무나 할 수 있는 일이 아니었다. 간 큰 수령과 교활한 아전들이 합작해야 할 수 있는 일이었다. 그런데 조선 후기에는 도처에 이와 같이 간 큰 수령과 교활한 아전들이 있었다.

반복되는 공명첩 강매

기장현 수령은 최춘건에게 다시는 공명첩 구매를 권하는 일이 없도록 하라고 담당 색리에게 엄하게 지시했다. 하지만 이 명령은 끝내 지켜지지 않았다. 사실 이러한 약속은 잘 지켜지지 않았으며, 설령 지켜진다고 해도 이를 다짐한 수령의 재임 기간 동안에만 유효한 경우가 많았다. 《기장현읍지》의 〈선생안〉에 따르면 최춘건에게 다시는 공명첩을 팔지 말라고 지시한 수령은 최헌조(崔憲祖)였다.[30] 그러나 그가 떠난 후 새로 부임한 수령은 전임자의 약속을 지킬 의무가 전혀 없었다. 더군다나 20여 년이나 지난 뒤여서 이를 지키려는 수령은 아무도 없었다.

최춘건 후손가에 전해지는 문서 중에는 1882년(고종 19)에 왕이 '가선 최춘경(嘉善 崔春景)'의 돌아가신 아버지[考]에게 증직(贈職)을 내린 공명첩이 있다.[31] 이때 내려진 증직은 가선대부 행호조참판 오위도총부 부총관(嘉善大夫 行戶曹參判 五衛都摠府 副摠管)이었는데, 증직(贈職)이 내려진 이유는 이때 최춘경이 '가선대부'가 되었기 때문이다. 당시 규정에 따르면 종친(宗親)이나 문무 관료 중 실직(實職)으로 2품 이상에 오른 관리는 조상 3대(代)에게 벼슬을 주는 추증(追贈)을 하도록 되어 있었다. 최춘경이 실직 2품에 오른 것은 아니었지만, 조선 후기에는 공명첩을 매매해서 2품이 되면 그의 조상들을 추증할 수 있도록 했다. 이러한 규정에 따라 최춘경도 돌아가신 자기 아버지를 추증할 수 있었는데, 이때 내려진 고신은 다음과 같다.

이 고신은 정작 최춘경 아버지의 이름이 쓰여야 할 자리가 비어 있는데, 이는 납속 교지에서 자주 발견되는 현상이다. 그런데 최춘경은 최춘건과 동일인으로 추정된다. 《경주최씨파보》에 따르면 최춘건은 모두 삼

敎旨
贈嘉善
大夫行戶曹叅
判五衛都摠府
副摠管者
光緖八年正月 日

고문서 4-18 **공명첩, 1882년, 전북대학교 박물관 소장.**

형제다. 최춘봉(崔春鳳, 1784~1869), 최춘건(1806~1883), 최춘사(崔春仕, 1809~1846)가 그들이었는데, 이 교지가 발행된 1882년까지 살았던 사람은 최춘건뿐이었다. 따라서 최춘경은 최춘건이 분명하며, 교지의 주인공은 그의 아버지 최일흥(崔日興)이다. 최춘건은 최춘경으로 개명했다가 원래의 이름으로 되돌아온 것 같은데, 이런 사례를 조선 후기 호구 자료에서 흔히 볼 수 있다. 최춘건 집안에 전하는 호구단자에 따르면, 그의 아들 최명하(崔命夏, 1843~1894)도 잠시 이름을 최한수(崔翰壽)로 바꾸었다가 다시 원래 이름으로 되돌아왔다.[32]

최춘건은 최춘경이라는 이름으로 공명첩을 또 구매했는데, 그의 조상들을 추증하는 교지는 현재 남아 있지만 정작 그에게 발급된 공명첩은 전하지 않는다. 추측건대 이때 발급된 공명첩에는 그를 '가선대부 행오위도총부 오위장(嘉善大夫 行五衛都摠府 五衛將)'으로 임명한다고 되어 있을 가능성이 높다. 물론 가선대부란 품계는 거의 30년 전에 이

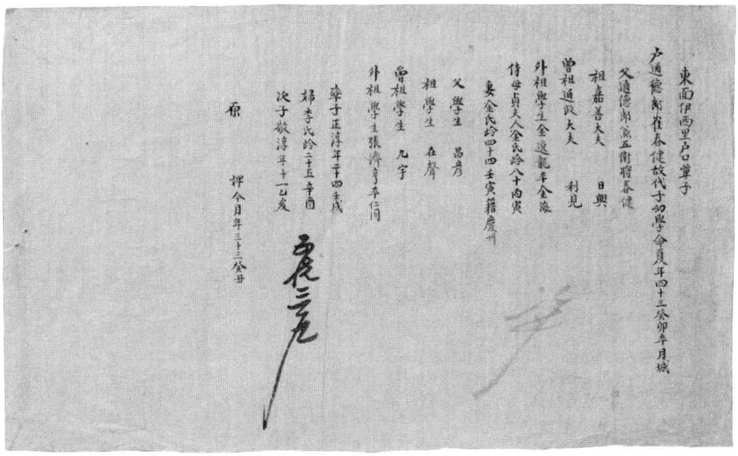
東面伊西里戶口單子
戶通德郎崔春健故代子幼學命夏年四十三癸卯本月城
父通德郎兼五衛將春健
祖嘉善大夫 日興
曾祖通政大夫 利見
外祖學生金遇龍本金海
侍母貞夫人金氏年八十丙寅
妻金氏年四十四壬寅籍慶州
父學生 昌彥
祖學生 在聲
曾祖學生 九宇
外祖學生張濟亨本仁同
率子正淳年二十四壬戌
婦李氏年二十五辛酉
次子敬淳年十一乙亥
稟
准今月年三十三癸丑

고문서 4-19 **최명하의 호구단자, 1882년, 전북대학교 박물관 소장.**

미 받았으며 오위장이란 실직에 임명되는 것도 아니었지만, 가선대부라는 품계만 달랑 주었던 이전 공명첩에 비해 오위장이라는 자리가 주어지는 것이었으므로 최춘건 가문에는 나름대로 의미가 있었던 것 같다. 이러한 사실은 최춘건 사후에 그의 아들 최명하가 기장현에 제출한 호구단자를 통해 추측할 수 있다.

이 호구단자는 최명하가 1882년(고종 19)에 작성한 것으로, 여기에는 최춘건 등의 품계나 관직이 밝혀져 있다.[33] 최명하의 부친 최춘건은 '통덕랑 겸오위장(通德郎 兼五衛將)', 조부 최일흥(崔日興)은 '가선대부', 그리고 증조부 최이견(崔利見)은 '통정대부(通政大夫)'로 되어 있다. 뒤에 좀 더 자세히 살펴보겠지만 최춘건은 가선대부 납속첩을 받았는데도 자신의 품계를 '통덕랑'이라 고집했는데, 사후에 그의 아들이 여기에 '겸오위장'을 붙여주었다. 최명하가 최춘건의 직역에 '겸오위장'을 추가한 것은 그가 사망하기 직전에 받았던 공명첩과 밀접한 관련이 있을 것으로 추정된다.

지금까지 살펴본 것처럼 최춘건은 공명첩을 사라는 수령의 계속되는 요구를 차마 거절하지 못하고 번번이 공명첩을 사고 말았다. 한편 수령은 색리 등과 공모해 공명첩을 위조하여 판매하기도 하고, 중앙 정부에 반납하거나 소각하지 않고 숨겨둔 공명첩을 활용해 최춘건에게서 돈을 갈취했다.

2

공명첩을 구입하면 정말 양반이 되었을까

최춘건이 과연 요호부민이었는지, 그리고 요호부민들이 공명첩을 사서 실제로 얻은 이익은 무엇이었는지 살펴보자. 아무런 이익이 없는데도 거듭 공명첩을 구매할 사람은 없을 테니까 말이다.

최춘건과 그의 후손은 이천 최 부자

최춘건은 요호부민이었을까? 앞에서 살펴본 탄원서에 따르면 최춘건이 가선대부와 순장 임명장을 구입하면서 매번 자신의 살림이 어렵다고 표현했으므로 그가 과연 요호부민인지 의문이 생길 수 있다. 그런데 전하는 기록에 따르면 그는 요호부민이었음이 틀림없다. 《고종실록》에는 1886년(고종 23) 11월에 최춘건의 아들 최명하가 많은 재산을 내놓아 진휼(賑恤: 흉년에 가난한 백성을 도움)했다는 기사가 나온다.

> 이조(吏曹)에서 아뢰기를, "경상감사 이호준(李鎬俊)이 진휼을 마치고 올린 장계(狀啓)와 별단(別單) 및 진휼청의 회계(回啓)를 보면, …… 원납인(願納人) 기장(機張) 유학(幼學) 최명하는 흉년에 자신의 재물 천금을 덜어 진휼을 도왔습니다. 이 일은 선비〔士〕와 관련된 일이니 사기진작을 위해 그에게 낭계첩(郎階帖)을 발급하는 것이 어떻겠습니까?" 하니, 왕이 윤허했다.[34]

이조에서 경상감사 이호준이 진휼을 마치고 올린 보고서에 근거해서 최명하에게 낭계첩을 내려주자고 건의하자, 왕이 곧바로 이를 허락했다는 내용이다. 최명하가 흉년에 굶주리는 이웃을 위해 선뜻 거금을 내놓을 수 있었다는 것은 그가 상당히 부유했음을 의미한다.

그런데 최명하는 재산을 대부분 아버지 최춘건에게서 물려받았다고 한다. 《일광면지(日光面誌)》에는 '이천 최 부자'라는 제목으로 최춘건과 그의 아들에 대한 이야기가 간략하게 소개되어 있다.

> 이천 최씨의 경우 입향조(入鄕祖)인 최효직(崔孝職)의 5대손인 최춘건이 지금으로부터 약 150년 전에 많은 재산을 모아 그의 두 아들 최명하와 최명준(崔命駿)에게 1,000석씩 양분하니 그로부터 해방 이후까지 경상도의 재벌로서 지속하다가 소작제 폐지 이후 가세가 기울어졌다. 전하는 말에 따르면 노포동 부근에서 철마를 거처 일광, 기장 등지에 이르는 웬만한 땅은 이천최씨(伊川崔氏)의 소유였다고 한다.[35]

'이천최씨'란 이천에 세거하는 최씨라는 뜻으로 붙은 호칭이다. 최춘건과 그의 후손이 세거했던 동면 이서리는 현재 부산시 기장군 일광면 이천리(伊川里)에 해당하는데, 최춘건 집안이 이곳을 중심으로 세거하자 주위 사람들이 이들을 다른 최씨와 구분하기 위해 성씨 앞에 세거지를 붙여 불렀다. 성씨를 세거지와 함께 부르는 것은 조선 후기 이래 널리 퍼진 관습이었다. 최춘건과 그의 후손이 많은 재산을 소유하자 이들을 '이천 최 부자(伊川 崔 富者)'라고도 불렀다. 흉년이 들거나 국가에 어려운 일이 있을 때마다 이들이 재산을 흔쾌히 기부했다는 기록이 여러 문헌에서 자주 보이는 점으로 미루어 최춘건과 그의 후손은 요호부민임이 틀림없다.[36]

스스로도 밝히지 않은 공명첩의 품계

최춘건과 같은 요호부민이 공명첩을 사서 실제로 얻은 이익이 무엇이었는지 알아보자. 최춘건은 수령과 아전 들이 짜고 자신에게 위조 공명첩을 판매했다는 사실을 뒤늦게 알아챈 듯하다. 그것은 다음 호구단자를 살펴보면 알 수 있다.

이 호구단자는 최춘건이 1879년(고종 16)에 작성해서 기장현에 제출한 것이다.[37] 당시 그의 나이는 81세였으며, 자신을 '통덕랑(通德郞)'이라 밝히고 있다. 이미 살펴본 바와 같이 최춘건은 정2품 가선대부 동지중추부사와 정3품 당상관 절충장군 순장 임명장을 모두 구입한 상태였는데, 그것을 수령조차 '숭질(崇秩: 품계가 높은 벼슬)'이라고 했을 정도였다. 그러나 그는 정작 자신이 작성해 관에 제출한 호구단자에서 스스로를 정5품인 '통덕랑'이라고 밝히고 있다. 이는 그가 가선대부 동지중

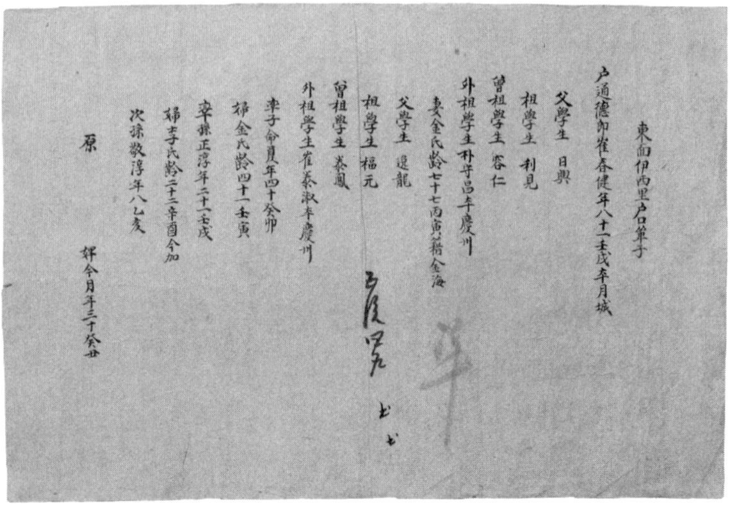
東面伊西里戶口單子
戶通德郎崔春健年八十一壬戌本月城
父學生 日興
祖學生 利見
曾祖學生 容仁
外祖學生朴守昌本慶州
妻金氏齡七十七丙寅籍金海
父學生 進龍
祖學生 福元
曾祖學生 泰鳳
外祖學生崔泰淑本慶州
率子命貞年四十癸卯
婦金氏齡四十一壬寅
率孫正淳年二十一壬戌
婦李氏齡二十二辛酉今加
次孫敬淳年八乙亥
原
婢今月年三十癸丑

고문서 4-20 **최춘건의 호구단자, 1879년, 전북대학교 박물관 소장.**

추부사 임명장을 구입한 후 다시 납속 순장 임명장을 사라고 강요한 수령에게 탄원서를 제출하면서 자신을 단지 '동면 이서리에 사는 최춘건〔東面伊西里居崔春健〕'이라고 밝힌 점과 일맥상통한다.

일반적으로 알려진 것처럼 평민과 천민이 납속첩을 사서 하루아침에 양반이 되고 지역 사회와 관으로부터 대우를 받았다면, 그도 자신을 '가선대부 동지중추부사 최춘건'이라고 당당하게 밝혔을 것이다. 그러나 그는 관에 제출한 탄원서에 '동면 이서리에 사는 최춘건'이라고 기재했다. 또한 호구단자에서도 그는 가선대부 동지중추부사와 절충장군 행순장 고신을 받았다는 사실을 밝히지 않았다.

그렇다면 최춘건은 왜 자신을 가선대부나 절충장군이 아닌 통덕랑이라고 밝혔을까? 수령이 말한 것처럼 가선대부나 절충장군은 승질이었다. 정상적으로 이런 높은 품계에 오르려면 당사자의 집안이 좋아야 했고, 중앙 정계에 자신을 비호해주는 세력도 있어야 했다. 아울러 그에 못지않게 당사자의 능력과 노력도 필요했다. 이에 비해 통덕랑은 좋은 집안 출신들이 오를 수 있는 마지막 품계였다. 즉, 문음(門蔭)으로 오를 수 있는 가장 높은 품계가 통덕랑이었다.[38]

최춘건이 높은 품계를 외면하고, 능력도 없고 부지런하지도 않지만 집안 좋은 자제들만이 오를 수 있는 통덕랑을 선호한 이유는 조선시대 양반이 무엇인가를 단적으로 보여주는 좋은 예다. 조선시대 양반은 능력이나 노력에 의해 획득되는 것이 아니라 누구의 후손으로 태어났느냐에 의해 주어지는 것이었다. 그래서 최춘건도 자신의 능력과 노력에 의해 얻어진 가선대부나 절충장군 품계보다 누구의 후손으로 태어났느냐에 따라 주어지는 문음 최고의 품계인 통덕랑을 선호했던 것이다. 이는 조선 후기에 최춘건처럼 평민에서 성장한 계층이 가졌던 일종의 '삶의 방식'이며, 이들이 시도했던 '전통 만들기'와 연관된다. 또한 조선시대 양반이 과연 정부에서 주어지는 것인지, 아니면 지역사회로부터 인정을 받는 것인지와도 밀접한 관련이 있다.

형식에 불과한 순장 임명장

최춘건과 같은 요호부민이 많은 돈을 주고 높은 품계의 임명장을 구입하고도 탄원서나 호구단자 등에 이를 밝히지 않았다면, 굳이 이런 임명장을 구입하게 된 이유가 무엇인지 궁금해진다. 이를 위해 최춘건이 순장 임명장을 구입했을 때 병조에서 경상감영으로 보낸 관(關)을 다시 한 번 살펴볼 필요가 있다. 앞에서는 관의 작성 형태나 발급 연월일의

미기재 등에 대해서만 언급하느라 지나쳤던 내용에 대해 검토해보자.

병조(兵曹)에서 참고하도록 통지한다. 도내(道內) 기장현에 사는 절충장군(折衝將軍) 최춘건을 순장(巡將)으로 임명〔差下〕하니 상경하여 임무를 맡으라는 지시를 해당 고을에서 알아서 당사자에게 통지하는 것이 마땅하다. 관(關)을 보내니 검토해서 시행하기 바라며, 모름지기 이 관이 당사자에게 도달하도록 할 것.

경상도 관찰사

함풍 년 월 일

상고(相考)할 일

관(판서)[39]

이 관을 보면 최춘건이 과연 지시대로 순장 취임을 위해 상경했겠는가 하는 점이 궁금해진다. 관의 내용에 따른다면 그는 한성에 있는 순청(巡廳)에 부임한 후 도성 야간 순찰 등의 일을 감독해야 했다. 그러나 실제로 최춘건이 상경해 근무했을 가능성은 거의 없다. 만일 그가 상경해서 순장으로 근무했다면 앞에서 살펴본 호구단자에 이러한 사실을 기록했을 것이다. 그러나 그는 호구단자에 통덕랑 품계만 지닌 것으로 기재했다.

《조선왕조실록》에서 관련 기록을 살펴보면 나이가 많아 당상으로 승진시켜주는 노직당상(老職堂上)으로 순장에 임명하는 관례가 부당하다고 해서 조정에서 여러 차례 논의가 벌어진 바 있고,[40] 곡식 네다섯 석을 바치고 노직당상에 오른 후 순장이 된 자들이 많다는 비난도 있으며,[41] 자격이 없는 자들이 순장이 되어 급료를 받는다는 지적도 있다.[42] 또 순장을 시정인(市井人)에서 선발하기 때문에 다른 장관(將官)들이 이들과 나란히 서기를 부끄럽게 여긴다는 탄식도 있고,[43] 곡식 100석을 기부해서 굶주리는 제주도민을 구휼한 홍삼필과 양성범을 순장에 임명하기도 했다.[44] 병조 참의 이익회(李益恢)는 순장(巡將) 임명장을 거짓으로 발급한 사실이 탄로 나서 사천현(泗川縣)으로 유배되기도 했다.[45] 이렇듯 순장은 조선 전기부터 노직당상과 관련이 있고 조선 후기에는 납속과도 관련이 있으며 출신이 한미한 인물들로 채워졌다.

특이한 것은 순장으로 임명될 때 받았을 고신이 현재 한 점도 발견되지 않고 순장으로 임명될 때 발행했던 관만 여러 점 남아 있는 점이다. 따라서 순장을 임명할 때는 관례적으로 고신을 발행하지 않고 관으로 대체하지 않았나 추측되는데, 이에 대해서는 추후 연구가 이루어져야 한다. 또 순장 공명첩을 발급하면서 굳이 관까지 작성해 지방 감영에 보낸 것에 대해서도 추후 세밀한 연구가 이루어져야 할 것이다.

공명첩 구매에 따른 특혜

최춘건은 왜 호구단자에서도 밝히지 않을 동지중추부사 임명장과 순장 임명장을 구입했을까? 먼저 이와 관련된 완문(完文)을 살펴보자.[46] 완문이란 특권을 보장해주는 일종의 증빙서다.

이 완문은 전라도 해남현(海南縣)에 있던 표충사(表忠祠)와 관련된 것이다. 표충사는 임진왜란 때 승병장으로 활약한 휴정(休靜)과 그의 제자 유정(惟政), 처영(處英) 등 세 승려의 영정을 봉안한 사우(祠宇: 사당)다. 1788년(정조 12)에 대둔사(大芚寺)의 7세 법손(法孫) 천묵(天默)이 세 승려의 영정을 봉안하려고 조정에 상소했는데, 정조가 이들의 충

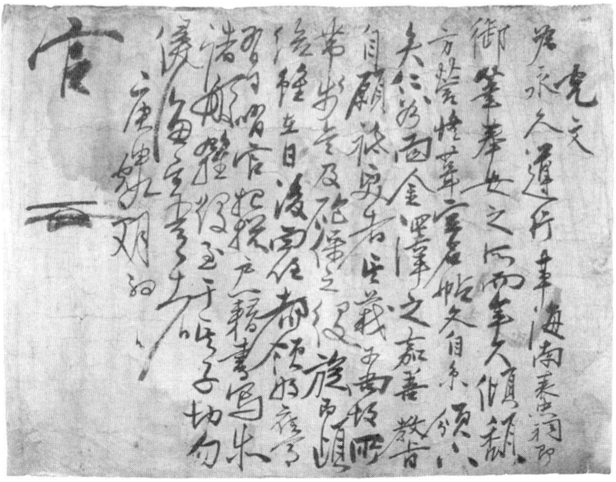

고문서 4-21 **김택지 완문, 1860년, 전북대학교 박물관 소장.**

정을 크게 치하하며 친히 표충사라는 편액을 써서 내려주자 이듬해에 대흥사(大興寺) 경내에 사우를 건립했다고 한다. 완문의 내용은 다음과 같다.

완문

이는 영구히 준행할 일이다. 전라도 해남의 표충사는 어필(御筆)을 모시고 있는 곳인데, 건립한 지 오래되어 건물이 기울고 낡아서 이제 수리를 해야만 한다. 비용 조달을 위해 중앙에서 우리 고을에 공명첩을 여러 장 배당했는데, 때마침 인곡면(仁谷面)에 사는 김택지(金澤之)가 가선교지(嘉善 敎旨)를 자원해서 받았으니 그 뜻이 매우 가상하다. 그래서 그가 현재 지고 있는 보병(步兵)과 포보(砲保)의 신역(身役)을 즉시 면제해준다. 후일이라도 면임(面任), 도영장(都領將), 고마유사(雇馬有司), 초관(哨官), 파총(把摠), 호적서사(戶籍書寫)와 같은 여러 잡역(雜役)을 그의 아들 대까지 절대 부과하지 않는 것이 마땅한 일이다.

경신년(庚申年) 9월 초 일

관[압][47]

표충사가 어필을 봉안한 사우라는 것은 정조가 현판을 친히 써주었기 때문이다. 표충사는 1860년(철종 11) 무렵에 이르자 건립한 지 70여 년이 되어 건물이 기우는 등 퇴락했기에 대대적인 보수가 필요했다. 그런데 국가 재정이 넉넉하지 못했기에 정부에서는 공명첩을 팔아서 필요한 재원을 마련하기로 하고 호남의 각 고을에 공명첩을 배당했다.

마침 태인현(泰仁縣) 인곡면에 사는 김택지가 자원해 가선대부(嘉善大夫) 공명첩을 구입했다. 그러자 태인 현감은 김택지를 높이 치하하면서 당시 그에게 부과된 보병과 포보의 군역을 즉시 면제해주었다. 아울러 그의 아들에게도 뒷날 신역(身役)이 부과되지 않도록 하라고 명령했다. 이 완문은 그런 사실을 증빙하기 위해 발행한 것이다. 이처럼 정부에서 발행하는 공명첩을 살 경우, 당사자는 물론 경우에 따라서는 그의 아들이나 손자에게 부과된 군역이나 각종 잡역까지 면제해주는 것이 하나의 관례였다.

이 완문은 조선 후기에 정부에서 부족한 재정을 충당하기 위해 공명첩을 발행하는 상황과 공명첩을 산 사람에게 어떤 특혜가 주어졌는지를 잘 보여준다. 널리 알려진 바와 같이 조선 후기에 중앙정부는 만성적 재원 부족으로 어려움을 겪었는데, 이를 해결하기 위해서는 일정한 세원(稅源)을 확보하는 것이 급선무였다. 그러나 정부는 근원적 해결책을 마련하기보다는 임시변통적 방법을 동원했다. 그것이 바로 공명첩 발행이었다.

특히 건물의 개축과 보수에 드는 비용을 조달할 때는 거의 예외 없이 공명첩을 발행해 해결했다. 이때 공명첩을 산 사람에게는 각종 신역을 면제해주었다. 일반 백성과 마찬가지로 각종 잡역과 잡세에 시달리던 요호부민은 이러한 특혜 때문에 공명첩을 구입했다. 그러나 이들에게 베푼 면제 혜택은 다시 재정 부족을 불러왔고, 이 악순환은 조선 후기 내내 되풀이될 수밖에 없었던 것이다.

비로소 유학이라 칭할 수 있었던 최춘건

최춘건이 여러 차례 공명첩을 샀던 이유도 마찬가지였다. 그는 자신에게 부과된 군역을 면제받고, 자손들에게 부과될 각종 신역도 면제받기 위해서 공명첩을 구입했다. 다음 완문을 통해 최춘건이 공명첩을 구매하기 전에는 군역을 지던 일반 평민이었다는 사실을 간접적으로 확인할 수 있다.

이 완문은 을축년(1865, 고종 2)에 향촌 자치기구 향안(鄕案)의 대표자들이 모여서 최춘봉(崔春鳳)과 최춘건 형제에게 발급한 것이다.[48] 완문에서는 '향중(鄕中)'이라는 용어가 쓰였는데, 구성원이 도집헌(都執憲), 향집강(鄕執綱), 좌수(座首) 등인 것으로 보아 향안을 지칭하는 것으로 보인다. 향안은 그 지방의 명망 있고 학식이 뛰어난 양반인 망족(望族) 출신만 가입하는 일종의 명예단체이자 그들의 명부였는데, 여기에서 지방의 중요한 일들을 의결했다. 완문 내용은 다음과 같다.

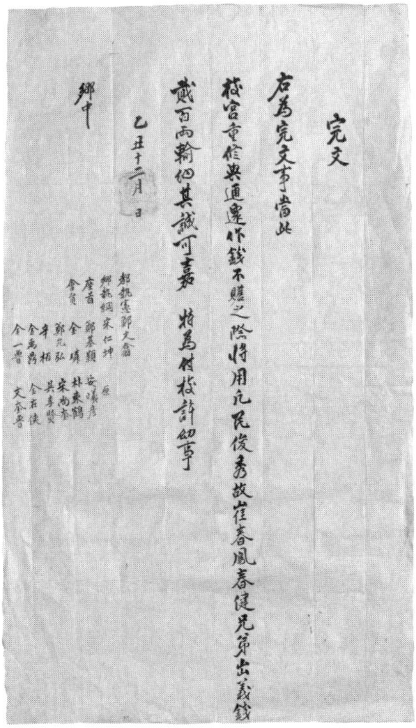

고문서 4-22 **최춘건 완문, 1865년, 전북대학교 박물관 소장.**

완문

완문을 작성해서 발급한다. 지금 향교 건물을 수리하고 관아에서 빌린 환자(還子: 환곡—옮긴이 주)를 돈으로 변상해야 하는데 재정이 부족해, '범민준수자(凡民俊秀者: 평민 중 뛰어난 사람—옮긴이 주)'를 선발해서 장차 향교의 유생(儒生)으로 삼는 대신 그들에게 돈을 거두어들이려 계획했다. 최춘봉과 최춘건 형제가 이를 알고 의연금 200냥을 보내오니 그 성의가 매우 가상하다. 이에 특별히 그들의 이름을 교안(校案)에 올리도록 하고 유학(幼學)이라 칭하는 것을 허락한다.

을축년 12월 일

향중

도집헌 정문흡, 향집강 송인곤, 좌수 정기호, 회원 김린, …… 안희언. 끝[49]

1865년 기장현 향교는 건물을 수리하고 향교를 운영하면서 관아에서 빌려 쓴 환자를 갚을 돈이 필요했다. 하지만 조선 후기 모든 향교가 그러하듯이 기장현 향교도 재정적으로 열악했다. 향교 임원들은 할 수 없이 일반 백성 중에서 뛰어난 자를 향교 유생으로 선발하는 대신 그들에게서 돈을 받으려 했다.[50] 물론 이때 '범민'은 일반 백성이 아니다. 정확하게는 양반을 제외한 백성을 가리키며, 천민은 포함되지 않는다. 따라서 범민은 양반도 천민도 아닌 평민을, '준수자'는 그중에서 학식과 인품이 높은 사람을 지칭한다고 할 수 있다.

때마침 최춘봉과 최춘건 형제가 이런 사정을 미리 알고 향교에 200냥을 갖다 바쳤다. 그래서 향중의 대표자들이 모여 어떻게 보상할 것인가를 상의한 결과, 최춘봉과 최춘건 형제의 이름을 향교 유생(儒生) 명단인 교안(校案)에 즉시 올리고 이들이 유학(幼學)이라고 칭할 수 있도록 허락해주었다.

여기에서 주목해야 할 점은 향중에서 최춘봉과 최춘건 형제에게 '유학'으로 칭하도록 허락했다는 사실이다. 널리 알려진 바와 같이 조선시대에는 평민이나 천민 중에서 전공(戰功)을 세우거나 거액의 돈과 재물을 헌납하고 국가로부터 가선대부나 절충장군 같은 높은 품계를 받았던 사람이 많았다. 그러나 품계를 받았다 하더라도 지역의 구성원들로부터 양반으로 인정받지 못하면 한낱 높은 품계를 가진 평민이나 천민에 불과했다. 다시 말해 국왕이 어느 평민이나 천민에게 높은 품계나 관직을 내려주었다고 해서 그 사람이 곧바로 양반으로 인정받았다고 생각하는 것은 커다란 착각이다. 그가 살던 지역 구성원들에게 양반으로 인정받아야 비로소 양반 행세를 할 수 있었다.

조선시대에 유학은 양반 중에서 아직 벼슬을 하지 않은 사람을 지칭했다. 따라서 이들은 양반 중에서 최하층으로 분류되었다. 그러나 유학에 대한 이런 분류나 정의는 결코 정확하지 않다.[51] 유학 중에는 최하층 양반도 있었던 반면 최상층 양반도 포함되었기 때문이다. 최상층 양반이라 하더라도 벼슬을 하지 않으면 유학이었다. 또한 조선 후기에는 양반 아닌 사람이 유학을 모칭(冒稱)하는 경우도 많았기 때문에 유학 호칭만을 가지고 신분을 속단하는 것은 위험천만한 일이다. 그렇지만 분명한 사실은 유학이라 칭하지도 못하는 양반은 존재하지 않았다는 점이다.

기장현에서 내로라하는 양반들이 모여서 구성한 향중에서 최춘건에게 유학이라 칭하도록 허락했다는 사실은 지역 사회 구성원들이 비로소 그를 양반으로 인정하기 시작했다는 뜻이다. 비록 같은 양반으로서 교제나 통혼(通婚)을 허락하는 허교(許交)를 하지는 않았지만, 양반 구성원으로 인정했다는 것은 매우 의미 있는 일이다.

3

양반이 되기 위한 요호부민의 생존 전략

현전하는 고문서를 살펴보면, 최춘건은 향중의 구성원들로부터 자신의 이름을 교안에 올리고 유학이라 칭하도록 허락받은 이후 유향소의 좌수(座首)와 향교의 도유사(都有司) 등을 역임했다. 아래의 첩(帖)과 망(望)을 통해 알 수 있듯이 최춘건은 계유년(1873, 고종 10) 7월에 유향소의 향좌수(鄕座首)로 임명되었다. 4년 후인 정축년(1877, 고종 14) 10월에는 향교 도유사 후보자 세 명 중 첫머리에 올랐다가 마침내 임명되었다.[52]

최춘건의 자손들도 유향소의 임원과 향교의 도유사를 거쳤다. 최춘건의 아들 최명하는 아버지가 향좌수로 임명된 직후인 계유년 10월에 해창도감(海倉都監)으로 임명되었으며, 13년 후 병술년(1886, 고종 23) 2월에 향교 도유사로 선발되었다.[53] 또 최춘건의 손자 최정순은 최명하

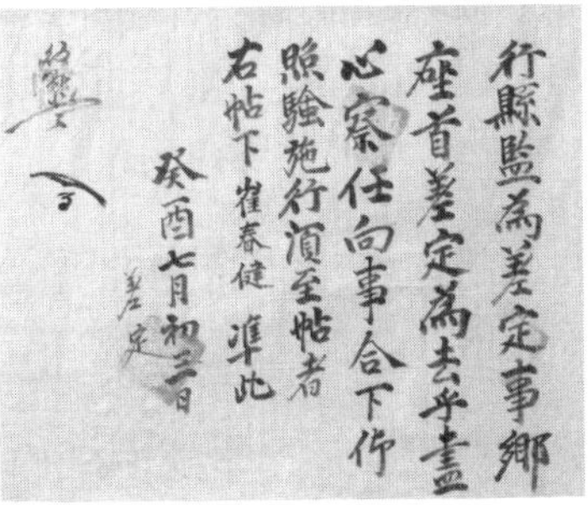

行縣監爲差定事鄕
座首差定爲去乎盡
心察任向事合下仰
照驗施行須至帖者
右帖下崔春健 準此
癸酉七月初三日
差定

고문서 4-23 최춘건의 차정첩, 1873년, 전북대학교 박물관 소장.

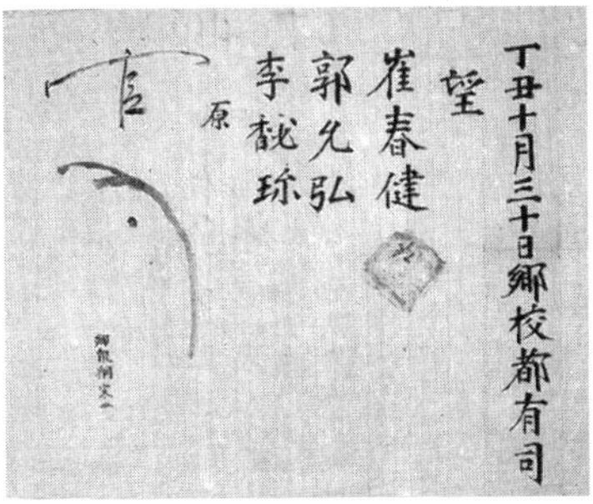

丁丑十月三十日鄕校都有司
望
崔春健
郭允弘

고문서 4-24 최춘건의 망, 1877년, 전북대학교 박물관 소장.

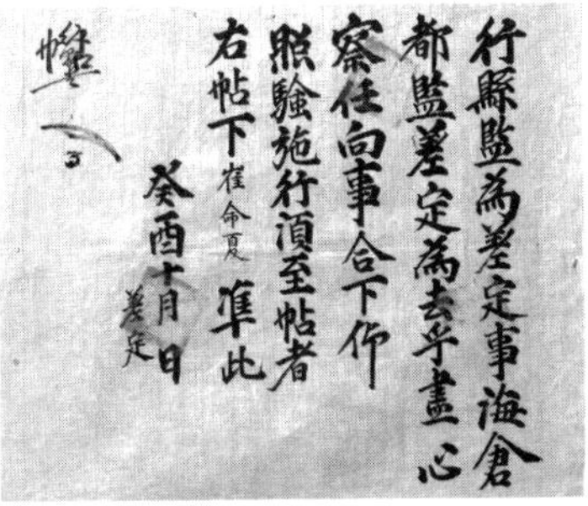

行縣監爲差定事海倉
都監差定爲去乎盡心
察任向事合下仰
照驗施行須至帖者
右帖下崔命夏 準此
癸酉十月 日
差定

고문서 4-25 최명하의 차정첩, 1873년, 전북대학교 박물관 소장.

고문서 4-26 향교재임서목, 1886년, 전북대학교 박물관 소장.

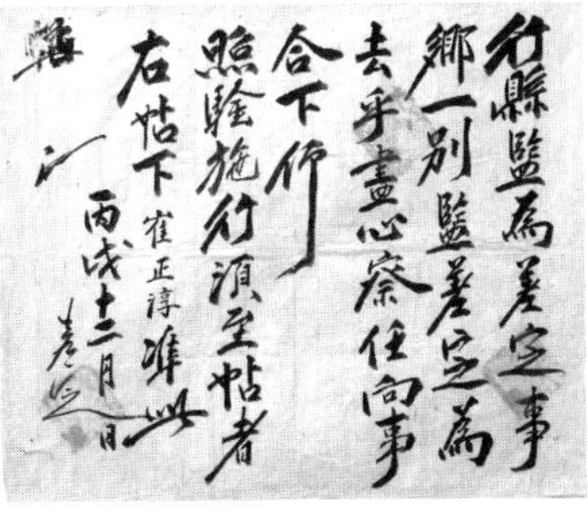

行縣監爲差定事
鄕一別監差定爲
去乎盡心察任向事
合下仰
照驗施行須至帖者
右帖下崔正淳 準此
丙戌十二月 日
差定

고문서 4-27 최정순의 차정첩, 1886년, 전북대학교 박물관 소장.

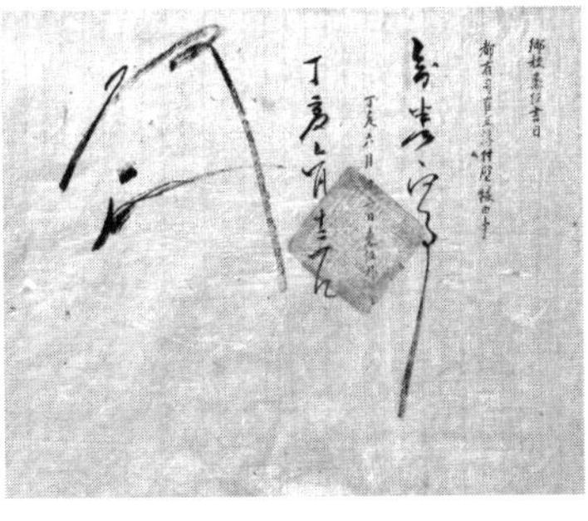

고문서 4-28 향교재임서목, 1887년, 전북대학교 박물관 소장.

가 향교 도유사로 임명되던 병술년 12월에 향일별감(鄕一別監)으로 임명되었으며, 그 이듬해인 정해년(1887, 고종 24) 6월에 역시 향교 도유사로 선발되었다.[54]

최춘건, 최명하, 최정순은 모두 향교 도유사에 임명되었지만, 선출 방식은 조금 달랐다. 최춘건이 도유사로 임명될 때에는 향교에서 후보자 세 명을 추천하면 수령이 그중에서 골라 임명하는 방식이었다. 이에 비해 최명하와 최정순이 도유사로 임명될 때에는 향교에서 투표 등을 통해 세 명의 후보자 중 한 명만 선발한 후 이를 수령에게 보고해 임명하는 절차를 밟았다. 이 사실은 남아 있는 망(望)과 향교재임서목(鄕校齋任書目)을 통해 확인할 수 있다.

신중한 처신을 거듭한 최춘건과 그의 후손

주목해야 할 점은 이들이 유향소나 향교 임원으로 잠시 동안 재임했다는 사실이다. 최정순의 사례를 살펴보자. 앞에서 살펴본 것처럼 그는 병술년 12월에 향일별감으로 임명되었다. 그런데 이듬해 정월에 다음과 같은 탄원서를 수령에게 제출했다.[55]

일별감(一別監) 최정순

삼가 말씀드립니다. 제 할머니가 돌아가셨으나 아직 장례를 치르지 못했습니다. 그래서 가친(家親)이 묏자리를 구하러 매일같이 출타합니다. 그뿐만 아니라 제 몸도 유향소에 매여 있으니 잡다한 집안일을 돌볼 길이 없습니다.

이와 같이 어려운 집안 사정을 우러러 하소연합니다. 살펴 헤아리신

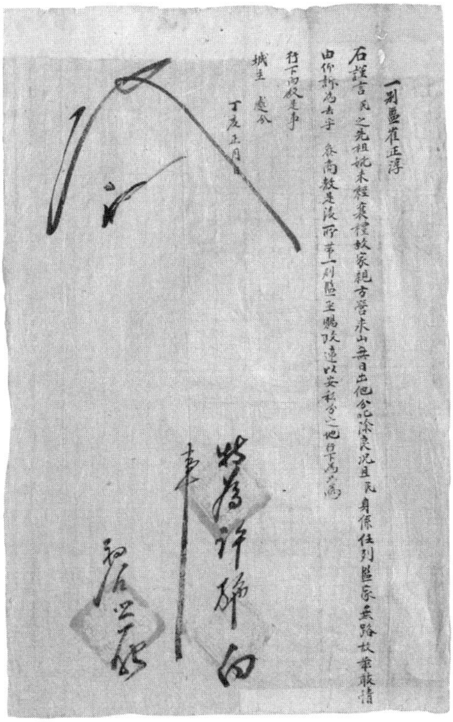
一別監崔正淳

右謹言民之先祖妣未經襄禮故家親方營求山無日出他[illegible]況且民身係任別監家無路收拾敢請

由仰訴爲去乎 參商教是後所帶一別監[illegible]改遞以安私分之地行下爲只爲

行下向教是事

城主 處分

丁亥正月 日

特爲許施向

고문서 4-29 **최정순의 탄원서, 1887년, 전북대학교 박물관 소장.**

후 현재 제가 지니고 있는 일별감 자리를 빨리 다른 사람으로 교체해주셔서 물러나 사사로이 분수에 맞게 편안히 지낼 수 있도록 해주시기 바랍니다. ……

정해년 정월 일

〔제사〕 특별히 허락하라. 초8일. 향청

관〔압〕[56]

최정순은 탄원서에서 할머니의 장례를 치르지 못했으며 자신의 아버지가 묏자리를 구하러 매일 출타한다고 했는데, 이 말은 조금 유의할 필요가 있다. 조선시대 장례 풍습이 요즘과 크게 다르기 때문이다. 조선시대에는 초상이 나면 절차를 거쳐 일단 가매장했다가 묏자리를 구한 후 정식으로 장례를 치렀다. 마땅한 묏자리를 구하지 못하면 2~3년이 지나 장례를 치르는 일이 허다했다. 최정순이 아직 장례를 치르지 못했다는 것은 바로 이러한 상황을 말하는 것이다.

《경주최씨파보》에 따르면 최정순의 할머니는 탄원서를 올리기 4개월 전인 병술년 8월 17일에 이미 사망했다.[57] 따라서 최정순이 탄원서를 올릴 때는 말할 것도 없고 그가 일별감에 임명되던 전년 12월에도 이미 가매장 상태였다. 그래서 수령이 일별감에 임명하자 곧바로 취임할 수 있었던 것이다. 그런데 최정순은 일별감에 임명된 지 채 한 달도 안 되어 할머니가 돌아가신 후 집안일을 돌볼 사람이 없다는 이유로 사임을 간청하는 탄원서를 올렸다. 수령은 최정순을 일별감에 임명하던 병술년 12월에 그의 집안 사정을 소상히 알고 있었으며, 최정순 역시 자신의 집안 사정을 모를 리 없었다. 그러다가 새해가 되자마자 그는 특별한 상황이 벌어진 것도 아닌데 갑자기 집안 사정을 이유로 사임을 요청했던 것이다. 그럼에도 수령은 이를 허락했다.

최정순은 향일별감을 사임한 지 겨우 반년이 지난 같은 해 6월 13일에 향교 임원들에 의해 향교 도유사로 추천된다.[58] 이 짧은 기간 동안에 묏자리를 구해 할머니의 장례를 치르고 여러 집안일도 모두 정리했는지는 알 수 없지만, 수령은 그를 곧바로 도유사로 임명했다. 그런데 최정순은 또 채 한 달이 지나지 않아 사임을 위해 탄원서를 제출했다.[59]

진실로 황공하고 두려운 마음으로 성주합하께 청원합니다. 엎드려 살

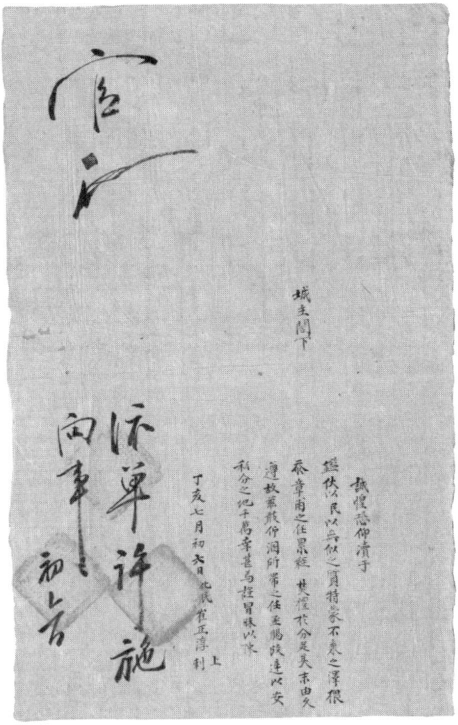
城主閣下

誠惶誠恐仰瀆于

伏以民以無似之質特蒙不次之澤猥

忝章甫之任累經 典禮於分是矣未由久

遵故茲敢仰凋所帶之任亟賜改遞以安

私分之地千萬幸甚爲只冒昧以陳

丁亥七月初六日 化民 崔正淳 上

依單許施 向事 初六日

고문서 4-30 **최정순의 탄원서, 1887년, 전북대학교 박물관 소장.**

펴보건대 제가 재능이 없는데도 성주의 특별한 은택을 입어 외람되이 도유사 직분을 맡아 여러 차례 분향에 참여했습니다. 그러나 이는 제 분수에 넘치는 일이어서 오랫동안 이 자리에 머물러 있어서는 안 될 것으로 생각됩니다.

그래서 제가 현재 맡고 있는 직임을 서둘러 다른 사람으로 교체해주셔서 사사로이 분수를 지키며 편안히 살 수 있도록 해주시기를 감히 바라옵니다. 삼가 죽음을 무릅쓰고 말씀드립니다.

정해년 7월 초6일 화민 최정순이 올립니다.

〔제사〕 단자에 의거하여 허락할 일이다. 초6일.

관〔압〕[60]

이 탄원서에서 최정순은 재능이 부족한데도 도유사에 임명되어 여러 차례 분향에 참여했기 때문에 도유사를 사임하려 한다고 말하고 있다. 조선 후기에 향교에서는 매달 초하루와 보름에 공자 등을 비롯한 유현(儒賢)들에게 분향하는 것이 관행이었다. 최정순은 6월 13일에 도유사로 추천되어 곧바로 임명되었기 때문에 도유사로서 분향에 참여한 것은 기껏해야 겨우 두 차례, 즉 6월 15일의 보름 분향과 7월 1일의 초하루 분향뿐이었다. 그런데도 그는 분수에 넘치게 여러 차례 분향에 참여했으며 오랫동안 도유사의 자리에 머물러서는 안 된다고 밝혔다. 그러나 실제로 최정순이 서둘러 사임하려 한 구체적인 이유는 알 수 없다.

최정순의 아버지 최명하도 향교 도유사에 임명된 지 얼마 지나지 않아 사임했다. 이 사실은 그가 병술년(1886, 고종 23) 3월 16일에 수령에게 제출한 탄원서를 보면 알 수 있다.

진실로 황공하고 두려운 마음으로 성주합하께 청원합니다. 엎드려 살펴보건대 제가 우매하고 노둔한 자질로 저를 불쌍히 여겨 은혜를 베풀어주시는 성주님의 은택을 입어 외람되이 유림의 직분을 맡아 여러 차례 분향에 참여했으니 매우 분수에 넘치는 일입니다. 하물며 지금 농사일이 한창이어서 몸을 빼낼 겨를이 없습니다.

이에 감히 우러러 하소연하오니 지금 제가 맡고 있는 임무를 서둘러 교체해주셔서 사사로운 분수를 지키며 편안히 살 수 있도록 해주시기를 삼가 죽음을 무릅쓰고 아룁니다.

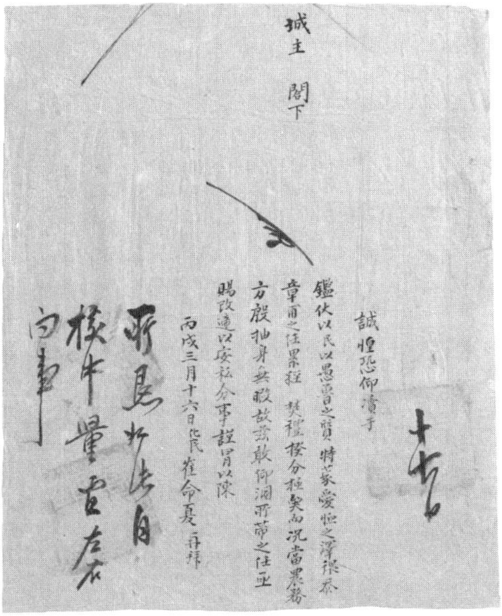

城主 閤下

誠惶恐仰瀆于

鑑 伏以民以愚昧之質 特蒙愛恤之澤 猥忝

章甫之任 [illegible] 其[illegible] 揆分極矣 而況當農務

方殷 抽身無暇 故茲敢仰[illegible]所帶之任 亟

賜改遞 以安私分事 謹冒以陳

丙戌三月十六日 化民 崔命夏 再拜

所懇如是自 校中量宜處 [illegible]

고문서 4-31 **최명하의 탄원서, 1886년, 전북대학교 박물관 소장.**

병술년 3월 16일 화민 최명하가 두 번 절하고 올립니다.

〔제사〕 간절하기가 이와 같으니 향교에서 헤아려 처리할 일이다. 17일.

관〔압〕[61]

최명하가 향교 도유사에 임명된 때는 병술년 2월 28일이었고, 도유사를 그만두려고 수령에게 탄원서를 제출한 시기는 다음 달인 3월 16일이었다. 겨우 보름 남짓 도유사로 재임한 후 곧바로 다른 사람으로 교체해달라고 요청했던 것이다. 그가 도유사를 그만두려는 이유는 그의 아들 최정순과 거의 같았다. 즉, 재주가 없는데도 특별히 수령의 은택으로 도유사에 임명되었으나 분수에 지나친 일이라는 것이었다.

최명하도 도유사로서 분향에 참여한 것은 고작 두 번뿐이었다. 다만 그는 사임하려는 이유를 한 가지 덧붙였는데, 당시 농사일이 한창이어서 이를 돌봐야 하기에 도유사로서 활동할 겨를이 없다는 것이었다. 그러나 이는 누가 봐도 핑계에 불과했다. 이 같은 사정은 보름 전에도 마찬가지였기 때문에 갑작스러운 사임의 이유가 될 수 없었다.

신분 상승을 위한 생존 전략

최명하와 최정순이 도유사에 임명된 지 보름 여 만에 서둘러 사임한 진짜 이유는 무엇일까? 도유사는 향교의 가장 높은 임원이자 고을 유림을 대표하는 자리다. 따라서 임명되고 얼마 안 되어 그만두는 것은 좀처럼 흔치 않은 일이었다. 통상적인 일이 전혀 아니었다는 말이다. 따라서 그들이 갑작스럽게 사임하려 한 이유가 궁금하지 않을 수 없다.

혹시 최명하와 최정순이 도유사로 임명된 직후 향교의 다른 임원이나 구성원들과 갈등이 생겼던 것일까? 그러나 그들이 수령에게 제출한 단자를 살펴보면 이를 추정할 만한 어떤 실마리도 찾을 수 없다. 그뿐만 아니라 향교에서 최명하와 최정순을 추천할 때 임원과 구성원들 모두가 그들을 수망(首望)으로 천거한 사실을 상기하면 갑자기 갈등이 불거졌을 가능성은 희박하다.[62] 설령 그들이 도유사로 취임한 이후 갈등이 빚어졌다고 하더라도 수령에게 사임을 요청하는 탄원서를 제출하기까지 보름 남짓한 기간은 너무 짧다. 최명하와 최정순이 사임한 이유는 다른 곳에서 찾아야 한다.

여기에서 한 가지 유의해 볼 것은 최명하의 아버지 최춘건이 1882년(고종 19) 기장현 향안[63]에 가입했다는 점이다.[64] 향안 가입자와 그의

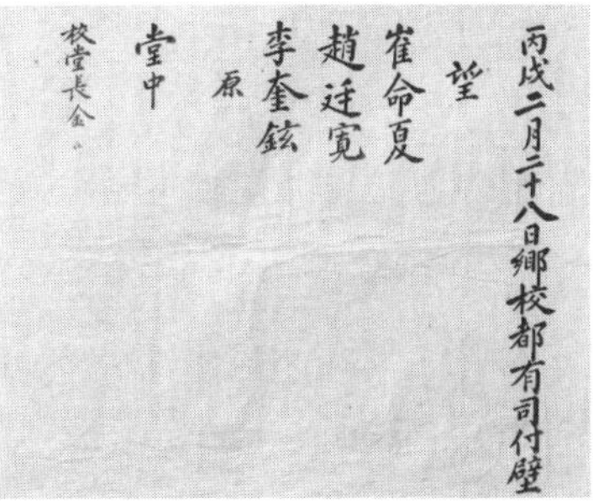
丙戌二月二十八日鄕校都有司付壁
望
崔命夏
趙廷寬
李奎鉉
原
堂中
校堂長金

고문서 4-32 **최명하의 망, 1886년, 전북대학교 박물관 소장.**

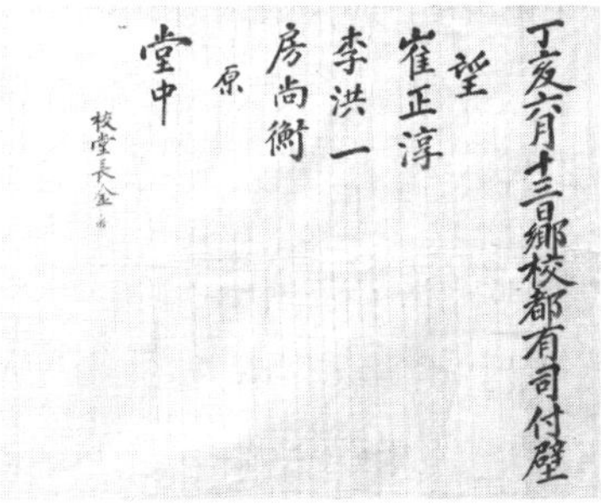
丁亥六月十三日鄕校都有司付壁
望
崔正淳
李洪一
房尙衡
原
堂中
校堂長金

고문서 4-33 **최정순의 망, 1887년, 전북대학교 박물관 소장.**

후손은 세거 지역에서 가장 명망 있는 양반이었으며, 그에 대한 자부심 또한 대단했다. 그런데 최춘건은 평민에서 기신(起身)해 망족 출신들만 가입할 수 있는 향안에까지 들어간 인물이었다. 또 그의 아들과 손자도 유향소 임원을 거쳐 향교의 도유사를 연이어 역임했다.

따라서 최춘건과 그의 후손은 자칫 잘못하면 기존 토착 양반들에게서 질시와 반목을 불러올 수 있었으며, 이 때문에 항상 자신을 낮추고 매사에 신중하게 처신했을 것으로 추정된다. 최명하와 최정순이 유향소와 향교의 임원에 임명된 지 얼마 지나지 않아 사임한 것도 바로 이러한 상황과 연관이 깊을 것이다. 1887년 최정순이 수령에게 향교 도유사 사임을 청원하며 제출한 탄원서를 살펴보면 그들이 수령에게 스스로를 얼마나 낮추었는지를 알 수 있다. 앞에서 소개했던 이 탄원서에서 최정순은 탄원서의 상단 부분은 비워둔 채 하단에 청원 내용을 적고, 수령을 지칭하는 '성주합하'라는 용어는 무려 10여 자쯤 위로 높이 올려 썼다. 탄원서를 이렇게 작성한 것은 자신을 낮추는 대신 수령을 높이는 자세를 상징적으로 보여준다. 그뿐만 아니라 최명하와 최정순은 탄원서 내에서 자신들이 "재능이 부족한데도 도유사에 임명되어 여러 차례 분향에 참여했으니 이는 분수에 넘치는 일"이며 "오랫동안 도유사 자리에 머물러서는 안 된다."면서 서둘러 사임했는데, 그들의 말과 행동은 단순한 겸사(謙辭)나 예의 바른 행동이 아니었다. 평민 출신인 그들이 기장현이라는 지역 사회에서 양반으로 살아남기 위한 자기 단속이자 처절한 생존 전략이었다.

공명첩으로 읽는 조선 후기 사회

이 장은 우리가 익히 안다고 여겨온 정설을 의심해 보면서 시작했다. 조선 후기에 등장한 요호부민은 부를 이용하여 공명첩을 사는 등 여러 방법으로 신분 상승을 꾀했다는 것이 그간의 정설이었다. 그러나 이는 현실과는 거리가 먼 이야기였다. 요호부민은 부유하다는 이유로 공명첩을 강매당했으며 거듭되는 수탈에 전전긍긍했다. 또한 공명첩을 사들인다고 해서 바로 고신에 적힌 지위가 되는 것도 아니었다.

정진현의 탄원서를 통해 일반 백성이 요호부민으로 선정되는 것을 매우 두려워했음을 알 수 있었고, 최춘건의 고신과 탄원서를 통해 공명첩이 거듭 강매되는 현실을 목격했다. 더욱이 최춘건의 고신은 중앙 관서에서 발행한 것이 아닌 위조된 것으로 밝혀지기까지 했다. 이는 지방 수령이 담당 색리와 공모해 공명첩을 위조, 방매해서 그 수익금을 착복했던 실상을 잘 보여준다. 결국 허울뿐인 공명첩은 신분 상승의 수단이 아니라 경제적 수탈을 의미했다. 물론 군역이나 신역을 면제해주는 특혜가 있지만 자발적인 공명첩 구입은 거의 없었다고 보아야 한다. 혹시 공명첩을 구매해 양반이 되려고 하는 경우가 있었다 하더라도 단번에 성공하기 어려운 일이었고, 몇 세대를 거쳐 몸조심을 하면서 끊임없이 재물을 헌납하는 과정이 뒤따라야 했다.

최춘건 집안의 양반 편입 시도 과정을 보면 부자들이 몸을 낮추고 조심하는 모습을 생생하게 살펴볼 수 있다. 기장현의 평민 출신이었던 최춘건은 수없이 공명첩을 강매당한 후, 지방 향교의 중수 및 운영 비용을 부담하고서야 겨우 유학으로 칭할 수 있었다. 이후 대를 거듭하며 유향소나 향교의 임원 자리에 임명되었지만 그때마다 채 한 달도 못 되어 사직하고 물러났다. 향안에 오르고 향교의 도유사를 역임하는 위치가 되어서도 마찬가지였다. 이는 단순한 겸사가 아니라 지역사회에서 양반으로 편입되는 것이 얼마나 어려운 일인지, 기존 양반층의 질시를 피해 살아남기 위해서 스스로를 낮추고 신중을 기하는 길밖에 없었던 요호부민의 실상이 어땠는지를 드러내는 것이라 할 수 있다. 최춘건 집안이 양반으로 편입될 수 있었던 이유는 기장현이 '무반읍(無班邑)'이었기 때문이다. 무반읍이란 다른 지역 사람들이 인정해주는 양반이 전혀 없는 고을로, 남들은 알아주지 않는데 자기들끼리 양반 노릇을 하기 때문에 그나마 양반 편입이 가능했다는 말이다. 인근의 경주나 안동이었다면 최춘건의 양반 편입은 언감생심 꿈도 꿀 수 없는 일이었다.

정설이라 믿어온 통념도 때로는 사실과 동떨어진 허상일 수 있다. 조선 후기 요호부민의 실상을 공명첩을 통해 접근하는 과정에서 '의심해 보기' 방법이 감춰진 사실을 드러내는 데 매우 주효했음을 알 수 있다. 진실에 접근하는 출발점이 바로 '의심해 보기'였던 것이다. 통념은 남들이 그럴듯하게 만들어놓은 신기루일 수 있으며, 때로 진실은 보이지 않는 곳에 존재한다.

양면 또는 다면 보기

조선시대에 처와 첩은 한 지아비를 섬기고 사는 아내라는 점에서는 같았으나, 집안 내에서 그들의 지위는 하늘과 땅 만큼이나 차이가 있었다. 이것은 가정 내 갈등의 불씨가 되었고, 아들 대에 이르러 적자(嫡子), 서자(庶子), 얼자(孼子)의 문제로 얽히면 갈등은 더욱 커질 수밖에 없었다. 그런데 처와 첩을 좀 더 자세히 들여다보면 처는 처대로 첩은 첩대로 각기 다른 차별과 층위가 존재함을 알 수 있다. 처의 경우 초취(初娶), 재취(再娶), 삼취(三娶)가 다르고, 첩이라도 신분에 따라 양첩(良妾)과 천첩(賤妾)으로 구분되었다. 이 차이와 차별을 확인하기 위해 처와 첩을 서로 다른 측면에서 살펴보자.

김해의 혼서, 처첩의 차이와 차별을 드러내다

1

따님을 며느리로 맞이하기 위해 혼서를 보냅니다

첨친(忝親)으로 예안(禮安)에 사는 생원 김부필이 안동의 이 진사 존친가(尊親家)에 아룁니다. 엎드려 아름다운 명을 받자와 영녀(令女)를 제 동생의 아들인 김해(金垓)의 배필로 허락해주심에 따라 이들의 궁합을 점쳐보았더니 길조(吉兆)였습니다. 삼가 길일(吉日)을 택해보니 26일 갑인일(甲寅日)이 좋다고 합니다. 혼인 날짜로 어떠한지 오직 처분만을 기다리겠습니다. 엎드려 특별히 보살펴주시길 바랍니다. 나머지는 다 말씀드리지 못합니다.

융경(隆慶) 5년 12월 25일 첨친 생원 김부필 재배(再拜)[1]

조선시대에 혼인을 하려면 먼저 혼서(婚書)를 주고받았다. 이 혼서는 경상도 예안에 살던 김부필(金富弼, 1516~1577)이 조카 김해(金垓,

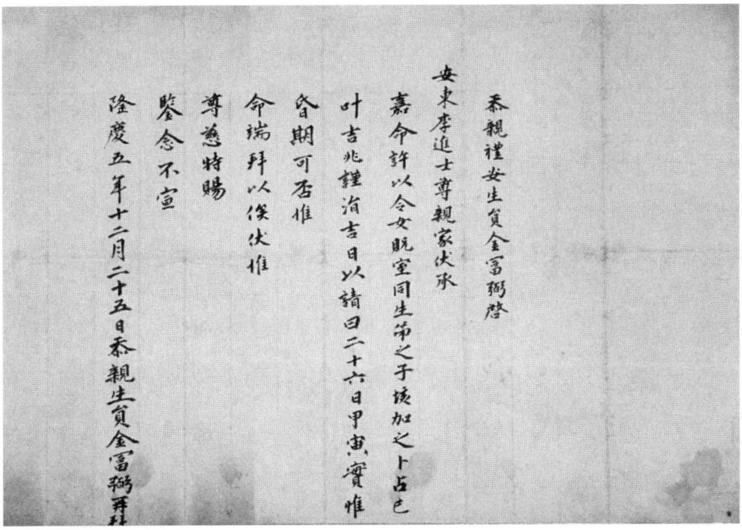
忝親禮安生員金富弼啓
安東李進士尊親家伏承
嘉命許以令女旣室同生弟之子垓加之卜占已
叶吉兆謹涓吉日以臘月二十六日甲寅實惟
昏期可否惟
命端拜以俟伏惟
尊慈特賜
鑒念不宣
隆慶五年十二月二十五日忝親生員金富弼拜[illegible]

고문서 5-1 **김해의 혼서, 김부필 작성, 1571년, 광산김씨 오천종가 소장.**

1555~1593)의 혼인을 위해 안동에 거주하던 진성이씨(眞城李氏) 이 진사댁(李 進士宅)에 보낸 것이다. 이 진사의 이름은 재(宰)로 1546년(명종 1)에 실시된 진사시(進士試)에 합격했으며 합격 당시 용궁현(龍宮縣)에 살았다.[2] 그러나 이 혼서를 받을 무렵에는 안동으로 옮겨 살았던 것으로 추정된다. 신랑 김해는 김부의(金富儀, 1525~1582)의 장남으로, 1588년(선조 21)에 사마시에 합격하고 이듬해 증광 문과에 급제하여 승문원 정자와 예문관 검열 등을 역임했다. 임진왜란이 일어나자 고향 예안에서 의병을 일으켜 영남 의병장으로 추대되었고 안동, 군위, 상주 등지에서 대승을 거두었으나 전쟁 도중 진중(陣中)에서 병사하고 말았다.

혼서의 내용을 살피기에 앞서 용어부터 알아보자. '첨친(忝親)'이란 자신을 낮추고 상대방을 높이는 겸사(謙辭)인데, 반드시 혼인하기로 결정된 사이에서만 쓸 수 있었다. 혼인을 의논하는 의혼(議婚) 중에 편지를 보낼 때는 이 용어를 쓰지 못했다. '영녀(令女)'는 상대방 딸을 높여서 부르는 호칭이다. 혼서는 예의를 갖추어야 하는 문서이기 때문에 이렇듯 용어 하나에도 매우 신경을 썼다.

혼서에 따르면 김부필은 먼저 딸을 자신의 조카 김해의 배필로 맞이할 수 있도록 허락해준 이재에게 감사드리고 있다. 이어 신랑과 신부의 궁합을 따져 혼인 날짜를 26일로 택일하고 동의 여부를 물었다. 혼인 날짜는 생리일 등을 고려해 신부 측에서 결정하는 것이 일반적이었다. 그렇지만 이 혼서에서는 신랑 측에서 궁합을 고려해 혼인 날짜를 정한 후 신부 측에 동의를 구하고 있다.

혼서는 혼인에 앞서 상대편에 보내는 예장(禮狀)[3]으로, 이를 보낸다는 것은 정식 혼인 절차를 밟는다는 것을 의미한다. 그런데 이렇게 예의와 격식을 갖추는 경우는 처와 혼인할 때뿐이었다. 첩을 맞이할 때는 예법에 특별히 구애받지 않았다. 중매쟁이를 통하지 않고 직접 청혼하는 경우가 많았으며, 정식 혼례를 올리지 않으니 혼서를 보낼 이유도 없었다. 따라서 처와 첩을 판별할 때 가장 먼저 살펴보는 것이 혼서의 유무다.

조선 초기의 일부다처 풍습

조선시대에 유교 이념에 따라 처와 첩을 차별하기 시작하면서 이들을 어떻게 구별하느냐 하는 문제가 조정에서 여러 차례 제기되었다. 고려시대는 일부다처제였기 때문에 처와 첩에 대한 구별이 명확하지 않았다. 그래서 조선시대 사람의 눈으로 보면 고려시대 귀족은 '유처취처

(有妻娶妻)'나 '이첩위처(以妾爲妻)'를 하는 경우가 많았다. 유처취처란 아내가 있으면서도 또다시 처를 얻는 것을 말한다. 지방 출신의 관료들은 일찍이 고향에 있으면서 혼인한 향처(鄕妻)와 수도 개경에서 벼슬살이 하는 기간에 얻은 경처(京妻)가 있었다. 아내가 병들거나 늙도록 자식을 낳지 못할 때는 건강하고 젊은 여자를 또 처로 맞아들였다. 이첩위처란 첩으로 처를 삼는 것을 말하는데, 고려시대에는 처와 첩의 구분이 명확하지 않았기 때문에 처가 죽으면 첩을 처로 삼기도 했다.

조선시대에는 일처일부제를 지향했기 때문에 상황이 크게 바뀌었다. 자연히 고려시대 풍습이 남았던 조선 초기에는 일부다처제와 관련된 여러 문제가 조정에서 자주 거론되었다. 유교에서는 '부부삼강지수(夫婦三綱之首)'라 하여 군신, 부자(父子), 부부가 지켜야 할 도리인 삼강 중 가장 근본이 되는 것이 부부 관계라고 생각했다. 따라서 유교 이념을 철저히 신봉하고 적극적으로 실천하려 했던 사헌부나 사간원의 관리들은 '예법에는 두 명의 처가 없다'는 예무이적(禮無二嫡)을 주장하며 아내를 두고 또다시 처를 얻는 행위를 크게 비난했다. 또 첩으로 처를 삼는 행위는 신분 질서를 어지럽히는 행위로 간주하여 엄히 처벌해야 한다고 주장했다. 물론 관리 상당수가 풍습에 따라 유처취처하거나 이첩위처한 상태였기 때문에 현실적으로 이들을 다 처벌할 수는 없었다. 그렇지만 이 관리들이 도덕적으로나 사회적으로 지탄 받을 만한 또 다른 행위를 저질렀을 때는 사헌부나 사간원에서 이들을 처벌해야 한다고 적극적으로 주장했다. 조선 초기 왕들은 유교 이념에 따라 사회 기강을 세우고 질서를 정착시켜야 했기 때문에 사헌부나 사간원의 주장을 대부분 받아들였다.[4]

유처취처와 이첩위처에 관한 사례를 살펴보자. 1406년(태종 6) 2월

사헌부에서는 지함안군사(知咸安郡事)를 역임했던 강회숙(姜淮叔)이 유처취처한 데다가 도덕적으로 문제를 일으켰으므로 처벌해야 한다고 건의했고, 왕은 그를 유배시켰다. 강회숙은 처음에 안씨(安氏)에게 장가들었다가 이유 없이 그녀를 버리고 다시 홍씨(洪氏)와 결혼했다. 그런데 후에 홍씨와 사이가 나빠지자 그는 자신이 버렸던 안씨와 사통하고 홍씨의 어미까지 능욕했다. 참다못한 홍씨가 강회숙을 사헌부에 고발하자 관원들은 사건을 조사한 후 그를 처벌하고 홍씨와 이혼〔離異〕시켜야 한다고 건의했다.[5] 그러나 이것은 유처취처를 문제 삼은 것이 아니라 버렸던 전처와 사통하고 장모를 능욕했기 때문이었다.

같은 해 12월에는 사헌부 관원들이 국왕에게 상언하여 첨절제사(僉節制使)를 지낸 정복주(鄭復周)가 아내를 버린 후 첩으로 처를 삼았다며 처벌을 요청했다. 그는 아내를 버리고 화산군(花山君) 장사길(張思吉)의 기첩(妓妾) 복덕(福德)의 딸에게 장가들어 계실(繼室: 후처)로 삼았다. 이 사실을 뒤늦게 안 태종은 조강지처를 버리고 천인(賤人)을 배필로 삼은 행위가 가증스럽기 짝이 없다며 정복주의 신분을 강등해 서인으로 만들었다.[6] 그런데 이 역시 이첩위처를 문제로 삼은 것이라기보다는 조강지처를 버리고 천인을 배필로 맞은 점에 대해 처벌했던 것이다.

일부다처의 혼인 풍습이 오랜 기간 지속되어왔고, 조선 초기의 관료들 대부분이 고려시대부터 벼슬을 한 사람들이었기 때문에 하루아침에 이 유습(遺習)에서 벗어날 수는 없었다. 유습을 변화시키려면 좀 더 강력한 조처를 취하고 객관적인 기준을 제시해야 했다. 1413년(태종 13) 3월 사헌부 관원들은 나름의 기준과 실현 방안을 마련하여 다음과 같이 건의했다.

부부는 인륜의 근본이니 적첩(嫡妾)의 분수를 어지럽히는 것은 옳지 않은 것입니다. …… 생각하건대, 우리 태조께서 …… 사대부(士大夫)의 처첩 구분을 엄하게 하고 봉작(封爵)……의 법을 만든 것은 적서(嫡庶)의 분수를 밝힘이요, 인륜의 근본을 바르게 하고자 함입니다.

그러나 전조(前朝) 말년에 예의가 교화되지 못하고 부부의 의리가 문란해지기 시작했고, 경(卿)·대부(大夫)·사(士) 들이 오직 제 욕심만을 좇고 정애(情愛)에 유혹되어 아내가 있는데도 처를 얻거나 첩으로 처를 삼는 자가 있게 되어, 오늘날 처와 첩이 서로 소송을 벌이는 실마리가 되었습니다. 세대가 오래되고 당사자들이 죽어 증거를 취할 수 없으니, 거짓으로 꾸미고 실정을 숨겨서 진위를 밝히기 어렵습니다. 처결도 그 근거가 없어서 원망이 번다하게 일어나 화기(和氣)를 상하고 변란(變亂)을 일으킵니다. 이것은 적은 손실이 아니기에 바로잡지 않을 수 없습니다.

신 등이 삼가 살피건대 명나라에서 반포한 제율(制律)에 "처가 있는데도 첩으로 처를 삼은 자는 장(杖) 90대를 때리고 아울러 고쳐서 바로잡고, 만약 처가 있는데 다시 처를 얻은 자 또한 장 90대를 때리고 이혼토록 한다."라고 했습니다. 신 등은 일찍이 중매쟁이〔媒娉〕와 혼례〔婣禮〕를 갖추었느냐 생략했느냐를 가지고 처와 첩을 정했습니다. 앞으로는 첩을 처로 삼은 자나 처가 있는데도 처를 얻은 자는 아울러 모두 법을 살펴서 처결하고, 당사자가 죽었어도 다시 고쳐 바르게 하거나 이혼하지 않는 자는 …… 먼저 혼인한 사람을 적처(嫡妻)로 삼아 봉작(封爵)…… 한다면 성인의 교화가 흥기할 것이요, 처첩의 분수가 밝아질 것입니다.[7]

혼서, 처첩 구별의 결정적 증거

이렇듯 고려 말 관리 중에는 아내가 있는 데도 처를 얻거나 첩을 아내로 삼는 자들이 많았는데, 남편이 사망한 후 처나 첩 들이 자신이 적처(嫡妻)라고 주장하며 소송을 제기하곤 했다. 그러나 남편이 죽은 데다가 세월이 지나 증거조차 없어 판결하기 어려운 경우가 많았다. 설령 어렵사리 판결을 내리더라도 조작된 증거 등으로 처첩이나 적서가 뒤바뀌는 일도 적지 않았다.

사헌부에서 처와 첩을 구별하기 위해 제시한 기준은 혼인할 때 '중매쟁이'가 있었느냐와 '혼례'를 갖추었느냐 하는 것이었다. 정식으로 청혼할 때, 신랑 측이나 신부 측은 직접 상대측에 의사를 타진하지 않고 반드시 중매쟁이를 통하도록 되어 있었다. 중매쟁이를 통해 청혼하는 것은 혹시 상대가 거절할 경우 서로 민망함을 피하기 위해서였다. 이후 이것이 하나의 제도로 정착되어 중매쟁이를 통하지 않고 이루어진 혼인은 사통(私通)으로 간주되었다. 또 혼인은 소정의 절차를 갖추어 공개적으로 행해야 했다.

하지만 오랜 세월이 흐른 후 정식으로 혼인했는지를 파악하고자 할 때 중매쟁이가 있었는지 여부를 파악하기 어려웠다. 중매쟁이가 늙어 사망했을 가능성이 높았으며, 살아 있다고 해도 중매쟁이의 증언을 뒷받침해줄 만한 또 다른 증거나 증언을 확보하기가 어려웠다. 따라서 혼례를 갖추었는지 여부가 처첩을 판단하는 결정적 기준이었는데 이를 증명하는 것이 바로 혼서였다. 혼인할 때 보낸 혼서가 남아 있으면 적처로 인정받았고, 그렇지 않으면 인정받지 못했다. 혼서가 혼인 여부나 처첩 및 적서를 구분하는 데 결정적인 역할을 했던 것이다.

이와 관련해서 《성종실록》에 소개된 상산군(商山君) 황효원(黃孝源, 1414~1481)의 혼인 논란을 살펴보자. 황효원은 1444년(세종 26) 식년 문과에 장원 급제한 후 예조좌랑과 이조정랑 등을 역임했고, 세조의 왕위 찬탈에 협조하여 좌익공신(佐翼功臣)으로 책록되고 상산군에 봉해졌으며, 성종의 즉위도 보좌하여 좌리공신(佐理功臣)에까지 책봉된 인물이다. 그런 그가 이유기(李裕基) 딸과 혼인해서 논란이 되었다. 이유기는 성삼문 등이 단종의 복위를 위해 세조를 제거하려고 모의할 때 도왔다는 이유로 역적으로 몰려 죽임을 당했고 가족들은 노비가 되어 공신들에게 지급되었다. 이유기의 아내 설비(雪非)와 딸 가구지(加仇之) 등은 우찬성(右贊成) 정창손(鄭昌孫)에게, 작은딸 자근조이〔小斤召史〕는 황효원에게 지급되었다.[8] 지위가 전혀 다른 공신과 역적 집안 출신 계집종이 혼인했다고 하니 자연히 조정에서 논란거리가 될 수밖에 없었다.

황효원의 주장에 따르면 이유기의 딸과 혼인한 이유는 그가 상처(喪妻)한 후 재혼하려 했으나 늙었다는 이유로 배필을 구할 수 없었기 때문이었다. 그는 외할머니 댁에 머물던 자근조이를 데려다 살았는데, 후에 사면령이 내려지자 그녀의 신분이 양반으로 복원되었다. 그런데 당시 홍윤성(洪允成, 1425~1475)의 자손이 적서를 가리는 문제로 소송을 일으켰다. 홍윤성의 사망으로 적서를 가릴 수 없게 되자 왕은 처와 첩이 있는 관리들에게 자손의 적서 관계를 분명히 하라고 지시했다. 이때 황효원도 조사 대상이 되었다. 그는 왕에게 상소하여 자근조이와 적법하게 혼인했으므로 그녀를 적실(嫡室)로, 그녀와의 소생들을 적자(嫡子)로 인정해달라고 요청했다.

왕은 대신들에게 이 문제를 논의하도록 했다. 그러자 김국광(金國光)

과 윤필상(尹弼商) 등이 예전(禮典)에 "예를 갖추어 장가들면 아내가 되고 예를 갖추지 않고 혼인하면 첩이 된다."라고 했으니, 비록 죄인의 딸이라도 예를 갖추어 장가들었으면 첩으로 논할 수 없다고 주장했다. 더구나 본래 사족의 딸이고 사면도 되었으니, 적실로 삼지 못할 이유가 없다고 강변했다. 다만 장가들 때 혼례를 갖추었는지를 세밀히 살펴서 결정하자고 제안했다. 이에 승정원에서 성례 여부를 조사했고, 황효원이 제출한 혼서 등을 근거로 정식으로 혼인한 것으로 보고했다.

그런데 혼서의 작성 시기가 문제였다. 황효원의 진술과는 달리 자근조이가 노비가 되어 그에게 지급되었을 때 혼서가 작성되었기 때문이다. 이 사실을 알게 된 조정 관리들은 혼서가 위조되었을 가능성이 높고, 비록 뒤에 자근조이가 사면되었지만 역적의 딸과 공신이 혼인한다는 것이 도리상 있을 수 없는 일이라며 그녀를 적처로 인정해주면 안 된다고 주장했다.[9]

조사 끝에 혼서의 위조 사실이 드러나 정식혼이 아니라고 결정되면서 자근조이는 적처로 인정받지 못했다. 계유정난을 배경으로 공신과 역적으로 갈리고, 혼인하여 자녀까지 낳은 후에 사면을 받아 정실과 적자녀의 신분이 되려는 등 우여곡절이 있는 사건이지만, 이를 통해 혼인이 정식으로 이루어졌는지 여부를 가리는 데뿐만 아니라 적첩을 구분하는 데에도 혼서가 결정적인 근거가 되었다는 사실을 알 수 있다.

사망 후에도 공사문서에서 확인되는 처의 존재

처와 첩은 공사 문서에서 존재를 확인할 수 있는지 여부도 달랐다. 처는 예법상 정식 절차를 거쳐 혼인한 사이였기 때문에 공적으로 인정을 받았다. 3년마다 작성되는 호구 문서(戶口文書)와 같은 공식 기록물에 처는 당당하게 기록되었다. 호구 문서는 호주가 자기 호(戶)의 구성원을 기록하여 관에 보고하는 호구단자(戶口單子)와 관아에 보존된 호적대장(戶籍臺帳) 내용을 등사해서 발급하는 준호구(准戶口) 등을 가리키는데, 처의 인적사항을 기입하도록 되어 있었다. 예컨대 1830년(순조 30) 전라도 남원부 내진전방(內眞田坊) 2리에 살았던 유학 이사석(李師錫, 1765~1834)의 호구단자를 살펴보면, 그의 처인 문화유씨는 그녀의 사조(四祖)와 함께 기재되어 있다. 사조란 아버지, 할아버지, 증조할아버지, 외할아버지를 가리킨다. 그녀는 남편, 장남 행연(行淵, 1786~1863)을 비롯한 세 아들, 손자 낙수(洛秀)와 함께 살았다.[10]

그런데 조선 후기에 작성된 호구단자나 준호구에는 처가 사망했는데도 인적사항이 말소되지 않고 계속해서 기록되는 경우도 있다. 이사석의 장자 이행연이 1836년(헌종 2) 관에 제출한 호구단자에는 "사망한 처 최씨, 본관은 삭녕(朔寧)"이라 기록되어 있어, 이행연의 아내 삭령최씨가 이미 사망했음을 알 수 있다.[11] 《전주이씨파보》에 따르면 그녀는 1830년 정월에 사망한 것으로 되어 있다.[12] 원칙대로 한다면 사망한 후 처음으로 작성되는 호구단자에는 그녀의 사망 사실이 기록되고, 이후 호구단자에는 그녀와 그녀의 사조에 대한 기록은 모두 빠져야 한다. 그러나 삭령최씨는 다음 표에 제시된 것처럼 사망한 지 30여 년이 지난 1863년(철종 14)까지 계속해서 호구단자에 기록되었다.[13]

심지어 후처를 얻은 이후에도 전처의 기록이 말소되지 않고 그대로 수록되는 경우도 있었다. 1708년(숙종 34) 한성부에서 유학 권익순(權益淳)에게 발급한 준호구를 살펴보면 "아내 이씨는 사망, 본적은 용인(龍仁)"이라 기록되어 그의 아내 용인이씨가 이미 사망했음을 알 수 있

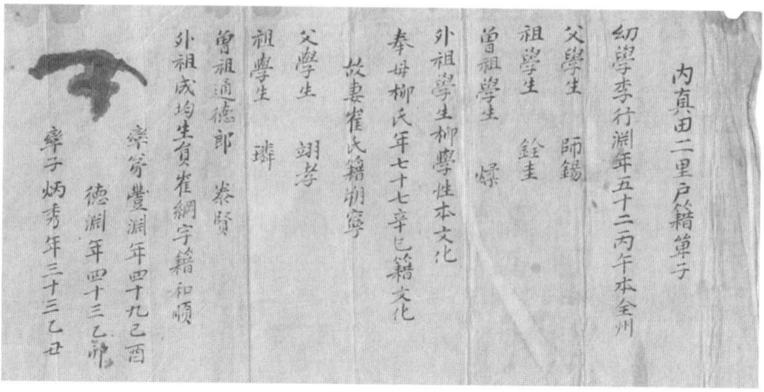

內眞田二里戶籍單子
幼學李行淵年五十二丙午本全州
父學生 師錫
祖學生 鈺圭
曾祖學生 [illegible]
外祖學生柳學性本文化
奉母柳氏年七十七辛巳籍文化
故妻崔氏籍朔寧
父學生 翊孝
祖學生 璘
曾祖通德郎 泰賢
外祖成均生員崔綱宇籍和順
率弟豐淵年四十九乙酉
德淵年四十三乙卯
率子炳秀年三十三乙丑

고문서 5-2 **이행연의 호구단자, 1836년, 전북대학교 박물관 소장.**

순번	작성 연도	호주	사망한 처의 기록	동거인
1	1836년 (헌종 2)	유학 이행연(52세)	고처최씨적삭령 (故妻崔氏籍朔寧)	모 유씨(柳氏, 77세), 제 풍연(豊淵, 49세), 제 덕연(德淵, 43세), 자 병수(炳秀, 33세)
2	1839년 (헌종 5)	통덕랑 행공릉참봉 이행연(55세)	고처최씨적삭령 (故妻崔氏籍朔寧)	모 유씨(80세), 제 풍연(52세), 제 덕연(46세), 자 병수(36세)
3	1845년 (헌종 11)	통덕랑 전공릉참봉 이행연(61세)	처최씨고적삭령 (妻崔氏故籍朔寧)	제 풍연(58세), 제 덕연(52세), 자 병수(42세), 부 송씨(44세), 손 광일(匡一, 17세)
4	1848년 (헌종 14)	통덕랑 전공릉참봉 이행연(64세)	처최씨고적삭령 (妻崔氏故籍朔寧)	자 병수(45세), 부 송씨(47세), 손 광보[14](匡輔, 20세)
5	1851년 (철종 2)	통덕랑 전공릉참봉 이행연(67세)	처최씨고적삭령 (妻崔氏故籍朔寧)	자 병수(48세), 부 송씨(50세)[15], 손 가옥[16](可玉, 23세), 손 가천(可天, 20세)
6	1854년 (철종 5)	통덕랑 전공릉참봉 이행연(70세)	처최씨고적삭령 (妻崔氏故籍朔寧)	자 병수(51세), 부 송씨(53세), 손 가옥(26세)
7	1857년 (철종 8)	통덕랑 전공릉참봉 이행연(73세)	처최씨고적삭령 (妻崔氏故籍朔寧)	자 병수(54세), 부 송씨(故), 손 승구[17](丞球, 29세)
8	1860년 (철종 11)	통덕랑 전공릉참봉 이행연(76세)	처최씨고적삭령 (妻崔氏故籍朔寧)	자 병수(57세), 부 송씨(故), 손 승구(32세)
9	1863년 (철종 14)	통덕랑 전공릉참봉 이행연(79세)	처최씨고적삭령 (妻崔氏故籍朔寧)	자 병수(60세), 부 송씨(故), 손 승구(35세)

이행연의 호구단자

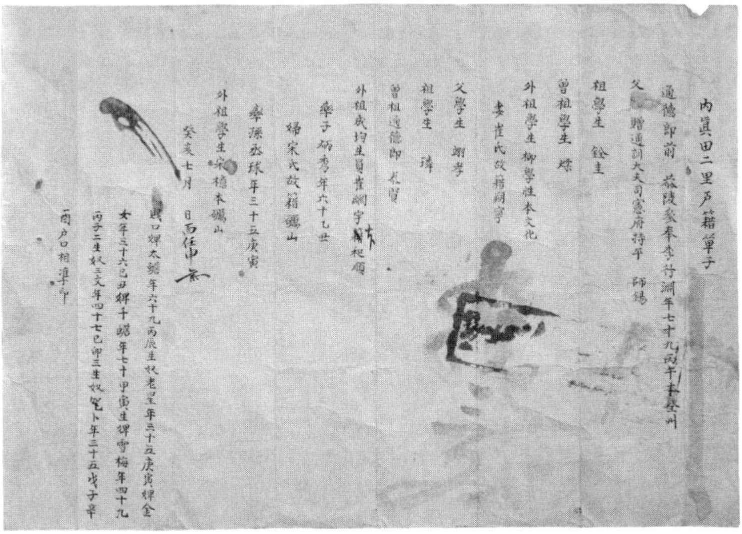
內眞田二里戶籍單子
通德郞前莊陵參奉李行淵年七十九丙午本全州
父 贈通訓大夫司憲府持平 師錫
祖 學生 銓圭
曾祖 學生 [illegible]
外祖 學生 柳學性 本文化
妻 崔氏 故 籍朔寧
父 學生 翊孝
祖 學生 [illegible]
曾祖 通德郞 [illegible]
外祖 成均生員 崔綱宇 籍[illegible]
率子 炳秀 年[illegible]十九乙丑
婦 宋氏 故 籍礪山
率孫 丞球 年三十五庚寅
外祖 學生 宋[illegible] 本礪山
癸亥七月 日
率口婢 太[illegible]年六十九丙辰生奴老星年三十五庚寅婢金
女年三十六己丑婢千[illegible]年七十甲寅生婢雪梅年四十九
丙子三生奴三文年四十七己卯三生奴[illegible]卜年三十五戊子辛
戶口相準

고문서 5-3 **이행연의 호구단자, 1863년, 전북대학교 박물관 소장.**

다.[18] 그로부터 6년 후인 1714년(숙종 40) 한성부에서 다시 발급한 준호구에는 사망한 처 이씨의 기록 아래에 "(새로 얻은) 아내는 이씨로 나이가 28세, 생년은 정묘생이며 본적은 전의(全義)"라고 쓰여 있다.[19] 이를 통해 권익순이 전의이씨와 재혼했는데도 전처에 대한 기록을 말소하지 않았음을 알 수 있다.

권익순은 이후에도 계속해서 전처에 대한 기록을 삭제하지 않았다.[20] 그뿐만 아니라 그가 문과에 합격한 후에 통정대부(通政大夫)로 승정원 좌부승지(左副承旨)와 영월부사(寧越府使) 등을 역임하자 전처 용인이씨와 후처 전의이씨에게 정부인(貞夫人)이라는 외명부(外命婦) 품계가 주어졌다. 또 이미 사망한 용인이씨 사조의 인적 사항이 다시 기록되기 시작했다.[21] 권익순의 전처 용인이씨는 사망한 후 20년이 넘도록 준호

순번	발급 연도	호주	전처	후처	비고
1	1708년 (숙종 34)	유학 권익순(38세)	처이씨고 적용인 (妻李氏故 籍龍仁)		전처 사망
2	1714년 (숙종 40)	사정 권익순(44세)	처이씨고 적용인 (妻李氏故 籍龍仁)	처이씨 적전의 (妻李氏 籍全義)	후처의 사조만 기재
3	1717년 (숙종 43)	조산대부행진위현령 권익순(47세)	처이씨고 (妻李氏故)	처이씨 적전의 (妻李氏 籍全義)	후처의 사조만 기재
4	1723년 (경종 3)	통정대부수의주부윤 권익순(53세)	전처이씨 적용인 (妻李氏 籍龍仁)	후처이씨 적전의 (後妻李氏 籍全義)	전후처로 구분하고 사조를 모두 기재
5	1726년 (영조 2)	급제 권익순(56세)	처증정부인용인이씨 (妻贈貞夫人龍仁李氏)	처이씨 본전의 (妻李氏 本全義)	거제부에서 발행, 후처의 사조만 기재
6	1729년 (영조 5)	□□대부승정원좌 부승지 권익순(59세)	처증정부인이씨 적용인고(妻贈貞夫人 李氏 籍龍仁故)	처정부인이씨 적전의(妻貞夫人 李氏 籍全義)	전후처의 사조를 모두 기재
7	1732년 (영조 8)	통정대부행영월부사 권익순(62세)	처이씨 증정부인 (妻李氏 贈貞夫人)	처이씨정부인 적전의(妻李氏 貞夫人 籍全義)	전후처의 사조를 모두 기재

권익순의 준호구

구에 기재되었다. 이러한 사례는 흔하게 발견된다.[22]

처가 사망했는데도 계속해서 호적에 기재한 이유는 무엇일까? 먼저 전처의 소생이 있었기 때문일 것이다. 전처 소생 자녀의 어미가 누구인지를 밝힐 필요가 있었다. 아울러 호주가 혼인관계를 드러냄으로써 자신의 신분과 지체를 알리려 했던 것과도 연관이 있다. 만일 처가 사망했다고 기록을 말소하면 그녀의 사조 역시 호적에서 삭제되기 때문에 어느 가문과 혼인했는지 알 수 없게 되며, 자신의 가문이 어느 정도의 지체를 지니고 있는지를 드러내는 데 어려움이 따랐다. 그래서 사망한 처에 대한 기록을 말소하지 않았던 것이다.

공사문서에서 확인할 수 없는 첩의 기록

사망한 후에도 기록이 남은 처와 달리 첩은 호구단자나 준호구와 같은 공식 문서에 거의 실리지 않았다. 1744년(영조 20)에 한성부에서 통덕랑 송천상(宋天相)에게 발급한 준호구를 살펴보면 그는 자신보다 두 살 많은 46세의 아내 전주이씨, 21세 아들 환문(煥文), 며느리 광산김씨(光山金氏)와 함께 살고 있었다.[23] 그런데 6년 후인 1750년(영조 26)에 한성부에서 발급한 준호구에는 아내 전주이씨가 기록되지 않았는데[24] 그사이에 사망한 것으로 추정된다. 그는 이후 오랫동안 아들 부부와 함께 살았다.[25] 1762년(영조 38) 무렵에는 손자 복규(復圭)의 배필로 한산이씨(韓山李氏)를 맞았는데, 그 전후로 며느리 김씨도 사망한 것으로 보인다.[26] 이때 작성된 준호구에 "김씨 사망"이라고 기록되어 있기 때문이다.

그런데 이 준호구에 송천상의 첩 전주이씨가 등재됐다는 점이 주목된다. 당시 송천상은 62세이고 첩 이씨는 44세였다. 물론 송천상이 이때 그녀를 첩으로 맞이한 것은 아닌 듯하다. 그러기에는 그나 이씨의 나이가 너무 많기 때문이다. 송천상은 이씨를 이미 첩으로 맞아들였지만 여러 사정으로 함께 살지 못하다가, 아내와 며느리가 사망하고 어린 손자며느리를 맞이하자 늙은 자신을 뒷바라지하고 집안 살림을 보살피도록 그녀를 집으로 데려오고 준호구에도 등재한 것으로 보인다. 송천상의 준호구에 나타난 동거 가족은 다음 표와 같다.

송천상의 사례처럼 첩이 호구단자나 준호구에 등장하는 시기는 대부분 호주가 늙거나 배우자가 사망한 이후였다.[27] 처가 있는데도 첩이 호구단자나 준호구에 함께 등재되는 일은 매우 드물었다. 처가 첩과 같은

순번	발급 연도	호주 나이	동거 가족	비고
1	1729년(영조 15)	29세	처 이씨(31세), 자 태복(泰福, 6세)	
2	1735년(영조 11)	35세	처 이씨(37세), 자 태복(12세)	
3	1741년(영조 17)	41세	처 이씨(43세), 자 환문[28](煥文, 18세), 부 김씨(17세)	며느리 등재
4	1744년(영조 20)	44세	처 이씨(46세), 자 환문(21세), 부 김씨(20세)	
5	1750년(영조 26)	50세	자 환문(27세), 부 김씨(26세)	아내 사망
6	1756년(영조 32)	56세	자 환문(33세), 부 김씨(32세)	
7	1762년(영조 38)	62세	자 환문(39세), 부 김씨(故), 손 복규(復圭, 19세), 손부 이씨(23세), 첩 이씨(44세)	며느리 사망, 손자와 손부 등재, 첩 이씨 등재
8	1765년(영조 41)	65세	자 환문(42세), 손 복규(22세), 손부 이씨(26세), 첩 이씨(47세)	
9	1768년(영조 44)	68세	자 환문(45세), 손 복규(25세), 손부 이씨(29세), 첩 이씨(50세)	
10	1771년(영조 47)	71세	자 환문(48세), 손 복규(28세), 손부 이씨(32세), 첩 이씨(53세)	

송천상의 준호구

집에서 함께 살려고 하지 않았기 때문이다. 아내를 잃고 홀로 된 남성 중 나이 든 사람은 재혼하기가 매우 어려웠다. 그래서 할 수 없이 전에 얻었던 첩을 집으로 데려와 살았다. 이러한 까닭으로 첩이 뒤늦게 지아비의 호구단자나 준호구에 등재되었는데, 그녀들은 그나마 행운이었다. 죽을 때까지 지아비의 호구단자나 준호구에 오르지 못한 첩들이 훨씬 많았기 때문이다.

첩을 맞이하고도 즉시 호구단자나 준호구에 올리지 않았던 사례는 송천상의 아들 송환문을 통해서도 확인할 수 있다. 송환문은 1761년에 아내 광산김씨를 잃은 후 오랫동안 혼자 살았다.[29] 그런데 1792년(정조 16)

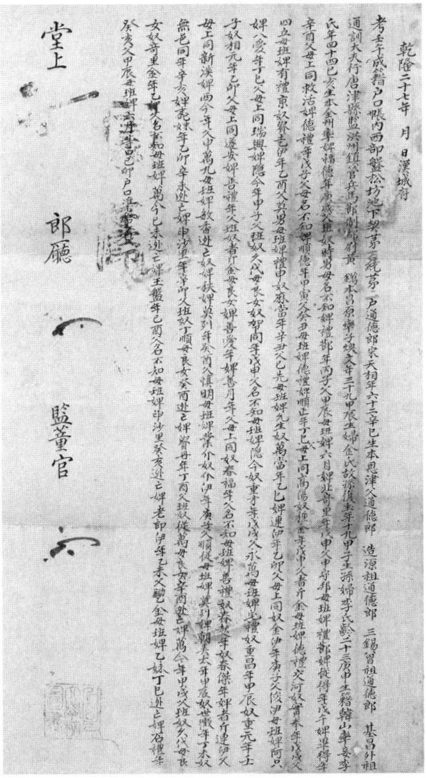
乾隆二十七年 月 日漢城府

堂上

郎廳

監董官

고문서 5-4 **송천상의 준호구, 1762년, 서울대학교 규장각 소장.**

한성부에서 69세인 그에게 발급한 준호구를 살펴보면 그는 55세의 김씨를 첩으로 들여 살고 있었으며, 18세의 돌동(乭同)이라는 서자까지 두고 있었다. 18세 서자까지 두고 있었다면 그는 적어도 20년쯤 전에 김씨를 첩으로 맞이했다고 보아야 할 것이다. 결국 첩을 얻은 지 20년이 지나서야 비로소 그녀를 준호구에 올렸던 것이다.[30]

아주 드물지만 처와 첩이 함께 호구단자나 준호구에 기록된 사례도 있다. 1699년(숙종 25) 한성부에서 남부(南部) 훈도방(薰陶坊)에 살던 통덕랑 이만상(李晩祥)에게 발급한 준호구를 살펴보자. 그는 당시 57세였는데 동갑인 아내 풍산심씨(豊山沈氏)와 44세의 첩 익산임조이〔益山林召史〕와 함께 살고 있었으며,[31] 아들 성흥(聖興), 며느리 나주박씨(羅州朴氏), 그리고 도흥(道興)과 정흥(禎興)이라는 두 명의 서자도 같이 거주했다. 이만상은 처와 첩, 적자와 서자가 모두 한 집에서 살았던 것이다.

또 1693년(숙종 19) 경기도 파주목(坡州牧) 마정면(馬井面)에 사는 윤위(尹煒)의 준호구를 살펴보자. 그는 진도군수(珍島郡守)를 역임한 인물로 당시 71세였는데, 72세의 아내 창원황씨(昌原黃氏)와 48세의 첩 김해김조이〔金海金召史〕와 함께 살았다.[32] 그는 김해김조이와의 사이에 25세 두빈(斗彬)과 20세 두방(斗房)이라는 두 서자를 두었는데, 이들은 모두 혼인하고도 부모와 함께 거주했다.

문중이나 종중에서 발간하는 족보에 첩의 존재가 기록되는 사례는 더욱 드물었다. 첩이 낳은 아들이나 딸은 서자 또는 서녀로 족보에 올라 있는 경우가 많지만 정작 그들의 어미는 대부분 기록되지 못했다. 더군다나 자녀조차 낳지 못했으면 아예 흔적조차 찾아볼 수 없었다. 1678년(숙종 4) 한성부에서 병조판서였던 김석주(金錫胄, 1634~1684)에게 발급한 준호구에는 서모(庶母) 유조이〔柳召史〕가 동거인으로 기록되어 있다.[33] 그녀는 김석주의 아버지 김좌명(金佐明, 1616~1671)이 말년에 얻은 첩이었는데, 김좌명이 사망하자 김석주의 준호구로 옮겨 기재되었다. 당시 김석주는 45세였는데 서모 유조이는 겨우 27세였다. 자신의 딸과 나이가 엇비슷한 사람을 서모로 모셔야 했던 것이다. 그런데 《청풍김씨보(淸風金氏譜)》에는 유조이에 대해서 한마디도 언급되지 않았다.[34]

이는 다른 가문도 마찬가지였다. 《은진송씨족보》를 살펴보면 송천상

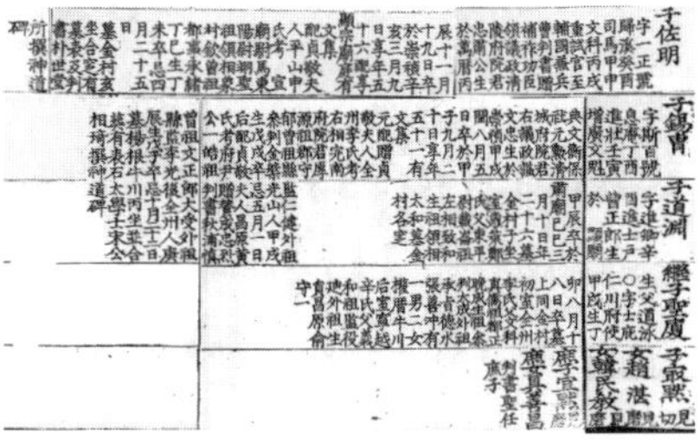

《청풍김씨보》, 1750년, 국립중앙도서관 소장.

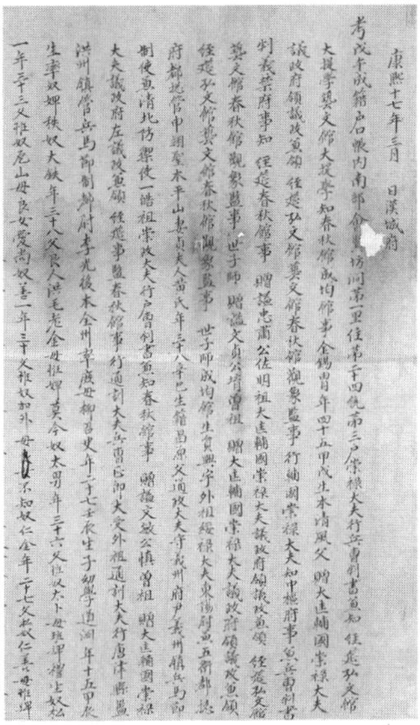

고문서 5-5 **김석주의 준호구,**
1678년, 서울대학교 규장각 소장.

과 그의 아들 송환문의 배우자로 전주이씨와 광산김씨만 기록되어 있을 뿐이다. 송천상의 첩 전주이씨와 송환문의 첩 본관 미상의 김씨는 기재되어 있지 않다. 전라도 남원부에 살았던 이유형(李惟馨, 1586~1656)은 변조이〔卞召史〕를 첩으로 맞아 오랫동안 같이 살았다. 그러나 《전주이씨파보(全州李氏派譜)》에는 이유형의 아내로 생원 홍우경(洪宇慶)의 딸 남양홍씨(南陽洪氏)만 기록되어 있을 뿐, 변조이에 대해서는 언급조차 없다.[35]

반면 한산이씨 이만상과 파평윤씨 윤위의 족보에는 처뿐만 아니라 첩과 첩의 소생까지 수록되어 있어서 매우 이채롭다. 《한산이씨인재공파세보(韓山李氏麟齋公派世譜)》에는 이만상의 처 풍산심씨뿐만 아니라 첩 익산임조이와 그녀의 소생도 기재되어 있다. 다만 익산임조이는 본관이 익산에서 나주로 바뀌었으며, 둘째 아들 정흥은 준흥(駿興)으로 개명했다.[36] 또 《파평윤씨소부공파보(坡平尹氏少府公派譜)》를 살펴보면 윤위의 처 창원황씨, 첩 김해김씨, 김해김씨 소생 두 아들이 모두 수록되어 있다. 다만 둘째 두방은 '두욱(斗郁)'으로 개명했다.[37] 그러나 이처럼 족보에 첩이 수록된 사례는 매우 드물었다.

지금까지 살펴본 것처럼 처는 언제나 공사 문서에 기재된다. 심지어 사망하거나 후처를 얻은 이후에도 호구 문서 등 공식 문서에 올랐으며, 자녀를 낳지 못했어도 등재되었다. 이에 비해 첩은 호구 문서나 족보 등에 거의 오르지 못했다. 첩의 존재가 기록되는 것은 매우 이례적인 일이었다. 첩이 낳은 자녀들은 남편의 핏줄로 인정되어 족보나 호구 문서에 기재되었으나 정작 첩의 존재를 공사 문서에서 확인하기는 매우 어렵다. 그렇기에 첩은 실체를 확인하기 어려운 그림자 같은 존재였다고 할 수 있다.

2

처에게는 예물, 첩에게는 몸값

처와 첩은 청혼 과정부터 달랐다. 처에게는 예물을 보내는 대신 첩에게는 몸값을 지불했다. 처에게 청혼할 때 신랑 측에서는 정식으로 예를 갖추어 예물을 보냈다. 이를 납채(納采) 혹은 납폐(納幣)라고 했다. 다음 혼서는 1562년(명종 17) 정월에 김부필이 동생 김부의의 혼인을 위해 이형치(李衡耻)에게 보낸 것이다. 이형치는 가평이씨(嘉平李氏)로, 당시 충의위(忠義衛)에 속해 있었기 때문에 그의 집안을 이충의위댁이라 불렀다.

생원 김부필〔수결〕

때는 봄이 무르익는 계절이온데 그대〔雅候〕는 다복하십니까? 제 아우 부의가 짝이 없어서 삼가 납채의 예를 행하려고 합니다. 엎드려 바라건

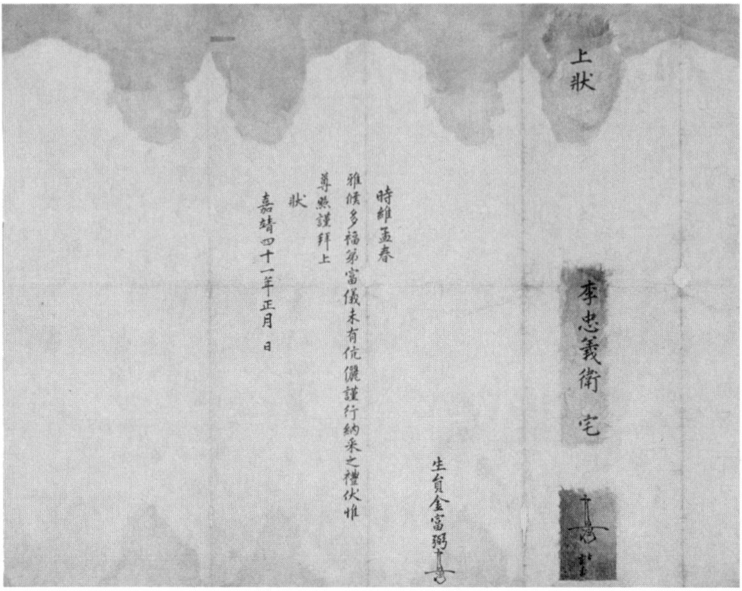

上狀

李忠義衛 宅

生員金富弼

時維孟春

雅候多福弟富儀未有伉儷謹行納采之禮伏惟

尊照謹拜上

狀

嘉靖四十一年正月 日

고문서 5-6 **김부의의 혼서, 김부필 작성, 1562년, 광산김씨 오천종가 소장.**

대 살펴주십시오. 삼가 절하고 글을 올립니다.

가정 41년 정월 일[38]

신부 집에 납채를 보내면서 동봉한 이 혼서를 다른 혼서와 비교해보면 색다른 면을 발견할 수 있다. 일반적으로 납채 때 동봉하는 혼서에는 "저의 동생 아무개가 이미 장성했음에도 짝이 없는데 존귀한 자비를 베풀어 귀중한 따님을 실인(室人)으로 삼을 수 있도록 허락해주시니 이에 선인들의 예에 따라 삼가 납폐하는 의식을 거행합니다."라는 문구가 쓰인다.[39] 그런데 이 혼서가 색다른 이유는 재혼(再婚)을 위한 것이기 때문이다.[40] 신랑 김부의는 정랑(正郎) 권습(權習)의 딸과 혼인했으나 불행히 상처하고 말았다. 김부의가 이형치의 딸과 두 번째 혼인을 하기 위해 납채를 하면서 문구를 이같이 바꾼 것이다. 초혼은 물론 재혼을 할 때에도 격식을 갖추어서 신부 집에 예물을 보내고 혼서를 동봉해야 했다.

그러나 첩을 맞이할 때에는 이러한 절차를 생략하는 것이 일반적이었다. 초정 박제가(朴齊家, 1750~1805)가 첩을 들일 때 유득공(柳得恭, 1749~1807)에게 부탁해 혼서를 쓰게 한 일이 알려져 있기는 하지만, 이는 혼례의 격식을 갖추기 위해서라기보다는 일종의 유희 차원에서 쓴 것이다.[41] 일반적으로 첩을 들일 때에는 처를 맞이할 때와 같이 예물을 보내지는 않았지만 대신 몸값을 지불했다. 다만 몸값 지불 여부는 상대의 지체에 따라 달리 행했던 것 같다. 양반의 서녀를 첩으로 들일 때에는 예물을 하지 않고 몸값도 지불하지 않았다. 그러나 평민이나 천민 출신을 첩으로 맞이할 때에는 몸값을 지불하곤 했다.

평민이나 천민을 첩으로 맞이하면서 몸값을 지불한 사실을 직접 보여주는 자료는 남아 있지 않다. 다만 장재길이 리험손에게 주는 다음 수기(手記)를 통해 이를 짐작할 수 있다. 이 수기[42]는 순한글로 작성되었는데 막상 읽어보면 무슨 말인지 알 수 없는 부분이 많다. 수기가 작성된 시기는 광무 9년(1905)인데 당시에 문서 대부분은 국한문(國漢文) 혼용 즉, 한글과 한자를 함께 사용해서 작성했다. 그런데 이 문서는 한자를 소리 나는 대로 한글로 적었다. 따라서 이를 국한문 혼용으로 바꿔 읽어야 비로소 이해할 수 있다.

리험손前 手記

右 手標段은 서울에서 작은 家率을 求하여 두었더니 難處之端 있기로 右人前에 已往所入浮費錢 葉坪三百六十兩 받고 넘겨주거온 日後의

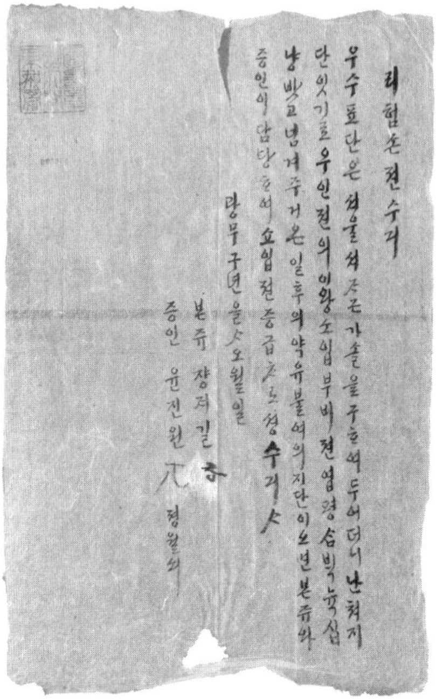
리험손젼수긔

우수표단은 셔울셔 ᄌᆞ근 가솔을 구ᄒᆞ여 두어더니 난처지

단잇기로 우인젼의 이왕 소입부비 젼 엽 령 슴빅뉵십

냥 밧고 넘겨 주거온 일후의 약유불여의지단이오면 본쥬와

증인이 담당ᄒᆞ여 소입젼 증급ᄎᆞ로 셩 수긔ᄉᆞ

광무구년을ᄉᆞ오월 일

본쥬 장지길

증인 윤진원 졍월쇠

고문서 5-7 **리험손젼수긔, 1905년, 서울대학교 규장각 소장.**

若有不如意之端이오면 本主와 證人이 擔當하여 所入錢 懲給次로 成手記事

光武九年乙巳五月日

本主 장지길〔수결〕

證人 윤진원〔수결〕 정월쇠

이를 이해하기 쉽게 우리말로 옮겨보면 다음과 같다.

리험손에게 주는 수기

이와 같이 수표를 작성하는 것은 서울에서 작은 가솔을 구하여 두었더니 난처한 일이 있기에, 리험손에게 기왕에 작은 가솔을 얻으면서 들어 간 비용 360냥을 받고서 이를 넘겨준다. 뒷날 만일 뜻하지 않은 일이 생기면 옛 주인과 증인이 책임지고 받은 돈을 돌려줄 것을 약속하는 의미로 이 수기를 작성해 준다.

광무 9년 을사 5월 일

옛 주인 장재길〔수결〕

증인 윤진원〔수결〕 정월쇠

장재길은 이 수기에서 작은 가솔, 즉 첩을 넘겨주는 이유가 난처한 일이 있기 때문이라고 했다. 난처한 일이란 아마도 급히 돈이 필요했거나, 본처가 서울에서 첩을 들인 것을 트집 잡았기 때문일 것이다. 장재길이 "서울에서 작은 가솔을 구하여 두었다."라고 한 점으로 미루어 그의 본가는 시골에 있었으나 당시에는 혼자 서울로 올라와 거주했던 것으로 추정된다. 그러다 보니 객지 생활에 여러 가지 불편함을 느끼게 되어 돈을 주고 첩을 사 함께 살았던 것 같다. 그는 갑자기 사정이 생겨서 첩을 도로 팔아야 했는데, 구입할 때 들었던 비용 360냥을 리험손에게 그대로 받아내고 있다. 이와 같이 첩은 필요하면 돈을 주고 샀다가 소용이 다하면 다시 돈을 받고 되파는 물건과 같은 존재였다.

이혼할 수 없는 처, 버릴 수 있는 첩

처와 첩은 이혼하는 과정과 절차에서 크게 차이가 있었다. 조선 후기에는 특별한 경우를 제외하고는 처와 이혼할 수 없었다. 이에 비해 첩과는 언제든지 헤어질 수 있었으며, 때로는 팔 수도 있었다. 우선 처와의 이혼에 대해 살펴보자. 알려진 바와 같이 조선시대에는 합법적으로 이혼할 수 있는 길이 있었다. 이른바 '칠거지악(七去之惡)'이 그것인데, 만일 처가 이 죄목에 해당하면 버릴 수 있었다. 칠거지악이란 시부모에게 순종하지 않는 것〔不順舅姑〕, 대를 이을 아들을 낳지 못하는 것〔無子〕, 부정(不貞)한 행위를 저지른 것〔淫行〕, 질투를 하는 것〔妬忌〕, 나병이나 간질 등과 같이 고치기 어려운 병에 걸린 것〔惡疾〕, 말을 많이 하는 것〔口舌〕, 남의 물건을 훔치는 것〔竊盜〕이었다. 그러나 이와 같은 잘못을 저질렀음에도 내쫓을 수 없는 '삼불거(三不去)'도 있었다. 시집와서 시부모의 삼년상을 치른 경우, 시집온 후 재산이 크게 불어난 경우, 쫓아냈을 때 오갈 데 없는 경우였다.

그렇지만 칠거지악이니 삼불거니 하는 것들은 어디까지나 규범적 이야기였다. 조선 후기에는 현실적으로 이혼이 쉽지 않았다. 이혼으로 말미암아 파생되는 문제가 심대했기 때문이다. 조선 후기에 조정에서 이혼 문제를 놓고 관리들이 격론을 벌인 적이 두어 차례 있었다. 그중 하나가 유정기(兪正基, 1645~?)와 신태영(申泰英)의 이혼 소송 사건이었다. 당시 이 문제로 조정이 떠들썩했는데, 이들은 결국 이혼하지 못했다. 국법에 아내를 내쫓는 법이 없다는 이유 때문이었다. 이처럼 조선 후기 사대부들은 한번 부부로 맺어지면 관청에서 조사를 하고 왕이 벌을 주는 한이 있더라도 이혼은 허락되지 않았다.[43]

이에 비해 첩은 언제든지 마음만 먹으면 내쫓을 수가 있었다. 조선 영조 대에 경상도 고성현(固城縣)의 서당훈장 구상덕(仇尙德, 1706~1761)이 쓴 일기《승총명록(勝聰明錄)》에는 그가 첩을 만났다가 헤어지는 과정이 소개되어 있어 이러한 사실을 알 수 있다. 우선 첩을 맞는 과정부터 보자.

3월 6일 화곡(禾谷) 배조이[裵召史]의 방에 가서 잤다.[44]

9일 배조이를 내 집으로 데려왔다.[45]

배조이는 구상덕이 첩으로 맞은 여자로 화곡에 살았다. 구상덕은 배조이를 첩으로 들이면서 혼례 절차를 거치지 않고 곧바로 그녀의 집에서 하룻밤을 지낸 후 사흘 만에 자신의 집으로 데려왔다. 적처로 들인 것이 아니었기 때문에 일기에 굳이 혼담 과정을 기록하지 않았을 수도 있겠지만, 정황상 혼례 절차를 밟지 않은 것이 분명하다. 배조이가 처녀인지 과부인지는 알 수 없으나 양반의 서녀였다. 이는 후에 구상덕이 그녀의 오라버니인 좌수(座首) 배순석(裵舜錫)에게 보낸 간찰을 통해 알 수 있다.

혼례 절차를 거치지 않았기 때문인지 인연을 끊고 배조이를 돌려보낼 때에도 매우 간단하게 일을 매듭지었다. 《승총명록》에는 첩과 헤어지는 과정이 다음과 같이 기록되어 있다.

4월 28일 화곡 배조이의 성품이 사나워서 데리고 살 수 없을 것 같아 그녀의 집으로 돌려보냈다.[46]

29일 화곡인(배조이)이 돌아와서 집에서 내쫓아 밖에 머물게 했다.[47]

5월 1일 내가 친히 화곡인을 데리고 용전(龍田) 아래까지 가서 그녀를 친정으로 돌려보내고, 돌아오기에는 너무 늦은 시각이어서 허 원장(許 院長)댁에서 잤다.[48]

구상덕이 배조이를 첩으로 맞이한 것은 3월 초이고 그녀를 친정으로 돌려보낸 것은 4월 말이었다. 첩으로 들였다가 돌려보낸 기간이 불과 두 달이 채 되지 않았으며 그녀를 친정으로 돌려보낸 이유는 성격이 사나워서 데리고 살기 어렵다는 것이었다. 구상덕이 배조이를 친정으로 돌려보낸 다음 날 배조이가 구상덕의 집으로 되돌아왔다. 배조이의 친정에서도 그녀를 받아들이지 않았음을 의미한다. 당시 널리 퍼져 있던 속담 가운데 하나가 "여자가 시집을 갔으면 무슨 일이 있어도 그 집의 귀신이 되어야 한다."는 것이었다. 추측건대 배조이의 친정에서 이 말을 앞세우며 그녀를 다시 구상덕의 집으로 돌려보냈을 것이다. 그러나 구상덕은 그녀를 내쫓아 집 밖에서 머물게 했다. 이튿날, 구상덕은 날이 밝자마자 직접 배조이를 데리고 그녀의 친정에서 아주 가까운 용전까지 바래다주었다. 구상덕으로서는 그녀에 대한 최대한의 배려이자 다시 돌아오지 못하도록 하려는 조처였다. 이것으로 두 사람의 인연은 끝이었다.

배조이를 처음으로 친정에 돌려보낸 4월 28일에 구상덕은 그녀의 적종형(嫡從兄) 배좌수에게 장문의 편지를 써서 그녀를 버릴 수밖에 없었던 사정을 이야기했다. 구상덕이 배좌수에게 편지를 쓴 것은 그가 배씨 집안의 어른이었기 때문인 듯하다.

> 배조이와 함께 살게 된 지 오래되지는 않았지만 그녀가 이미 여러 차례 사나운 태도를 보여 제가 저녁에 잠자리에서 조용히 가르치기를 한두 가지 방법으로 해본 것이 아닙니다. 그러나 그녀의 평소 말과 행동이 부모의 얼굴색을 살피면서 봉양하는 도리를 잃은 적이 많았습니다. 어느 날 저녁에는 지아비인 제가 저녁을 먹고 있는데 무슨 일로 그랬는지는 모르겠으나 끓는 국을 주어 입 안을 다 헐게 만들었고, 창문을 열어 바람

이 들이치게 해서 상자 위에 쌓인 먼지를 날리게 했습니다. 그래서 제가 낮은 목소리로 이를 말렸더니 그녀는 도리어 큰 목소리로 대꾸하기를 마치 미친개가 날뛰며 사람을 쫓듯이 하니 저도 모르게 소름이 온몸에 돋았습니다.

또 부엌일을 할 때에도 아이들에게 화풀이를 하면서 눈을 부라리고 사나운 목소리로 거리낌 없이 "장차 네 배를 찌르겠다"느니 "네 창자를 저미겠다"느니 해서 이를 들은 제 노친이 갑자기 식욕을 잃어 그 후로는 식사조차 못하시고 항상 말없이 눈물만 흘려 잠자리와 베개에 눈물 자국이 남아 있습니다. 그러니 아이들의 아버지인 제 마음이 어떠할 것이며, 아버지의 아들인 제 도리가 어떠하겠습니까. 마치 바늘방석에 앉은 것 같으며 호랑이 꼬리를 밟고 있는 듯하여 몸과 마음이 떨리고 정신이 아득합니다. …… 이같이 남편에게 순종하지 않고 아이들을 사랑하지 않으며 시부모께 효도하는 마음이 없는, 세 가지 커다란 잘못을 한 여자를 잠시라도 안방에 거처하게 해서는 안 됩니다.

원래는 당연히 즉시 쫓아내야 하지만 혹시 다른 소문으로 귀 가문(貴家門)에 누를 끼칠까 염려해 우선 잠시 노여움을 달래서 더 이상 성토하지 않겠습니다. 그래서 아이들을 사랑하는 마음을 회복토록 하고 다른 한편으로는 부부의 인연이 끊어지는 슬픔을 알 수 있는 계기가 되길 바랍니다. 엎드려 바라건대 날마다 채찍을 더하여 개전하기를 기약한다면 회합의 길이 있을 수도 있을 것입니다.[49]

구상덕이 쓴 편지에는 오로지 그만을 믿고 첩살이를 시작했다가 시집살이에 적응하지 못하고 소박을 당해 친정으로 돌아간 배조이에 대해 몹시 거칠게 그려져 있다. 첩으로 들어와서 겪었을 여러 고초나 소박을 당하고 친정으로 돌아가 온갖 냉대 속에서 살아야 하는 그녀의 삶에 대해서는 조금의 배려조차 찾아볼 수 없다. 모든 것이 배조이의 잘못에서 비롯된 일이기 때문에 그 결과도 그녀의 몫일 뿐이라는 식이다. 편지의 끝에 개전의 정을 보이면 회합의 길이 있을 것이라는 말을 덧붙였지만, 이 말은 편지의 말미에 끼워 넣은 형식적 언사에 불과하다.

첩은 지아비를 지극히 섬기고 시부모를 잘 모셔도 그 공을 인정받기 힘들었다. 신재(愼齋) 주세붕(周世鵬, 1495~1554)이 양주(襄州)의 첩을 돌려보내며 지었다는 시 〈송양주노첩(送襄州老妾)〉이 이를 잘 보여준다. 양주는 현재 강원도 양양(襄陽) 지역인데, 주세붕의 첩은 그곳의 기녀 출신이었던 것으로 추정된다.

넋을 잃고 찢긴 마음에 눈물이 두 뺨에 비 오듯 하니
이렇듯 슬픈 이별은 처음이오.
어머님 앓으실 제 약시중 4년과
부친상 3년에 그대는 제 몸을 돌보지 않았구려.
내 나그네로 머무르는 동안 그대 청춘이 원망스레 지나가니
내 볼품없이 늙어 드리운 흰머리가 부끄럽거니
어버이 잘 섬기다가 좋은 곳에 가거라.
인연이 다하지 않았으니 후생을 기하세.[50]

주세붕의 첩은 온갖 정성을 다해 시어머니 약시중을 4년 동안이나 하고 시아버지 상으로 3년 동안 제 몸을 돌보지 않았다. 시에서 "내 나그네로 머무르는 동안"은 그가 곤양군수를 역임하던 1537년(중종 32) 무렵을 가리키는 듯하다. 수령들은 대개 임지에 잠깐 머물다 갔기 때문에

나그네로 자주 비유되었는데, 주세붕은 부모 봉양을 위해 곤양군수를 자청했다고 한다. 첩은 양주 출신이었는데, 그녀와 만난 것은 그가 강원도 도사로 재임하던 1529년(중종 24) 무렵으로 추정된다. 조선 전기에는 도사가 한 곳에 머무르지 않고 관하(管下)의 여러 고을을 돌아다니며 집무를 했기 때문에 양주에서 그녀를 만났을 가능성이 높다.

주세붕은 강원도 도사일 무렵 그녀를 만나 첩으로 삼아서 자신을 돌보고 어머니 약시중을 하도록 했으며 아버지 상까지 치렀다. 그러다 10여 년이 지나 헤어질 때가 되자 그녀를 고향 양주로 돌려보냈다. 그녀는 이별이 아쉽고 헤어지면 언제 다시 만날지 기약할 수 없기 때문에 하염없이 울었다. 그러나 그는 인연이 다하지 않았으니 후생을 기약하자는 무책임한 약속으로 그녀를 위로하며 보냈다. 만일 첩이 아닌 처였다면 4년 동안 밤낮으로 어머니 약시중을 하고 아버지 상까지 치렀던 그녀를 쉽사리 돌려보낼 수 있었을까? 처였다면 시부모의 상을 치렀기 때문에 버리지 못하는 삼불거에 해당했다. 첩은 만나는 것도 쉬웠지만 헤어지는 것 또한 어렵지 않았다.

처는 한 명, 첩은 여러 명

첩은 동시에 여러 명을 둘 수 있었으나 처는 단 한 명밖에 둘 수 없었다. 물론 처가 죽으면 그 후 다른 여자를 처로 맞이할 수 있었으나 첩과 같이 두 명 이상을 동시에 둘 수는 없었다. 일반적으로 남편은 해에, 처는 달에 비유했다. 이들은 오직 하나밖에 존재할 수 없었기 때문이다. 이에 비해 첩은 별로 비유되었다. 밤하늘에 떠 있는 수많은 별처럼 동시에 여러 명을 둘 수 있다는 논리다.

조선시대에 첩을 두 명 이상 두었던 사람은 매우 많은데, 여기에서는 오언상(吳彦祥)을 소개하려고 한다. 그는 미암(眉巖) 유희춘(柳希春, 1513~1577)의 조카다. 유희춘의 누이가 오천령(吳千齡)과 혼인하여 낳은 아들이 오언상이었다. 그는 1573년(선조 6) 6월 무렵에 이미 첩 두 명을 거느렸는데도 첩 한 명을 더 얻으려고 했다. 이에 관해서는《미암일기》에 자세히 나와 있다.

해남에서 족인(族人)의 편지가 왔다. 오언상이 이미 두 명의 첩을 두었는데도 또 음탕한 계집종 말대(末臺)를 첩으로 들이게 되자 할 수 없이 누이께서 전에 소송해서 얻었던 계집종 네 명을 말대의 주인에게 주고 그녀를 속량시켰다고 한다. 오언상이 날이 갈수록 계집종에게 지나치게 빠져드니 그의 아내가 슬퍼하고 원망한다고 한다.[51]

유희춘은 조카 오언상이 계집종을 또 첩으로 얻었다는 소식을 듣고 크게 나무랐다. 얼마나 심하게 꾸중을 했는지 얼마 후 오언상이 즉시 계집종을 물리겠다는 소식을 전해왔다.[52] 그리고 한 달 후 누이가 유희춘에게 감사하다는 편지를 보냈는데 그날 일기에는 다음과 같이 기록되어 있다.

해남의 오천령에게 시집간 누이가 편지에 "언상이 영감의 편지를 받고 광망(狂妄)하고 황탄(荒誕)했던 일을 스스로 깊이 책망하고 불현듯 잘못을 뉘우치고 깨달아서 윤화중(尹和中)이 이곳으로 오면 말대를 버리겠다고 하니 누이도 몹시 기쁘오. 만약 영감의 꾸짖음이 아니었다면 어찌 능히 그 미혹함을 깨달을 수 있었겠소. 축수하고 축수하오."라고 했

다. 이것을 보니 몹시 기쁘다.[53]

유희춘은 오천령에게 시집간 누이를 '해남 오매(海南 吳妹)' 또는 '오매(吳妹)'라고 불렀는데, 남편이 일찍 사망했기 때문에 누이가 집안의 대소사를 도맡아 처리했다. 말대의 몸값으로 지급한 계집종 네 명도 누이가 혼자 소송해서 얻은 것이었다. 누이가 어렵게 얻은 것을 철없는 조카가 첩의 몸값으로 지불하도록 했으니 유희춘으로서도 화날 만했다. 추상같은 외삼촌의 꾸지람에 오언상이 정신을 번쩍 차리고 첩의 상전이었던 윤화중이 오면 물리겠다고 약속했으니 유희춘의 누이는 기쁘기 한량없었을 것이다. 그녀가 동생 유희춘을 영감으로 부른 것은 그가 고위 관료였기 때문이기도 하지만 혼자 사는 자신을 항상 안쓰럽게 여기고 여러 가지 일을 돌봐주는 동생에게 고마운 마음을 가졌기 때문일 것이다.

유희춘은 매사에 꼼꼼한 사람이었다. 오언상이 말대를 물린다는 말을 들었지만 혹시라도 말대의 상전이 들어주지 않을까 염려해 말대의 상전이었던 윤화중에게 환퇴(還退)를 권하는 편지를 썼다.[54] 또 얼마 후 최경회(崔慶會, 1532~1593)가 근친(覲親)을 위해 해남에 다녀오자 오언상이 말대를 물렸는지 확인했다.[55] 이듬해 1574년(선조 7) 3월 일기에는 다음과 같이 기록되어 있다.

> 언상이 지난해에 내가 말리고 훈계해서 깊이 현혹되었던 말대를 버렸는데, 이제 와서 그때의 미혹을 크게 깨닫고 내가 그녀를 버리도록 지시해준 것에 대해 감사하게 생각하고 있으며, 그 처가 첩을 물리게 된 것을 무척 기뻐하고 다행으로 여기고 있다고 한다.[56]

오언상 아내 입장에서도 새로 맞이한 첩을 물리게 되었으니 여간 다행이 아니었을 것이다. 더군다나 말대는 미모가 빼어나고 교태가 있었을 것으로 추정된다. 그녀를 데려올 때 계집종 네 명과 맞바꾸었다는 점도 그렇고 유희춘이 일기에 그녀를 '음탕한 계집종〔淫婢〕'이라고 표현한 점으로 보아도 그렇다. 이런 여자가 첩으로 들어오면 처를 멀리할 것은 뻔한 일이었다. 다만 오언상 역시 첩을 들이거나 버리는 것이 매우 손쉽고, 첩에게 아무런 보상을 해주지 않았다는 점에서 씁쓸할 뿐이다.

3

서생 아내보다 관리의 후처

이제 처끼리의 비교를 통해 처에 관한 이해를 더 넓혀보자. 이런 고찰이 필요한 이유는 첩에 비해 상대가 안 될 정도로 우월한 지위에 있던 처도 자세히 살펴보면 그 내부에 미묘한 차이와 차별이 존재했기 때문이다. 앞에서 처는 단 한 명만 존재한다고 했지만, 조선 후기 남성들은 처가 사망하면 대부분 다시 처를 얻었다. 처음 혼인한 처를 초취(初娶), 두 번째 혼인한 처를 재취(再娶), 세 번째 혼인한 처를 삼취(三娶)라 했는데, 이들 사이에 묘한 차이와 차별이 있었다.

혼인의 조건을 따지는 초취

초취는 여러 조건을 세심하게 따져서 결정했다. 조선시대에 혼인하는 데 고려되는 조건은 무엇이었을까? 이에 대해서 《미암일기》의 다음 기사를 살펴보자.

> 나는 누이가 부탁해온 한효청(韓孝淸) 딸의 혼사(婚事)를 최형중(崔洞中)으로 정해주었다. 그것은 문지(門地)나 본인이 모두 아름답고 대대로 금슬이 좋은 집안이기 때문이다.[57]

한효청은 유희춘의 여동생이 한사눌(韓士訥)과 혼인해서 낳은 아들이었다. 그러므로 한효청의 딸은 누이의 손녀였다. 유희춘은 직접 중매쟁이가 되어 누이의 손녀를 최형중과 맺어주려 했다. 조선시대에는 중매를 통해 혼담을 주고받아야 했다. 신랑 측이나 신부 측에서 직접 나서서 상대를 물색하는 경우는 드물었다. 설령 직접 상대를 물색했다고 하더라도 반드시 중매쟁이를 통해 혼담을 건넸다.

이때 유희춘은 중매자로서 먼저 신랑 측과 신부 측 가문이 통혼할 정도로 정치적으로나 사회적으로 같은 지위에 있는지, 즉 문지가 서로 대등한지를 면밀하게 살펴봐야 했다. 물론 경제적으로 맞상대할 집안인지도 알아봐야 했다. 어느 한쪽이 현저하게 차이 나면 '기우는 혼인'이라 하여 하지 않으려 했기 때문이다. 그다음으로 당사자의 품성을 알아보았다. 혼인이 아무리 집안끼리 하는 것이라고 해도 당사자의 성품은 혼인 생활을 유지하는 데 매우 중요한 요인이었다. 원만한 성격을 가지고 있어야 가정생활을 잘 꾸릴 수 있고 험난한 사회생활도 무난히 헤쳐 갈 수 있기 때문이다. 마지막으로 집안 환경을 보았다. 대대로 부부 금슬이 좋은지, 조상들이 단명(短命)하지는 않았는지, 특정 병력(病歷)이 있지는 않은지 등을 살펴보았다. 유희춘은 이러한 점들을 꼼꼼히 따져

본 후 누이의 손녀가 최형중과 혼인해도 괜찮겠다는 결론을 내렸다.

유희춘 집안에 혼담이 들어온 경우도 있었다. 유희춘의 형 유성춘(柳成春)에게는 세 아들이 있었는데, 그중 둘째 아들이 유광문(柳光雯)이었다. 유광문을 사위로 맞아들이고 싶은 사람이 있어 혼담이 들어왔다.

> 진원(珍原)의 가부장(假部將) 김항(金沆)이 광문(光雯)을 사위로 맞고 싶어 한다는데 이 혼사는 할 만하다. "집안이 평탄하고 넉넉하게 살며 처자도 좋다."고 한다. 김경우(金景愚)가 말해준 것이다.[58]

유광문을 사위로 삼고 싶다는 사람은 진원현에 사는 김항으로 가부장을 역임했다. 혼담이 들어오자 유희춘은 평소 잘 알고 지내던 김경우에게 집안 내력과 처녀의 인물 됨됨이 등에 대해 자세히 살펴 알려주기를 부탁했다. 김경우는 집안이 평탄하고 살림살이가 넉넉할 뿐만 아니라 처자의 인품 또한 좋다고 귀띔해주었다. 유희춘은 이 혼사에 대해 매우 만족스러워했다. 이를 통해 혼인할 때 상대방 가문이 정치적·사회적 성쇠(盛衰)가 없었는지, 경제적 능력 및 신부의 인품은 어떤지 등을 살펴보았음을 알 수 있다.

재취도 마다하지 않는 혼인 풍습

조선시대에는 혼인할 때 상대방 가문의 문지를 따졌기 때문에 좋은 집안이면 재취 자리라도 마다하지 않는 경향이 있었다. 이는 유희춘의 처남 송정수(宋廷秀)의 사례를 통해 알 수 있다. 송정수는 슬하에 딸 두 명이 있었는데 그들을 모두 재취 자리로 보냈다. 《미암일기》에서 이와 관련된 내용을 살펴보자.

> 아침에 조광중(曺閎中)이 와서 나에게 말하기를 자기 동생 박사 조경중(博士 曺景中)이 송씨 집안과 혼인 맺는 것을 매우 좋다고 말했다면서 혼사를 가을로 기약하자고 했다. 나는 송씨 집안에서 반드시 4월에 성혼(成婚)하려 할 것이라고 말했다.
>
> 군직(君直: 송정수의 자—옮긴이 주)은 집안이 부유하고 오직 딸만 둘이 있었다. 그런데 이 두 딸의 배필로 나이가 이들과 어울리는 젊은 사위를 맞이할 수 있는데도 반드시 조정의 벼슬한 사람을 구해서 눈앞의 이득만 추구하려 하고 연로한 자가 적당한 배우자가 아니라는 사실을 헤아리지 못한다. 그래서 전일에 우리 부부가 이런 혼인의 좋지 않은 점들을 역설했음에도 군직이 지금 기어코 조군을 맞이하려 하니 역시 그 식견과 취향이 비루함을 엿볼 수 있다. 다만 조경중이 만약 오랫동안 살아서 그녀와 사이에서 아들이라도 낳는다면 장래의 복이라도 누릴 수 있다지만 이것도 사람의 일이라서 알 수 없지 않은가?[59]

송정수는 자신의 둘째 딸을 조경중과 혼인시키려 했다. 조경중은 옥천조씨(玉川曺氏)로 전라도 화순현(和順縣)에서 세거하던 명문가 출신이었다. 그는 1533년(중종 28)에 출생했으며 1561년(명종 16) 생원과 진사시 양시(兩試)에 합격하고 1567년(선조 1) 문과에 급제했다. 혼담이 오갈 무렵 그는 교서관 박사로 재임 중이었다. 당시 조경중의 나이는 35세로 첫째 부인과 사별한 후 재혼 자리를 물색하고 있었다. 이 사실을 알게 된 송정수 측에서 마침 혼담을 건네자 그는 흔쾌히 응했다. 홍주송씨(洪州宋氏)가 전라도 일대에서는 명문으로 이름이 나 있는 데다 잘 살았기 때문이다.

유희춘은 이 혼인에 반대했다. 조경중은 소과(小科) 양시에 합격하고 문과에 급제했기에 관료로 출세할 가능성이 높았다. 그와 혼인하면 유희춘의 조카딸, 즉 송정수의 둘째 딸은 고위 관리의 부인으로 융숭한 대우를 받을 수 있었다. 그러나 유희춘은 어린 조카딸과 조경중의 나이 차이가 많이 나서 원만한 혼인 생활을 할 수 있을지 우려했다. 더군다나 신랑의 나이가 많아서 얼마나 살지 알 수 없었고, 만일 둘 사이에서 자녀를 낳지 못하면 어린 조카딸은 한평생 외롭고 쓸쓸하게 살아야 했다. 유희춘은 부인과 함께 처남 송정수를 설득했으나 결국 그의 마음을 돌려놓지 못했다.

그런데 《미암일기》에 따르면 송정수는 둘째 딸만 재취로 보낸 것이 아니었다. 큰딸도 이방주(李邦柱, 1542~1597)의 재취로 보냈다. 이방주의 본관은 함평(咸平)으로 전라도 담양부(潭陽府) 출신이며, 1558년(명종 13) 진사시에 합격하고 1570년(선조 3) 문과에 우수한 성적으로 급제한 인물이었다. 그는 대동찰방, 무장현감, 고부군수 등을 역임했으나 관직에는 그다지 뜻이 없었다. 그래서 일찍 관직을 버리고 고향으로 돌아와 미암 유희춘, 송강 정철 등과 도학을 강론하고 시를 읊으며 지냈다고 한다.

송정수처럼 딸을 문과에 급제한 관료들의 재취 자리로 혼인시키려는 사람이 조선시대에 의외로 많았다. 우선 배우자의 출세가 확실히 보장되었고, 혼인을 통해 자기 가문의 지위도 확고히 다질 수 있었기 때문이다. 이들은 기회가 닿기만 한다면 자신의 딸을 문과 급제자나 고위 관료의 재취로 보내는 것을 조금도 주저하지 않았으며, 오히려 송정수처럼 이를 선호하는 사람조차 있었다.

이 사실은 오희문(吳希文, 1539~1613)의 《쇄미록》을 통해서도 거듭 확인할 수 있다. 오희문은 임진왜란 때 충청도 임천현(林川縣)에서 피난 생활을 했는데, 그때 아들 오윤겸(吳允謙, 1559~1636)의 친구인 신응구(申應榘, 1553~1623)로부터 커다란 도움을 받았다. 신응구는 당시 임천현에서 가까운 전라도 함열현(咸悅縣) 현감으로 재임 중이었다. 오희문은 피난 도중 별다른 생계 수단이 없었던 탓에 양식 등이 떨어지면 으레 신응구에게 부탁했다. 신응구는 한 번도 난색을 보이지 않고 흔쾌히 부탁을 들어줘서 오희문은 그에게 늘 감사한 마음을 가졌다.[60] 그러던 어느 날 신응구가 갑자기 아내를 잃게 되자 오희문은 매우 놀라 애도하면서도 한편으로는 자신의 생활에 어떤 영향을 미치지 않을까 크게 염려했다.[61] 그로부터 몇 달 후 신응구가 뜻밖에 혼담을 건네왔다. 이때 일기는 다음과 같다.

함열태수(신응구 — 옮긴이 주)가 상처한 후에 마침 우리 집에 혼담을 건네 이미 만나 혼인하기로 약조를 맺었다. 그런데 만일 시기를 늦추면 피차 늙은 부모가 있으니 사람의 일을 기약할 수가 없어 이것이 걱정되었다. 참봉(오윤겸 — 옮긴이 주)이 지금 함열에 있는데 말하기를, "이같이 어지러운 세상에 만일 예의를 주장하다 기일을 끌면 후일 예기치 못한 근심이 없다고 기필할 수 없으니 늦은 가을이나 초겨울 사이로 의논해서 정하는 것이 어떻겠느냐." 하니 함열태수도 역시 이에 동의했다고 한다. 이에 사람을 시켜 함열태수의 아버지인 온양태수에게 이 뜻을 전하자 온양태수가 윤겸에게 편지하기를 "나의 뜻과 꼭 맞으니 다시 자세히 의논해서 통지하겠다." 했다니 몹시 기쁜 일이다. 마땅히 날짜를 가려 사람을 보내어 날짜를 결정할 계획이다.[62]

당시 오희문의 아들은 모두 장가를 갔으나 딸은 아직 혼인시키지 못한 상태였다. 신응구와 혼담이 오간 상대는 그의 큰딸이었다. 오희문으로서는 딸의 혼인이 처음이었기 때문에 상대방의 문지 등 따져보아야 할 것이 한두 가지가 아니었다. 그러나 그는 신응구로부터 혼담이 오고 신응구의 아버지 온양태수 신벌(申橃, 1523~1616)도 이 혼인에 대해 흡족해한다는 소식을 전해 듣자 매우 기뻐하고 있다. 자신의 장녀가 신응구의 후처로 들어가는 것을 전혀 꺼리지 않고 오히려 매우 흡족하게 생각했다.

오희문뿐만 아니라 당사자인 신응구도 기뻐하기는 마찬가지였다. 이는 다음 일기를 통해 알 수 있다.

> 아침 식사 후에 함열태수가 돌아갔다. 기색을 살펴보니 그의 처를 맞이한 것을 기뻐하고 적합하게 여기니 매우 기쁘다. 오는 19일에 사람과 말을 보내서 함열 관아로 데려간다고 한다.[63]

신응구는 1594년(선조 27) 8월 14일에 처가가 있는 임천으로 건너와서 혼인식을 간략하게 치렀다. 아직 일본과 전쟁 중인 데다가 처가가 피난 생활을 하고 있었기 때문이다. 더군다나 그도 현감으로 재임 중이어서 오래 자리를 비울 수 없으니 첫날밤을 치르고 바로 함열 관아로 돌아갔다. 그런데 첫날밤을 지낸 다음 날 아침 오희문이 그의 큰딸과 혼인한 사위의 얼굴을 살펴보니 기쁜 표정이었으며, 신부에 대해 매우 흡족해하는 듯했다. 그래서 오희문도 매우 기쁘게 생각했다.

삼취에 대한 편견

반면 조선 후기 사대부들은 자신의 딸이 삼취 이상으로 들어가는 것에 대해서는 꺼렸던 것 같다. 물론 신랑의 집안이 명문이고, 문과에 급제했거나 벼슬살이를 하고 있으면 재취든 삼취든 상관하지 않았다. 삼취는 대부분 자신의 딸에 비해 상대방의 연령이 많아 나이 차이로 인한 부조화를 염려했을 가능성이 있다. 또 초취나 재취 소생들과의 갈등도 우려했을 것이다. 그러나 가장 큰 이유는 그들의 소생이 차별받을 가능성이 있었기 때문이다. 이런 차별은 지방에서 더욱 심했다. 삼취 소생은 양반의 자치 모임인 향안(鄕案)에 등재되지 못하기도 했다. 먼저 이와 관련된 탄원서를 하나 살펴보자. 아래의 품목(稟目)은 전라도 장수현(長水縣)의 재회소(齋會所) 유생 정세수(鄭世綏) 등이 1875년(고종 12) 8월 3일에 같은 고을의 수령에게 제출한 것이다.[64] 품목은 서원이나 향교 유생이 수령에게 제출하는 청원서나 탄원서였다.

> 인자하신 성주님의 귀를 더럽힐까 염려스럽습니다. 엎드려 생각건대 사망한 양대규(梁大奎)는 지난 병오년에 향중(鄕中)의 중망(衆望)에 의해 향유사(鄕有司) 직책에 선발되었습니다. 그러나 몇몇 사람이 이를 방해하고자 향유사 추천장을 몰래 숨겼으니 이는 선비들의 공정한 처사가 아닙니다. 그때 이로 인하여 회의가 무산되고 향유사의 추천장도 궤안에 두지 못한 채 지금에 이르도록 이를 매듭지을 겨를이 없었으니 이는 온 고을의 흠입니다.
>
> 지금 향장(鄕長)의 나이가 100세 가까이 되어 병석에서 일어나 읍에 들어올 수 없어 그의 자제(子弟)에게 명해서 죽은 양대규의 추천서를 향

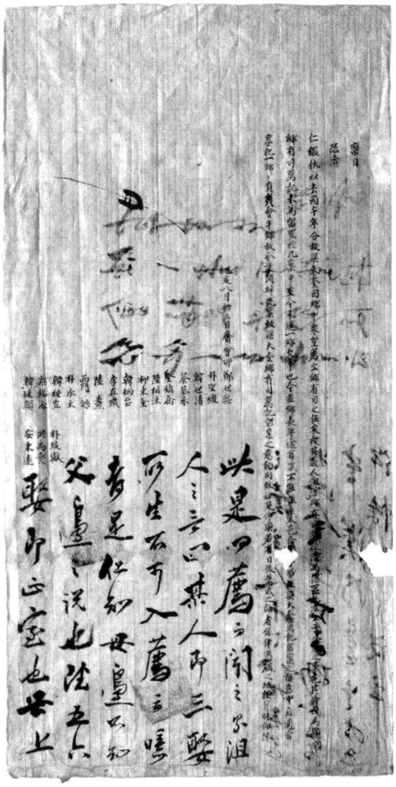

고문서 5-8 **장수현 재회소 유생 품목, 1875년, 전북대학교 박물관 소장.**

유사 명단에 기록해야 하는 이유를 향원(鄕員)에게 자세히 설명했습니다. 오늘 마침 향사(享祀)가 있어서 온 고을 향원(鄕員)의 절반 정도가 모였습니다. 모인 향원들은 지금 선안(先案)을 열어 살펴보고 아울러서 죽은 양대규의 향유사 추천서를 향유사안(鄕有司案)에 넣어두자는 취지에 모두 동의했습니다.

그래서 이와 같이 우러러 아뢰오니 만일 뒷날 이견을 말하는 사람이 있으면 법에 따라 처벌해주시기 바랍니다. 삼가 외람됨을 무릅쓰고 우러러 아룁니다.

기해년 8월 3일 재회소(齋會所) 정세수(鄭世綏) 박성환(朴聖換) ……
홍우섭(洪禹燮) 박치헌(朴致獻) 등

〔제사〕 이는 향유사 추천과 관련된 것인데 이에 대한 의견을 들어보니 저지하는 사람들이 말하기를 "모인(양대규—옮긴이 주)은 삼취 소생이니 향유사 명단에 기록할 수 없다."라고 한다. 슬프다. 이는 모두 혈통을 따질 때 오로지 어머니 쪽만 알고 아버지 쪽은 알지 못하는 이야기일 뿐이다. 비록 오취, 육취라 하더라도 정실(正室)이다. 세상에 상처한 후 다시 혼인하는 사람이 십중팔구다. 만일 이 사람들의 말과 같이 한다면 다시 혼인해 얻은 자손들은 장차 상한(常漢)이 되고 말 것이다. 어찌 이와 같이 윤리에 어긋나는 논의가 있겠는가? 훗날 여러 선비가 모이는 날을 기다려 나의 처분을 보여준 후 향유사안에 등록하는 것이 마땅하다. 초3일.

이 품목에 따르면 양대규(1781~1853)는 병오년(1846, 헌종 12)에 양반들의 추천에 힘입어 향안의 간부인 향유사(鄕有司)로 선발되었다. 지방에서는 향장으로 추대되거나 향유사로 선발되는 것을 매우 명예로운 일로 여겼다. 그러나 몇몇 사람이 그가 향유사가 되는 것을 반대해서 추천장을 몰래 숨겨버리는 바람에 회의는 무산되고, 향유사안을 봉안한 상자〔几案〕에 추천장을 넣지 못했다. 양대규가 향유사로 천거된 때가 1846년인데 이 품목이 제출된 해는 1875년이니 꼭 30년이 지났으며, 그사이 양대규도 사망하고 말았다. 그렇지만 향유사로 선발된 사람을 몇 사람이 반대한다는 이유로 향유사안에 이름조차 올리지 못한 것은 장수 유림들의 흠이라고 할 만했다.

당시 향장은 100세가 다 되었는데 생전에 이를 해결하려는 의지를 가졌다. 그렇지만 병이 들어 몸을 움직일 수 없었기 때문에 자제를 향회에 보내 양대규를 향유사안에 등록할 수 있도록 유림을 설득했다. 마침 향사가 있어서 유림들이 모였는데 이때 모인 사람들은 양대규를 향유사안에 등록하는 것에 찬성했다. 집회에 모였던 정세수 등 유림 18명은 장수현감에게 품목을 올려 이 상황을 설명하고 뒷날 이견을 제시하는 자를 법에 따라 처벌해달라고 요청했다.

장수현감은 품목을 살펴보고, 또 탄원한 유림들에게 품목에 밝혀져 있지 않은 내용을 청취했다. 그가 궁금했던 것은 반대한 유림들의 명분이었다. 그것은 양대규가 삼취 소생이라는 사실이었다. 그러나 삼취 소생이라는 사실 때문에 향유사안에 오르지 못하게 할 수는 없었다. 비록 삼취 이상이라도 예의와 절차를 갖추어 혼인했으면 모두 정실이며 그 아들 역시 모두 적자였기 때문이다. 현감은 이 사실을 지적하고 훗날 유림들이 다시 모이면 자신의 처분을 보여준 후 양대규의 이름을 향유사안에 등록하도록 지시했다.[65]

《남원양씨파보》에 따르면, 양대규의 아버지 양계선(梁啓善, 1740~1787)은 세 차례 혼인했다. 초취는 금성나씨(錦城羅氏)였는데 얼마 안 되어 사망했고 소생도 없어서인지 누구의 딸인지조차 밝혀져 있지 않다. 재취 역시 금성나씨였는데 아버지는 나경악(羅景岳)이며 참의(參議) 나무춘(羅茂春)의 후손이었다. 삼취는 순흥안씨(順興安氏)로 아버지는 안명직(安命稷)이며 문성공 안유의 후손이었다.[66] 양대규는 바로 이 순흥안씨의 소생이다.[67]

양대규의 이름이 향유사안에 등재되는 것을 반대한 유림들이 과연 그가 삼취 소생이기 때문에 거부했는지, 아니면 또 다른 결격 사유가 있어서 그랬는지는 알 수 없다. 다만 양대규같이 삼취 소생은 향안이나 향유사안에 등재하지 못하도록 차별하는 경향이 있었다. 이런 까닭에 사대부들은 자신의 딸을 삼취 이상으로 보내는 것을 기피하게 되었다.

외가만 중시하던 조선 후기의 풍습

장수현감이 유림들의 품목에 처분을 내리면서 갑자기 "이는 모두 혈통을 따질 때 오로지 어머니 쪽만 알고 아버지 쪽은 알지 못하는 이야기일 뿐이다."라고 지적했는데, 이에 대한 설명이 필요하다. 조선 후기에는 문벌의식이 발달하면서 같은 형제 사이에도 외가에 따라 지체를 차별하는 경향이 있었다. 같은 아버지에게서 태어났어도 어머니가 다르면 형제간에 차별이 있었다는 이야기다. 물론 적서 차별을 말하는 것이 아니다. 같은 적자 사이에서도 어머니가 어느 집안 출신인지에 따라 차별이 있었다.

전라도 남원 지방에 널리 알려진 사례를 살펴보자. 전라도 남원부의 둔덕방에는 효령대군(孝寧大君, 1396~1486)의 후손으로 많은 인물을 배출하여 남원의 명가로 손꼽히는 전주이씨가 세거했다. 이 가문에서 배출한 대표적 인물이 천묵재(天默齋) 이상형(李尙馨, 1585~1645)과 그의 아들 석동(石洞) 이문재(李文載, 1615~1689)다. 이상형은 사계(沙溪) 김장생(金長生, 1548~1631)의 문인으로 1612년(광해 4) 진사시에 합격하고 1625년(인조 3) 문과에 급제하여 사헌부 지평과 홍문관 부수찬 등을 역임했다. 그는 경서에 정통하고 음양과 지리에도 밝았다고 하며 사후에 남원의 요계서원(蓼溪書院)에 제향되고 충경(忠景)이라는 시호도 받았다. 그의 아들 이문재는 신독재(愼獨齋) 김집(金集, 1574~1656)의 제자로 1648년(인조 26) 생원시에 합격한 후 사직서 참봉으로 천거되었으나 나아가지 않았다.

《전주이씨파보》에 따르면, 이문재는 이성진(李聖眞, 1645~1701)과 이성원(李聖元, 1651~1683) 두 아들을 두었다. 장남 이성진은 1693년(숙종 19) 진사시에 합격했으며 부안김씨 김지성(金之聲, 1610~?)의 딸과 혼인해서 이이근(李頤根)과 이이성(李頤成) 등을 낳았다. 차남 이성원은 홍성장씨(興城張氏) 장정한(張靖漢)의 딸과 혼인해서 이이기(李頤期)라는 아들을 두었다. 그런데 이이기가 큰아버지 집을 방문할 때는 일부러 한쪽 다리를 절룩거렸다고 한다. 이를 이상하게 여긴 사촌형 이이근이 이유를 묻자 이이기는 외가의 지체가 좋지 못해서 그렇게 걷는다고 대답했다. 양다리는 각각 친가와 외가를 의미하는데 외가가 좋지 못하기 때문에 한쪽 다리를 절었다는 것이다.

이이근의 외조 김지성은 같은 고을 목동(木洞)에 세거하던 부안김씨로, 1646년(인조 24) 생원과 진사 양시(兩試)에 합격하고 1648년(인조 26) 문과에 급제한 후 군수를 역임한 인물이었다. 이에 비해 이이기의 외조 장정한은 둔덕방에 세거하던 홍성장씨로 호군(護軍)을 역임한 인물이었다. 두 집안 모두 남원에서는 알아주는 양반이었지만, 가문의 지체를 비교하면 부안김씨가 홍성장씨보다 상대적으로 높았다.[68] 또 둘 다 벼슬을 했지만 김지성은 문과 출신이며 장정한은 음관 출신이었기 때문에 비교가 되지 않았다. 이러한 연유로 비록 같은 할아버지의 피를 이어받았지만 외가가 달랐기 때문에 지역 사회나 가문 구성원으로부터 차별을 받았다. 이이기는 이에 항의하는 뜻으로 그렇게 행동했던 것이다.

같은 아버지의 피를 이어받았어도 어머니가 어느 집안 출신이냐에 따라 후손들이 차별을 받는 것이 조선 사회였다. 시기가 지날수록 문벌

의식이 더욱 성행했다. 조선 후기에는 외가에 따라 후손의 지체가 결정되었기 때문에 더 좋은 집안을 선택해서 혼인하려고 노력했다. 자기 자녀의 능력이나 인품은 고려하지 않은 채, 오로지 좋은 집안을 골라 수단과 방법을 가리지 않고 혼인하려는 풍조는 오늘날 갑작스럽게 생긴 것이 아니었다. 혼인에 가문의 사활을 거는 풍조는 이미 조선시대에도 있었던 것이다.[69]

4

부유한 첩을 얻어 출세한 남자들

처도 초취, 재취, 삼취에 따라 차이가 있듯이 첩도 마찬가지였다. 어미의 신분에 따라 양첩과 천첩으로 구분되어 차별을 받았고, 아버지의 지위에 따라 대우가 천차만별이었다. 예컨대 아버지가 재상이나 고관대작이면, 그의 서녀로 첩이 된 여자는 신분은 다른 첩들과 마찬가지로 천민이었지만 대우는 매우 달랐다.

서녀를 무반의 첩으로 보낸 유희춘

조선시대에 문반 사대부들은 자신의 적자를 문과 급제를 통해 문반 관료가 되도록 교육시키고, 같은 문반 관료나 사대부의 자제들과 혼인시키려 했다. 이에 비해 서자는 무과 합격을 통해 무반 관리가 되도록

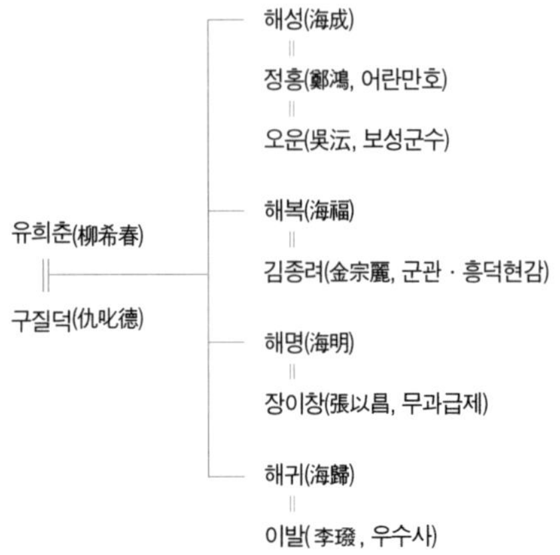

유희춘의 세계도

유도하고, 무반 관료의 자제들과 혼인하도록 했다. 특히 서녀는 무반의 처나 첩으로 보내는 경우가 많았다. 이런 사례는 유희춘의 《미암일기》에서 살펴볼 수 있다. 유희춘은 서녀 네 명을 두었는데 모두 무반의 첩으로 시집보냈다. 유희춘의 세계도를 보면 알 수 있듯이 그의 첫째 딸 해성(海成)은 어란만호(於蘭萬戶) 정홍(鄭鴻)의 첩이 되었다가 정홍이 사망한 후 보성군수 오운(吳沄)의 첩이 되었다. 둘째 딸 해복(海福)은 군관(軍官) 김종려(金宗麗)의 첩이 되었는데 후에 그는 흥덕현감이 되었다. 셋째 딸 해명(海明)은 무과 출신 장이창(張以昌)의 첩이 되었으며, 넷째 딸 해귀(海歸)는 우수사(右水使) 이발(李潑)의 첩이 되었다.

그런데 이들의 혼인 대부분은 남자 측의 적극적인 청혼 의사에 따라 이루어졌다.[70] 무반 출신이 고위 문반 관료의 서녀와 혼인하면 여러 가지로 도움을 받을 수 있었기 때문이다. 이 사실을 유희춘의 둘째 서녀와 혼인한 김종려를 통해 구체적으로 살펴보자. 김종려를 소개한 사람은 유희춘과 절친했던 전라병사 이대신(李大伸)이었다. 이대신은 그가 쓸 만한 인물이라고 판단해 영남에서 데리고 올라와 훈련원에 천거했으나 일이 뜻대로 되지 않았다. 그 후 이대신이 유희춘의 사위 윤관중(尹寬中)과 이야기를 나누는 과정에서 유희춘의 서녀와 혼인시키는 것이 어떻겠느냐는 의견을 나누었으며, 추석 무렵에 혼사를 치르는 것이 좋겠다는 이야기까지 오갔던 것으로 추정된다.[71] 1569년(선조 2) 5월 27일에 이대신은 유희춘에게 편지를 보내 그간의 사정을 전했다.[72] 그사이 무슨 일이 있었는지, 추석을 훨씬 넘긴 11월이 되어서야 유희춘이 비로소 첩과 상의한 후 김종려를 해복의 지아비로 맞이하기로 했다.[73] 혼인은 여러 가지 일로 지체되다가 1571년(선조 4) 3월 27일에 이르러 해남의 첩가(妾家)에서 이루어졌다.[74]

첩부로부터 도움을 받은 김종려

유희춘은 혼인이 결정된 직후부터 김종려를 좋은 자리로 보내기 위해 노력했다. 그는 혼인 전에 전라수사(全羅水使) 한홍제(韓弘濟)에게 부탁해 김종려를 군관으로 임용하도록 부탁했다. 이 사실은 다음의 일기에서 알 수 있다.

> 수사 한홍제가 찾아왔다. …… 내가 청탁하기를 …… 김종려를 군관으로 자망(自望)해달라고 했더니 …… 들어주었다.[75]

김종려는 당시 충청 수영에 속해 있었는데 유희춘이 그를 전라 우수영(右水營) 군관으로 임명해달라고 요청했던 것이다. 자망은 이조나 병조에서 임명하지 않고 부서의 장이 임의로 추천해서 임명하는 것을 가리켰다. 당시 충청 수영은 해미에, 전라 우수영은 해남에 있었다. 유희춘의 첩가(妾家)가 바로 해남에 있었기 때문에 혼인 후 신접살림을 위해 그를 전라 우수영 군관으로 임명해달라고 청탁했던 것이다. 한홍제는 며칠 후 그를 전라 우수영의 군관으로 임명했다.[76]

유희춘은 김종려를 위해 요로(要路: 중요한 지위에 있는 사람)에도 청탁했다. 유희춘은 당시 병조참판이던 유경심(柳景深)에게 '김종려의 일'을 간청했는데,[77] 며칠 후에 유경심이 유희춘을 찾아와 청탁한 일에 대해 약속했다.[78] 청탁한 일이 구체적으로 무엇이었는지 일기에 드러나지 않아서 정확한 것은 알 수 없지만 추측건대 김종려를 한양으로 데려오는 것이 아니었나 생각된다.

유희춘은 전라감사로 임명되어 해남 관아를 순시했을 때 김종려를 직접 대면했다. 유희춘은 그를 보고 쓸 만한 사람이라고 평가하고[79] 얼마 후 다시 만나게 되자 무척 반가워하며[80] 그가 곁에 있으니 도움이 된다고까지 말했다.[81] 그 후 김종려는 옥구가장(沃溝假將)을 거쳐[82] 이듬해에 훈련원 참군(參軍)이 되었는데 모두 유희춘이 뒤에서 지원해준 덕택이었다.

그런데 김종려가 훈련원 참군일 때 사건이 발생했다. 그가 훈련원의 고참으로서 신참을 괴롭힌 것이다. 조선시대에는 각 부서마다 신참이 부임하면 으레 '면신례(免新禮)'라는 것을 행했다. 일종의 신고식이었는데 매우 가혹하고 해괴한 행위를 시키는가 하면 금품 등을 요구해서 폐단이 매우 심했다. 법으로 금지하고 단속도 했으나 관례적으로 끊임없이 행해졌다. 김종려는 자신이 신참일 때 당했던 것처럼 신참에게 가혹 행위를 하고 포(布)를 바치도록 요구했던 것 같다. 사헌부 관원들은 김종려가 신참을 괴롭혔다는 소문을 전해 듣고 이를 문제 삼았다. 그러자 김종려는 유희춘에게 달려가 이 사실을 알리고 처벌을 면할 수 있는 방법을 의논했다.[83] 유희춘은 사태 파악과 수습을 위해 여러 관리에게 편지를 보내고[84] 신참에게서 받은 포를 돌려주도록 지시했다.[85] 다행히 사헌부가 이 사건을 불문에 부치기로 하고[86] 포를 바치도록 강요한 사람이 당상관인 것으로 밝혀져서[87] 처벌을 면했는데, 그 와중에 김종려가 권지청참군(權知廳參軍)으로 발령이 나서 이 사건은 일단락됐다.[88]

무반이나 음관으로 진출한 지방의 한미한 가문 출신 관료들이 가장 바라는 것은 수령이 되어 부모를 봉양하고 가족과 함께 사는 것이었다. 영동 출신이었던 김종려도 이 점에서는 마찬가지였다. 김종려로부터 호남의 변두리 고을의 수령이 되어 양친을 봉양하고 싶다는 바람을 전해들은 유희춘은 자신과 절친한 이조참의 강사상(姜士尙)에게 편지를 보내 이런 뜻을 전했는데, 명심해서 도모해보겠다는 답장이 왔다.[89] 그 후 호남 수령 가운데 빈자리가 생기거나 파직을 당할 기미가 보이면 김종려가 천거될 수 있도록 노력했다. 먼저 흥양현[90]과 광양현이 목표였는데, 광양현감에 수망(首望)으로 천거되었으나 왕으로부터 낙점 받지 못했다.[91] 다음으로는 무장현에 자리가 생기자 이조판서와 참판에게 편지를 보내 부탁했다.[92] 또 옥구현감과 사복시 주부로 천거되었으나 또 다시 낙점 받지 못했다.[93] 이어서 충청도 홍산현에 자리가 생기자 역시 이조판서에게 부탁하여[94] 부망(副望)으로 천거되었으나 결국 선택되지 못했다.[95]

수령으로 임명받을 수 있도록 요로에 여러 차례 부탁하고 후보자로 천거가 되었는데도 번번이 낙점 받지 못하자 유희춘으로서도 더 이상 청탁하기 어려웠다. 그래서 김종려가 태인현 수령으로 나가게 해달라고 부탁했을 때는 직접 이조참의에게 청하라고 권고했다.[96] 김종려가 유희춘의 권고대로 따랐는지 당시 참의였던 심의겸(沈義謙)은 그를 청하현감에 말망(末望)으로 천거했으나 역시 낙점 받지 못했다.[97] 며칠 후 김종려가 감찰(監察)에 제수되자[98] 한동안 수령으로 부임하는 것에 대한 관심이 적어진 듯했다. 그러나 수령에 대한 근무 평가가 시행되어 성적이 정해지고 그에 따라 교체되거나 파면될 수령이 생기자 그는 다시 부안현감으로 가고 싶어 했다.[99] 그러나 그의 희망과 달리 무안현감에 수망으로 오르고도 또다시 낙점 받지 못했다.[100] 얼마 후 홍덕현감이 사간원(司諫院)의 논박을 받게 되자 유희춘은 이조참판 이후백(李後白)에게 편지를 보내 천거를 부탁했다.[101] 지성이면 감천이라고 이틀 후 그는 홍덕현감으로 낙점을 받았다.[102]

지금까지 살펴본 것처럼 유희춘은 자신의 서녀와 혼인한 김종려를 좀 더 좋은 자리에 앉히려고 온갖 노력을 기울였다. 또 수령으로 부임하는 김종려를 위해 편지 쓰는 규식을 가르쳐주기도 했다.[103] 수령으로 부임한 후 고을의 유림이나 유지와 서신 왕래를 할 때 격조에 맞는 편지를 써야 무시당하지 않기 때문이다. 유희춘은 심지어 옥천군수 박춘영이 자신을 찾아오자 영동에 사는 김종려의 모친을 돌봐주라고 부탁하기도 했다.[104] 물론 이러한 배려가 김종려에게만 베풀어진 것은 아니었다. 그는 다른 서녀서(庶女婿)들도 언제나 지극 정성으로 돌봐주었다.[105]

고관의 서녀들은 비록 천출(賤出)이기는 하지만 보고 배운 것이 있어서 지식과 교양이 남달랐다. 그 때문에 비록 정실은 아니지만 삶을 살아가는 데에는 크게 도움이 되었다. 특히 지방 출신으로 가문 배경이 좋지 못한 무관이나 음관은 유희춘과 같은 고관의 서녀를 첩으로 얻는 것을 간절히 원했고 그렇게 되는 것을 행운이라 여겼다. 이 사실은 유희춘의 넷째 서녀 해귀와 혼인한 우수사 이발을 통해 알 수 있다.

> 우수사 이발이 해귀를 보고 이르기를 "나이가 어린데도 단아하고 정중하기가 어른 같고 지식과 기량이 있으니, 진실로 군자의 자식은 보통 사람과는 다르다."라며 총애했다 한다. 해복이 언서(諺書)로 이 사실을 알렸다.[106]

첩부의 힘으로 승진한 황정열과 황정직

고관의 서녀를 첩으로 맞이하면 고위 관료들과 인맥을 쌓고 그들로부터 정치나 인사에 관한 고급 정보를 얻어 진로나 승진에 활용할 수 있었다. 다만 이런 사실을 잘 드러내지 않았을 뿐이다. 다음 고문서는 첩가(妾家)로부터 어떤 도움을 받을 수 있었는지를 보여주는 사례다.

이 고신은 1616년(광해 8) 7월에 왕이 황정열(黃廷說)의 품계를 정3품 당하관 통훈대부(通訓大夫)로 올려주면서 발급한 것이다. 황정열이 승품(陞品)하게 된 이유는 그의 첩부(妾父) 유기(柳圻)가 자신이 받아야 할 가자(加資)를 물려주었기 때문이다. 가자란 관리가 일정 기간 근무했거나 근무 성적이 좋으면 근무 평점을 더해주는 것이다. 조선시대에는 관리가 자신이 받아야 할 가자를 아들이나 조카, 사위에게 물려주는 제도가 있었는데, 이를 대가(代加)라고 했다. 유기는 강진현감으로 재임하던 중 1611년(선조 3) 10월과 이듬해 2월에 두 차례나 특별히 품계를 올려주는 별가(別加)의 기회를 얻었다.[107] 고신 발급일 왼쪽에 적힌 '신십임이별(辛十壬二別)'이 그것을 가리키는데 '신십'은 '신해년 10월'을,

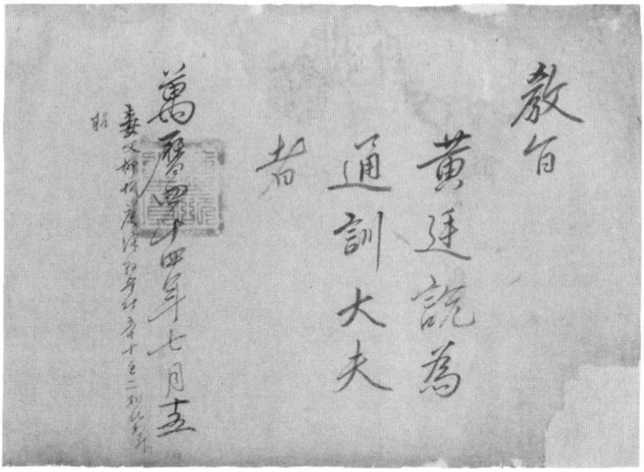
敎旨

黃廷說爲

通訓大夫

者

萬曆四十四年七月 日

고문서 5-9 **황정열의 고신, 1616년, 장수황씨 무민공 종중 소장.**

'임이'는 '임자년 2월'을, '별'은 '별가'를 의미한다. 그런데 그는 이 가자 점수를 자신을 위해 사용하지 않고 서녀서(庶女婿) 황정열에게 주어 그가 대신 승품하도록 했다. 황정열의 고신 발급일 왼쪽 아래에 쓰인 '대가(代加)'라는 말이 이를 뜻한다. 그 아래 '병초(竝超)'란 두 차례의 승품 점수를 한꺼번에 사용해 두 단계 승진했다는 뜻으로, 그가 승품 이전에는 종3품 중훈대부(中訓大夫)였다는 사실을 알 수 있다.

조선시대에는 첩부로부터 가자를 물려받아서 승진하는 사례가 적지 않았다. 그런데 이 같은 사례가 잘 발견되지 않는 이유는 황정열처럼 사실을 곧이곧대로 쓰지 않았기 때문이다. 그 예를 황정열 형인 황정직(黃廷稷)의 사례를 통해 살펴볼 수 있다. 황정직은 1620년(광해 12) 7월 15일에 중직대부로 승진하면서 다음 고신을 받았다. 이보다 8년 전인 1612년(광해 4) 10월에 받은 고신을 살펴보면 그의 품계는 정4품 상위(上位)인 봉정대부(奉正大夫)였다.[108] 황정직은 두 단계 승진해서 중직

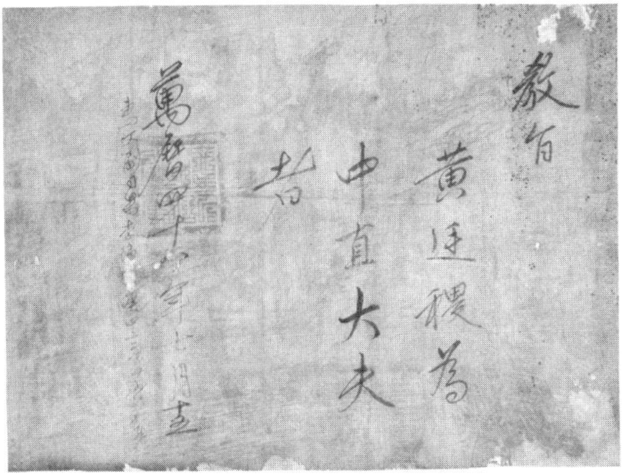
고문서 5-10 **황정직의 고신, 1620년, 장수황씨 무민공 종중 소장.**

대부가 되었는데, 장인 부사과(副司果) 이순지(李純智)가 받아야 할 가자를 그가 받았기 때문이다. 그런데 고신에 이순지가 그의 '처부(妻父)'로 기록되어 있으나 사실은 '첩부(妾父)'였다. 이 사실은 《장수황씨세보》에서 확인할 수 있다.[109] 이처럼 첩부의 가자를 사위들이 대신 받았던 사례가 꽤 있었는데 황정직처럼 관에서 발급하는 임명장에까지 사실과 다르게 썼기 때문에 겉으로는 잘 드러나지 않았다.

서조모의 재산을 물려받은 이기준

부잣집 서녀를 첩으로 들였을 경우에는 어떤 혜택이 있었을까? 아래 문서는 전라도 남원부 둔덕방에 살았던 변조이[邊召史]가 적손자(嫡孫子) 이기준(李耆俊)에게 재산을 물려주면서 작성한 분재기다. 변조이는 이 문서의 필집인 의금부 경력(義禁府 經歷) 이유형(李惟馨, 1586~1656)

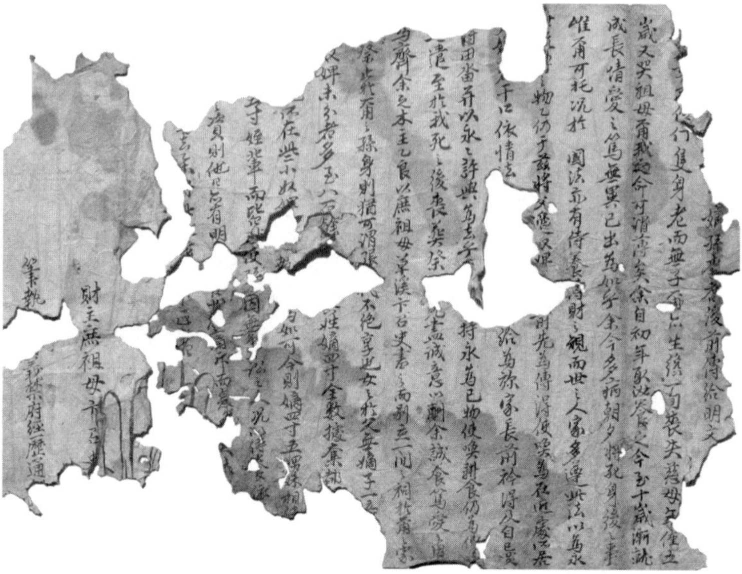

고문서 5-11 **적손자기준전 전급명문, 미상, 전북대학교 박물관 소장.**

의 첩이었다.

사진을 통해 볼 수 있는 것처럼 보존 상태가 좋지 않아 문서가 언제 작성되었는지 알 수 없으며, 여러 곳이 훼손되어 문맥이 잘 통하지 않는다. 어떤 부분은 아예 내용조차 파악할 수 없을 정도다. 남아 있는 부분으로 문서의 대강을 살펴보면 다음과 같다.[110]

> 적손자 이기준에게 재산을 물려주면서 작성한 명문
>
> …… 내가 늙도록 자식이 없었는데 너는 태어난 지 겨우 열흘이 지나 사랑스러운 어머니를 잃고 또 나이 겨우 5세에 할머니마저 돌아가셨으니 너나 나의 운명이 매우 박복하다고 할 수 있다. 내가 젊어서부터 너를

데려다 길러 지금은 네 나이가 10세가 되어 점차 장성하니 사랑하는 정이 돈독해져서 내가 낳은 자식과 조금도 다르지 않다.

내가 지금 여러 가지 병을 앓아 아침저녁으로 죽을 것만 같아서 사후의 일을 오직 너에게 부탁하려 한다. 국법에 시양자(侍養子)에게 재산을 물려주는 법규가 있고, 세상의 다른 집안에서 대부분 이 법을 준수해 영원히 재산을 물려주는 법식으로 삼고 있다. 이에 내 아버지로부터 물려받은 노비를 너에게 먼저 전해 부리도록 하고 근처에 사는 노비 몇 명을 정(情)과 법에 따라 차례로 지급한다. 또 남편 앞으로 내 친정에서 지급한 재산과 내가 돈 주고 산 전답을 아울러서 모두 네게 주노니 너는 이를 영원히 자기의 물건으로 삼아서 부리고 갈아먹다가 후손에게 넘겨주도록 해라.

내가 죽거든 상장제례(喪葬祭禮)에 성의를 다해 지내 내가 너를 정성껏 기르고 돈독히 사랑한 은혜를 갚도록 해라. 내 나무 신주〔木主〕에는 '서조모 초계 변조이〔庶祖母 草溪 邊召史〕'라 쓰고 네 집 뒤에 별도로 내 사당을 한 칸 지어 여기에 두도록 하라. 기제사를 지내는 것을 네 손자 대에 그치도록 한다면 3대 동안 제사가 끊이지 않았다고 말할 수 있을 것이다.

내 부친에게 적자가 없어서 …… 나누지 못한 노비가 많게는 무려 800여 명에 이르렀는데 이를 같은 성을 가진 적사촌(嫡四寸)들이 모두 빼앗아갔다. ……에 있는 아주 적은 수의 노비만이 …… 남아 있는데 지금 적사촌 다섯 남매들이 이를 차지하고자 서로 다투고 오촌 조카들이 모두 사손(使孫)이라고 주장하며 소송을 벌이지 않은 사람이 한 사람도 없다. …… 만일 훗날 내 친정 후손 중에서 이 재산에 다른 말을 하거든 이 문서를 가지고 법정에 가서 바로잡을 일이다.

재주(財主) 서조모(庶祖母) 변조이 〔수장〕

필집(筆執) …… 의금부 경력 통(훈대부 이유형) 〔수결〕

이 분재기의 재주 변조이는 이유형에게 첩으로 시집을 왔으나 자녀를 낳지 못했다. 사실 이유형은 적실 남양홍씨(南陽洪氏)와 사이에서도 아들을 얻지 못했기 때문에 변조이를 첩으로 들였다. 적첩(嫡妾) 사이에서 아들을 낳지 못한 이유형은 할 수 없이 동생 이국형(李國馨)의 아들 이문주(李文胄)를 양자로 맞이했는데, 그를 맞이한 지 얼마 되지 않아 손자 이기준이 태어났다. 이를 두고 온 집안에서 경사라며 좋아했지만 불과 열흘도 안 되어 산모(産母)가 사망하고 말았다. 이기준은 태어나자마자 생모와 이별했던 것이다. 이후 그는 할머니인 남양홍씨 손에서 자랐으나 할머니도 그가 5세 되던 해에 사망했다. 그래서 이기준은 서조모인 변조이 슬하에서 길러졌다. 세월이 흘러 그의 나이가 10세가 되었는데, 이번에는 변조이의 건강이 크게 나빠졌다. 죽음이 임박했다고 생각한 변조이는 자신의 전 재산을 이기준에게 물려주고서 장례와 제사 등을 당부했다. 이 분재기는 바로 그때 작성된 것이다.

이 분재기는 보존 상태가 좋지 않아서 변조이가 이기준에게 준 재산이 정확히 얼마나 되는지 알 수 없다. 그러나 적어도 노비 38명, 토지 53.5마지기 이상이 틀림없다. 이 밖에도 신선로(神仙爐)나 유리잔 등 고급 생활용품, 암소 네 마리, 수말 두 마리 등도 그에게 상속되었다. 이 재산 대부분은 변조이가 친정으로부터 물려받은 것이지만, 그녀는 이유형과 혼인한 후 직접 토지를 매입하기도 했다.[111] 따라서 변조이는 상당한 재력을 갖추고 있었을 뿐만 아니라 이를 활용하여 재산을 증식할 줄도 아는 여성이었던 것으로 추정된다.

서조모로부터 많은 재산을 물려받은 이기준이 그녀의 유언대로 제사를 정성껏 지냈는지 여부는 관련 자료가 남아 있지 않아 알 수 없다. 그러나 이기준은 서조모의 유언을 잘 따랐을 것이다. 서조모가 직접 길러주고 많은 유산까지 남겨준 데다가 분재기의 필집이 그의 할아버지였기 때문이다.

변조이의 친정에 아직 분재하지 않은 노비가 800여 명에 이른다는 사실을 통해 그녀가 상당한 재력을 갖춘 부잣집 서녀라는 사실을 알 수 있다. 또 부친이 사망한 후 많은 재산을 적사촌들이 빼앗아갔다는 말을 통해 변조이의 부친은 적자녀가 없이 서녀만 있었다는 사실도 짐작할 수 있다. 변조이 같은 서녀는 뭇 남성들로부터 선망의 대상이었다. 부친의 막대한 재산이 서녀에게 분배되었기 때문이다. 따라서 변조이와 같은 부잣집 서녀가 있다는 사실이 알려지면 주위 양반들은 그녀를 첩으로 삼기 위해 갖은 노력을 다했을 것이다.

널리 알려진 바와 같이 조선시대에는 인적 연망(聯網)을 매우 중시했고 어떻게 해서든 연망을 구성하려고 노력했다. 관직 생활을 할 때에는 말할 것도 없고 관직에서 물러나 향촌에서 은거생활을 할 때에도 연망을 구축하고 있어야 했다. 그래야 관리의 생활을 원만하게 할 수 있었으며, 관직에서 물러나서도 가문의 명성과 지체를 유지할 수 있었다. 인적 연망으로는 혈연, 학연, 지연 등이 있으나 그중 가장 중요한 것은 혼인을 통해 연망을 구성하는 혈연이었다. 일반 문무 관료가 재상이나 고관대작의 서녀와 혼인해서 혈연관계를 맺는 것은 출세의 지름길이었다. 문무 관료들이 연망 구축에 얼마나 치중했는지는 다음 야담을 통해서도 살펴볼 수 있다.

조선시대 한 정승이 노모에 대한 효심이 대단했으나 공사 간의 일들로 매우 바빠서 노모를 손수 모실 수 있는 짬이 나지 않았다. 마침 그 집에 총명한 계집종이 있어서 그녀에게 노모를 돌봐드리도록 부탁했더니 눈치 빠르게 노모의 뜻을 잘 헤아려 편히 모셨다. 정승을 비롯한 온 집안사람은 모두 그녀를 몹시 예뻐하고 상도 자주 내려주었다. 이 소문이 널리 퍼지자 장안의 부호 자제들이 여종에게 많은 돈을 내놓으며 마음을 얻으려 다퉜다. 그녀를 첩으로 맞아들일 경우 정승이 여러 가지 혜택을 내려줄 것이라고 판단했기 때문이다.[112] 비록 야담이긴 하지만 재상의 서녀뿐만 아니라 그 집에 살던 여종을 첩으로 삼아 은총을 입어보려던 조선시대 사람들의 세태가 잘 그려져 있다.

양면 또는 다면 보기로 살펴본 조선시대 처첩 문제

지금까지 처와 첩이 어떤 점에서 대비되고 구별되었는지를 다양한 관점에서 두루 살펴보았다. 먼저 처를 맞이할 때에는 중매를 통해 혼인을 의논하고 혼서 등을 보내는 정식 절차를 거친 데 반해, 첩을 들일 때에는 이러한 절차가 없었음을 확인했다. 또 처는 호구 문서나 족보 등 공사 문서에 모두 기재되었으나 첩이 기록되는 예는 매우 드물었다. 처를 맞이할 때에는 예물을 보냈으나 첩을 들일 때에는 몸값을 지불했다. 또한 조선 후기에는 아주 특별한 경우가 아니라면 처와 이혼은 불가능했으나 첩은 언제든지 버릴 수가 있었다. 마지막으로 처는 한 명만 존재했지만, 첩은 여러 명을 둘 수 있었던 사실도 알게 되었다.

처와 첩이 아닌 처끼리의 비교를 통해 초취, 재취, 삼취 사이의 차이와 차별에 관해서도 살펴보았다. 첩에 비해 상대가 안 될 정도로 우월한 지위에 있던 처 사이에도 미묘한 차이가 있었고, 차이에 따른 차별이 존재했다. 중매를 통해 첫 번째 혼인이 성사되려면 양 집안의 문지가 대등한지, 당사자의 품성이 어떤지, 집안 내력은 괜찮은지 등 검증 단계를 거쳐야 했다. 혼인할 때 상대방 가문의 문지를 중시했기 때문에 좋은 집안 출신이면 재취를 마다하지 않는 경향도 있었다. 안정적인 지위와 좋은 조건을 갖춘 재취 자리를 오히려 선호하기도 했다. 하지만 삼취는 아무래도 나이 차이가 커서 서로 조화롭지 못한 면이 있고, 전처 소생들과의 갈등도 염려되었기 때문에 꺼리는 풍조가 있었다. 게다가 출신 가문에 따라 대우가 달랐고, 처가의 지체에 따라 소생을 차별하기도 했다. 처가의 지위나 지체는 혼인 당사자뿐만 아니라 그들의 소생에게 막대한 영향을 미쳤기 때문에 좋은 집안을 선택해 혼인하려는 풍조는 조선시대 내내 지속되었다.

한편 첩끼리의 비교를 통해서 첩 사이에도 커다란 차이와 차별이 있다는 사실을 확인했다. 재상집이나 부잣집 서녀 출신 첩은 다른 첩과 크게 달랐다. 재상집이나 부잣집 서녀가 첩이 되면 신분은 다른 첩과 마찬가지로 평민이나 천민이었지만, 그들이 남편이나 시가(媤家)로부터 받는 대우는 크게 달랐다. 이처럼 같은 첩 사이에도 부모의 신분이나 지위에 따라 차이가 천차만별이었다.

처와 첩의 문제는 각각 따로 분리하여 한쪽 면만 살피거나 한두 가지 관점으로만 고찰해서는 제대로 파악하기 어렵다. 양면 또는 다면 보기가 필요한 이유가 바로 그것이다. 처와 첩을 논할 때는 양쪽을 비교해서 그 차이를 살피는 양면 보기가 필요하고, 처와 첩 각각의 차별과 층차를 확인할 때에는 그 내부를 여러 측면에서 비교하는 다면 보기가 필요하다. 이렇게 양면 보기 또는 다면 보기를 할 때 비로소 교묘하게 숨겨진 사실과 은밀하게 가려진 의미를 확인할 수 있기 때문이다.

주

내면 들여다보기 최덕현의 수기, 조선시대 이혼 풍습을 꿰뚫어 보다

1 원문은 〔부록〕 1-1 참조.

2 평민과 천민이 문서에서 자신을 지칭할 때에는 일반적으로 이두를 사용해 '의몸〔矣身〕'이라 했으나 이 수기에서는 '아(我)'라고 표기했다. 수기 본문 마지막에서 '빙고사(憑考事)'의 '사(事)'는 이두이나 문서의 종결(終結) 투식(套式)이므로 굳이 이두라고 하기 어려운 면이 있다.

3 黨江舟, 《中國訟師文化—古代律師現象解讀》, 北京大學出版社, 2005, 20~90쪽.

4 구술하는 것을 그대로 받아 문서를 작성해주었기 때문에 '의구대서인(依口代書人)'이라고 한 곳도 있다.

5 박병호, 《전통적 법체계와 법의식》, 서울대학교 출판부, 1972, 37쪽; 한상권, 〈조선시대 소송과 외지부〉, 《역사와 현실》 69, 한국역사연구회, 2008, 284~289쪽.

6 중국에서도 이러한 점을 우려해 표면적으로는 송사나 율사의 활동을 금지하곤 했다.

7 수기 작성자가 이두를 사용하지 않은 점 등으로 미루어 전직 형리 출신이라기보다는 한학을 공부한 서당 훈장일 가능성이 높다.

8 고려시대의 이혼과 재혼에 관해서는 권순형, 《고려의 혼인제와 여성의 삶》, 혜안, 2006, 149~213쪽 참조.

9 원문에는 봉주(鳳州)로 되어 있다. 봉주는 봉양(鳳陽)과 함께 봉산의 옛 이름이다. 봉산으로 널리 알려져 있기 때문에 독자의 이해를 돕고자 봉산으로 고쳤다.

10 《태종실록》 권 6, 태종 3년 윤11월 15일 무오.

11 원문에는 백주(白州)로 되어 있으나 백주는 배천(白川)의 옛 이름이다. 일반적으로 백주보다는 배천으로 알려져 있으므로 여기서는 배천으로 소개했다.

12 《태종실록》 권 10, 태종 5년 8월 23일 병술.

13 《安東權氏成化譜》天, 上 5(장서각 소장 MF35-4784, 원본은 서울대학교 규장각 소장). 이남희, 〈조선사회의 유교화와 여성의 위상—15·16세기 족보를 중심으로〉, 《원불교사상

과 종교문화》 48, 원광대학교 원불교사상연구원, 2011. 145~153쪽 참조.

14 《안동권씨성화보》에 나오는 후부의 사례를 기재된 순서에 따라 대략 소개하면 다음과 같다(괄호 안은 기재된 권수와 쪽수다). 後夫鄭修道(上 3), 後夫金自忠(上 4), 後夫金立堅(上 4), 後夫高呂(上 4), 後夫廉悌臣(上 5), 後夫卞南龍(上 5), 後夫王環(上 9), 後夫權自均(上 25), 後夫李義文(上 38), 後夫鄭修道(上 55), 後夫徐允貴(上 57), 後夫朴思齊(中 14), 後夫趙季平(中 17), 後夫李順蒙(中 24), 後夫高台翼(中 49), 後夫○○○(中 49), 後夫高呂(中 51), 後夫閔壽山(中 53). 정수도와 고려는 두 번씩 기재되어 있다.

15 《태종실록》 권 30, 태종 15년 11월 1일 갑오.

16 《文化柳氏嘉靖譜》(장서각 소장 MF16-1433, 원본은 진성이씨 이재령 소장)에 나오는 후부의 사례를 기재된 순서에 따라 대략 소개하면 다음과 같다(괄호 안은 기재된 권수와 쪽수다). 後夫吳陸和(1, 13), 後夫鄭修道(1, 31), 後夫徐允貴(1, 31), 後夫朴思齊(1, 32), 後夫金自忠(1, 33), 後夫金立堅(1, 35), 後夫高呂(1, 35), 後夫權自均(2, 98), 後夫柳均(4, 7), 後夫魚世恭(4, 18), 後夫王環(4, 44), 後夫李義文(4, 82), 後夫李順蒙(5, 62), 後夫高台翼(6, 22), 後夫閔壽山(6, 28), 後夫魚○○(8, 41), 後夫鄭瑚(10, 67).

17 改嫁者直書前後夫之名而不諱者 十目所視不可掩也 亦可以爲戒(《文化柳氏嘉靖譜》, 〈凡例〉).

18 《안동권씨성화보》에는 범례가 없어 후부를 굳이 밝힌 이유가 무엇인지 알 수 없다. 그러나 《안동권씨성화보》와 《문화유씨가정보》가 간행되던 두 시기 사이에 재혼에 관한 시각이 크게 달라졌음은 여러 자료를 통해 알 수 있다.

19 《經國大典》, 〈吏典〉, 〈外命婦〉.

20 《經國大典》, 〈吏典〉, 〈京官職〉.

21 《經國大典》, 〈禮典〉, 〈諸科〉.

22 《성종실록》 권 82, 성종 8년 7월 17일 임오.

23 《조선왕조실록》이나 법전에는 재혼을 법적으로 금지한 시기가 언제였는지 명확하게 밝혀져 있지 않다.

24 박광립(朴光立)의 몫이 빠져 있다.

25 교정과 교감에 대해서는 전경목, 〈이두가 포함되어 있는 고문서 번역상의 몇 가지 문제점〉, 《고전번역연구》 1, 한국고전번역학회, 2010, 65~78쪽 참조.

26 원문은 〔부록〕 1-2 참조.

27 문숙자는 박의훤의 신분을 양인(良人) 또는 상민(常民)이라 주장했다. 문숙자, 〈다섯 처를 둔 양인 박의훤의 재산상속문서〉, 《문헌과 해석》 7, 문헌과해석사, 1999, 65~74쪽; 문숙자, 〈16~17세기 상민층의 재산 소유와 상속 사례〉, 《고문서연구》 33, 한국고문서학회, 2008, 29~50쪽 참조.

28 박춘환(朴春還), 박금환(朴今還), 박연붕(朴連鵬)의 이름은 분재의 내용을 기록한 곳에 나온다. 춘환은 장녀로 금환은 차녀로 소개되어 있다. 박연붕은 죽은 아들〔故子〕로 소개되어 있으나 누구의 소생인지 명확하지 않아서 잠정적으로 첫째 또는 둘째 아내의 소생으로 분류했다.

29 《고문서》 25, 서울대학교 규장각, 2002, 502~503쪽, 소지류 43.

30 원문에는 탄원서의 투식인 "行下向教是事」使道主 處分"이라는 문구가 더 있으나 번역에서는 이를 생략했다. 이후에 인용하는 문서에서도 이런 투식은 생략했다.

31 원문은 〔부록〕 1-3 참조.

32 《고문서》 25, 서울대학교 규장각, 2002, 494~495쪽, 소지류 35.

33 원문은 〔부록〕 1-4 참조.

34 《고문서》 25, 서울대학교 규장각, 2002, 467~468쪽, 소지류 7.

35 원문은 〔부록〕 1-5 참조.

36 《고문서》 26, 서울대학교 규장각, 2003, 33~34쪽, 소지류 78.

37 이 원정은 이미 김경숙도 소개한 바 있다. 국사편찬위원회 편, 《고문서에게 물은 조선 시대 사람들의 삶》, 두산동아, 2009, 235~236쪽. 원문은 〔부록〕 1-6 참조.

38 《세조실록》 권 3, 세조 2년 1월 11일 신사.

39 《성종실록》 권 163, 성종 15년 2월 16일 계유.

40 '휴서'를 어떻게 해서 '수세(收稅)'라고 읽었는지에 대해서는 좀 더 연구를 해보아야 할 것이나, 이능화는 와전된 것으로 판단했다. 이에 대해서는 이능화, 김상억 옮김, 《조선여속고》, 동문선, 1990, 223쪽 참조.

41 법제처, 《고법전용어집》, 육지사, 1979, 466쪽.

42 조선시대에는 이혼의 의미로 '이이(離異)'란 말을 자주 사용했다. 그러나 이이는 불법적으로 맺어진 부부 관계를 관의 명령으로 파기시킬 경우에 주로 사용했다.

43 이능화, 앞의 책, 221쪽.

44 《성종실록》 권 198, 성종 17년 12월 21일 임자.

45 원문은 "삼군가탈수야 필부불가탈지야(三軍可奪帥也 匹夫不可奪志也)"이다.

46 원문은 〔부록〕 1-7 참조.

47 조선 후기에는 각종 탄원서 형식을 차용하여 쓴 문학작품이 상당히 발견되는데, 이에 대해서는 정출헌, 《조선후기 우화소설 연구》, 고려대학교 민족문화연구원, 1999 등을 참조.

48 일반적으로 수기를 작성할 때에는 그 첫머리에 '○○○댁전 수기(○○○宅前 手記)'라고 수령자의 이름을 반드시 밝혔다.

49 임방, 정환국 옮김, 《천예록》, 성균관대학교 출판부, 2005, 193~200쪽 참조.

50 《창령성씨족보(昌寧成氏族譜)》를 살펴보면, 성하창은 두 번 혼인했다. 전배(前配)는 금성정씨(錦城鄭氏)이며 후배(後配)는 청주한씨(淸州韓氏)인데 이 이야기의 주인공은 금성정씨로 추정된다.

51 《단양우씨족보》에 따르면, 우상중의 부인은 성주이씨(星州李氏)로 생원 이이재(李以載)의 딸이었다.

52 余多見有悍婦者 事事屈抑 無敢出氣者 其於爲人無足觀 然終爲保家之主 或性不低下 相與鬪鬩 有反目之誚者 終身苦惱 婚姻不通 乖亂難諱 其利與害如此(《성호사설》 8, 〈출처(出妻)〉).

53 《숙종실록》 권 40, 숙종 30년 9월 24일 신유.

54 위와 같음.

55 강명관, 《성호, 세상을 논하다》, 자음과모음, 2011, 134~140쪽.

56 國法無出妻之文 有兪某者 告其妻亂行 兩造辨訟獄不成 妻亦性悖 無夫婦禮 重臣皆議國無出妻之律 不許其離昏 …… 出妻固有弊 然其不孝淫穢有斷不可但已者 則猶依國法而不出乎 …… 爲此說者 固慮其無罪而被黜 獨不念有罪不黜 有無限敗敎也耶 是以人風一變 政在閨壺 千過萬惡 不復可得以禁制矣 …… 治盜宜審人 或有刑濫而良民受弊者 然未聞因此而遂禁捕盜之律也 今之俗 盖屛息合眼無如河東獅子吼何也(《성호사설》 15, 〈이혼(離昏)〉).

1 원문은 〔부록〕 2-1 참조.

2 전북대학교 박물관 소장 고문서 No.13644.

3 양사헌은 후에 '양은식(梁銀植)'으로 개명한 것으로 추정된다. 그의 집안 족보에 그렇게 기재되어 있기 때문이다(《南原梁氏兵曹判書公派譜》 上, 族譜文化史, 1998, 313쪽).

4 조선시대는 신분 사회였기 때문에 백성이 수령에게 청원서를 올릴 때에도 신분에 따라 용어가 달랐다. 양반들은 자신을 '민(民)'이라고 지칭했는데, 이는 수령에 대한 겸칭(謙稱)으로 '저'라는 뜻이다. 이에 비해 평민이나 천민은 '제 몸'이라는 의미로 '의몸〔矣身〕'이라고 칭했는데, 만일 이들이 청원서를 올리면서 자신을 '민'이라고 칭하면 처벌을 받을 수도 있었다. 이상의 논의에 대해서는 전경목, 〈조선 후기 所志類에 나타나는 '化民'에 대하여〉, 《고문서연구》 6, 한국고문서학회, 1994와 〈19세기 《유서필지》 편간의 특징과 의의〉, 《장서각》 15, 한국학중앙연구원, 2006 참조.

5 남원양씨 종중에서는 양형이 병조판서를 역임했다고 하여 그의 후손을 '판서공파(判書公派)'로 칭한다. 그러나 조선 초기 실록에서는 그의 이름이 검색되지 않는다.

6 조선시대에는 오늘날처럼 감옥에 갇혀 있는 동안에도 억울한 사정을 호소하거나 바라는 것을 청원할 수 있었다는 사실에 주목할 필요가 있다. 물론 감옥에서 청원하는 것이 쉽지는 않았다. 지필묵을 얻어 청원서를 작성하려면 옥을 지키는 구실아치인 옥리(獄吏)에게 약간의 돈이라도 집어주어야 했으며, 청원서를 관아에 제출하려면 누군가의 도움을 받아야 했다. 그러나 옥중에서도 탄원할 수 있는 길이 열려 있었다는 사실은 옥에 갇힌 자들의 권리와 깊은 관련이 있기에 매우 의미가 크다.

7 조선시대 감옥에 대해서는 안길정, 《관아를 통해서 본 조선시대 생활사》 상, 사계절, 2000, 231~239쪽 참조.

8 양사평은 후에 '양재식(梁在植)'으로 개명한 것으로 추정된다. 이에 대해서는 《南原梁氏兵曹判書公派譜》 上, 族譜文化史, 1998, 309쪽 참조. 양사평과 양사헌의 혈연관계는 '양사헌의 가계도' 표 참조.

9 城主分付於民之從弟 右錢一百二十兩限三日 官庭納上教是故 過限不納是多可 又被嚴杖 故盡傾家産 輸納官庭……(전북대학교 박물관 소장 고문서 No.13622).

10 隆寒·極熱時 自十一月初一日 至正月晦日, 自五月初一日 至七月晦日 事干綱常·贓盜男人杖六十以上, 女人杖一百以上外, 其餘杖一百以下收贖, 自願受杖者聽(《經國大典》, 〈刑典〉, 〈恤囚〉).

11 民之從弟梁思憲與李基瓚 以雜技犯科事 兩人相爲自現 曾已洞悉 幷被重罪(전북대학교 박물관 소장 고문서 No.13622).

12 凡賭博財物者, 皆杖八十, 攤場錢物入官. 其開張賭坊之人, 同罪. 止據見發爲坐. 職官加一等. 若賭飮食者, 勿論(《大明律》, 〈刑典〉 9, 〈雜犯〉).

13 전북대학교 박물관 소장 고문서 No.13645.

14 원문은 [부록] 2-2 참조.

15 自官只知有雜技債 不知有他債是遣 設或有他債 債自債 畓自畓 豈可以私債奪人田畓乎 語不成說之事 實不足煩題向事(전북대학교 박물관 소장 고문서 No.13645).

16 前題忘之 而又此煩瀆耶 殆涉健訟向事(전북대학교 박물관 소장 고문서 No.13618).

17 양주순은 양정식(梁貞植)으로 추정된다(《南原梁氏兵曹判書公派譜》 上, 族譜文化史, 1998, 309쪽).

18 전북대학교 박물관 소장 고문서 No.13625.

19 원문은 [부록] 2-3 참조.

20 《南原梁氏兵曹判書公派譜》 上, 族譜文化史, 1998, 313~314쪽 참조.

21 '崔萬河'로 기재되어 있는 고문서도 있다(전북대학교 박물관 소장 고문서 No.13693).

22 1884년 3월 15일에 작성된 표에는 420냥으로, 1885년 5월 3일에 작성된 수표에는 435냥으로 되어 있다. 액수가 다른 이유는 이자 때문일 것으로 추정된다(전북대학교 박물관 소장 고문서 No.13693, No.13694 참조).

23 전북대학교 박물관 소장 고문서 No.13693, No.13694.

24 원문은 [부록] 2-4 참조.

25 원문은 [부록] 2-5 참조.

26 수령이 바뀌면 처분 내용도 크게 달라졌다. 수령이 바뀐 사실은 탄원서에 남아 있는 수령의 서압을 통해 알 수 있다. 기존의 여러 장수군 읍지에는 역대 수령의 명단이 실려 있는데 부임 일시가 기록되지 않은 것이 많아서 이때 수령이 누구인지 파악하기 어렵다(吳一昇 等編, 《長水誌》, 興學堂, 1928; 국립중앙도서관 소장 청구번호 한古朝 62-21 등 참조). 또 《고종실록》이나 《승정원일기》에도 이 시기 장수현 수령 임명 기사가 기재되지 않아서 당시 수령이 누구였는지 알 수 없다.

27 전북대학교 박물관 소장 고문서 No.13677, No.13686 등 참조.

28 전북대학교 박물관 소장 고문서 No.13668.

29 일반적으로 '읍'은 '성(城)'을 말하며 읍내는 관아가 있는 '성안'을 의미했는데, 여기에서는 장수현 읍내면을 가리킨다.

30 원문은 〔부록〕 2-6 참조.

31 일반적으로 수표를 작성하는 형식에는 두 가지가 있다. 하나는 문서의 첫머리에 '수표(手標)' 또는 '표(標)'라고 쓰고 문서의 끝에 '○○年 ○月 ○○日 標主 △△△'이라고 하는 경우와 문서의 첫머리에 '○○年 ○月 ○○日 △△△前 手標'라 하고 문서의 끝에 '標主 △△△'이라고 하는 경우가 있다. 연도 표기에 드물게 연호와 간지를 함께 사용하는 경우도 있지만 대부분은 간지만 사용했기 때문에 문서 작성 연도를 파악하는 데 어려움이 있다. 이 수표는 두 가지 형식 중 어느 것에도 일치하지는 않지만 상대적으로 후자에 가깝다고 할 수 있다.

32 《南原梁氏兵曹判書公派譜》 上, 族譜文化史, 1998, 313~314쪽.

33 수표를 비교해보면 이름뿐만 아니라 수결도 다르기 때문에 두 사람을 동명이인이라고 볼 수도 있지만, 조선 후기에 작성된 문서들을 보면 같은 사람의 수표인데도 수결이 다른 경우가 매우 많다. 이는 수결을 각자 하지 않고 집필자가 일괄적으로 했기 때문인 것으로 추정되는데, 추후 이에 관한 연구가 반드시 필요하다.

34 전북대학교 박물관 소장 고문서 No.13683.

35 원문은 〔부록〕 2-7 참조.

36 전북대학교 박물관 소장 고문서 No.13669.

37 원문은 〔부록〕 2-8 참조.

38 전북대학교 박물관 소장 고문서 No.13665.

39 《南原梁氏兵曹判書公派譜》 上, 族譜文化史, 1998, 313~316쪽.

40 전북대학교 박물관 소장 고문서 No.13675.

41 원문은 〔부록〕 2-9 참조.

42 전북대학교 박물관 소장 고문서 No.13666.

43 원문은 〔부록〕 2-10 참조.

44 《南原梁氏兵曹判書公派譜》 上, 族譜文化史, 1998, 313~314쪽에도 그의 첫째 부인이 누구인지 기록되어 있지 않다.

45 전북대학교 박물관 소장 고문서 No.13703.

46 이와 관련된 수표는 다음과 같다(전북대학교 박물관 소장 고문서 No.13704). 手標」 爲手標事 矣與相詰 本非私嫌 初以校事 因公生釁 漸至躁競 殊極無謂 今於公決處分之

下 所犯罪狀 旣經懲勘 悔責日新 而徵捧錢五百九十兩 又被矜恤私誼 告由勿施 實爲感幸 更勿相持 永永和好之意 如是成標 日後如有他說 以此標 憑考爲乎乙事」
癸巳二月二十六日 標主 吳鳳源〔手決〕

47 전북대학교 박물관 소장 고문서 No.05632-1.

48 원문은 〔부록〕 2-11 참조.

49 관노비와 관련된 업무는 호장이 담당했다. 호장은 원래 향리의 우두머리였으나 조선 후기에 실직적인 권한이 이방(吏房)에게 넘어가면서 일종의 명예직이 되어 주로 관노비와 교노비(校奴婢), 시탄(柴炭) 등과 관련된 업무만 담당했던 것으로 알려져 있다. 이에 대해서는 각 고을에서 편찬한 〈읍지〉나 〈읍사례〉 참조.

50 전북대학교 박물관 소장 고문서 No.05638.

51 가괴는 노름을 지칭한다(李圭景, 《五洲衍文長箋散稿》, 〈戲具辨證說〉). 따라서 가괴분전은 노름빚을 나누어 받는 것을 말하는 것으로 보인다.

52 원문은 〔부록〕 2-12 참조.

53 강명관, 《조선의 뒷골목 풍경》, 푸른역사, 2003, 234~240쪽 참조.

54 정약용, 다산연구회 역주, 《역주 목민심서》 5, 형전, 금포(창작과비평사, 1994, 111쪽).

55 위와 같음.

56 《부안김씨우반고문서》, 한국정신문화연구원, 1983, 107쪽.

57 원문은 〔부록〕 2-13 참조.

58 정약용, 다산연구회 역주, 《역주 목민심서》 2, 호전, 세법(창작과비평사, 1994, 258~259쪽).

59 정약용, 다산연구회 역주, 《역주 목민심서》 5, 공전, 도로(창작과비평사, 1994, 280쪽).

60 정약용, 다산연구회 역주, 《역주 목민심서》 5, 형전, 금포(창작과비평사, 1994, 111, 113쪽).

61 원문에는 '投錢'으로 되어 있는데 이는 '鬪牋'의 오자임이 분명하다. '投錢'은 '돈치기'로 엽전만을 이용하는 노름이다. 이에 반해 鬪牋은 여러 가지 그림이나 문자 따위를 넣어 끗수를 표시한 종잇조각〔牋〕을 가지고 하는 노름이다. 그런데 이 상소에서 "투전을 만들어 팔아서 이익을 취하는 사람을 엄벌에 처해야 한다〔其造作投錢 放賣牟利者 亦爲嚴禁〕."라고 말하고 있는 점으로 미루어 여기의 '투전'은 '投錢'이 아니라 '鬪牋'이다. 鬪牋을 投箋이라고 하기도 했다.

62 《정조실록》 권 33, 정조 15년 9월 19일 신묘.

63 정약용, 다산연구회 역주, 《역주 목민심서》 5, 형전, 금포(창작과비평사, 1994, 113쪽).

64 《고종실록》 권 15, 고종 15년 11월 19일 갑자.

용어를 통해 보기 **황우영의 고신, 관리와 서리의 은밀한 관계를 담다**

* 이 장은 필자의 〈조선 후기 지방 명문 출신의 관리와 경아전의 관계망〉, 《장서각》 30, 한국학중앙연구원, 2013을 수정·보완한 것이다.

1 원문은 〔부록〕 3-1 참조.

2 원문은 〔부록〕 3-2 참조.

3 上御熙政堂, 副護軍金致垕留待引見入侍時, …… 致垕進伏, 上曰, 贊善疏, 雖已見之, 而頃日下教之意, 果爲相傳否? 致垕曰, 臣祗奉聖教, 歸傳於臣祖矣. 臣祖臣旣蒙罔極之恩, 固當不顧筋力之衰敗, 而卽爲承命矣, 今則本病之外, 又爲添感, 不得承命, 日夜惶恐云矣(《승정원일기》 629, 영조 2년 12월 18일).

4 上曰, 贊善, 自先朝, 屢有招徠之命, 遯處山林, 終不應命矣. 今適其孫登科, 與他有別, 趁卽各別調用之意, 分付銓曹, 可也(위와 같음).

5 (李)顯祿曰, 我國士夫之不出郞階者, 絶少, 故除拜初仕, 吏吏不爲考見文書, 直以通德階, 書給官教者, 已成謬例, 官教之以通德書送, 旣非異事, 致垕亦以不知規例之故, 泛然受置, 厥後連有赦令, 故次次陞付矣(위와 같음).

6 聞致垕除職後經赦者, 十餘次. 若自通德計之, 則爲通訓, 而猶有一二級之有餘, 若自將仕計之, 尙不準通德階矣. 致垕如在蔭官, 則其資級高下, 無甚關緊, 而旣登魁科後, 因其冒受之郞階, 至於陞堂上, 不但渠私心之不安, 朝議亦以爲不可仍置, 故該曹之不得卽付通政者, 蓋以此也. 此事, 大臣或銓長, 可以陳達於筵中, 以俟處分, 而近來大臣及吏曹, 皆有故不得入侍(위와 같음).

7 致垕曰, 承旨旣有所達, 臣之情實, 何不直陳乎? 臣於辛丑, 初除殿郞, 所謂丹骨書吏者, 出送官教, 而以通德郞書之矣. 臣曾前雖無出代加之事, 而因循謬例, 受置之矣. 厥後連逢赦令, 昨年復職以來, 亦多赦令, 以致漸陞爲通訓, 臣誠惶愧罔措(위와 같음).

8 上曰, 初仕何官? 致垕曰, 爲永禧殿參奉矣(위와 같음).

9 이조에는 이속(吏屬)으로 서리 25명, 서사(書寫) 1명, 고직(庫直) 1명, 정청직(政廳直) 2명, 사령(使令) 21명, 문서직(文書直) 1명, 군(軍) 12명이 소속되어 있었다(《國朝搢紳案 內編》 9~10면).

10 이 같은 문서는 고신의 양식에 맞지 않게 작성되었기 때문에 위격문서(違格文書)라고 하여 대부분 폐기되었다.

11 원문은 〔부록〕 3-3 참조.

12 원문은 〔부록〕 3-4 참조.

13 《고문서》 1, 서울대학교 규장각, 338~339쪽, 1023, 1025, 1028 참조. 다만 1801년 이후에는 병정리가 안수겸에서 김수철(金壽喆)로 바뀌었다.

14 원문은 〔부록〕 3-5 참조.

15 원문은 〔부록〕 3-6 참조.

16 《고문서》 1, 서울대학교 규장각, 340쪽, 1032, 1033 참조.

17 무반직에 임명되었음에도 불구하고 고신을 이조서리가 발급한 경우가 있다. 조학년(趙鶴年)의 경우가 그러한데, 이어지는 논의에서 이에 대해 설명할 예정이다. 《들목조씨소장고문서》, 화성시, 2006, 281, 285, 287쪽 참조.

18 수령으로 임명되었을 때는 진(鎭)의 병마첨절제사(兵馬僉節制使) 등을 겸직하기 때문에 이조뿐만 아니라 병조에서도 고신을 발급했다. 이에 대해서는 《고문서》 1, 서울대학교 규장각, 340~341쪽, No.1034 참조.

19 조선 초기 고신에 나타나는 서리에 대해서는 전경목, 〈조선 후기 지방 명문 출신의 관리와 경아전의 관계망〉, 《장서각》 30, 한국학중앙연구원, 2013, 343~373쪽 참조.

20 원문은 〔부록〕 3-7 참조.

21 고신 수취자의 거주지와 고신 작성자 이름을 명시하는 것이 15~16세기 고신의 특징 중 하나이다. 이에 대해서는 전경목, 〈16세기 관문서의 서식 연구〉, 《16세기 한국 고문서 연구》, 아카넷, 2004 참조.

22 원문은 〔부록〕 3-8 참조.

23 《고문서》 1, 서울대학교 규장각, 200쪽, No.201 참조.

24 《국조문과방목》 2, 태학사, 1984, 708쪽.

25 《국조문과방목》 1, 태학사, 1984, 588쪽.

26 《고문서》 1, 서울대학교 규장각, 200쪽에는 '吏〃金麒'로 되어 있으나 오자가 확실하기 때문에 수정했다.

27 원문은 〔부록〕 3-9 참조.

28 이정일 등. 《들목조씨소장고문서》, 화성시, 2006, 91, 93쪽 등 참조.

29 물론 이것은 이제까지 조사된 결과이며, 이 시기 이후에 서리 이름이 쓰인 고신이 발견될 가능성도 있다.

30 원문은 〔부록〕 3-10 참조.

31 이 이유에 관해서는 추후 면밀한 연구가 필요하다.

32 원문은 〔부록〕 3-11 참조.

33 해남윤씨가에 오도연이 단골서리로서 작성했던 고신이 있는지는 고신 뒷면에 대한 조사가 이루어지지 않아 알 수 없다. 다만 서울대 규장각에 그가 작성한 고신이 남아 있다. 원문은 〔부록〕 3-12 참조.

34 《고문서집성》 67, 한국정신문화연구원, 2003, 171쪽.

35 祖通訓大夫行陽川縣令初仕監役 弘遠(위의 책, 310쪽).

36 정조 18년(1794) 12월에 작성된 선공감 포폄단자(褒貶單子: 관원의 근무 성적을 보고하는 문서)를 보면 당시 선공감 관리들의 고과 내용이 기록되어 있는데, 감역관의 성은 윤(尹), 이(李), 정(鄭)이며 가감역의 성은 홍(洪), 서(徐), 임(林)이다. 당시의 선공감 관리 중에 성을 임으로 하는 사람이 가감역 한 사람밖에 없으므로 그는 임홍원이 분명하다. 이 포폄단자에 대해서는 위의 책, 116쪽 참조.

37 원문은 〔부록〕 3-13 참조.

38 6품 이상을 참상관(參上官)이라 하고 7품 이하를 참하관(參下官)이라고 했다.

39 《정조실록》 25, 정조 12년(1788) 1월 5일 무진.

40 김혁 등, 《화성사람들, 정조를 만나다》, 화성문화원, 2004, 32쪽.

41 뒷면에 이리의 이름이 기록되어 있는 것은 152점으로, 전래되는 고신 482점의 약 32퍼센트를 점유한다. 단골리 이름이 왜 모든 고신 뒷면에 기록되지 않았는지에 대해서는 추가 연구가 필요하다.

42 이정일 등, 《들목조씨소장고문서》, 화성시, 2006, 77~522쪽.

43 원문은 〔부록〕 3-14 참조.

44 원문은 〔부록〕 3-15 참조.

45 조학년이 무반직에 임명되었는데도 고신은 이조에서 발급한 사례가 두 차례 더 있는데, 모두 문관직을 겸한 경우이다. 원문은 다음과 같다.

教旨」趙鶴年爲通政」大夫敦寧府都」正者」道光十五年九月十八日 〔배면〕 吏〃 吳鎭南(위의 책, 284쪽).

教旨」趙鶴年爲」折衝將軍」行龍驤衛」副護軍者」道光十五年九月 日 〔배면〕 吏〃 吳鎭南(같은 책, 285쪽).

教旨」趙鶴年爲通政大」夫承政院同副承」旨兼經筵參贊官」春秋館修撰官者」道光十六年正月初二日 〔배면〕 吏〃 吳吉源(같은 책, 286쪽).

敎旨」趙鶴年」折衝將軍」行龍驤衛」副護軍者」道光十六年正月 日 〔배면〕 吏〃 吳吉源(같은 책, 287쪽).

46 아울러 문관은 병조에 근무한다 하더라도 고신 발급을 병조에서 하지 않고 이조에서 했다는 점이 주목된다. 문관의 임명장은 이조에서 발급하고 무관의 임명장은 병조에서 발급했다는 사실을 상기하면 당연한 일이지만, 병조에 근무하는 문관의 임명장을 이조에서 발급했다는 점은 다소 어색하다. 원문은 다음과 같다. 敎旨」趙復陽爲奉」正大夫行兵」曺佐郎者」辛巳五月十六日 〔배면〕 吳以頲(위의 책, 87쪽). 敎旨」趙復陽爲通」訓大夫行兵」曺佐郎者」崇德八年十二月二十六日 〔배면〕 吳癸生(같은 책, 91쪽).

47 송준호, 〈조선시대 남원부 둔덕방 둔덕리의 역사적·지리적 배경〉, 《조선시대 남원 둔덕방의 전주이씨와 그들의 문서》(I), 전북대학교 박물관, 1990, 4쪽.

48 《고문서집성》 72, 한국정신문화연구원, 2004, 12~175쪽 참조. 다만 이 책에는 단골리에 대한 정보가 나오지 않아 한국학자료센터 사진 파일을 참조했다.

49 원문은 〔부록〕 3-16 참조.

50 원문은 〔부록〕 3-17 참조.

51 예컨대 최연이 1633년에 어모장군 행용양위부호군에 임명된 적이 있었다. 원문은 다음과 같다. 敎旨」崔葕爲禦」侮將軍行」龍驤衛副」護軍者」崇禎六年三月初十日(앞의 책, 85쪽). 敎旨」崔是翁爲」折衝將軍」行龍驤衛」副護軍者」雍正七年二月 日(같은 책, 164쪽).

52 《고문서집성》 83, 한국학중앙연구원, 2006, 60~146쪽 참조. 다만 단골리에 대한 정보는 한국학자료센터 사진 파일을 참조했다. 한편 송준길의 고신은 현재 여러 장 남아 있으나 그의 후손들이 이를 편집하여 《교지첩》으로 제작, 보관하는 과정에서 뒷면에 기록된 단골리 정보가 모두 훼손되어 자료로 활용할 수 없다.

53 이때 발급받았던 고신이 전하는데 원문은 다음과 같다. 吏曺康熙十九年九月十八日」奉」敎學生宋炳夏爲將仕郎禧陵參奉者」康熙十九年九月 日」行判書臣李〔押〕 參判參議 正郎 佐郎臣李〔押〕 〔배면〕 吏〃 徐太健(위의 책, 60쪽, 고신 1).

54 敎旨」宋炳夏爲」禦侮將軍」行龍驤衛」副司果者」康熙二十四年六月十九日(위의 책, 62쪽, 고신 6).

55 모든 고신 배면에 단골리의 이름이 기록되어 있는 것은 아니다. 은진송씨 송병하 가문의 고신은 167점인데 그중 단골리의 이름이 기록된 것은 95점으로, 대략 57퍼센트에 해당한다. 특히 병조에서 고신을 발급하는 경우 배면에 병정리의 이름이 기록되어 있지 않은 경우가 많다(위의 책, 68쪽의 고신 17, 72쪽의 고신 25, 79쪽 고신 39~40, 80쪽의 고신 42,

81쪽의 고신 44 등). 이에 대해서는 추가 연구가 필요하다.

56 원문은 〔부록〕 3-22 참조.

57 國言謂士爲書房 尊老書房爲生員(李鈺, 〈崔生員傳〉, 《桃花流水館小稿》).

58 원문은 〔부록〕 3-23 참조.

59 오상린과 은진송씨의 단골관계는 《고문서집성》 83, 한국학중앙연구원, 2006, 111~114, 122~123쪽 참조. 오상린이 청풍김씨 김완식 및 평산신씨 신기영과 맺었던 단골관계는 《고문서》 1, 서울대학교 규장각, 1986, 473~479쪽, No.1862~No.1891과 《고문서해제》 III, 국립중앙도서관, 2006, 210쪽, 72-1 참조.

60 원문은 〔부록〕 3-24 참조.

61 원문은 〔부록〕 3-25 참조.

62 원문은 〔부록〕 3-26 참조.

63 원문은 〔부록〕 3-27 참조.

64 원문은 〔부록〕 3-28 참조.

65 원문은 〔부록〕 3-29 참조.

66 (己巳 八月 小 十六日) 午前伏承城主下書, 今初十日都目親政時, 除授吏曹參議, 銓曹下人想必未及到故走通云, 聞極震恐. 此是千萬夢寐之外, 南人之不爲銓任, 已五十六年. 辛丑冬, 沈台檀除授吏判, 少論彈斥, 不得行公而遞矣. 卽修付答狀于來人. 夕後曹傔色掌丘從及丘從二名來到, 官敎二張及洪都正重寅·右尹 重衡兄弟·李司諫光湜·權正言抗·權淸河正宅諸書付來. 丹骨吏 李德涵, 色掌書吏 孫得瑜·金聃岭 興文告目亦來, 朝報都政草亦來(《청대일기》 하, 국사편찬위원회, 2003, 264쪽).

67 《승정원일기》 1047, 영조 25년 8월 10일 참조.

68 《영조실록》 70, 영조 25년 8월 10일 참조.

69 丹骨書吏 李德涵來見, 此是李世億之子, 頗識字知人事, 今正月已出庶兒郞階來納矣(《청대일기》 하, 국사편찬위원회, 2003, 142쪽).

70 조선 후기 중인이나 서리 출신 인물들의 전기를 수록한 《이향견문록》 권6에 '진우당 이덕함(眞愚堂 李德涵)'이 소개되어 있는데 생존 시기 등을 고려하면 동일인일 가능성이 매우 높다.

71 《안동권씨대동세보》(해돋이, 2004)를 살펴보면 권상일에게는 세 아들이 있었는데 모두 통덕랑 품계를 받은 것으로 기록되어 있다.

72 황윤석과 《이재난고》에 대해서는 노혜경, 《조선후기 수령 행정의 실제》, 혜안, 2006 ; 권

오영 외, 《이재난고로 보는 조선 지식인의 생활사》, 한국학중앙연구원, 2007 참조.

73 是朝 吏曹政色書吏金文欽(卽德峻之子)來見. 先是德峻言 初出官敎 旣以他書吏李有綱姓名塡尾 自完營下去矣 小人今當改正塡名 且受祿時 須有官敎祿牌俱存然後 方可憑照受祿 則官敎尤不可不別出一件 以爲留置京中之地 至是 果出別件官敎 …… 以金德峻塡名而來 余問文欽曰 計仕之法若何 文欽曰 小人之父 多年爲吏曹計仕色矣 以參奉言之 自謝恩日 爲始計仕 …… 余曰 老親 頃年 以本道方伯學行別薦 曾擬莊陵矣 此後或復入望 汝須知姓字諱字年甲 以爲待時 銘念可也 因錄別紙付之 …… 余曰 爾旣改正官敎以來矣 吾若入番 或在鄕 則京倉頒祿時 館主人 例多代受 …… 今冬則當付館主人 十二月頒明年祿時 應改祿牌 爾則代受可也(《이재난고》 1, 602~603쪽).

74 《이재난고》에서는 김덕준과 김문흠을 '이조정색서리(吏曹政色書吏)', '이조단골리(吏曹丹骨吏)', '이리(吏吏)' 등으로 표현하고 있다.

75 大抵參奉計仕 自到任日 報狀吏曹 則吏曹 以此日 始計仕數 故到任不可不急(《이재난고》 1, 595쪽).

76 一番到任 留直一二月 則此後 與同官相議變通 或爲歸覲 可也 但十二月褒貶時 則不可不赴參 又若一月入番而退 則鄕路絶遠 難於歸去 故退處陵寺 過一月 乃復入番如此然後 仕數可以速滿 而又可以速遷奉事矣(《이재난고》 1, 595쪽).

77 以參奉言之 自謝恩日 爲始計仕 兩員每一朔 各分十五日 列書于陵所公座簿 送于吏曹 踏印憑照 而以日計仕 凡四百五十日 仕滿十五朔 而養(兩의 오자—인용자 주)參奉 各分半朔 故三十朔 乃許遷轉矣 此乃不易之規 初無失仕之慮耳(《이재난고》 1, 603쪽).

78 又送牌于吏吏金德峻 使之齎來加資文書 以爲封內載錄之地(《이재난고》 2, 7쪽).

79 金德峻來謁 書給牌子 使出再加郞階成牒(《이재난고》 2, 12쪽).

80 金德峻來謁 …… 得新曆中十件小十件 及前例靑粧一件 七政一件 以待臘月褒貶上來時 來納(《이재난고》 2, 12쪽).

81 吏曹丹骨吏金德峻之子文欽來謁自言 …… 今番都政 仕滿爲首仕者頗多 故進賜主姑難遷轉 大抵六月十二日大都政 例有遷轉者 而雖發政時 如有首仕者 亦得遷轉矣因言 今年兩度赦典 進賜主加資 已以朝散大夫受出 明日當送納主人處 官敎覓付小人 以爲自正月 受祿之地如何 余許之(《이재난고》 2, 52쪽).

82 朝前 金德峻來見言 今番以三百六十日仕數 得遷而所得義盈 百事愁悶奈何 ……

金德峻又曰 進賜將來 或有禁府都事 相換之事 則當如之何 余曰 若不南渡大海 北至六鎭 則何謝之有(《이재난고》 2, 150쪽).

83 路逢金文欽 使之圖差崇陵(《이재난고》 2, 291쪽).

84 是日金德峻言 順陵窠次 果屬於進賜主名下 但今無變通之道 須是權行受由二十餘日 趁來月褒貶而上來 則計仕可縮二十餘日 而窠次退當於司䆃寺矣 不然則無可奈何(《이재난고》 2, 401쪽).

85 金德峻 請以十五日借人馬 會葬忘憂里而還 許之 因囑奴子 以明日夕後來待(《이재난고》 2, 401쪽).

86 吏吏張道興之子孝彦 以堂參錢推出事 率奴馬下來 本縣前例元給二十五兩 而其十四兩 則徵于店人 十一兩 則官員自當 故今亦依施(《이재난고》 6, 133쪽).

87 조선 후기에 작성된 읍사례(邑事例)를 살펴보면 단골서리에게 주는 당참채가 아예 고을 예산에 배정되어 있는 경우도 있었다. 충청도 예산현 읍사례를 살펴보면 〈應下諸條〉에 수령〔邑先生〕과 관련된 예산으로 당참채 30냥이 배정되어 있다. 丹骨書吏堂參債三十兩(雜物帖下 惟在處分)(〈禮山縣邑誌〉, 《邑誌》 8: 忠淸道 2, 251쪽).

88 정구복, 〈조선시대 자문에 대한 연구〉, 《고문서연구》 11, 한국고문서학회, 1997, 106~108쪽 참조.

89 유재건, 실시학사 고전문학연구회 역주, 《里鄕見聞錄》, 민음사, 1997, 146~147쪽. 문맥과 문단은 필요에 따라 인용자가 수정했다.

90 정구복, 위의 논문, 82~106쪽 참조.

91 張吏之子孝彦 …… 自言 已讀過通史四書 而學于弼雲臺下居中路人李聖中 聖中年近七十 能古文古詩(《이재난고》 6, 133쪽).

92 朴同樞受天 …… 始乃吏役於兵曹 …… 凡十八年 …… 喜讀庸學 平生不輟(《里鄕見聞錄》 2, 〈朴同樞受天〉).

93 存齋朴君 …… 年十六 與余同筆硏 至三十 …… 曾祖泰星 …… 祖受天 …… 故權學士應夔挽云 腕飛淳化字 詞脫紹興篇 在人良足生平 而忠孝之身 特其餘耳(《里鄕見聞錄》 7, 〈朴存齋允默〉).

朴允默 …… 好讀書 長於詩 兼以字墨名家 正廟內閣之設 與刀筆之選 寵渥隆贊(《壺山外記》, 〈朴允默傳〉).

94 劉晩翠軒匡鎭 …… 初爲銀臺吏 正祖戊戌 遷閣吏 …… 喜看書 老不懈 爲詩穠麗可誦(《里鄕見聞錄》 3, 〈劉晩翠軒匡鎭〉). 《이향견문록》과 《호산외기》에는 이외에도 서

리로서 문명을 떨친 김익춘과 유세통 등이 소개되어 있다.

95 《고문서》 8, 서울대학교 규장각, 1992, 279~299쪽. 김영익이 받은 준호구의 원문은 〔부록〕 3-30 참조.

96 김영익, 김두식, 김규식은 이조서리기는 했지만 정색서리는 아니었던 것으로 추정된다. 규장각이나 국립중앙도서관 등에 소장된 고신의 배면에서 이들의 이름이 확인되지 않기 때문이다.

97 원문은 〔부록〕 3-31 참조.

98 남공철(南公轍)이 《무과총요》 서문에서 이 책을 편찬한 병정리 임인묵에 대해 "임리인묵 세위정리(林吏仁默 世爲政吏)"라고 한 사실을 통해서 병정리도 세전했음을 짐작할 수 있다. 그러나 조선 후기에는 서리직이 공공연히 매매되고 또 당쟁으로 인해 정치권력이 자주 교체되었기 때문에 세전되지 않는 사례도 동시에 발견된다(유봉학, 〈일록 《공사기고》에 나타난 19세기 서리의 생활상〉, 《규장각》 13, 규장각한국학연구소, 1990, 5, 10쪽 참조). 따라서 조선 후기 서리직의 세전 여부는 좀 더 면밀한 연구가 필요하다.

99 서리들에게는 조혼 풍습이 있었다고 알려져 있는데 이른 나이에 서리에 취임하는 것과도 관련이 있는 듯하다. 조혼 풍습에 대해서는 김두헌, 〈조선 후기 경아전 서리 가계 사례 연구〉, 《향토서울》 76, 서울특별시사편찬위원회, 2010, 143~144쪽 참조.

100 김영익의 사망 후 그의 직역이 한 차례 '학생'으로 기재된 적이 있는데 그 후 곧바로 통덕랑으로 바뀌는 것으로 보아 아마 학생은 오기로 판단된다. 《고문서》 8, 서울대학교 규장각, 293쪽, 준호구 199 참조.

101 강명관, 〈조선후기 경아전 사회의 변화와 여항문학〉, 《대동문화연구》 25, 성균관대학교 대동문화연구원, 1990, 114~117쪽과 김두헌, 위의 논문, 127~138쪽 참조.

102 한성부에서 1816년에 사복시(司僕寺) 서리인 박창문(朴昌汶)에게 발급한 준호구가 서울역사박물관에 소장되어 있는데, 박창문도 인달방 사헌부내계(司憲府內契)에 거주하고 있었다. 당시 그는 53세였는데 49세의 아내, 세 아들과 두 며느리, 두 명의 계집종과 함께 살고 있었다. 이에 대해서는 서울역사박물관, 《웃대, 중인 문화를 꽃피우다》, 서울역사박물관, 2011, 39쪽 참조.

103 吏曹丹骨吏金德峻之子文欽來謁自言 其父出外未歸 先送靑粧曆一件 七政曆一件 中曆十件 小曆十件 如九月所約(《이재난고》 2, 52쪽).

104 金德峻來謁 …… 得新曆中十件小十件 及前例靑粧一件 七政一件 以待臘月褒貶上來時 來納(《이재난고》 2, 12쪽).

105 冬至 …… 觀象監進曆書 頒黃粧白粧于百官 安同文之寶 諸司皆有分兒 各司吏胥又有遍問所親之例 吏曹吏各於仕宦家 有勾管掌寫告身者 若出宰 則給堂參錢 故例獻靑粧一卷 盖都下舊俗端午之扇 官分于吏 冬至之曆 吏獻于官 是謂夏扇冬曆 波及鄕曲親知墓村農庄(《동국세시기》).

106 허동화, 《우리가 정말 알아야 할 우리 규방 문화》, 현암사, 2006 참조.

107 실제로 단골리가 관원에게 보내준 책력이 남아 있다. 《正祖의 名臣을 만나다》, 101쪽(수원화성박물관, 2010)에는 정조 대의 명신 최벽의 후손이 보관한 1784년 시헌력이 소개되어 있다. 시헌력 속지에는 "□(此로 추정됨 — 인용자 주)憲書 乃璧姪之骨吏李思龍所送也"라고 쓰여 있어서 최벽의 단골리인 이사룡이 보내준 것임을 알 수 있다.

108 지방 양반과 경아전의 관계가 '나리〔進賜主〕'와 '단골리' 관계였다면 경화사족 출신 재상과 경아전의 관계는 '주공대감(主公大監)'과 '겸인(傔人)' 관계였다. 이들 관계는 부자 또는 군신 관계로 비유되기도 했다. 이에 대해서는 유봉학, 위의 논문과 원재영, 〈조선후기 경아전 서리 연구〉, 《조선시대사학보》 32, 조선시대사학회, 2005 참조.

의심해 보기 최춘건의 공명첩, 돈으로 양반을 샀다는 통념을 깨다

1 원문은 〔부록〕 4-1 참조.

2 전북대학교 박물관 소장 고문서 No.04975.

3 요호부민은 국가나 수령으로부터 수탈을 당했을 뿐만 아니라 자신들보다 못한 하층민들에게도 억울한 일을 당하기 일쑤였다. 요호부민의 토지를 경작하던 가난한 농민들은 흉년이 들었다는 이유로 병작료를 몇 년씩 바치지 않고 버티는 경우가 많았다. 그렇다고 해서 병작하던 땅을 빼앗을 수도 없었다. 그것마저 빼앗으면 굶어 죽을 것이 뻔했고, 그 책임이 요호부민에게 돌아왔기 때문이다.

4 전북대학교 박물관 소장 고문서 No.05758.

5 원문은 〔부록〕 4-2 참조.

6 《고문서해제》 3, 국립중앙도서관, 2006, 232쪽 참조.

7 원문은 〔부록〕 4-3 참조.

8 원문은 〔부록〕 4-4 참조.

9 앞의 책, 148쪽.

10 원문은 〔부록〕 4-5 참조.

11 계명대학교 동산도서관 소장.

12 원문은 〔부록〕 4-6 참조.

13 낭계란 문관 종9품 장사랑부터 정5품 통덕랑(通德郎)까지의 품계를 지칭한다. 종9품부터 정5품까지는 공통적으로 품계명에 '랑(郎)' 자가 들어가기 때문에 이렇게 통칭했다.

14 서한교, 〈19세기 賑恤 정책과 納粟 제도의 추이〉, 《역사교육논집》 26, 역사교육학회, 2000, 628쪽.

15 전북대학교 박물관 소장 고문서 No.01449.

16 원문은 〔부록〕 4-7 참조.

17 김득철의 고신은 병조판서 이하 관원들의 서명이 없다는 점에서 위격문서(違格文書)라고 할 수 있다. 현재 인천시립박물관에 소장되어 있다(소장번호 000936-000). 원문은 〔부록〕 4-8 참조.

18 《고문서》 1, 서울대학교 규장각, 470~471쪽. 원문은 〔부록〕 4-9, 4-10 참조.

19 《고문서해제》 4, 국립중앙도서관, 2007, 81쪽과 《고문서집성》 5, 한국정신문화연구원, 1989, 72쪽 참조. 원문은 〔부록〕 4-11, 4-12 참조.

20 1847년(헌종 13)에 병조에서 발행한 권용(權諮)의 교지를 살펴보면, 정월에는 1행 4자로, 6월에는 1행 5자로 작성되었다. 그러나 1856년(철종 7)에 병조에서 발행한 김병지(金炳地)의 교지를 살펴보면 3월까지는 3행 4자, 다음 달인 4월에는 4행 6자로 작성되었다. 이에 대해서는 추가 연구가 필요하다. 《고문서해제》 3, 국립중앙도서관, 2006, 40쪽; 《고문서해제》 4, 국립중앙도서관, 2007, 86쪽 참조.

21 이 특징은 함풍과 동치(同治) 연간에 병조에서 발행한 교지에서 공통적으로 나타난다.

22 《고문서집성》 71, 한국정신문화연구원, 2004, 76쪽. 원문은 〔부록〕 4-13 참조.

23 전북대학교 박물관 소장 고문서 No.05770.

24 원문은 〔부록〕 4-14 참조.

25 당시 수령은 무관 출신인 장유풍(張有豊)이었다. 그는 인동(仁同)에서 세거했으며, 1854년(철종 5) 2월에 도임했다가 이듬해 12월에 강진우후(康津虞侯)로 자리를 옮겼다. 縣監通訓大夫張有豊 武 居仁同 咸豊甲寅二月日到任 乙卯十二月日移拜康津虞侯(규장각 소장 《영남읍지》).

26 전북대학교 박물관 소장 고문서 No.05770.

27 원문은 〔부록〕 4-15 참조.

28 전북대학교 박물관 소장 고문서 No.05755. 원문은 〔부록〕 4-16 참조.

29 《고문서》 2, 서울대학교 규장각, 1987, 550~551쪽, 관 51. 원문은 〔부록〕 4-17 참조.

30 縣監通訓大夫崔憲祖 武 居京 同治二年癸亥八月日到任 乙丑十二月日瓜遞(규장각 소장 《영남읍지》).

31 전북대학교 박물관 소장 고문서 No.05759. 원문은 〔부록〕 4-18 참조.

32 전북대학교 박물관 소장 고문서 No.05763 참조.

33 전북대학교 박물관 소장 고문서 No.05765. 원문은 〔부록〕 4-19 참조.

34 吏曹啓: "觀此慶尙監司李鎬俊畢賑狀啓, 與別單及賑恤廳回啓, 則…… 願納人機張幼學崔命夏, 歉歲疎財, 千金助賑. 係是士子, 郎階成給何如?" 允之(《고종실록》 23년 11월 14일, 영인본 2책 254면). 현재 국사편찬위원회에서 제공되는 번역본에는 '낭계(郎階)'가 '낭청(郎廳)의 품계'로 되어 있으나 낭계첩(郎階帖)으로 해석해야 한다.

35 《日光面誌》, 일광면지편찬위원회, 2006, 176쪽. 인용문 중 어색한 부분은 내용을 해치지 않는 범위 내에서 인용자가 수정했다.

36 《일광면지》, 《조선환여승람》 등 참조.

37 전북대학교 박물관 소장 고문서 No.05764. 원문은 〔부록〕 4-20 참조.

38 代加者 以通德爲限(將仕以上十四階 次次代加 毋得越階 止於通德(《大典會通》, 〈吏典〉, 〈除授〉).

39 원문은 〔부록〕 4-16 참조.

40 《중종실록》 권 76, 중종 29년 2월 11일; 《중종실록》 권 77, 중종 29년 7월 25일; 《명종실록》 권 3, 명종 1년 6월 7일 기사 참조.

41 《선조실록》 권 139, 선조 34년 7월 12일 기사 참조.

42 《숙종실록》 권 35, 숙종 27년 1월 12일 기사 참조.

43 《정조실록》 권 25, 정조 12년 1월 22일 기사 참조.

44 《정조실록》 권 42, 정조 19년 5월 11일 기사 참조.

45 《순조실록》 권 4, 순조 2년 3월 23일 기사 참조.

46 전북대학교 박물관 소장 고문서 No.04103.

47 원문은 〔부록〕 4-21 참조.

48 전북대학교 박물관 소장 고문서 No.05766.

49 원문은 〔부록〕 4-22 참조.

50 조선 후기 교생의 선발에 대해서는 전경목, 〈조선 후기의 교생〉, 《고문서연구》 33, 한국고문서학회, 2008. 참조.

51 이와 같이 유학에 대한 분류가 잘못된 것을 지적한 논문으로는 송준호, 〈조선의 양반제를 어떻게 이해할 것인가〉, 《전라문화연구》 1, 전북대학교 전라문화연구소, 1986 참조.

52 전북대학교 박물관 소장 고문서 No.05749와 No.05751. 원문은 〔부록〕 4-23, 4-24 참조.

53 전북대학교 박물관 소장 고문서 No.05747과 No.05757. 원문은 〔부록〕 4-25, 4-26 참조.

54 전북대학교 박물관 소장 고문서 No.05748과 No.05756. 원문은 〔부록〕 4-27, 4-28 참조.

55 전북대학교 박물관 소장 고문서 No.05771.

56 원문은 〔부록〕 4-29 참조.

57 (春健—인용자 보충)配恭人金海金氏逸龍女 乙亥三月七日生 丙戌八月十七日卒(《경주최씨파보》 14 B).

58 앞에서 소개한 최정순 향교재임서목 참조. 또 그를 향교 도유사로 천거하는 망도 전한다. 전북대학교 박물관 소장 고문서 No.05752 참조.

59 전북대학교 박물관 소장 고문서 No.05769.

60 원문은 〔부록〕 4-30 참조.

61 전북대학교 소장 고문서, No.5768 참조. 원문은 〔부록〕 4-31 참조.

62 전북대학교 소장 고문서, No.05753과 No.05752 참조. 앞의 주 54, 55 참조. 원문은 〔부록〕 4-32, 4-33 참조.

63 이제까지의 연구에 따르면 조선 후기에 각 고을에서 양반들이 서로 다투다가 향전(鄕戰)으로까지 발전하자 대부분의 지역에서는 향안 작성을 중지했다. 그런데 기장현에서는 조선 말기에도 향안이 작성되었다고 한다. 이에 대해서는 앞으로 더욱 자세한 연구가 이루어져야 한다.

64 (機張鄕案)〔戊午正月 日〕奉事前萬戶金一介 …… 〔丙戌十月 日〕辛安道 …… 〔後丙戌十月 日〕金就商 …… 〔壬午正月 日〕崔春健(《東萊郡誌》 권 3, 37~39쪽).

양면 또는 다면 보기 **김해의 혼서, 처첩의 차이와 차별을 드러내다**

1 원문은 〔부록〕 5-1 참조.

2 과거 합격자 명단인 '사마방목'에는 그의 거주지가 용궁현으로 되어 있다. 동방미디어(www.dbmedia.co.kr)에서 제공하는 사마방목 참조.

3 혼서는 상대방을 존중하고 예의를 차리는 대표적인 예장(禮狀)이다. 그래서 상대를 지칭할 때 글자의 위치를 높이거나 행을 바꾸는 등 특별한 격식을 차렸다.

4 배재홍, 〈조선전기 처첩분간과 서얼〉, 《대구사학》 41, 대구사학회, 1991 참조.

5 《태종실록》 권 11, 태종 6년 2월 11일.

6 《태종실록》 권 12, 태종 6년 12월 19일.

7 《태종실록》 권 25, 태종 13년 3월 10일.

8 《세조실록》 권 7, 세조 2년 9월 7일.

9 《성종실록》 권 118, 성종 11년 6월 12일.

10 內眞田二里」 口統四戶 幼學李師錫年六十七乙酉本全州」 …… 妻柳氏年七十一辛巳籍文化」 父學生 學性」 祖學生 文龜」 曾祖學生 載恒」 外祖學生金祚延籍延安」 率子行淵年四十六丙午」 豐淵年四十三己酉」 德淵年三十七乙卯」 率孫洛秀年二十七乙丑(전북대학교 박물관 소장 고문서 No.14723).

11 內眞田二里戶籍單子」 …… 幼學李行淵年五十二丙午本全州」 …… 故妻崔氏籍朔寧」 父學生 翊孝」 祖學生 璘」 曾祖通德郎 泰賢」 外祖成均生員崔綱宇籍和順(전북대학교 박물관 소장 고문서 No.14727).

12 《전주이씨파보》 권 2, 5쪽(1949년간, 5권 5책).

13 內眞田二里戶籍單子」 …… 通德郎前恭陵參奉李行淵年七十九丙午本全州」 …… 妻崔氏故籍朔寧」 父學生 翊孝」 祖學生 璘」 曾祖通德郎 泰賢」 外祖成均生員崔綱宇本和順(전북대학교 박물관 소장 고문서 No.14716).

14 광일(匡一)이 개명했다〔率孫匡一改名匡輔年二十庚寅〕.

15 호구단자에는 40세로 되어 있으나〔婦宋氏年四十癸亥籍礪山〕 착오임이 분명해 수정했다.

16 광보(匡輔)가 개명했다〔率孫匡輔改名可玉年二十三庚寅〕.

17 가옥(可玉)이 개명했다〔率孫可玉改名丞球年二十九庚寅〕.

18 康熙四十七年 月 日漢城府」 考戊子成籍戶口帳內 東部蓮池洞蓮花坊契 住第七十

四統第一戶 幼學權益淳 年三十八 本」安東……」…… 妻李」氏故籍龍仁(《고문서》 8, 서울대학교 규장각, 1992, 63~64쪽, 준호구 59).

19 康熙五十三年 月 日 漢城府」考甲午成籍戶口帳內 東部昌善坊契 住第六統第五戶 權斗相挾戶司正權益淳 年四十四辛亥生 本」安東……」…… 妻李氏故 籍龍仁 妻李氏 年二十八丁卯生 籍全義(위의 책, 64~65쪽, 준호구 60).

20 1717년과 1723년에도 기록되었다(위의 책, 65~68쪽, 준호구 61~62).

21 雍正十年 月 日漢城府」考壬子成籍戶口帳內中部慶幸坊吳順德契第七統第五戶通政大夫行寧越府使權益淳年六十二辛亥生本安東……」…… 妻李氏 贈貞夫人父嘉善大夫漢城府右尹 世晟祖 贈大匡輔國崇祿大夫議政府領議政兼領 經筵弘文館藝文館春秋館觀象監事 世子師行通訓大夫坡州牧使楊州鎭管兵馬同僉節制使 挺岳曾祖贈崇政大夫議政」府左贊成兼判義禁府事 世子貳師五衛都摠府都摠管 後淵外祖通德郎閔 兼本驪興 妻李氏 貞夫人年四十六丁卯生籍全義父學生 潤德祖通德郎 夏冕曾祖通訓大夫行工曹正郎 萬石外祖通德郎玄斗燦本順興(위의 책, 71~73쪽, 준호구 65). 다만 정부인은 남편이 2품일 때 주어졌는데, 3품인 통정대부의 아내에게 주어진 이유는 추가 연구가 필요하다.

22 이러한 예는 매우 많다. 대표적인 사례는 위의 책, 76~94쪽, 67~72 참조.

23 乾隆九年 月 日 漢城府」考甲子成籍戶口帳內 南部明哲坊南小洞契 第卅統第一戶 通德郎宋天相 年四十四辛巳生 本恩津……」…… 妻李氏 齡四十六己卯生 籍全州……」…… 率子煥文 年二十一甲辰生 婦金氏 岭二十乙巳生(위의 책, 466~468쪽, No.354).

24 乾隆十五年 月 日 漢城府」考庚午成籍戶口帳內 西部盤松坊池下契 第三十一統第二戶 通德郎宋天相 年五十辛巳生 本恩津……」…… 率子煥文年二十七甲辰生 子婦金氏 齡二十六 乙巳生 籍光山(위의 책, 468~470쪽, No.355).

25 乾隆二十一年 月 日 漢城府」考丙子成籍戶口帳內 西部盤松坊池下契 第百十統第五戶 通德郎宋天相 年五十六辛巳生 本恩津……」…… 率子煥文 年三十三甲辰生 子婦金氏 齡三十二乙巳生 籍光山 孫宗慶 年十三甲子生(위의 책, 470~472쪽, No.356).

26 乾隆二十七年 月 日 漢城府」考壬午成籍戶口帳內 西部盤松坊池下契 第百統第二戶 通德郎宋天相 年六十二辛巳生 本恩津……」…… 率子煥文 年三十九甲辰生 婦金氏故 孫復圭 年十九甲子生 孫婦李氏 齡二十三庚申生 籍韓山 率妾李」氏 年四

十四己亥生 本全州(위의 책, 472~473쪽, No.357).

27 처가 사망한 후 첩이 호구단자나 준호구에 등재된 또 다른 사례는《고문서》10, 서울대학교 규장각, 1994, 83~84쪽, No.985 참조.

28 태복(泰福)이 환문(煥文)으로 개명했다.

29 《은진송씨족보》에 따르면 그는 신사년(辛巳年, 1761) 7월에 사망했다. 또 1771년에 발급된 준호구를 살펴보면 그는 여전히 홀아비로 살고 있었다(《고문서》8, 서울대학교 규장각, 473~476쪽, No.358 참조).

30 乾隆五十七年 月 日漢城府」考壬子成籍戶口帳內 西部盤松坊水芹畓契 第十七統第一戶 幼學宋煥文 年六十九甲辰生」本恩津……」…… 妾金氏 年五十五戊午生 庶子童蒙乭同 年十八乙未生(위의 책, 478~479쪽, No.361).

31 康熙三十八年 月 日 漢城府」考己卯成籍戶口帳內南部薰陶坊泥峴契 第一統第三戶 通德郎李晩祥 年五十七癸未生 本韓山……」…… 妻沈氏 年五十七癸未生」籍豊山……」…… 率妾林召」史 年四十四丙申生 本益山 率子聖興 年二十一己未生 妻朴氏 年二十庚申生 籍羅州 庶子道興 年十七癸亥生 庶」子禎興 年十一戊辰生(《고문서》9, 서울대학교 규장각, 1993, 93~94쪽, No.559).

32 康熙三十二年九月 日 坡州牧」考癸酉成籍戶口帳內 馬井面馬井里第二十四統第五戶 通訓大夫前行珍島郡守尹熀 年七十一癸亥生 本坡平……」…… 妻黃氏 年七十」二壬戌生 籍昌原……」…… 率妾良女金召史 年四十」八丙戌生 本金海 率子許通斗彬 年二十五己酉生 妻宋氏 年二十九乙巳生 籍延安 外祖保人李起男 本全州 率子許通斗房 年二十甲寅生 妻徐氏 年二十三辛亥」生 籍長城 外祖保人金愛奉(위의 책, 4~5쪽, No.496).

33 《고문서》8, 서울대학교 규장각, 180~181쪽, 137 참조. 원문은 〔부록〕 5-5 참조.

34 《淸風金氏世譜》丙編下, 90~91쪽(1750년간, 5편 4책, 국립중앙도서관 소장 고2518-10-752).

35 《全州李氏派譜》上, 1쪽(1896년간, 2권 2책).

36 《韓山李氏麟齋公派世譜》3책, 282~287쪽(1994년간, 6권 6책, 국립중앙도서관 소장 999.11-이764ㅅ인).

37 《坡平尹氏少府公派譜》2책, 39쪽(2000년간, 5권 5책, 국립중앙도서관 소장 999.11-윤874ㅍㄱ).

38 원문은 〔부록〕 5-6 참조.

39 僕之弟某 年旣長成 未有伉儷 伏蒙尊慈 許以令愛貺室 玆有先人之禮 謹行納幣之儀.

40 김혁, 〈조선시대 婚書의 書式 변화를 통해서 본 婚禮의 양상〉, 《영남학》 13, 영남문화연구원, 2008, 528~530쪽.

41 안대회, 〈초정 박제가의 인간면모와 일상—소실을 맞는 시문을 중심으로〉, 《한국한문학연구》 36, 한국한문학회, 2005, 132쪽.

42 《고문서》 31, 서울대학교 규장각, 2006, 211~212쪽, 노비자매문기 No.321.

43 성호 이익은 그 이유를 개가한 여자의 자손에게 청직을 허락하지 않는 데에서 찾았다. 이에 대해서는 강명관, 《성호, 세상을 논하다》, 자음과모음, 2011, 134~140쪽 참조.

44 初六 …… 往宿于禾谷裵召史房(구상덕, 《승총명록》, 한국정신문화연구원, 1995, 515쪽).

45 初九 …… 裵召史率來(위의 책, 515쪽).

46 廿八 …… 禾谷裵召史 性惡不可畜 故送還其家(위의 책, 519~520쪽).

47 廿九 …… 禾谷人還來 出之在外(위의 책, 520쪽).

48 初一 …… 余親率禾谷人 送至龍田下 余則宿于許院長宅(위의 책, 520쪽).

49 同居不多日 已見其强悍之態 昏暮寢處之間 從容敎導 不一其方 然日用云爲 多失色養之義 而一夕家夫進飯之坐 不知緣甚麽事 而如湯漿口如銜物 而戶牖生風 箱篋撥塵 某低聲而擎(掣의 오자—인용자 주)之 渠反厲聲而答之 有若咬獝之逐人 不覺寒粟(栗의 오자—인용자 주)之遍體 且於廚竈之役 遷怒息兒之輩 狼目豺聲 肆然罵詈曰 將必剔爾之腹 欝爾之腸 老親一聞此言 頓減食齒 而尋常涕淚 留痕枕席 爲人父情 旣如何 爲人子道 亦如何 如坐針氈 若蹈虎尾 肉顫心驚 魂飛骨爽也 …… 有此不順不慈 而又不孝 三大惡者 決不可少須臾處帷房也 固當卽地斥出 而恐累高門 有駭他聽 故姑且安恕 不加聲討 而回渠舐犢之行 與作斷絃之路 伏望日加鞭策 期得悛改 則庶幾有會合之道(위의 책, 519~520쪽).

50 魂銷心折淚交頤 始見寧知此別離 慈病四年長侍藥 嚴憂三歲不窺私 羈留致汝青春怨 老醜慙吾白髮垂 好去寧親歸美土 緣如未盡後生期(《武陵雜稿》 권 5, 〈送襄州老妾〉). 번역은 이능화, 김상억 옮김, 《조선여속고》, 동문선, 1990, 261쪽을 참조했으나 어색한 곳은 필자가 수정했다.

51 (1573년 6월 19일) 海南族書來 吳彦祥旣有二妾 又取淫婢末臺 以姊氏訟得婢四口爲贖 荒溺滋甚其妻悲怨云(《미암일기초》 4, 조선총독부, 1936, 19쪽).

52 (1573년 7월 14일) 吳彦祥遭余譴責 以還退末代贖身爲言云(위의 책, 35쪽).

53 (1573년 8월 4일) 海南吳姊簡云 彦祥伏承令簡 深責其狂荒之事 翻然悔悟 尹和中來

此 則欲棄末代 妹亦深喜 若非令責 安能解其惑 祝手祝手 觀此則深可喜也(위의 책, 58쪽).

54 (1573년 8월 27일) 以 …… 勸尹牧使退末代之贖等書 遣人付尹和中之行(위의 책, 83쪽). 윤 목사(尹 牧使)는 윤화중의 아버지 윤행(尹行)이다. 유희춘이 윤행에게 편지를 보낸 이유는 윤행을 통해 말대의 상전 윤화중에게 환퇴시켜주기를 권했기 때문으로 보인다.

55 (1573년 9월 29일) 是日巳時 校書著作崔慶會 來自海南覲親之所 具言吳彦祥 已還退末臺(위의 책, 121~122쪽).

56 (1574년 3월 29일) 彦祥以去歲被余禁戒 棄捐沈惑之末臺 到今乃大覺其迷 以指示爲感德 其妻之欣幸 尤不可言(위의 책, 316쪽).

57 (1567년 10월 2일) …… 余以妹主 所通議韓孝淸女子之婚 以崔洞中爲定 蓋以門地當人俱美 而又世世琴瑟和調故也(《미암일기초》 1, 조선총독부, 1936, 3~4쪽).

58 (1568년 1월 19일) 在廣程時 語及婚事 珍原假部將金沆 欲迎光雯 此婚可爲者也 家門平平且豐殖 處子亦好云 金景愚之所議也(위의 책, 98쪽).

59 (1573년 12월 26일) 朝 曺閔中來報 弟博士景中以爲 宋婚甚當云 婚期秋以爲期 余以爲 宋家必以四月 爲成禮之期 ○君直家富 只有二女 足以迎相當年少之壻 而必欲求朝官目前之快 而不計年老之非偶 前日 吾夫婦力言其非便 君直今者必欲迎曹君 亦見其識趣之卑矣 但若曹享壽而生男 則亦有將來之福 是未可知也(《미암일기초》 4, 조선총독부, 1936, 209~210쪽).

60 (1594년 2월 23일) …… 乞粮事 送莫丁於咸悅 咸悅雖曰允謙所厚之友 於余則本非親屬 又無曾識之分 待吾家極厚於他人 一月之內 再三度佴乞 而少無難色 一家十口之命 專賴於此 其恩輕重 宜如何報 徒自感祝而已(《쇄미록》 상, 국사편찬위원회, 1971, 289쪽).

61 (1594년 3월 4일) …… 但聞咸悅 今日喪室云 不勝驚悼驚悼 一家延命 專賴咸悅 而不意遭喪 必不致力 是可悶也(위의 책, 291~292쪽).

62 (1594년 6월 27일) …… 咸悅喪室後 會與我家議婚 已許面約 而若過期後結褵 則彼此具有老親 人事未可期 方以爲慮 參奉今在咸悅 謂曰 如此亂世 若徇禮 則後日之患 未可必矣 秋末冬初間 議定如何 咸悅亦有回(同의 오자—인용자 주)意 因人達意於咸悅大人溫陽 則溫陽致簡於參奉曰 正合我意 更與詳議通示云云 甚可喜也 當欲擇日送人 定期計(위의 책, 334~335쪽).

63 (1594년 8월 15일) 朝食後 咸悅還歸 觀其意色 見其妻有喜悅而合適 深可喜也 來十九日 送人馬率去云(위의 책, 351쪽).

64 전북대학교 박물관 소장 고문서 No.13626. 원문은 〔부록〕 5-8 참조.

65 양대규가 이미 사망했는데도 후손들이 그를 향유사안에 올린 이유는 다음과 같다. 조선 시대에는 사망한 후라도 이름이 향안이나 향유사안에 올라야만 후손들이 지역사회에서 명망 있는 양반으로 행세할 수 있었다. 향안이나 향유사안을 분석해보면 이미 사망한 후 등재된 경우가 매우 많은데, 이것은 어느 한 지역이나 고을만의 현상은 아니었다. 이에 대해서는 김용덕, 《향청연구》, 한국연구원, 1978 참조.

66 《南原梁氏兵曹判書公派譜》 上, 族譜文化史, 1998, 309~311쪽.

67 양대규의 아들 양경원이 제출한 탄원서가 남아 있다. 전북대학교 박물관 소장 고문서 No.13624와 No.13641 참조.

68 목동에 사는 부안김씨와 둔덕에 사는 홍성장씨에 대해서는 송준호, 《조선사회사연구》, 일조각, 1987 참조.

69 조선 후기의 지방 양반들은 혼맥 형성에 커다란 관심을 갖고 있었다. "조상치레 못하면 사돈치레라도 해라."라는 속담은 이를 잘 보여준다.

70 (1568년 4월 2일) 於蘭萬戶鄭鴻 京居人 求我孼女爲妾(《미암일기초》 1, 조선총독부, 1936, 177쪽).

71 《미암일기》에는 이 부분이 결실되어 내용을 추측할 수밖에 없다. 주 72 참조.

72 (1569년 5월 27일) 陰 朝 見全羅兵使李公大伸書簡云 武科軍官金宗麗 自嶺南隨來 有可用之才器 □於訓鍊院 方求接 而未得可居之道 尹寬中(미암의 사위—인용자 주) □ …… □欲作□ …… □ 舒仲(이대신—인용자 주)自言 心服金之爲人 此可許也 許以仲秋可成云(《미암일기초》 2, 조선총독부, 1936, 5~6쪽).

73 (1569년 11월 10일) 與妾議迎金宗麗 爲海福之夫(위의 책, 144쪽).

74 (1571년 3월 30일) …… 海南夫人書及婢雪梅來 妾簡亦來 卄七日 迎金宗麗(《미암일기초》 3, 조선총독부, 1936, 66쪽).

75 (1571년 2월 16일) …… 水使韓公弘濟來訪 …… 余言 …… 金宗麗軍官自望 …… 事 皆蒙諾(위의 책, 35쪽).

76 (1571년 2월 27일) …… 余以裵八元 送永同金宗麗處 令赴右水使軍官 而因以成孼女之爲妾 …… ○李淳 來自鎭岑 聞金宗麗 今在海美兵營 卽更通恩律 令裵八元直走兵營云(위의 책, 41쪽).

77 (1571년 3월 8일) …… 兵曹叅判柳太浩(景深—편자 주)來 余以金宗麗事爲懇 蒙諾(위의 책, 48쪽).

78 (1571년 3월 12일) …… 是日末時柳叅判太浩(景深—편자 주)來約金宗麗事(위의 책, 52쪽).

79 (1571년 4월 21일) …… 巳初 入海南官府 縣監雨中行禮於庭 余命行於簷下 入東軒房 李惟秀·吳彦祥·景濂·邊潤·金宗麗亦至 茶啖後出坐決事 …… ○金宗麗 可人也(위의 책, 79쪽).

80 (1571년 5월 8일) …… 兵使軍官金宗麗 以奉安使前問安來 余相見喜(위의 책, 87쪽).

81 (1571년 5월 9일) …… 金宗麗在側 有所補益(위의 책, 88쪽).

82 (1571년 7월 12일) …… 沃溝假將金宗麗來謁(위의 책, 126쪽).

83 (1572년 12월 16일) …… 訓鍊叅軍新來侵虐事 司憲府以風聞出推考 金宗麗來告 愁悶(위의 책, 327쪽).

84 (1572년 12월 17일) …… 罷漏 金宗麗來 余簡訊于尹元禮(復—편자 주) 答以臺中風聞爲之云 …… ○ 李執義海壽復簡云 金叅軍(宗麗—편자 주)事 若至於入啓見罷 則誠爲過重云云(위의 책, 327~328쪽).

85 (1572년 12월 17일) …… 令金宗麗速給新來處徵布(위의 책, 328쪽).

86 (1572년 12월 22일) …… 憲府勿論訓鍊院侵新來事(위의 책, 332쪽).

87 (1572년 12월 23일) …… 以訓鍊院事 問于掌令元禮(尹復—편자 주) 答云 徵木事 乃堂上所爲 非叅軍以下所爲 金宗麗等 當不坐矣(위의 책, 333쪽).

88 (1572년 12월 22일) …… 金宗麗權知廳叅軍(위의 책, 332쪽).

89 (1573년 4월 1일) …… 以金宗麗乞縣便養湖南邊邑 簡通于吏叅姜公士尙 報以銘圖(위의 책, 445쪽).

90 (1573년 4월 18일) …… 金宗麗亦來 言興陽之當遞 可入望云(위의 책, 460쪽).

91 (1573년 4월 25일) …… 牧馬場有頉應罷秩 前順天府使李選·光陽縣監金世範·海南縣監任應龍·興陽縣監權遇等也 卽以光陽·興陽二邑 金宗麗擬望事 通于吏判 ……○金宗麗入光陽縣監首望 不受點(위의 책, 470~471쪽).

92 (1573년 6월 13일) …… 吏書朴公永俊 以提調來會 余以金宗麗茂長望 …… 爲囑 朴公皆諾 朴判書忠元 亦助言; (1573년 6월 15일) …… 金宗麗來告 今日政事 余簡通姜參判尙之(士尙—편자 주) 報以伏承令示 敢不力圖 金君 尙亦已聞其爲人 乃許擬茂長之望也(《미암일기초》 4, 조선총독부, 1936, 13~15쪽).

93 (1573년 6월 22일) …… 是日都目政 …… 金宗麗入沃溝縣監 · 司僕主簿望 並不受點(위의 책, 21쪽).

94 (1573년 7월 1일) …… 金宗麗 …… 來 余以鴻山有闕 簡請于吏判朴公永俊(위의 책, 27쪽).

95 (1573년 7월 2일) …… 金宗麗亦入鴻山副望 而不受點(위의 책, 28쪽).

96 (1573년 7월 12일) …… 金宗麗來議泰仁宰事 余以爲汝求於叅議 余無爲也(위의 책, 33쪽).

97 (1573년 8월 6일) …… 金宗麗入清河宰末望 不受點 沈叅議(義謙—편자 주)所薦也(위의 책, 61쪽).

98 (1573년 8월 11일) …… 是日有政 金宗麗爲監察 遂來謁(위의 책, 64쪽).

99 (1574년 2월 1일) …… 湖南殿最入來 扶安 · 務安 · 全州判官等 遭下等 金宗麗欲入扶安之望 簡來(위의 책, 250쪽).

100 (1574년 2월 3일) …… 金宗麗入務安首望 不得受點 可憐可憐(위의 책, 251쪽).

101 (1574년 2월 21일) …… 金宗麗來謁 以興德縣監李國梁 人物庸劣 被諫院之駁 求入望 余卽簡通于李叅判季眞(後白—편자 주)(위의 책, 278쪽).

102 (1574년 2월 23일) …… 金宗麗入興德首望受點 兩家之喜何極(위의 책, 280쪽).

103 (1574년 3월 18일) …… 金宗麗下直肅拜後 來見我于直房 聽教書簡規式而去(위의 책, 304쪽).

104 (1574년 3월 12일) …… 午初 沃川郡守朴春英來訪 余囑金宗麗母氏 秋分前在永同宜致月料 朴君曰 諾(위의 책, 297쪽).

105 (1574년 2월 28일) …… 金宗麗來謁 余議以張以昌 屬實差內禁衛 訓鍊習讀都試二三等 則可受司果祿 子宜給馱送之 對曰 諾(위의 책, 285~286쪽).

106 (1577년 2월 8일) 右水使李璥 見海歸云 年少端重若成人 有知識器量 固知君子之子之異於衆人 遂寵愛云 海福諺書之所報也(《미암일기초》5, 조선총독부, 1936, 302쪽).

107 왜 그런지 알 수 없으나 강진현감 명단이 수록된 〈선생안(先生案)〉에는 유기가 빠져 있다. 다만 재임 기간 등을 통해 유기는 이함일(李涵一)과 소사원(蘇泗源) 사이에 아주 짧게 재임했던 것으로 추측된다.

108 이때 받은 교지의 내용을 소개하면 다음과 같다. 教旨」黃廷稷爲奉正大夫行安東都護府判官者」萬曆四十年十月二十四日」壬十別加(전북향토문화연구회 편, 《전북지방의 고문서》1, 전북향토문화연구회, 1993, 78쪽).

109 《장수황씨세보》 1(2000년간, 회상사) 19~20쪽에는 이순지의 딸 '완산이씨'가 황정직의 셋째 부인으로 기록되고, 또 그 아래에 '생이남삼녀(生二男三女)'라고 기록되어 있다. 그런데 구보(舊譜)를 살펴보면 완산이씨는 정실부인으로 올라 있지 않으며, 황정직 슬하에는 적자가 없고 서자만 있었다. 따라서 완산이씨는 첩이 분명하다.

110 《조선시대 남원 둔덕방의 전주이씨와 그들의 문서》(I), 전북대학교 박물관, 1990, 190~192쪽, 분재문서 7. 원문은 〔부록〕 5-11 참조.

111 《조선시대 남원 둔덕방의 전주이씨와 그들의 문서》(I), 전북대학교 박물관, 1990, 151~152쪽, 매매문서 8~9 참조.

112 古有參政 志養萱闈 而公擾私務 鎭日叢集 未暇左右恒侍 家畜一婢 年纔及笄 …… 性度聰慧 善承萱闈之旨 …… 萱闈以是而自適 參政以是而悅親 家人以是而代勞 愛護偏篤 賞與無算 …… 長安豪富子弟 從事青樓者 競欲以千金一娶爲希 媒寵於參政(이월영·시귀선 옮김, 《청구야담》, 한국문화사, 1995, 503~513쪽).

부록 원문

|1–1|

手記

痛矣 胸其塞也 夫婦有別 惟人之第三大倫而無常矣 妻同餔糟糠 不意今朝倍我而歸[1]他 則噫 彼二女將安歸而長成乎 言念至此 語不成而淚先 然渠以倍我 則我何思渠 想其所爲 事當懷劒 而惟不然者前程 故十分恕來 以葉錢三十五兩 永爲罷送於右宅 日後之弊 持此文 憑考事

乙酉十二月二十日 최덕현 수표〔左手掌〕

|1–2|

萬曆參拾年壬寅參月初十日 五妻幷產生存子息五娚妹及故子參兄弟等亦中 許與明文

右明文爲臥乎事段 父亦 年深病人以 今明日生死難知 各衿幷論許與爲臥乎等用良 大抵五妻之中 肆妻所犯乙 昭然現錄爲去乎 本妻銀花段 他夫朴彥巾乙 潛奸娶夫居生 仍爲身死 次妻進代段 老矣身年芳隨居時 自有綱常奴子通奸 死罪失行 所聞喧說之初 逃走於流離靈岩地 玉泉里居朴植乙 路次相奸隨居 夫妻仍爲並歿 故子朴千石母夢之段 洪千貴乙 潛奸 多產子息先歿 同人隨身 次妻加叱今段 老矣身年芳出入官門時 和奸娶妻 遠在邑中相奸時 適出女子後 同加叱今亦 亂本女人以 五六處至 潛奸遆夫橫行爲如可 曾別老人居處 同里良中 我身幷產其女子家 隨居爲於 何以心術是喩秋毫不犯老矣身 常爲晝夜 仰天卽死亦 攢手哀乞 其理乙 族親通知事是齊大槪別妻加叱今段 永別老矣身乙 不爲改奸之罪以 死爲哀乞之事乙 彼我不干之間 勿論其罪爲乎喩良置 同女人乙 相奸時幷產女子禮棨段 我身骨

---

1 원문에는 '婦' 자와 같이 쓰여 있으나 문맥상 '歸' 자로 보아야 한다. 아래도 마찬가지다.

肉幷產女子以 其母矣從令皃如一樣 老父乙 亦歿攢手根因 及其同生娚朴光立朴千石並歿 未過參日 卽時用肉分明之事 幷以論文發狀計料爲如可不小綱常大過 不爲發狀爲有如乎 子息等許與論文良中 減給田民 現錄爲去乎 又次老矣身達貫率妻朴元鵬母乙 肆拾餘年至 率居時 同備買得田畓幷全拾壹石落只 及又次傳於父母應得畓全壹石落只 田皮種全壹石落只等庫乙 合錄許與爲在果 大抵法典內置 夫妻累年同居買得之物 則中分通論 父矣衿以沙 他妻子息中 平均分給 法例宜當爲乎矣 他妻女婿等弋只皆是能文非理好訟之人以 矣身達貫率妻女陪幷產愛恤子息朴大鵬朴元鵬等乙 爭奪田民 流離他道爲白乎去 晝夜悵嘆 嚌嚌可斗 通論之情 許與之物乙 欲奪者有去等 父矣許與論文皃如 某婿之中 所犯田民乙 依法典 沒官當還退 曾經癸丑年 依受敎乙用良 勿揀赦前 全家定罪 施行敎事

(분재 내용 생략)

財主 自筆病父 朴義萱〔手決〕

證人 同姓三寸 朴希成〔手決〕

證保 同生妹夫 姜分石〔手決〕

1-3

咸慶道原山宋召史

右謹陳切切寃枉事段 矣女命途崎薄 靑春喪夫 與無男獨女 相依保生矣 曾於年前 治下居金振元 來到矣郡 醫學爲業者 因人强勸 使女息備禮成婚而不過幾年 同振元旼其故鄕 終無消息者 爲數三年矣 女息歎曰 女子身世係是一夫 期欲相訪 而千里遠路 一身難馳 晝宵涕泣 所以爲母者 不忍可見多小家產 一時蕩賣 錢千有餘金 輸來相逢 與之同居 而同振元 素習浮蕩衣服與錢財 沒數奪取 治產其妾 毆逐其妻是乎所 矣女買得土屋 與女息同居 而去臘月 女息生女 一不顧助 且乳兒凍死 視若尋常 所謂爲人者 是何

心情之薄歟 觀其景色 揆諸世情 不可久留 故斥賣土屋而報債 與女息還故計料 則赤手〈可復合 忿鬱之心 倘云何如哉 然而亂類之心 朝變夕改乙仍于 其絶誼標紙 粘連泣訴爲去乎 叅商敎是後 特軫如右事狀 說使改適無相侵漁之意 論理題下 以杜後弊之地 處分爲只爲

□……□(行下)向敎是事

□……□使道主 處分

癸卯 六月 日

〔題音〕果如狀辭인지 質問後 立旨成給次 金振元을 捉待할 事 廿四日 狀女使令

| 1-4 |

巨濟汗內居潘田玫

右謹言 伏以盖人之貺室 不可等棄 而曾於年前 使矣身之姊 出嫁於治下仙洞崔國律處是乎所 同國律所習浮浪 迫逐其妻 周流四方 于今七八年矣 矣姊不耐飢寒 還來親家 故往言其媤父母 則亦爲迫逐者 不可不矣身與之同居矣 今當麥凶 矣身亦爲賣家蕩產 與姊各其散四 此所可憐之狀 無以盡訴是在果 以矣姊言之 年是青春 丐乞之路 未知依托於何人 亦以國律言之習本浮浪 還故之地 未知或訪其妻 則這間矣身必不免窘辱乙仍于 敢此仰訴爲去乎 叅燭後 特軫如右事狀 論理題下 以爲憑後之地 伏祝

鎭南使道 處分

癸卯七月 日

〔題音〕出嫁者는 外人 而夫婦不和相離가 曲在於渠也요 曲不在於汝 則不必煩訴할 事 初六日

|1-5|

昌寧居金用甲

右謹陳所志矣段 有夫之女 孰能奪取 矣身與治下新上洞金致一之女 偶然作配 同居七年 連生二女 未嘗無情誼 而去五月 從厥人之所願 移運眷於治下 當此麥凶 四顧無親者 生活無路 還故次 與厥人相議後 投往故鄕 使饒族買家治產而來 來往之間 不過二十日也 所謂妻母言內 吾女當改適於富民矣 汝卽退去是如乎所 含忍鬱憤 與老母率女兒 負之產物而去 至於北門妻母趁來 裂破負物 奪去兒女 故使老母 責出兒女 則厥女呼女而悖辱 今雖仇讐 昨日姑婦 我東禮義之邦 寧有是理 大抵背其夫辱其姑 載在法典乙仍于 敢此仰訴爲去乎 燚燭後 同金致一之女 卽爲捉致 依律嚴懲 使之率去是去乃 以杜後習之意로 極爲嚴懲ᄒᆞ와 以爲母子雪恥之地爲只爲

鎭南使道 處分

癸卯六月 日

〔題音〕 質問懲勵次 捉待할 事 廿四日 使令

|1-6|

萬宗里居曺元瑞妻原情

右謹陳原情事段 小女以息女被捉事 猥自煩訴 惶恐無地是乎所 窃料同年女兒 尙不適人者許多 而是何命薄之身世 甚至於此境哉 夫口乳尙存 但[2]以圖生爲計 未知失節爲罪 是所以立旌閭者鮮矣 而若將陷己於不復之地則已誤平生 雖有自新之心 豈可得乎 以若官爺主視子之澤 幸臨於賈女之此郡 則小女之待父母官之一處分 達夜繼晝是乎所 設令棄妻之夫來訴 則

2 《고문서》 26에는 '伹'로 되어 있으나 오자여서 바로잡았다.

理或難赦 而得以奔之爲妾 人皆賤之 而已至於後日之戒 雖失三從之道 豈無再醮之節乎 以其爲母者之痛寃 玆敢仰籲於明察之下爲去乎 洞燭敎是後 特下河海之澤 還歸劉班家 使此柔腸之兒女 毋至含寃之地 千萬望良爲只爲

行下向敎是事

官司主 處分

丁亥七月 日所志

| **1-7** |

積不善積不善 天下之積不善 豈有如奪人之妻乎旀 相思苦相思苦 人情之相思苦 豈如生妻子之離別乎 青天孤鴻 失其侶而遠叫 綠樹隻鶯 失其雙而悲啼 禽鳥猶然 況乎人情夫婦之親乎尒 日暮溪邊牛 鳴其犢 烟濃江頭馬嘶其駒 牛馬尙然 矧乎人倫父女之情乎 若以色慾言之 良家處子二八未嫁之女 何村無之 何求不得 若或不然 則娼家少婦 不須嚬者有之 朱樓落日捲簾看者有之 青山白水 寡婦哭者有之 何必有產有家有室矣身之妻奪之乎 匹夫之志 猶能奪三軍之勇 匹夫[3]之寃 猶能徹九天之感 則刻骨寃斗貧富何關 强弱何論 沙中之椎 尙擊始皇之車 五步之內 難恃楚國之衆 矣身家屬 則妻一女一矣身一 但知三口相託矣 一朝失其二口 則出而矣身一 入而矣身一 死而矣身一 失伴無慮[4]可乎 怪哉人情 不思而自思 欲忘而難忘奪之者誰 使道子弟翰林也

---

3 '婦'의 오자로 추정된다.

4 '侶'의 오자로 추정된다.

2-1

溪南谷里梁思憲在囚

右謹言 民不謹持身 至犯雜技 就囚受杖 已至多日 而雜技所負錢一百七十兩內 五十兩已報於李基贊是乎所 在一百二十兩 艱辛變通 今爲依分付 納上官庭(廷의 오자－인용자 주) 而此等之錢 日後李基贊 更無侵索之弊是乎乙喩 不無後慮 論理題下 以憑後考之地 參商行下爲只爲

行下向敎是事

城主 處分

乙酉正月 日

〔題辭〕姑俟處分向事 卄七日

官〔押〕

2-2

溪南谷里居化民梁思平

右謹言情由事 去正月良中 民之從弟梁思憲與李基瓚雜技犯科事 曾已洞悉矣 同基瓚所告內 渠之所捧債文一百七十兩內 五十兩 先已捧之 而在一百二十兩 自官庭推捧 故城主分付內 右錢官庭輸納敎是故 奉分付納上 而且民之從弟 則右錢一百二十兩 盡爲報給之意 書標是白遣 李基瓚則渠之債文沒捧之意 書標是白遣 自官庭親爲成帖 而兩人處 各一丈式出給 故更無疑慮矣 不意今者 同基瓚恒時爲言曰 右錢計邊劃給則已 若不然 民之畓庫六斗落奪畊云 任意耕作 故民不勝冤枉 向日良呈訴是乎則 題內率來對卞敎是 故對卞次 待令是乎那 究其理勢 則渠之已爲沒數報給 而且受侤音手標是乎則 無名色畓庫 豈可空然見奪乎 不勝冤枉 緣由擧悉 仰訴參商敎是後 更無後弊之意 立旨成給 千萬伏祝

行下向敎是事

城主 處分

乙酉四月 日

〔題辭〕自官只知有雜技債 不知有他債是遣 設或有他債 債自債 畓自畓 豈可以私債奪人田畓乎 語不成說之事 實不足煩題向事 初四日

官〔押〕

|2-3|

溪南谷里罪民梁周舜

右謹言情由段 去甲申年間 罪民之亡兄 偶陷浮浪 馱幾百兩錢 去安義界與崔萬化李乃順之類 設爲雜技所 持錢盡爲見失是遣 更爲所負 至於數百兩是乎則 同萬化乃順亦自知其事之浮雜 此錢之虛妄 不可推覔 而更誘亡兄 以五十兩 酌定成標來言於亡父 則亡父大怒責罵而不給分錢矣 同萬化往請溪內崔文佐 以好言和解於亡父 則亡父聽其言 給其錢而更受萬化之標矣 不幸今春亡父棄世 則彼萬化蔑視罪民之孤弱 先使人恐動 而更遣人覔錢云 右雜技之錢 幷利爲三千餘兩是如是乎尼 世 豈有如許之不測人乎既充其欲 更成標記而證叅之人猶存是去乙 如是侵侮事甚憤惋 故緣由仰訴于明政之下 洞燭敎是後 特下嚴題 以爲日後憑考之地 千萬伏祝

行下向敎是事

城主 處分

丁酉十二月 日

〔題辭〕雜技之禁斷 載在法典 誘人子弟 旣奪其錢 餘慾尙存 人死後 又此侵犯云者 聞不勝驚惡 如有來侵者 自洞中 結縛捉上是矣 如或疎忽失捕 難免重繩向事 洞有司頭民 初二日 告李秀換

官〔押〕

2-4

標

右標事 所捧條肆佰貳拾兩 而沒捧極難也 以寧失之意 伍拾兩捧上是遣 右錢永永蕩減爲去乎 日後若更說是去等 以此文告官憑考事

甲申三月十五日

標主　李乃順〔手決〕

崔萬河〔手決〕

金基澤〔手決〕

丁英之〔手決〕

2-5

乙酉五月初三日 手標梁生員宅

右標事段 雜技場所負錢 素是虛浪之事也 右宅所捧條肆佰參拾伍兩 至此叵竟之場 先念誼趣 不以錢財 相持也 幾佰幾拾兩 盡爲蕩減 而以五拾兩之文 相爲信物 日後標記四人中 若或有異端 則錢文與前後事端 崔萬化盡爲全着爲去乎 將此標記 告官卞正事

標主 崔萬化〔手決〕

筆執 崔文佐〔手決〕

證人 申正汝〔手決〕

此亦中 先爲標記 語似疎忽 故更爲成標爲遣 舊標記亦爲疊受印

2-6

手標　　丁亥三月十二日

右標事段 去丙戌春 相爲雜技之場 逋錢六十兩 終後報給 故至于丁亥良

相逢于松灘酒店 設施雜技 右錢與受云 則宅之言內 未給依前依數云 故無限相持是加可 破面思之 則相視間 情誼到(至의 誤字—인용자 주)於此境乎相爲妥帖之意 文四十兩捧上爲遣 永爲勿施爲去乎 日後若有異說 則以此標記憑考事

標主 邑內 柳彝鎭〔手決〕

|2-7|

手標 谷里梁生員前

右手標事段 右前所捧錢一百九十三兩內 一百十三兩 相親間叙力之意 蕩減是遣 實捌拾兩 定三限 推捧是矣 末限段 今十月十五日也 如過此限 則依本數一百九十三兩 沒捧次 成標爲去乎 日後以此憑考爲乎乙事

標主 北洞 柳彝辰〔手決〕

筆訂 宮坪 李敬若〔手決〕

|2-8|

手標

右標事段 所報錢一百九十三兩內 一百十三兩 蕩減 實八十兩 定三限 報給之意 如是成標 而如過此限 幷蕩減條 依本數還報之意 成標以給 日後以此憑考爲乎乙事

標主 谷里 梁局元〔手決〕

筆訂 宮坪 李敬若〔手決〕

初限 九十五日 二十四兩		
中限 卅日 三十六兩	合八十兩	
末限 十月十五日 二十兩		

| 2-9 |

手標

右標事段 恤下與貴宅子弟 放浪于消日 負債八十兩矣 累次催促是矣 推捧無期 頉項(頉의 오자-인용자 주)多端之際 顧念親誼 則豈可錢文多小相持乎 五十兩除減 三十兩特施 故奉承寬洪之敎 永爲打帖 更無相持之意 成手標爲去乎 日後若有此等說 則將標記憑考事

甲申十月二十八日

標主 柳彞鎭〔手決〕

八十兩標先爲出給事

| 2-10 |

遺訓書

夫人之處世 修身齊家 忠君孝親 爲人之大道也 哀此人生 以遐土愚微 不敢望先賢之道 謹守鄕谷之講習 修本明倫 勤力務本 幾百年由來矣 噫至于我代初分 身運不美然耶 奄遭父親喪 三年後 家勢不贍中 連當妻喪 豈不悵歎哉 未朞年 幸而再娶于宋門矣 家産稍瑧(溱의 오자-인용자 주) 連生汝矣三兄弟 齊家於斯足矣 慕先也宗事也鄕事也面事也 不負於他人矣 痛哉 家運然耶 汝之伯兄 投目雜技 如干家産 盡爲蕩敗 畢境不幸身死 眞所謂家敗身亡也 勢將無奈 廢農幾年 家道漸敗矣 幸賴汝之妻家之所助 僅守資業矣 不意以校事 逢變于茂朱之厄 所入者不小 勢不已 從其速易賣之畓 汝矣仲兄名下弓坪六斗落 斥賣已用 而來頭代土爲計矣 渠亦沒於雜技 家産盡蕩 報債無路 故汝之名下溪內月崗坪七斗三刀落畓放賣 盡爲脫債 歎之奈何 到此身衰病多 家事歸於先天 如干田土 左列于錄 門前井下五斗落畓 代立于月崗坪畓 以此知悉家事看檢焉 戒哉戒哉 噫 彼汝侄順三 善爲指導 及其長成 擇門成娶 幾年同居 擇隣買屋 分家持本 毋傷風化 稱善和睦 愼哉愼

哉 ……

歲在丙申十二月二十二日 病席父戒

|2-11|

二東居金光八

右謹陳所志矣段 今此刷還官奴龍安 卽矣身之子 而仰役數三月 旋卽頉免者 盖有委折是白如乎 所謂龍安 爲人愚蠢 賦性浮浪 不識東西方一二數 但知雜技房風流場 故爲其父兄者 鉗制無路 不得不願納于奴廳 而頉役是白如乎 若使龍安 爲人彷彿 則官奴於渠當然之役 且奴役有庫子焉 有及唱焉 下賤輩願爲之役 曷嘗有謀避之計 而納錢圖免乎 龍安之頉役 非但爲矣身之遠慮 亦於官家必有非常之弊 故其時案前主敎是亦 爲念及於此 以至特頉之境矣 到今遽然刷案 終如是 則矣身萬無奠居此土之望 在奴廳亦 安有捧錢頉給之意乎 緣由玆敢仰訴爲白去乎 叅商敎是後 矣身子龍安官奴之役 仍令頉給事 行下爲只爲

行下向敎是事

官司主 處分

己巳三月日

〔題辭〕頉給事 十五日 戶長

〔押〕

|2-12|

二東泥洞金應圭

右謹陳所志矣段 矣身年今七十 家本赤貧 有子數人 性且殘劣 老來身世去益罔涯 近聞泮人金先達爲名者 來留本邑 于今兩年 而誘引沒覺之矣子

斗業 晝宵雜技 或稱可怪分錢 或稱投[5]牋負債 謂有所捧於矣子者 爲百餘兩之多是如是乎所 渠亦有父母有妻子之人也 名稱先達 行此無賴之惡習者 是可忍也孰不可忍也 雜技禁斷 法意至重 誘引人子 典刑莫嚴 渠有一分畏法 寧容若是乎 緣由仰訴爲去乎 所謂金先達與矣子 依法嚴勘 更勿侵漁於垂死之渠父 俾爲奠保此土之地 千萬伏望爲只爲

行下向敎是事

官司主 處分

丙寅五月日

〔題辭〕所謂泮人 事事如此 官之所恥 寧容無言 但今營錢收刷 其事不輕是甚可悶向事 卄五日

行官〔押〕

|2-13|

立下面愚東里化民金相舜金洛模曺秉燮等

恐鑑伏以 夫酒者伐性之狂藥 技者悖常之亂習也 挽近以來 人心不淑 良家子弟 誤入橫罹於兩件之弊 誠可歎也 民等之村落 居在窮峽 漁叟鹽商往來之路尙近 故聚散之輩 往往酗酒設技 搤腕而游談 蔑法恃力 自爲能事 雖以士農爲本者 庶至染濕 病根隨長 習俗難醫 此皆村中 酒店所招也 村議同會玆敢村禁緣由 齊聲仰稟 洞燭敎是後 特爲嚴令 技酒禁斷 千萬伏祝

行下向敎是事

城主 處分

丙午正月日 化民 金洛卿 … 等

5 '鬪'의 오자로 추정된다.

|3-1|

教旨

黃祐永爲通訓

大夫行通禮院

引儀者

光緖十九年 十一月 日

〔背面〕丹骨 金重燮

|3-2|

教旨

金商悳爲通訓

大夫行侍講院

弼善知製教者

光緖十八年 五月 日

吏曺丹骨書吏 依例擧行

〔背面〕吏〃 李台龍

|3-3|

教旨

元永胄爲

宣略將軍

宣傳官者

乾隆五十年 月 日

〔背面〕兵吏安壽兼

|3-4|

敎旨

元永靑爲

禦侮將軍

行龍驤衛

副司果者

乾隆五十四年八月 日

〔背面〕兵政吏安壽謙

|3-5|

敎旨

元永靑爲通訓

大夫行長興都

護府使者

乾隆五十五年二月十三日

〔背面〕吏〃鄭明哲

|3-6|

敎旨

元永靑爲通政

大夫行鐵原都

護府使者

嘉慶十年閏六月初十日

〔背面〕吏〃鄭明哲

3-7

兵曺 成化十二年七月初一日 奉

敎忠贊衛敦勇校尉鄭

玉堅爲彰信校尉者

丙當仕加 好賢坊

成化十二年九月十四日 書吏臣林〔押〕

參議臣成〔押〕 行正郎

判書 參判

參知 行佐郎臣崔〔押〕

3-8

敎旨

姜栢年爲

朝奉大夫

者

天啓八年正月十七日

權知承文院副正字戊正別加

〔背面〕吏〃沈麒

3-9

敎旨

兪汝諧爲

通訓大夫

行司憲府

監察者

天啓三年十二月二十六日

〔背面〕吳癸生

|3-10|

教旨

洪承晩爲通訓

大夫行典設司

別提者

光緖二十年正月 日

〔背面〕吏〃金重哲

|3-11|

告目

惶恐白 去月二十六日 吳準東身死 今月十六日 吳

道淳身死是白遣 有孫未成立是乎所 道淳是

小人八寸兄 而未死之前 以各宅丹骨擧行之事

付托於小人 故緣由詮次告課事

壬申六月二十日 吏吏吳道淵告目

|3-12|

教旨

李誾彬爲

嘉善大夫

者

道光二十五年正月初三日

朝官年八十依定式加資

〔背面〕吏〃吳道淵

|3-13|

告目

伏不審

進賜主氣體候若何 伏慕區區 無任下誠 小人

伏蒙

下念 姑保服役 他何伏達 就悚 計仕事 詳

問于執吏書吏 則此後 以三十朔 出六

窠相換於

陵參奉 則所換參奉 亦以三十朔 出六事

有

特敎定式云

進賜主 滿三十朔 出六之意 詮次告課爲

白臥乎事

乙卯 閏二月 二十六日 吏吏李有徽 告目

|3-14|

敎旨

趙鶴年爲

禦侮將軍
行龍驤衛
副司果者
道光十四年二月 日
〔背面〕吏〃吳纘源

3-15

教旨
趙鶴年爲
兼司憲府
持平者
道光十四年二月 日
〔背面〕吏〃吳纘源

3-16

吏曹萬曆三十五
年四月初八日奉
教前著作通仕
郎崔葕爲通
仕郎承文院著
作者
萬曆三十五年四月 日
正郎
行判書 參判 參議臣宋〔押〕

佐郞臣朴〔押〕

〔背面〕吏〃鄭正男

|**3-17**|

敎旨

崔葕爲通訓

大夫行成均

館司藝者

天啓三年四月十三日

〔背面〕吏〃 吳癸生

|**3-18**|

吏曺康熙十九年九月十八日

奉

敎學生宋炳夏爲將

仕郞

禧陵叅奉者

康熙十九年九月 日

正郞

行判書臣李〔押〕 叅判 叅議

佐郞臣李〔押〕

〔背面〕吏〃 徐太健

3-19

吏曺康熙二十年十月
二十四日奉
敎氷庫別檢通德郞
宋炳夏爲通德郞
行司僕寺主簿者
康熙二十年十月 日
正郎
兼判書 叅判 叅議臣任〔押〕
佐郞
假郞廳臣金〔押〕
〔背面〕吏〃 池有淸

3-20

敎旨
宋堯和爲朝散
大夫行義禁府
都事者
雍正十一年十一月初九日
〔背面〕吏〃吳復興

3-21

敎旨
宋堯和爲

　嘉善大夫
　者
乾隆二十一年正月初一日
　年七十五加上
尊號後推 恩加資事承 傳
〔背面〕吏〃朴東碩

|3-22|

　吏曹道光二十六年十二
　月二十三日奉
教進士權宅夏爲
　承仕郞行
貞陵叅奉者
道光二十七年正月　日
正郞
兼判書臣洪〔押〕　叅判　叅議臣尹
佐郞
〔背面〕吏〃李慶敏

|3-23|

教旨
　權宅夏爲朝奉
　大夫行義禁府
　都事者

咸豊元年四月二十七日

〔背面〕吏〃吳相麟

3-24

禮安縣監 權宅夏 李炳龍 朴孝憲

吏〃吳相麟

〔押〕二戔

3-25

敎旨

權宅夏爲通訓

大夫行禮安縣

監者

咸豊四年六月二十五日

〔背面〕吏〃吳相麟

3-26

吏曺爲差定事咸豊九年五月

十七日同副承旨臣宋泰熙次知口

傳權知承文院副正字未差本好淵弋

只進叱使內良如爲口

傳施行爲有置有等以合下仰

照驗施行須至帖者

右帖下文科新及第通仕郎權好淵准此

咸豊九年五月 日

差定

正郎

帖 行判書〔押〕 叅判 叅議

佐郎

〔背面〕 吏〃吳相麟

|3-27|

告目

謹伏白 伏承下書 伏慰萬〃

下示事伏悉 而政注 以尹榮信趙秉稷

的定 下諒若何 評事 以朴海哲敦

定 下諒之意 詮次告達

吏〃吳相麟告目

|3-28|

告目

伏承下書 腫處伏慮萬〃

下示事 伏悉 政注 姑未聞誰某爲之 而翰注

薦則 以今所見 明年似有爲之 下諒之意

詮次告課

吏〃吳相麟告目

| 3-29 |

吏曺同治四年二月二十
四日奉
敎權知承文院副正字權好淵爲
通德郎行承政院注書
兼春秋館記事官者
同治四年二月 日

正郞
判書臣姜〔押〕 叅判 叅議
佐郞

| 3-30 |

道光二十九年三月 日漢城府
考己酉成籍戶口帳內 北部俊秀坊舊司圃署契 第五統第三戶 住吏曺書
吏金永益 年三十八壬申生 本陽川 父將仕郎 昇燁 祖啓功郎 昌碩
曾祖通德郎 壽大 外祖嘉善大夫行龍驤衛護軍金道郁 本開城 妻
李氏 年三十三丁丑生 本全州 父閑良 文植 祖宣略將軍行忠武衛副
司果 尙倫 曾祖通政大夫 厚根 外祖學生李喜秀 本慶州
等 丙午戶口準給者
堂上〔押〕郎廳〔押〕監董官〔押〕
漢城府印 3개, 周挾字改印 1개

| 3-31 |

吏曺道光二十六年十月

初七日奉

教將仕郎金永益爲

從仕郎者

道光二十六年十月 日

吏官書吏二十年例加

正郎

兼判書臣洪〔押〕參判 參議

佐郎

|4-1|

道林面雙峰里化民鄭震鉉

右謹言 伏以今此一鄉饒民之抄 虛實相蒙 眞僞莫分 則一向依抄幷徵 豈無誤錄之寃乎 民之生涯 若爲饒民 則十目十手之指視 安得誇貧乎 大抵公論所在 衆口難掩 則今十斗畓寄生之民 而抄以饒民是乎則 去年未秧之畓 賣納後乃已 伏願叅商敎是後 別遣摘奸色吏 詳探虛實 俾無橫入之寃爲白只爲

行下向敎是事

城主 處分 丁巳二月日

〔題辭〕無可加減 勿煩向事 三十日

〔押〕

|4-2|

教旨

崔春健爲嘉善大

夫同知中樞府事

者

咸豐四年 月 日

|4-3|

敎旨

校生吳洁爲奉

正大夫守司宰

監正者

萬曆四十六年 月 日

|4-4|

庚申五月十四日

朱內校生吳洁正價木捌拾疋畢納

上印

募粟監官吳〔押〕

使〔押〕

|4-5|

敎旨

朴吉善爲

通政大夫

者

康熙四十五年 月 日

納

|4-6|

吏曹道光十七年七月

二十二日奉

教幼學申致龜爲

將仕郎者

道光十七年七月 日

願納二百兩郎階成給事承

傳

正郎

判書臣申〔押〕 參判臣尹 參議臣兪

佐郎

|4-7|

兵曹崇德七年三月二十一

日奉

教補充隊

爲勤力副尉者

納布去官

崇德七年三月 日

參議臣金〔押〕

行判書 參判 佐郎臣李〔押〕

參知

| 4-8 |

兵曺乾隆三十六年

七月二十六日奉

敎補充隊金得哲

爲勤力副尉者

納布去官

乾隆三十六年七月 日

| 4-9 |

敎旨

姜濩爲通訓大

夫行濟用監判

官者

咸豊四年三月十八日

〔背面〕吏〃 安奎祥

| 4-10 |

敎旨

鄭箕錫爲朝奉

大夫行軍資監

奉事者

咸豐四年四月十七日

〔背面〕吏〃 鄭周元

|4-11|

教旨

金炳地爲

宣略將軍

行龍驤衛

副司果者

咸豐四年三月　日

|4-12|

教旨

金龍洛爲

宣略將軍

行龍驤衛

副司果者

咸豐四年十二月　日

|4-13|

教旨

任百能爲通訓

大夫行奉化縣

監者

咸豐四年正月十三日

限一年仍任事承

傳

4-14

東面伊西里居崔春健

右謹陳所志矣段 矣身居在僻村 以農爲業是白加尼 年前蒙恩受嘉善大夫 教旨□ 則遐土愚氓之榮是白乎乃 這中費財不少 故人每厭避是白去乙 不意今者 又爲巡將帖文差下是乎乃 如此費財 每〃疊加於居村之殘氓 則勢難支保是如乎 特軫矣殘氓之情地 今番巡將帖文還收 俾使支保之地 參商行下爲只爲

行下向敎是事

官道主 處分

甲子十二月 日

〔題辭〕前雖有加資 今番疊資 乃是崇秩 ▨遐土生色 豈不壯哉事 初四日

官〔押〕

4-15

東面伊西里居崔春健

右謹陳所志矣段 矣身以難保之致 巡將帖文 還收之意 呈訴是乎則 題敎內 加資乃是崇秩 遐土生色 豈不壯哉事亦敎是乎乃 日後更或有疊加之端 則崇秩生色 反爲離散之本 不勝惶恐 玆更仰訴爲去乎 叅商敎是後 今番巡將加資 奉令是白在果 日後更勿疊加之意 立旨成給 俾使支保之地 行

下爲只爲

行下向敎是事

官道主 處分

　甲子十二月 日

〔題辭〕所訴旣如此 日後更勿侵漁之弊 宜當事 十七日 各廳公禮吏

官〔押〕

|**4-16**|

兵曺爲相考事 道內機張居 折衝

崔春健 巡將差下爲有置 上來

察任之意 該邑良中 知委施

行 宜當向事 合行移關 請

照驗施行 須至關者

右　　關

慶尙道觀察使

咸豐 年 月 日

　　相考

關 判書〔押〕

|**4-17**|

兵曹爲相考事 道內　　居

　　巡將差下爲有置 上

來察任之意 該邑良中 知委施

行 宜當向事 合行移關 請

照驗施行 須至關者

右　　　　關

光緒元年四月　日

　　相考

關　判書〔押〕

4-18

敎旨

　　　　贈嘉善

　大夫行戶曹叅

　判五衛都摠府

　副摠管者

光緒八年正月　日

　　嘉善崔春景考依法典贈職事承

　　傳

4-19

東面伊西里戶口單子

戶　通德郞　崔春健　故代子幼學命夏　年四十三癸卯　本月城

　　父通德郞兼五衛將春健

　　祖嘉善大夫　日興

　　曾祖通政大夫　利見

　　外祖學生　金逸龍　本金海　　　　　　　準

侍母貞夫人金氏齡八十丙寅
妻金氏 齡四十四壬寅 籍慶州
父學生 昌彦
祖學生 在聲
曾祖學生 九宇
外祖學生 張濟亨 本仁同
率子正淳 年二十四壬戌
婦李氏 齡二十五辛酉 五統三戶
次子敬淳 年十一乙亥
婢今月 年三十三癸丑
原

4-20

東面伊西里戶口單子
戶 通德郎 崔春健 年八十一壬戌 本月城
父學生 日興
祖學生 利見
曾祖學生 容仁
外祖學生 朴守昌 本慶州
妻金氏 齡七十七丙寅 籍金海 準
父學生 逸龍
祖學生 福元 五統四戶
曾祖學生 泰鳳
外祖學生 崔泰淑 本慶州
率子 命夏 年四十癸卯

婦 金氏齡四十一壬寅

率孫正淳 年二十一壬戌

婦李氏 齡二十二辛酉 今加

次孫 敬淳 年八乙亥

婢 今月年三十癸丑

原

4-21

完文

爲永久遵行事 海南表忠祠 卽

御筆奉安之所 而年久傾頹

方營修葺 空名帖文 自京頒下

矣 仁谷面金澤之嘉善敎旨

自願祗受者 其義可尙 故所

帶步兵及砲保之役 旋卽頉

給 雖在日後 面任都領將雇馬

有司哨官把摠戶籍書寫等

諸般雜役 至于其子 切勿

侵漁 宜當者

庚申九月初 日

完文

官〔押〕

| 4-22 |

完文

右爲完文事 當此

校宮重修 與逋還作錢不贍之際 將用凡民俊秀 故崔春鳳春健兄弟 出義錢貳百兩輸納 其誠可嘉 特爲付校許幼事

乙丑十二月 日

鄉中

都執憲鄭文翕 鄉執綱 宋仁坤 座首 鄭基顥 會員 金璘 鄭允弘 辛栢 金禹鼎 金一魯 文奎魯 金在俠 吳季賢 宋尙奎 朴東鶴 安曦彦 原

| 4-23 |

行縣監爲差定事鄉

座首差定爲去乎盡

心察任向事合下仰

照驗施行須至帖者

右帖下崔春健準此

癸酉七月初三日

差定

帖 行縣監〔押〕

| 4-24 |

丁丑十月三十日鄉校都有司

望

崔春健 爲

郭允弘

李馝珎

原

官〔押〕

　　　　鄕執綱宋〔手決〕

4-25

行縣監爲差定事海倉

都監差定爲去乎盡心

察任向事合下仰

照驗施行須至帖者

右帖下崔命夏準此

癸酉十月　日

　　　差定

帖　行縣監〔押〕

4-26

鄕校齋任書目

都有司崔命夏付壁緣由事

丙戌二月二十八日　齋任金〔手決〕

〔處分〕依望施行事　卄八日

行官〔押〕

| **4-27** |

行縣監爲差定事

鄕一別監差定爲

去乎盡心察任向事

合下仰

照驗施行須至帖者

右帖下崔正淳準此

丙戌十二月　日

差定

帖　行縣監〔押〕

| **4-28** |

鄕校齋任書目

都有司崔正淳付壁緣由事

丁亥六月十三日齋任朴〔手決〕

〔處分〕知悉向事　丁亥六月十三日

官〔押〕

| **4-29** |

一別監崔正淳

右謹言　民之先祖妣　未經襄禮　故家親方營求山　無日出他𢑱除良　況且民身係任列　監家無路　故玆敢情由仰訴爲去乎　叅商教是後　所帶一別監　亟賜改遞　以安私分之地　行下爲只爲

行下向敎是事

城主 處分

丁亥正月 日

〔題辭〕 特爲許施向事 初八日 鄕廳

官〔押〕

|4-30|

誠惶恐仰瀆于城主閤下 鑑伏以民以無似之質 特蒙不棄之澤 猥忝章甫之任 累經焚禮 於分足矣 末由久遵 故玆敢仰瀏所帶之任 亟賜改遆以 安私分之地 千萬幸甚爲 謹冒昧以陳

丁亥七月初六日 化民崔正淳 上剌

〔題辭〕 依單許施向事 初六日

官〔押〕

|4-31|

誠惶恐仰瀆于城主閤下 鑑伏以民以愚魯之質 特蒙愛恤之澤 猥忝章甫之任 累經焚禮 揆分極矣 而況當農務方殷 抽身無暇 故玆敢仰瀏所帶之任 亟賜改遆 以安私分事 謹冒以陳

丙戌三月十六日 化民崔命夏再拜

〔題辭〕 所懇如此 自校中 量宜左右向事 十七日

官〔押〕

| 4-32 |

丙戌二月二十八日鄕校都有司付壁

望

崔命夏

趙廷寬

　李奎鉉

原

　堂中

校堂長金〔手決〕

| 4-33 |

丁亥六月十三日鄕校都有司付壁

望

崔正淳

李洪一

房尙衡

　原

堂中

　校堂長金〔押〕

| 5-1 |

忝親禮安生員金富弼啓

安東李進士尊親家 伏承

　嘉命 許以令女 貺室同生第(弟의 오자—인용자 주)之子垓 加之卜占 已

叶吉兆 謹涓吉日 以請曰 二十六日甲寅 實惟

昏期可否 惟

命端拜 以俟 伏惟

尊慈特賜

鑒念不宣

隆慶五年十二月二十五日 忝親生員金富弼 再拜

5-2

內眞田二里戶籍單子

幼學李行淵年五十二丙午本全州

父學生　師錫

祖學生　銓圭

曾祖學生　煣

外祖學生柳學性本文化

奉母柳氏年七十七辛巳籍文化

　故妻崔氏籍朔寧

父學生　翊孝

祖學生　璘

曾祖通德郎　泰賢

外祖成均生員崔綱宇籍和順

　　率弟豊淵年四十九己酉

　　　　　德淵年四十三乙卯

　　率子炳秀年三十三乙丑(이하 생략)

|5-3|

內眞田二里戶籍單子

通德郞前恭陵參奉李行淵年七十九丙午本全州

父□贈通訓大夫司憲府持平 師錫

祖學生 銓圭

曾祖學生 煣

外祖學生柳學性本文化

妻崔氏故籍朔寧　　　九統三戶

父學生 翊孝

祖學生 璘

曾祖通德郞 泰賢

外祖成均生員崔綱宇本和順

率子炳秀年六十乙丑

婦宋氏故籍礪山

率孫丞球年三十五庚寅

外祖學生宋檍本礪山

癸亥七月 日面任申〔手決〕

賤口婢太蟾年六十九丙辰生 奴老星年三十五庚寅 婢金女年三十六己丑 婢千蟾年七十甲寅生 婢雪梅年四十九丙子 二生奴三文年四十七己卯 三生奴乭卜年三十五戊子 辛酉戶口相準印

〔押〕

|5-4|

乾隆二十七年 月 日漢城府

考壬午成籍戶口帳內西部盤松坊池下契第百統第二戶通德郞宋天相年六

十二辛巳生本恩津父通德郎 造源祖通德郎 三錫曾祖通德郎 基昌 外祖」通訓大夫行唐津縣監洪州鎭管兵馬節制都尉黃 本昌原 率子煥文年三十九甲辰生婦金氏故孫復圭年十九甲子生孫婦李氏齡二十三庚申生籍韓山率妾李」氏年四十四己亥生本全州(이하 생략)

堂上〔押〕郎廳〔押〕監董官〔押〕

|5-5|

康熙十七年三月 日 漢城府

考戊午成籍戶口帳內 南部會賢坊洞 第一里住第二十四統第三戶 崇祿大夫行兵曺判書兼知經筵弘文館」大提學藝文館大提學知春秋館成均館事金錫冑 年四十五甲戌生 本淸風 ……」…… 妻貞夫人黃氏 年三十八辛巳生 籍昌原 ……」…… 率庶母柳召史年二十七壬辰生 子幼學道淵年十五甲辰〉生(이하 생략)

|5-6|

生員金富弼〔手決〕

時維孟春

雅候多福 弟富儀 未有伉儷 謹行納采之禮 伏惟

尊照 謹拜上

狀

嘉靖四十一年正月 日

|5-8|

稟目

恐瀆仁鑑 伏以去丙午年分 故梁大奎 因鄕中衆望 薦出鄕有司之任矣 被其數人沮害 鄕有司薦紙 潛爲隱匿 此非士子公正之事也 其時因爲罷席 鄕有司薦記 未爲留置於几案中 至今未遑 一鄕欠事也 今玆鄕長 年近百歲 不能振作入邑 命□(其로 추정됨—인용자 주)子弟 故梁大奎薦記 留案之由 辭意申申 而適當享祀 一鄕〃員 幾會半鄕 故今玆開坼先案 故梁大奎鄕有司薦記留案之意詢同 故如是仰稟 若有日後携貳之論者 依律懲礪之地 謹冒昧仰陳

乙亥八月初三日 齋會所 鄭世綏 朴聖煥 …… 洪禹燮 朴致巘

〔題辭〕此是鄕薦而聞之 則沮人之言曰 某人卽三娶所生 不可入薦云 噫都是但知母邊 不知父邊之說也 雖五六娶 卽正室也 世上之續絃人十之八九矣 若如此人之言 其子孫必將爲常漢乃已矣 豈爲如許悖□(倫으로 추정됨—인용자 주)之說乎 待他日多士之齊會 輪示此題後使之登于案册 宜當者 初三日

|5-9|

敎旨

黃廷說爲通訓大夫者

萬曆四十四年七月十五日

妾父柳圻康津縣監時 辛十壬二別代加竝超

|5-10|

敎旨

黃廷稷爲中直大夫者

萬曆四十八年七月十五日

妻父副司果李純智[6]庚四二庚四別代加幷超

| 5-11 |

□□□嫡孫李耆俊前傳給明文

□□□隻 身老而無子 爾亦生纔一旬 喪失慈母 年僅五歲 又哭祖母 爾我之命 可謂薄矣 余自初年 取汝養之 今至十歲 漸就成長 情愛之篤 無異己出爲如乎 余今多病 朝夕將死 身後之事 唯爾可托 況於國法 亦有侍養傳財之規 而世之人家 多遵此法 以爲永世流傳之物乙仍于 玆將父邊奴婢□□□前 先爲傳得 使喚爲在 近處所居奴婢若干口 依情法□□□給爲旀 家長前衿得及自己買得田畓幷以 永〃許與爲去乎 □□執持 永爲己物 使喚耕食仍爲傳後□遣 至於我死之後 喪葬祭□ 克盡誠意 以酬余誠養篤愛之恩爲齊 余之木主乙良 以庶祖母草溪卞召史書之 而別立一間之祠於爾之家 □祭 止於而之孫身 則猶可謂限三代不絶享也 女之於父無嫡子 一□□□ □奴婢未分者 多至八百餘□□□□性嫡四寸 全數據奪 都□□□ □□□所在 些小奴婢□□□如可 今則嫡四寸五娚妹相□□□ □□五寸姪輩 而皆□使孫□ 因無□訟之人 況以侍養 依□□□ □□之資 則他日亦有明□□□ 痛斥 而息□□□ □□□去乙等 □□□卞正者

財主 庶祖母卞召史〔左手掌〕

筆執 □□□義禁府經歷通□□□(이하 생략)

---

6 교지에는 이 부분이 말삭(抹削)되어 있으나 《장수황씨족보》 등을 살펴보면 '智' 자가 확실해 보완했다.

찾아보기

ㄱ

ㄴ

ㄷ·ㄹ

ㅇ

ㅈ

ㅊ

ㅌ

ㅍ

ㅎ

고문서, 조선의 역사를 말하다

지은이 | 전경목

1판 1쇄 발행일 2013년 12월 9일
1판 2쇄 발행일 2014년 2월 24일

발행인 | 김학원
경영인 | 이상용
편집주간 | 위원석
편집장 | 최세정 황서현
기획 | 문성환 박민영 박상경 임은선 최윤영 조은화 전두현 최인영 정다이 이보람
디자인 | 김태형 임동렬 유주현 최영철 구현석
마케팅 | 이한주 하석진 김창규 이선희 이정인
저자 · 독자 서비스 | 조다영 함주미(humanist@humanistbooks.com)
스캔 · 출력 | 이희수 com.
조판 | 홍영사
용지 | 화인페이퍼
인쇄 | 청아문화사
제본 | 정민문화사

발행처 | (주)휴머니스트 출판그룹
출판등록 | 제313-2007-000007호(2007년 1월 5일)
주소 | (121-869) 서울시 마포구 동교로23길 76(연남동)
전화 | 02-335-4422 팩스 | 02-334-3427
홈페이지 | www.humanistbooks.com

ISBN 978-89-5862-676-3 03900

* 이 도서의 국립중앙도서관 출판시도서목록(CIP)은 서지정보유통지원시스템 홈페이지(http://seoji.nl.go.kr)와 국가자료공동목록시스템(http://www.nl.go.kr/kolisnet)에서 이용하실 수 있습니다.(CIP제어번호: CIP2013026164)

만든 사람들

편집장 | 황서현
기획 | 전두현(jdh2001@humanistbooks.com) 정다이
편집 | 이영란 임미영
디자인 | 민진기디자인